Die Verteidigungsmechanismen des Haftenden im Internationalen Produkthaftungsrecht der Rom II-Verordnung

Studien zum vergleichenden und internationalen Recht -
Comparative and International Law Studies

Band 198

PETER LANG

Steven Leunert

Die Verteidigungsmechanismen des Haftenden im Internationalen Produkthaftungsrecht der Rom II-Verordnung

PETER LANG

Bibliografische Information der Deutschen Nationalbibliothek
Die Deutsche Nationalbibliothek verzeichnet diese Publikation in der Deutschen Nationalbibliografie; detaillierte bibliografische Daten sind im Internet über http://dnb.d-nb.de abrufbar.

Bucerius Law School Hamburg, Diss., 2018

H 360
ISBN 978-3-631-77149-5 (Print)
E-ISBN 978-3-631-77249-2 (E-PDF)
E-ISBN 978-3-631-77250-8 (EPUB)
E-ISBN 978-3-631-77251-5 (MOBI)
DOI 10.3726/b14859

Peter Lang – Berlin · Bern · Bruxelles · New York · Oxford · Warszawa · Wien

Diese Publikation wurde begutachtet.

www.peterlang.com

Meiner Familie

Vorwort

Diese Arbeit wurde von der Bucerius Law School – Hochschule für Rechtswissenschaft – im Herbsttrimester 2017 als Dissertation angenommen. Die mündliche Prüfung fand am 29. Januar 2018 in Hamburg statt. Literatur und Rechtsprechung wurden bis Mai 2018 ausgewertet.

Meinem Lehrer Professor Dr. Karsten Thorn möchte ich in vielerlei Hinsicht besonders danken. Er regte das Thema dieser Arbeit an und war stets zur Diskussion darüber bereit. Die Zeit als Promotionsstudent an seinem Lehrstuhl an der Bucerius Law School hat mich juristisch wie persönlich bereichert. Meine wissenschaftliche Arbeit hat er in besonderem Maße gefördert und unterstützt. Professor Dr. Florian Faust danke ich für die Erstellung des Zweitgutachtens, viele wertvolle Hinweise zu dieser Arbeit und die spannende Zeit bei ihm am Lehrstuhl.

Mathäus Mogendorf gilt mein besonderer Dank für unzählige wertvolle Anregungen und Diskussionen. Antonia Wegener hat dankenswerterweise diese Arbeit Korrektur gelesen.

Auf die Unterstützung meiner Familie habe ich mich immer verlassen können. Ihnen ist diese Arbeit gewidmet.

Berlin, den 24. August 2018

Steven Leunert

Inhaltsverzeichnis

Abkürzungsverzeichnis

A. 2d	Atlantic Reporter, Second Series
a.A.	anderer Ansicht
ABl. EG	Amtsblatt der Europäischen Gemeinschaft (1958 ff.)
ABl. EU	Amtsblatt der Europäischen Union (2003 ff.)
Abs.	Absatz
AcP	Archiv für die civilistische Praxis (1820 ff.)
AEUV	Vertrag über die Arbeitsweise der Europäischen Union in der Fassung der Bekanntmachung vom 9.4.2008 (ABl. EU 2008 Nr. C 115, S. 47 ff.)
AHB	Allgemeinen Haftungsbedingungen für die Haftpflichtversicherung
Ala.	Alabama
Am. J. Comp. L.	The American Journal of Comparative Law (Ann Arbor, 1952 ff.)
Am. U. L. Rev.	American University Law Review (Washington D.C., 1952 ff.)
Ankara L. Rev.	Ankara Law Review (Ankara, 2004 ff.)
AnwBl	Anwaltsblatt (1926–33, 1951 ff.)
Ariz.	Arizona
Art.	Artikel
AWD	Außenwirtschaftsdienst des Betriebsberaters (1958–1974)
BB	Betriebs-Berater – Zeitschrift für Recht, Steuern und Wirtschaft (1946 ff.)
BGB	Bürgerliches Gesetzbuch vom 19.8.1896 (RGBl. S. 195 ff.)
BGBl.	Bundesgesetzblatt
BGH	Bundesgerichtshof
BGHZ	Entscheidungen des Bundesgerichtshofes in Zivilsachen (1951 ff.)
Brüssel I-VO	Verordnung (EG) Nr. 44/2001 des Rates vom 22.12.2000 über die gerichtliche Zuständigkeit und die Anerkennung und Vollstreckung von Entscheidungen in Zivil- und Handelssachen (ABl. EG 2001 Nr. L 12, S. 1 ff.)
Brüssel Ia-VO	Verordnung (EU) Nr. 1215/2012 des Europäischen Parlaments und des Rates vom 12.12.2012 über die gerichtliche Zuständigkeit und die Anerkennung und Vollstreckung von Entscheidungen in Zivil- und Handelssachen (ABl. EU 2012 Nr. L 351, S. 1 ff.)
Buff. L. Rev.	Buffalo Law Review (Buffalo, 1952 ff.)
BVerwG	Bundesverwaltungsgericht
BYU L. Rev.	Brigham Young University Law Review (Provo, 1975 ff.)
bzw.	beziehungsweise
Cal.	California
Cal. 2d / 3d	California Reports, Second / Third Series

Cal. App. 4th	California Appellate Reports, Fourth Series
Cal. L. Rev.	California Law Review (Berkeley, 1912 ff.)
Cir.	Circuit of the Court of Appeals
Clunet	Journal du Droit international. Clunet (Paris, 1874 ff.)
Conn.	Connecticut
Cornell Int'l L. J.	Cornell International Law Journal (Ithaca, 1968 ff.)
Ct. App.	Court of Appeals
D.	United States District Court
d.h.	das heißt
DB	Der Betrieb (1948 ff.)
ders.	derselbe
dies.	dieselbe(n)
DVBl.	Deutsches Verwaltungsblatt (1950 ff.)
E.D.	(Federal District Court for the) Eastern District (of)
EG	Europäische Gemeinschaft(en)
EGBGB	Einführungsgesetz zum Bürgerlichen Gesetzbuche in der Fassung der Bekanntmachung vom 21.9.1994 (BGBl. I S. 2494)
Einl.	Einleitung
EU	Europäische Union
EuGH	Gerichtshof der Europäischen Gemeinschaften
EuGVÜ	Übereinkommen über die gerichtliche Zuständigkeit und die Vollstreckung gerichtlicher Entscheidungen in Zivil- und Handelssachen vom 27.9.1968 (BGBl. 1972 II S. 774)
EuLF	The European Legal Forum (2000 ff.)
EuZW	Europäische Zeitschrift für Wirtschaftsrecht (1990 ff.)
EWG	Europäische Wirtschaftsgemeinschaft
EWS	Europäisches Wirtschafts- und Steuerrecht, Betriebs-Berater für Europarecht (1990 ff.)
f.	folgende/r
F. 2d / 3d	Federal Reporter, Second / Third Series
F. Supp.	Federal Supplement
F. Supp. 2d	Federal Supplement, Second Series
Fed.	Federal
Fed. Appx.	Federal Appendix
ff.	folgende
Fla. Dist. Ct. App.	District Court of Appeal of Florida
Fn.	Fußnote
Frankfurt a.M.	Frankfurt am Main
FS	Festschrift

Ga.	Georgia
Ga. J. Int'l & Comp. L.	Georgia Journal of International and Comparative Law (Athens, 1970 ff.)
GATT	General Agreement on Tariffs and Trade
GenTG	Gentechnikgesetz vom 16.12.1993 (BGBl. I S. 2066)
GPR	Zeitschrift für Gemeinschaftsprivatrecht (2003 ff.)
GS	Gedächtnisschrift
Haager Übereinkommen	Haager Übereinkommen über das auf die Produkthaftpflicht anzuwendende Recht vom 2.10.1973
Harv. L. Rev.	Harvard Law Review (Cambridge, 1888 ff.)
Hrsg.	Herausgeber
i.V.m.	in Verbindung mit
ICLQ	International and Comparative Law Quarterly (Cambridge, 1952 ff.)
Ill. App. Ct.	Appellate Court of Illinois
Int'l Law.	The International Lawyer (Chicago, 1966 ff.)
IPR	Internationales Privatrecht
IPRax	Praxis des Internationalen Privat- und Verfahrensrechts (1981 ff.)
IPRspr.	Die deutsche Rechtsprechung auf dem Gebiete des internationalen Privatrechts im Jahre (1928 ff.)
IZVR	Internationales Zivilverfahrensrecht
JA	Juristische Arbeitsblätter (1969 ff.)
JBl	Juristische Blätter (Wien, 1872 ff.)
J. Leg. Stud.	Journal of Legal Studies (Chicago, 1972 ff.)
JR	Juristische Rundschau (1947 ff.)
J. T.	Journal des Tribunaux (Brüssel, 1881 ff.)
JuS	Juristische Schulung (1960 ff.)
JZ	Juristenzeitung (1951 ff.)
Kan.	Kansas
KOM	Kommission
Law & Policy Int. Bus.	Law and Policy in International Business (Washington D.C., 1969–2003)
Leitlinien für vertikale Beschränkungen	Mitteilung der Kommission, Leitlinien für vertikale Beschränkungen (ABl. EU 2010 Nr. C 130, S. 1 ff.)
lit.	litera
LMCLQ	Lloyd's Maritime and Commercial Law Quarterly (London, 1974 ff.)
m. Anm.	mit Anmerkung
M. D.	(Federal District Court for the) Middle District (of)

m. w. N.	mit weiteren Nachweisen
McGill L. J.	McGill Law Journal (Montreal, 1952 ff.)
Mich.	Michigan
Miss.	Mississippi
Mo.	Missouri
Mo. App. E.D.	Missouri Court of Appeals, Eastern District
N.C.	North Carolina
N.E. 2d	North Eastern Reporter, Second Series
N.H.	New Hampshire
N.J.	New Jersey
N.J. Super. Ct. App. Div.	Superior Court of New Jersey, Appellate Division
N.J. Super. Ct. Law Div.	Superior Court of New Jersey, Law Division
N.M.	New Mexico
N.W.	North Western Reporter
N.Y.	New York
N.Y.U. L. Rev.	New York University Law Review (New York, 1924 ff.)
NILR	Nederlands Tijdschrift voor Internationaal Recht/Netherlands International Law Review (Leiden, 1953 ff.)
NIPR	Nederlands internationaal privaatrecht ('s-Gravenhage, 1983 ff.)
NJW	Neue Juristische Wochenschrift (1947 ff.)
NJW-RR	NJW-Rechtsprechungs-Report Zivilrecht (1986 ff.)
Nr.	Nummer
Okl.	Oklahoma
OLG	Oberlandesgericht
Or.	Oregon
P. 2d / 3d	Pacific Reporter, Second /Third Series
P. R.	Puerto Rico
Pa.	Pennsylvania
PETL	Principles of European Tort Law
PHB	Besondere Bedingungen und Risikobeschreibungen für die Produkthaftpflichtversicherung von Industrie- und Handelsbetrieben
ProdHaftG	Gesetz über die Haftung für fehlerhafte Produkte vom 15.12.1989 (BGBl. I S. 2198)
Produkthaftungsrichtlinie	Richtlinie 85/374/EWG des Rates vom 25.7.1985 zur Angleichung der Rechts- und Verwaltungsvorschriften der Mitgliedstaaten über die Haftung für fehlerhafte Produkte (ABl. EG 1985 Nr. L 210, S. 29 ff.)
ProdSG	Produktsicherheitsgesetz vom 8.11.2011 (BGBl. I S. 2179)

Produktsicherheitsrichtlinie	Richtlinie 2001/95/EG des europäischen Parlaments und des Rates vom 3.12.2001 über die allgemeine Produktsicherheit (ABl. EG 2002 Nr. L 11, S. 4 ff.)
R.I.	Rhode Island
RabelsZ	Rabels Zeitschrift für ausländisches und internationales Privatrecht (1927 ff.)
Rec. des Cours	Recueil des Cours/Collected Courses of the Hague Academy of International Law (Den Haag, 1925 ff.)
Rev. crit. dr. int. priv.	Revue critique de droit international privé (Paris, 1934 ff.)
Rev. esp. der. int.	Revista española de derecho internacional (Madrid, 1948 ff.)
RGBl.	Reichsgesetzblatt
Riv. dir. int. priv. proc.	Rivista di diretto internationale privato e processuale (Padua, 1965 ff.)
RIW	Recht der internationalen Wirtschaft, Außenwirtschaftsdienst des Betriebsberaters (1975 ff.)
Rn.	Randnummer
Rom I-VO	Verordnung (EG) Nr. 593/2008 des Europäischen Parlaments und des Rates vom 17.6.2008 über das auf vertragliche Schuldverhältnisse anzuwendende Recht (Rom I) (ABl. EU 2008 Nr. L 177, S. 6 ff.)
Rom II-VO	Verordnung (EG) Nr. 864/2007 des Europäischen Parlaments und des Rates vom 11.7.2007 über das auf außervertragliche Schuldverhältnisse anzuwendende Recht (Rom II) (ABl. EU 2007 Nr. L 199, S. 40 ff.)
Rs.	Rechtssache
S.	Seite
S. C. L. Rev.	South Carolina Law Review (Columbia, 1963 ff.)
S. Ct.	Supreme Court Reporter
S. D.	(Federal District Court for the) Southern District (of)
S. E. 2d	South Eastern Reporter, Second Series
S. W. 2d / 3d	South Western Reporter, Second / Third Series
SchwJbIntR	Schweizerisches Jahrbuch für internationales Recht/Annuaire suisse de droit international (Zürich, 1944–1991)
SchwJZ	Schweizerische Juristenzeitung (Zürich, 1904 ff.)
Slg.	Sammlung der Rechtsprechung des Gerichtshofes und des Gerichts Erster Instanz der Europäischen Gemeinschaften
So. 2d / 3d	Southern Reporter, Second / Third Series
Stan. L. Rev.	Stanford Law Review (Stanford, 1948 ff.)
Tex.	Texas
Tul. L. Rev.	Tulane Law Review (New Orleans, 1929 ff.)

u. a.	unter anderem
U. Chi. L. Rev.	University of Chicago Law Review (Chicago, 1933 ff.)
U.S.	United States Reports
v.	versus
verb.	verbundene
VerbAV	Veröffentlichungen des Bundesaufsichtsamtes für das Versicherungswesen (1973–2002)
VerfO EuGH	Verfahrensordnung des Gerichtshofs der Europäischen Gemeinschaften vom 19. Juni 1991 (ABl. EG 1991 Nr. L 176, S. 7 ff.)
VersR	Versicherungsrecht, Juristische Rundschau für die Individualversicherung (1950 ff.)
Vertikal-GVO	Verordnung (EU) der Kommission vom 20.4.2010 über die Anwendung von Artikel 101 Abs. 3 des Vertrags über die Arbeitsweise der Europäischen Union auf Gruppen von vertikalen Vereinbarungen und abgestimmten Verhaltensweisen (ABl. EU 2010 Nr. L 102, S. 1 ff.)
vgl.	vergleiche
VO	Verordnung
VO 1/2003	Verordnung (EG) Nr. 1/2003 des Rates vom 16. Dezember 2002 zur Durchführung der in den Artikeln 81 und 82 des Vertrags niedergelegten Wettbewerbsregeln (ABl. EG 2003 Nr. L 1, S. 1 ff.)
W.D.	(Federal District Court for the) Western District (of)
WBL	Wirtschaftsrechtliche Blätter (Wien, 1987 ff.)
WL	Westlaw Citations
WTO	World Trade Organization
Yale L. J.	Yale Law Journal (New Haven, Connecticut, 1892 ff.)
YbPIL	Yearbook of Private International Law (Den Haag, 1999 ff.)
z. B.	zum Beispiel
ZEuP	Zeitschrift für Europäisches Privatrecht (1993 ff.)
ZfRV	Zeitschrift für Rechtsvergleichung, Internationales Privatrecht und Europarecht (Wien, 1991 ff.)
ZHR	Zeitschrift für das gesamte Handelsrecht und Wirtschaftsrecht (1962 ff.)
ZPO	Zivilprozessordnung vom 30.1.1877 (RGBl. S. 83)
ZvglRWiss	Zeitschrift für vergleichende Rechtswissenschaft (1878 ff.)

A. Einleitung

I. Gegenstand der Arbeit

In Zeiten der Globalisierung nimmt die Zahl von Produkthaftungsfällen mit internationalem Bezug stetig zu. Gerade der Online-Handel ist ein Motor des Warenvertriebs über Landesgrenzen hinweg und damit mitverantwortlich für die Zunahme internationaler Produkthaftungsfälle. So wuchs allein im Jahr 2017 der Online-Handel in Deutschland um knapp 11 % gegenüber dem Vorjahr.[1] Folglich darf bei internationalen Produkthaftungsfällen nicht mehr nur daran gedacht werden, dass ein deutscher Hersteller seine Produkte selbst im Ausland vertreibt. Zunehmend kommt es dazu, dass deutsche Zulieferer fehlerhafte Teile an ausländische Hersteller liefern, wobei letztere die Endprodukte über Online-Händler weltweit vertreiben und in der Folge Produkterwerber auf der ganzen Welt zu Schaden kommen.[2] Immer mehr Unternehmen sind Produkthaftungsansprüchen mit Auslandsbezug ausgesetzt.

Die neuen Anforderungen, welche die Globalisierung an die Rechtsordnung stellt, finden bereits in der US-amerikanischen Rechtsprechung Erwähnung. Der *Supreme Court* des US-Bundesstaats New Jersey stellte in einem Fall zum Internationalen Zivilprozessrecht der Produkthaftung fest:

> „Today all the world is a market. In our contemporary international economy, trade knows few boundaries, and it is now commonplace that dangerous products will find their way, through purposeful marketing, to our nations shores and into our State. The question before us is whether the jurisdictional law of this State will reflect this new reality. (...) [T]he increasingly fast-paced globalization of the world economy has removed national borders as barriers to trade."[3]

Die Frage, die der *Supreme Court of New Jersey* zum IZVR formulierte, ob das Recht des Staates die neue Realität abbilde, muss auch im europäischen Kollisionsrecht gestellt werden.

Gegenstand dieser Arbeit ist das europäische Internationale Privatrecht für außervertragliche Schuldverhältnisse, namentlich die Rom II-Verordnung und

---

1 Siehe http://www.handelsblatt.com/unternehmen/handel-konsumgueter/e-commerce-online-handel-waechst-zweistellig/20873690.html?ticket=ST-106912-dYlrUkryTa6aVqk7iZmB-ap1, zuletzt abgerufen am 08.06.2018.

2 So das Beispiel von Foerste/Graf von Westphalen-*Wilde*, § 100 Rn. 1.

3 *Nicastro v. McIntyre Machinery America, Ltd.*, 987 A.2d 575, 577 (N.J. 2010).

im Rahmen dessen Art. 5 Rom II-VO, der eine spezielle Kollisionsnorm für die Produkthaftung enthält. Diese Arbeit nimmt die Perspektive des Anspruchsgegners internationaler Produkthaftungsfälle, sprich des potentiell Haftenden, in den Blick, der sich der Anwendbarkeit verschiedener Rechtsordnungen ausgesetzt sieht. Auf Grundlage der Rom II-Verordnung stellt sich die Frage, wie sich der potentiell Haftende gegen die Anwendbarkeit einer Rechtsordnung verteidigen kann. Die Rom II-Verordnung hält in dieser Hinsicht verschiedene Ansatzpunkte bereit. Zum einen knüpft Art. 5 Rom II-VO die Anwendbarkeit einer Rechtsordnung an die Bedingung, dass das Produkt in diesem Staat in Verkehr gebracht wurde. Zum anderen kann der Haftende sich der Anwendbarkeit einer bestimmten Rechtsordnung mit dem Nachweis erwehren, dass er das Inverkehrbringen des Produkts oder eines gleichartigen Produkts in dem jeweiligen Staat „vernünftigerweise nicht voraussehen konnte". Ferner können nach Art. 17 Rom II-VO, unabhängig vom Haftungsstatut, die Sicherheits- und Verhaltensregeln, „die an dem Ort und zu dem Zeitpunkt des haftungsbegründenden Ereignisses in Kraft sind" berücksichtigt werden. Die vorgenannten Möglichkeiten, die dem Haftenden offenstehen, um das Haftungsstatut zu beeinflussen, sollen zusammengenommen als Verteidigungsmechanismen bezeichnet und im Folgenden untersucht werden.

II. Grundlegendes zur Rom II-Verordnung

Art. 5 Rom II-VO regelt das anwendbare Recht auf internationale Produkthaftungsfälle. Daneben ermöglicht Art. 17 Rom II-VO die Berücksichtigung der Sicherheits- und Verhaltensregeln des Handlungsorts.

1. Überblick über die Anknüpfung von Produkthaftungsfällen nach der Rom II-Verordnung

Trotz des Wortlauts des Art. 5 Rom II-VO, der direkt nur drei Stufen einer Anknüpfungsleiter offenbart, gilt für internationale Produkthaftungsfälle eine siebenstufige Anknüpfungsleiter.[4] Allen übrigen Anknüpfungsmöglichkeiten geht eine Rechtswahl der Parteien im Sinne des Art. 14 Rom II-VO vor. Andernfalls kommt das Recht des gemeinsamen gewöhnlichen Aufenthalts der Parteien nach Art. 5 Abs. 1 Satz 1 i.V.m. Art. 4 Abs. 2 Rom II-VO zur Anwendung. Falls auch dieser nicht vorliegt, sind die Sprossen der Anknüpfungsleiter des Art. 5 Abs. 1 Satz 1 Rom II-VO berufen, die eine kumulative Anknüpfung auf den

4 Palandt-*Thorn*, Art. 5 Rom II-VO Rn. 1, 4.

verschiedenen Stufen der Anknüpfungsleiter vorsehen. Im Rahmen dessen findet die nächste Stufe der Anknüpfungsleiter nur dann Anwendung, wenn die Voraussetzungen der vorherigen Stufe entfallen.[5]

Primär wird das Recht des gewöhnlichen Aufenthalts des Geschädigten berufen, wenn das Produkt in diesem Staat in Verkehr gebracht wurde (Art. 5 Abs. 1 Satz 1 lit. a Rom II-VO). Nachrangig ist nach Art. 5 Abs. 1 Satz 1 lit. b Rom II-VO der Ort entscheidend, an dem das Produkt erworben wurde. Dies setzt wiederum voraus, dass das Produkt dort in Verkehr gebracht wurde. Falls der Ort des Erwerbs und des Inverkehrbringens nicht in gleichem Staat liegen, ist der Erfolgsort maßgeblich, wenn das Produkt im betreffenden Land in Verkehr gebracht wurde (Art. 5 Abs. 1 Satz 1 lit. c Rom II-VO). Wenn jedoch der Haftende das Inverkehrbringen des Produkts oder eines gleichartigen Produkts im Land des gewöhnlichen Aufenthalts des Geschädigten, des Erwerbs- oder des Erfolgsorts nicht vorhersehen konnte, ist nach Art. 5 Abs. 1 Satz 2 Rom II-VO auf den gewöhnlichen Aufenthalt des Haftenden abzustellen. Bis auf die Rechtswahl können alle vorgenannten Anknüpfungsmöglichkeiten durch eine offensichtlich engere Verbindung, vor allem durch eine vertragsakzessorische Anknüpfung,[6] verdrängt werden (Art. 5 Abs. 2 Rom II-VO).[7] Insgesamt hat der europäische Verordnungsgeber ein sehr ausdifferenziertes Anknüpfungssystem für Produkthaftungsfälle geschaffen,[8] das gleichwohl in manchen Fallgruppen ungeeignet erscheint.[9]

Zusätzlich kann nach Art. 17 Rom II-VO das Gericht bei der Beurteilung des Verhaltens der Person, deren Haftung geltend gemacht wird, faktisch und soweit angemessen die Sicherheits- und Verhaltensregeln des Handlungsorts berücksichtigen. Folglich kann die an sich berufene Rechtsordnung, die über Art. 5 Rom II-VO bestimmt wird, durch die Sicherheits- und Verhaltensregeln einer anderen Rechtsordnung überlagert werden, was wiederum für die vom potentiell Haftenden zu beachtenden Verhaltensgebote relevant ist.

---

5 Foerste/Graf von Westphalen-*Wilde*, § 100 Rn. 5.

6 Rauscher-*Unberath/Cziupka/Pabst*, EuZPR/EuIPR, Art. 5 Rom II-VO Rn. 23.

7 Siehe zum Vorgehenden jurisPK-*Lund*, Art. 5 Rom II-VO Rn. 7; MüKoBGB-*Junker*, Art. 5 Rom II-VO Rn. 9; Palandt-*Thorn*, Art. 5 Rom II-VO Rn. 4; Rauscher-*Unberath/Cziupka/Pabst*, EuZPR/EuIPR, Art. 5 Rom II-VO Rn. 23.

8 jurisPK-*Lund*, Art. 5 Rom II-VO Rn. 3.

9 Siehe zur Anknüpfung der Haftung gegenüber unbeteiligten Dritten (sog. *bystander*) unter C.III.2.

2. Anwendungsbereich des Art. 5 Rom II-VO

Der Wortlaut des Art. 5 Rom II-VO begrenzt den Kreis möglicher Anspruchsgegner nicht auf Produkthersteller, sondern bezieht sich allgemein auf „die Person, deren Haftung geltend gemacht wird."[10] Entsprechend zählt die Kommission in Anlehnung an Art. 3 Abs. 2 Produkthaftungsrichtlinie einen weiten Kreis möglicher Haftungsadressaten auf: Der Hersteller (auch der eines Ausgangserzeugnisses oder Bauteils), der Quasi-Hersteller, der Importeur, der Zwischenhändler oder der Letztverkäufer kommen danach als Anspruchsgegner in Betracht.[11] Obwohl die Produkthaftungsrichtlinie einen ersten Überblick über die Haftungsadressaten gibt, ist der persönliche Anwendungsbereich des Art. 5 Rom II-VO nicht auf die Anspruchsgegner der Produkthaftungsrichtlinie beschränkt.[12] Vielmehr gilt Art. 5 Rom II-VO gegenüber jeder natürlichen oder juristischen Person.[13] Ob der potentiell Haftende nach Art. 3 Produkthaftungsrichtlinie ersatzpflichtig ist, bleibt dem materiellen Recht vorbehalten.[14] Sachlich ist der Anwendungsbereich des Art. 5 Rom II-VO nicht auf die Haftung aus einer spezialgesetzlichen Anspruchsgrundlage, wie etwa nach der Produkthaftungsrichtlinie, begrenzt, sondern erfasst ebenso Ansprüche aus dem allgemeinen materiellen Deliktsrecht (unabhängig davon, ob sie eine Verschuldens- oder Gefährdungshaftung statuieren).[15]

10 So bereits MüKoBGB-*Junker*, Art. 5 Rom II-VO Rn. 19.

11 Kommissionsentwurf vom 22.7.2003, KOM (2003) 427 endgültig, S. 16; siehe dazu *Illmer*, RabelsZ 73 (2009), 269, 284.

12 *Huber/Illmer*, YbPIL 9 (2007), 31, 38; *Illmer*, RabelsZ 73 (2009), 269, 284; MüKoBGB-*Junker*, Art. 5 Rom II-VO Rn. 19; a.A. *Heiss/Loacker*, JBl 2007, 613, 627, Fn. 175.

13 *Huber/Illmer*, YbPIL 9 (2007), 31, 38; *Illmer*, RabelsZ 73 (2009), 269, 284; *Leible/Lehmann*, RIW 2007, 721, 727; jurisPK-*Lund*, Art. 5 Rom II-VO Rn. 9; MüKoBGB-*Junker*, Art. 5 Rom II-VO Rn. 19; NK-*Lehmann*, Art. 5 Rom II-VO Rn. 39; so auch mit Einschränkungen Rauscher-*Unberath/Cziupka/Pabst*, EuZPR/EuIPR, Art. 5 Rom II-VO Rn. 42. Anders Calliess-*Schmid/Pinkel*, Rome Regulations, Art. 5 Rome II Rn. 34, sowie *Dickinson*, Rome II, Rn. 5.13, wonach der Haftende in den Prozess der Herstellung und Vermarktung miteinbezogen sein müsse.

14 *Huber/Illmer*, YbPIL 9 (2007), 31, 38; *Illmer*, RabelsZ 73 (2009), 269, 284; jurisPK-*Lund*, Art. 5 Rom II-VO Rn. 9; MüKoBGB-*Junker*, Art. 5 Rom II-VO Rn. 19; Palandt-*Thorn*, Art. 5 Rom II-VO Rn. 3.

15 Kommissionsentwurf vom 22.7.2003, KOM (2003) 427 endgültig, S. 15; *Illmer*, RabelsZ 73 (2009), 269, 281; jurisPK-*Lund*, Art. 5 Rom II-VO Rn. 8; MüKoBGB-*Junker*, Art. 5 Rom II-VO Rn. 12; Palandt-*Thorn*, Art. 5 Rom II-VO Rn. 3.

3. Parallele Geltung des Haager Übereinkommens über das auf die Produkthaftung anzuwendende Recht

Es sei noch darauf hingewiesen, dass Art. 5 Rom II-VO nicht in allen Mitgliedstaaten der Europäischen Union gilt. Nach Art. 28 Rom II-VO berührt die Verordnung nicht die Anwendbarkeit bestehender völkerrechtlicher Abkommen. Im Bereich der internationalen Produkthaftung gilt dies für das Haager Übereinkommen über das auf die Produkthaftpflicht anzuwendende Recht vom 2. Oktober 1973 (im Folgenden „Haager Übereinkommen"). Aus dem Kreis der Mitgliedstaaten der Europäischen Union haben Belgien, Finnland, Frankreich, Luxemburg, Niederlande, Slowenien, Spanien und Kroatien das Haager Übereinkommen ratifiziert.[16] Folglich findet Art. 5 Rom II-VO in diesen Staaten keine Anwendung. Im Übrigen gilt die Rom II-Verordnung in Dänemark generell nicht.[17] Die Anknüpfung von Produkthaftungsansprüchen nach dem Haager Übereinkommen wird im Rahmen dieser Analyse nicht dargestellt. An geeigneten Stellen wird jedoch das Haager Übereinkommen für die Auslegung herangezogen.

III. Gang der Darstellung

Der Gang der Darstellung folgt im Wesentlichen der Struktur des Art. 5 Rom II-VO. Die Arbeit gliedert sich in fünf Teile.

Im ersten Teil wird die Funktion von Inverkehrbringen und Vorhersehbarkeit im System des Art. 5 Rom II-VO gemeinsam mit den Wirkungen des Art. 17 Rom II-VO analysiert. Es wird der Frage nachgegangen, welches Interesse und welche Zwecke des Haftungsrechts hinter den aufeinander aufbauenden Elementen stehen.

Der zweite Teil befasst sich mit dem Inverkehrbringen. Nach einer dogmatischen Einordnung wird das Inverkehrbringen umfassend – insbesondere hinsichtlich des relevanten Orts und der relevanten Art und Weise – ausgelegt. Ferner wird der persönliche Anwendungsbereich des Inverkehrbringens bestimmt. Auch die Frage, ob das konkrete Produkt auf den verschiedenen Stufen der Anknüpfungsleiter in Verkehr gebracht worden sein muss oder ob auch

16 Zum Stand der Unterzeichnung und Ratifikation des Haager Übereinkommens siehe http://www.hcch.net/index_en.php?act=conventions.status&cid=84#nonmem, zuletzt abgerufen am 08.06.2018.

17 Siehe Erwägungsgrund 40 der Rom II-Verordnung, sowie Foerste/Graf von Westphalen-*Wilde*, § 100 Rn. 3.

das Inverkehrbringen eines gleichartigen Produkts ausreicht, wird beantwortet. Im Rahmen dessen wird schwerpunktmäßig analysiert, welche Anforderungen an die Gleichartigkeit zu stellen sind.

Auch im dritten Teil, der sich mit dem Vorhersehbarkeitseinwand beschäftigt, steht zunächst die dogmatische Einordnung im Vordergrund. Ausgehend von einer rechtsvergleichenden Analyse des Haager Übereinkommens und des US-amerikanischen Internationalen Zivilverfahrensrechts befassen sich die darauf folgenden Ausführungen mit der Auslegung der Vorhersehbarkeit. Dabei geht es vor allem um die Bestimmung des Maßstabs der Vorhersehbarkeit, der durch verschiedene Umstände des Einzelfalls mitbestimmt wird, und darum, die Bedeutung vorbeugender Maßnahmen gegen den Vertrieb in einem bestimmten Staat zu erörtern.

Der vierte Teil befasst sich mit Art. 17 Rom II-VO, der die Berücksichtigung der Sicherheits- und Verhaltensregeln des Handlungsorts ermöglicht. Der Schwerpunkt der Betrachtung liegt auf der Untersuchung, welche Bedeutung Art. 17 Rom II-VO neben Inverkehrbringen und Vorhersehbarkeit zukommt.

Abschließend werden die wichtigsten Ergebnisse in Thesenform zusammengefasst. Die Schlussbetrachtung enthält neben einem wertenden Blick auf die Verteidigungsmechanismen auch einen Vorschlag für die Überarbeitung des Art. 5 Rom II-VO und des dazu gehörenden Erwägungsgrundes.

B. Die Funktion von Inverkehrbringen, Vorhersehbarkeit und Art. 17 Rom II-VO

Innerhalb des vielschichtigen Anknüpfungssystems des Art. 5 Rom II-VO muss geklärt werden, welche Funktion Inverkehrbringen und Vorhersehbarkeit sowie Art. 17 Rom II-VO zukommt.

I. Ziele des Internationalen Privatrechts moderner Prägung

Um die Funktion von Inverkehrbringen und Vorhersehbarkeit bestimmen zu können, müssen zunächst die Ziele des Internationalen Privatrechts moderner Prägung herausgearbeitet werden. Das moderne Internationale Privatrecht ist vom Prinzip engster Verbindung geprägt.[18] Auf diesem Weg soll international-privatrechtliche Gerechtigkeit erzielt werden.[19] Der Inhalt dieses Prinzips ist Gegenstand wissenschaftlicher Auseinandersetzung. Einigkeit besteht darin, dass die Gleichwertigkeit der beteiligten Rechtsordnungen, die maßgeblich auf *Savigny* zurückzuführen ist,[20] Grundbedingung für das Internationale Privatrecht ist, auch wenn ausländischen Rechtsordnungen andere rechtspolitische Wertungen zugrunde liegen.[21]

1. Kollisionsrechtliche Interessenlehre

Jenseits von *Savignys* Theorie vom Sitz des Rechtsverhältnisses, wonach der Schwerpunkt des Rechtsverhältnisses entscheidend ist,[22] nimmt die moderne Lehre zur Bestimmung der engsten Verbindung stärker Bezug auf Interessenwertungen.[23] Die Entwicklung der kollisionsrechtlichen Interessenlehre ist maßgeblich auf *Kegel* zurückzuführen.[24] *Kegel* (und ihm folgend *Schurig*)

---

18 Statt vieler *v. Hoffmann/Thorn*, IPR, § 2 Rn. 50 ff.; *Kropholler*, S. 25.

19 *v. Hein*, Günstigkeitsprinzip, S. 24; *Kegel/Schurig*, IPR, S. 131 ff.

20 *v. Savigny*, S. 24 ff.

21 Statt vieler *v. Hoffmann/Thorn*, IPR, § 2 Rn. 50; *v. Hein*, Günstigkeitsprinzip, S. 26

22 *v. Savigny*, S. 28, 108, 118; vgl. hierzu auch *v. Bar/Mankowski*, IPR I, § 6 Rn. 55; *v. Hoffmann/Thorn*, IPR, § 2 Rn. 31; *Weller*, IPRax 2011, 429, 431.

23 *Koziol/Thiede*, ZVglRWiss 106 (2007), 235, 238 f.; MüKoBGB-*v. Hein*, Einl. IPR Rn. 30; *Rauscher*, IPR, Rn. 34; zur Bedeutung der kollisionsrechtlichen Interessenlehre auch *Duintjer Tebbens*, S. 370; *Kegel/Schurig*, IPR, S. 134 ff.

24 MüKoBGB^5-*Sonnenberger*, Einl. IPR Rn. 82.

identifiziert zwischen drei Arten von Interessen, die für die Bestimmung der internationalprivatrechtlichen Gerechtigkeit maßgeblich sein sollen: Parteiinteressen, Verkehrsinteressen und Ordnungsinteressen.[25] Das Parteiinteresse sei darauf gerichtet, das Aufenthaltsrecht der betroffenen Person zur Anwendung zu bringen.[26] Das Verkehrsinteresse werde durch ein leichtes und schnelles Funktionieren des Rechtsverkehrs verwirklicht. Im Bereich unerlaubter Handlung werde den Verkehrsinteressen regelmäßig durch die Anknüpfung an den Tatort entsprochen, da sich Haftender und Geschädigter auf die Rechte des Handlungs- und Erfolgsorts einstellen könnten.[27] Nach *Kegel/Schurig* weisen Ordnungsinteressen verschiedene Facetten auf: Sie könnten zum einen auf einen äußeren internationalen Entscheidungseinklang gerichtet sein, wonach auf ein Rechtsverhältnis in verschiedenen Foren das gleiche materielle Recht angewendet werde.[28] Zum anderen verlangten Ordnungsinteressen nach einem inneren Entscheidungseinklang. Danach dürften verschiedene Aspekte eines Sachverhalts nicht unterschiedlichen Rechtsordnungen unterstellt werden, da widersprüchliche Regelungen in Gestalt von Normenhäufung oder Normenmangel auftreten könnten.[29] Ferner bestehe aus Sicht der Ordnung ein Interesse an Rechtssicherheit und Vorhersehbarkeit, wobei der Vorhersehbarkeit durch die Existenz von Kollisionsnormen regelmäßig bereits Genüge getan sei.[30]

Offen bleibt, in welchem Verhältnis die Interessen zueinander stehen. *Lüderitz* hat den Versuch unternommen, die Interessen zu systematisieren und ihnen einen Stellenwert zuzuordnen.[31] Abgesehen vom Vorrang der Parteiautonomie soll zwischen Ermittlungsinteresse (Anwendung des Rechts, über das der Einzelne sich am leichtesten informieren könne), materiellem Anpassungsinteresse (Anwendung des Rechts, zu dem sich der Einzelne zugehörig fühle) und Kontinuitätsinteresse (Anwendung des Rechts, unter dessen Geltung früher erlangte Rechtspositionen Bestand hätten) unterschieden werden.[32] Soweit Anpassungs- und Kontinuitätsinteresse miteinander in Konflikt stünden, seien

25 *Kegel/Schurig*, IPR, S. 134 ff.
26 *Kegel/Schurig*, IPR, S. 135.
27 *Kegel/Schurig*, IPR, S. 137 f.
28 *Kegel/Schurig*, IPR, S. 139 f.
29 *Kegel/Schurig*, IPR, S. 141 f.
30 *Kegel/Schurig*, IPR, S. 143.
31 *Lüderitz*, FS Kegel, S. 33, 36 ff., 48 f.
32 *Lüderitz*, FS Kegel, S. 33, 36 ff.; siehe dazu auch MüKoBGB^5-*Sonnenberger*, Einl. IPR Rn. 90.

materiellrechtliche Erfolgsinteressen entscheidend.[33] *Sonnenberger* geht hingegen von einer Gleichrangigkeit der betroffenen Rechtsanwendungsinteressen aus.[34] Einer Einschränkung bedürfe es nur insofern, als dass materielle Interessen, die vom Inhalt oder Ergebnis eines materiellen Rechts ausgingen oder sich zumindest an diesem orientierten, gegenüber privaten Rechtsanwendungsinteressen zurückstehen müssten, weil materielle Interessen ihre Wirkung durch den *ordre-public*-Vorbehalt entfalteten.[35] Ansonsten könne der Gesetzgeber grundsätzlich frei über das Rangverhältnis privater Rechtsanwendungsinteressen befinden.[36] Normative Vorgaben für die Abwägung bestünden nur ausnahmsweise und könnten sich beispielsweise aus europarechtlichen Vorgaben ergeben.[37]

Soweit das IPR privatrechtliche Verhältnisse, denen die Privatautonomie zugrunde liegt, gestaltet und entscheidet, sind Parteiinteressen bei der Bestimmung kollisionsrechtlicher Gerechtigkeit vorrangig zu beachten.[38] Da außervertragliche Schuldverhältnisse im IPR zu einem gewissen Maß für die Parteien disponibel sind,[39] kommt Parteiinteressen auch in diesem Zusammenhang eine vorrangige Bedeutung zu. Der Kreis zu beachtender Parteiinteressen ist aber in zweierlei Hinsicht einzuschränken.[40] Die beachtlichen privaten Interessen müssen zunächst typisiert sein, weil Interessen widersprüchlich und wandelbar sein können.[41] Da es um die räumliche gerechte Zuordnung des Sachverhalts zu einer Rechtsordnung geht, müssen die Parteiinteressen ferner auf die Anwendung einer bestimmten Rechtsordnung gerichtet sein.[42] Insofern bietet sich der Begriff *Sonnenbergers* an, der von kollisionsrechtlichen Interessen spricht.[43] Hierzu zählt insbesondere, wie in der Literatur richtig festgestellt wurde, das Interesse der Beteiligten an der Anwendung des Rechts des gewöhnlichen

---

33 *Lüderitz*, FS Kegel, S. 33, 40; siehe dazu auch MüKoBGB[5]-*Sonnenberger*, Einl. IPR Rn. 90.

34 MüKoBGB[5]-*Sonnenberger*, Einl. IPR Rn. 95.

35 MüKoBGB[5]-*Sonnenberger*, Einl. IPR Rn. 95.

36 MüKoBGB[5]-*Sonnenberger*, Einl. IPR Rn. 97.

37 MüKoBGB[5]-*Sonnenberger*, Einl. IPR Rn. 97; *Rauscher*, IPR, Rn. 53.

38 So allgemein MüKoBGB[5]-*Sonnenberger*, Einl. IPR Rn. 86; *Rauscher*, IPR, Rn. 53.

39 Siehe Art. 14 Rom II-VO und Erwägungsgrund 11 der Rom II-Verordnung; sowie statt vieler zur Rom II-Verordnung Palandt-*Thorn*, Art. 14 Rom II-VO Rn. 1.

40 In diesem Sinne bereits MüKoBGB[5]-*Sonnenberger*, Einl. IPR Rn. 84, 86.

41 MüKoBGB[5]-*Sonnenberger*, Einl. IPR Rn. 84, 86.

42 MüKoBGB[5]-*Sonnenberger*, Einl. IPR Rn. 86.

43 MüKoBGB[5]-*Sonnenberger*, Einl. IPR Rn. 86.

Aufenthalts.[44] Daneben treten im deliktsrechtlichen Kontext das Interesse an einer einfachen und effektiv durchsetzbaren Entscheidung sowie das Interesse an der Berechenbarkeit der anwendbaren Rechtsordnung.[45] Letztgenannte Interessen sind entgegen *Kegel/Schurig* daher nicht ausschließlich den Ordnungs- oder Verkehrsinteressen zuzuordnen.[46] Gleiches gilt für den bereits erwähnten internationalen Entscheidungseinklang. Die Parteien eines Rechtsverhältnisses sind regelmäßig ebenfalls daran interessiert, dass eine sie betreffende Rechtsfrage nicht in jeder Rechtsordnung anders beurteilt wird.[47] Damit zeigt sich, dass die von *Kegel/Schurig* formulierten Verkehrs- und Ordnungsinteressen häufig legitime Parteiinteressen beinhalten. Die generelle Beachtlichkeit von Verkehrs- und Ordnungsinteressen soll damit aber nicht in Abrede gestellt werden.

Die Rechtssicherheit wird teilweise als Prinzip gesehen, das der engsten Verbindung entgegensteht.[48] Eine solche Sichtweise kann nicht überzeugen. International tätige Rechtssubjekte verlangen nach Rechtsklarheit und Rechtssicherheit. Nur mit ihrer Hilfe werden die Pflichten bei einer Tätigkeit über Staatsgrenzen hinweg klar bestimmt.[49] Die Rechtssicherheit muss daher in den Kanon relevanter Parteiinteressen mit aufgenommen werden.

Im Sinne einer ökonomischen Analyse des Rechts sollten die typisierten Parteiinteressen derart erweitert werden, dass die beteiligten Parteien regelmäßig am effizienten Einsatz von Mitteln interessiert sind.[50] Bereits in den von *Kegel/Schurig* formulierten Verkehrsinteressen klingt dieser Gedanke an.[51] Das Interesse an ökonomisch effizienten Regelungen ist folglich als typisches Parteiinteresse beachtlich. Im Übrigen kann das Gebot der effizienten Ausgestaltung von Kollisionsnormen bereits aus dem europäischen Primärrecht abgeleitet werden: Art. 26 AEUV formuliert das Ziel eines effizienten Binnenmarkts, in dem Waren, Personen und Dienstleistungen ungehindert verkehren können.[52] Dieses Postulat hat auch bei der Aufstellung von Kollisionsnormen Berechtigung und fordert effiziente Rechtsakte.[53]

44 MüKoBGB[5]-*Sonnenberger*, Einl. IPR Rn. 88.
45 MüKoBGB[5]-*Sonnenberger*, Einl. IPR Rn. 88; MüKoBGB-*v. Hein*, Einl. IPR Rn. 30.
46 MüKoBGB[5]-*Sonnenberger*, Einl. IPR Rn. 88; vgl. auch *Neuhaus*, Grundbegriffe, S. 161.
47 MüKoBGB[5]-*Sonnenberger*, Einl. IPR Rn. 89.
48 *Geisler*, S. 70.
49 *Hohloch*, Deliktsstatut, S. 249 f.
50 So *Mogendorf*, S. 68; *Rühl*, S. 190.
51 Vgl. *Kegel/Schurig*, IPR, S. 137 f., wonach Verkehrsinteressen auf ein schnelles und leichtes Funktionieren des Rechtsverkehrs gerichtet seien.
52 *Mogendorf*, S. 68; vgl. Calliess/Ruffert[4]-*Kahl*, Art. 26 AEUV Rn. 15.
53 *Mogendorf*, S. 68; vgl. allgemein Grabitz/Hilf/Nettesheim-*Bast*, Art. 26 AEUV Rn. 9.

2. Persönliche und sachliche Verbindungen zum Rechtsverhältnis

Andere Teile der Literatur stellen auf persönliche und sachliche Verbindungen ab, um die engste Verbindung zu bestimmen.[54] Räumliche Kriterien sollen bei dieser Betrachtung keine Rolle spielen.[55] Von der kollisionsrechtlichen Interessenlehre unterscheidet sich dieser Ansatz nur teilweise. Neben den persönlichen und sachlichen Verbindungen berücksichtigt diese Ansicht nämlich auch die konkreten Interessen der Beteiligten, um kollisionsrechtliche Gerechtigkeit zu erreichen.[56]

Sachliche und persönliche Verbindungen drücken die Anforderungen an eine Kollisionsnorm im Gegensatz zur kollisionsrechtlichen Interessenlehre unzureichend aus. Da sich das Privatrecht an den Interessen und schützenswerten Verkehrserwartungen der Parteien zu orientieren hat, stellen kollisionsrechtliche Interessen den vorrangigen Maßstab für das Prinzip engster Verbindung dar. Persönliche und sachliche Verbindung können insbesondere kollisionsrechtliche Interessen begründen, sind aber für sich genommen weniger gewichtig für die Bestimmung der engsten V7erbindung. Richtigerweise wird daher innerhalb der Befürworter dieser Ansicht auf die kollisionsrechtliche Interessenlehre verwiesen.[57]

3. Überlagerung durch materiellrechtliche Wertungen

Strittig ist, inwiefern Kollisionsnormen, die auf materiellrechtliche Erwägungen zurückgehen, noch das Prinzip engster Verbindung verwirklichen. Ein namhaftes Beispiel hierfür ist der Schutz der schwächeren Vertragspartei.

Bevor auf das Problem im Einzelnen eingegangen wird, sei bemerkt, dass die Berücksichtigung materiellrechtlicher Wertungen nicht mit den bereits erwähnten materiellen Interessen gleichzusetzen ist. Materielle Interessen rühren vom Ergebnis des materiellen Rechts her und können am besten im Sinne des US-amerikanischen „*better law approach*" verstanden werden. Danach findet das materiell beste Recht auf ein Rechtsverhältnis Anwendung.[58] Bei der

---

54 *Baetge*, S. 77 ff.; *Kropholler*, S. 25; *Schwind*, FS Matscher, S. 435. Vgl. auch *Schmid*, SchwJZ 1957, 232, 234, der von sozialen Kriterien spricht.

55 *Kropholler*, S. 25.

56 *Baetge*, S. 79; *Schwind*, FS Matscher, S. 435.

57 So *Baetge*, S. 79.

58 So vor allem *Juenger*, Zum Wandel des IPR, S. 21 ff.; *ders.*; Am. J. Comp. L. 30 (1982), 117, 117 ff.; *ders.*, Am. J. Comp. L. 32 (1984), 1, 15. Vgl. dazu auch *v. Hoffmann/Thorn*, IPR, § 2 Rn. 47 f.; *Kegel/Schurig*, IPR, S. 146; MüKoBGB[5]-*Sonnenberger*, Einl. IPR Rn. 95.

Berücksichtigung materiellrechtlicher Wertungen geht es darum, Prinzipien des materiellen Rechts, wie etwa den Schutz der schwächeren Partei, kollisionsrechtlich umzusetzen, ohne dabei ein konkretes materielles Ergebnis in den Blick zu nehmen. Stattdessen wird ein Anknüpfungspunkt gewählt, der den Prinzipien des materiellen Rechts Rechnung trägt. Die Anknüpfung an den gewöhnlichen Aufenthalt des Verbrauchers in Art. 6 Rom I-VO, die bewusst vom Grundsatz der charakteristischen Leistung abweicht, ist ein Beispiel dafür, wie der Schutz der schwächeren Vertragspartei kollisionsrechtlich verwirklicht wird.[59]

Ein Teil der Literatur möchte nur die internationalprivatrechtliche Gerechtigkeit als Maßstab für die engste Verbindung anlegen. Materiellrechtliche Wertungen müssten stets außen vor bleiben.[60] Der Grund für die Annahme liege darin, dass dem Kollisionsrecht lediglich ein ordnender Charakter zukomme, der nur durch Neutralität gegenüber dem materiellen Recht gewahrt werde.[61]

Neuere Tendenzen beziehen hingegen materiellrechtliche Gesichtspunkte in die Suche nach dem kollisionsrechtlich besten Recht mit ein.[62] Ein überzeugendes Plädoyer für die Berücksichtigung der Zwecke des materiellen Rechts im Rahmen der engsten Verbindung hat *Hohloch* gehalten.[63] Nach *Hohloch* ist die kollisionsrechtliche Interessenlehre (im Sinne *Kegels*) Ausgangspunkt für die Bestimmung der engsten Verbindung.[64] Die kollisionsrechtliche Interessenlage könne jedoch nur mit Blick auf das materielle Recht bestimmt werden, um der sozialgestaltenden Aufgabe des materiellen Rechts gerecht zu werden.[65] Kollisionsrecht und materielles Recht stünden insofern in einem Wertungszusammenhang.[66] Danach müsse der internationale Anwendungsbereich des Sachrechts im Lichte des Zwecks der Normen des Sachrechts bestimmt werden.[67] Die

---

59 Statt vieler MüKoBGB-*Martiny*, Art. 6 Rom I-VO Rn. 3.

60 *Geisler*, S. 71 ff.; *Weller*, IPRax 2011, 429, 433 ff.

61 Siehe beispielsweise *Jayme*, RabelsZ 36 (1972), 19, 23; *Neuhaus*, RabelsZ 15 (1949), 364, 372 f.

62 *v. Bar*, JZ 1985, 961, 965; *ders./Mankowski*, IPR I, Rn. 94; *Hamburg Group for Private International Law*, RabelsZ 67 (2003), 1, 15; *v. Hein*, Günstigkeitsprinzip, S. 67 ff.; *v. Hoffmann/Thorn*, IPR, § 11 Rn. 23; *Hohloch*, Deliktsstatut, S. 229 ff.; *Kegel/Schurig*, IPR, S. 131; *Kropholler*, S. 142; *Koziol/Thiede*, ZVglRWiss 106 (2007), 235, 238 ff; MüKoBGB-*v. Hein*, Einl. IPR Rn. 30, 41; *Siehr*, RabelsZ 37 (1973), 466, 478 ff.; *Wandt*, Rn. 540.

63 *Hohloch*, Deliktsstatut, S. 229 ff.

64 *Hohloch*, Deliktsstatut, S. 250.

65 *Hohloch*, Deliktsstatut, S. 233, 250.

66 *Hohloch*, Deliktsstatut, S. 244.

67 *Hohloch*, Deliktsstatut, S. 237.

engste Verbindung könne zwar nicht unmittelbar aus den Zwecken des Sachrechts abgeleitet werden, solle sich daran aber insoweit orientieren, als dass die materiellen Rechtszwecke nicht gefährdet würden.[68] Die Interessenbewertung darf *Hohloch* zufolge jedoch nicht bei den Zwecken des Sachrechts stehen bleiben, sondern muss „auch die im Sachrecht nicht formulierten Grundsätze und Politiken für eine angemessene Ordnung und Gestaltung des internationalen Rechtsverkehrs (…) verwirklichen."[69] Letztlich stellt *Hohlochs* Theorie keine Abkehr von der kollisionsrechtlichen Interessenlehre dar, sondern erweitert den Maßstab relevanter Betrachtungen um die Zwecke des Sachrechts und in ihm liegende Grundsätze und Politiken.

Vereinzelt wird die kollisionsrechtliche Interessenlehre außen vor gelassen und den Zwecken des Sachrechts eine noch weitergehende Bedeutung zugemessen. So spricht sich beispielsweise *Wandt* hinsichtlich der internationalen Produkthaftung dafür aus, mit Hilfe der engsten Verbindung „dasjenige Recht zu bestimmen, das die Funktionen des materiellen Rechts unter Berücksichtigung der Auslandsberührung des Sachverhalts am besten verwirklicht."[70]

Für die Berücksichtigung materiellrechtlicher Wertungen im Rahmen des Kollisionsrechts spricht eine gleichgelagerte Zwecksetzung von Kollisions- und Sachrecht. Beide verfolgen das Ziel, einen angemessenen Interessenausgleich zwischen Privatrechtssubjekten herzustellen.[71] Kollisions- und Sachrecht stehen in einem funktionellen Zusammenhang, der es gebietet, materiellrechtliche Wertungen kollisionsrechtlich zu würdigen.[72] Den Kritikern muss entgegnet werden, dass die Ordnungsfunktion, die dem Internationalen Privatrecht innewohnt, es nicht verbietet, materiellrechtliche Wertungen miteinzubeziehen. Ganz im Gegenteil: Eine Kollisionsnorm, die materiellrechtliche Wertungen verkennt, würde die Ordnungsfunktion nur unzureichend erfüllen, weil die Bestimmung der angemessenen Rechtsordnung von Prinzipien des Sachrechts mitbeeinflusst wird.[73] Eine Materialisierung des Kollisionsrechts kann damit nicht von der Hand gewiesen werden.[74] Es bleibt aber zu beachten, dass die materiellrechtlichen Wertungen erst nach deren kollisionsrechtlicher Umsetzung berücksichtigt

---

68 *Hohloch*, Deliktsstatut, S. 245.

69 *Hohloch*, Deliktsstatut, S. 257 f.

70 *Wandt*, Rn. 540.

71 *v. Bar/Mankowski*, IPR I, Rn. 94; in diesem Sinne mittlerweile auch *Kegel/Schurig*, IPR, S. 131.

72 *v. Bar/Mankowski*, IPR I, § 6 Rn. 95; vgl. MüKoBGB-*v. Hein*, Einl. IPR Rn. 30.

73 Vgl. *v. Bar/Mankowski*, IPR I, § 6 Rn. 95; MüKoBGB^{5}-*Sonnenbeger*, Einl. IPR Rn. 77.

74 So bereits *Jayme*, Rec. des Cours 251 (1995-I), 9, 44, 47; *Weller*, IPRax 2011, 430, 435 f.

werden und gerade nicht im Sinne eines materiellen Ergebnisses verwirklicht werden.[75]

Relevant für die Berücksichtigung materiellrechtlicher Wertungen sind vor allem die Funktionen des Sachrechts.[76] Entgegen der Ansicht *Wandts* verlangt das Prinzip engster Verbindung nicht, diejenige Rechtsordnung zu berufen, welche die Zwecke des Sachrechts *am besten* verwirklicht.[77] Die internationalprivatrechtliche Gerechtigkeit kann nicht unmittelbar aus der materiellrechtlichen Gerechtigkeit geschlossen werden.[78] Die Zwecke des Sachrechts sollten bei der Suche nach der angemessenen Rechtsordnung in dem Maße berücksichtigt werden, dass sie kollisionsrechtlich nicht entwertet werden.[79]

Die kollisionsrechtliche Lösung geht über die materiellrechtliche allerdings insofern hinaus als dass sie fragt, welche Rechtsordnung den internationalen Sachverhalt angemessen regelt. Auf kollisionsrechtlicher Ebene bestehen Wertungen, die dem Sachrecht unbekannt sind.[80] Insbesondere ist hier an das Gebot internationalen Entscheidungseinklangs zu denken.[81] Ansonsten sollte sich das Kollisionsrecht, ebenso wie das Sachrecht, an den Bedürfnissen und schützenswerten Verkehrserwartungen der Parteien orientieren.[82] Um diese zu bestimmen, sind die schon eingangs dargestellten kollisionsrechtlichen Interessen relevant. Die Zwecke des materiellen Rechts sind zwar nicht allein beachtlich, sollten aber in die kollisionsrechtliche Lösung miteinbezogen werden.

4. Einschätzungsprärogative des Gesetzgebers hinsichtlich der engsten Verbindung

Fraglich ist ferner, inwiefern dem Gesetzgeber eine Einschätzungsprärogative hinsichtlich der Bestimmung der engsten Verbindung zusteht. Teile der Literatur nehmen dies an.[83] Dafür spreche vor allem das Prinzip der Gewaltenteilung,

75 *Rauscher*, IPR, Rn. 74.
76 *Wandt*, Rn. 542 ff.; so auch MüKoBGB-*v. Hein*, Einl. IPR Rn. 30.
77 *Wandt*, Rn. 540.
78 *Hohloch*, Deliktsstatut, S. 246.
79 Vgl. auch *v. Bar/Mankowski*, IPR I, § 6 Rn. 95, wonach das Kollisionsrecht sachrechtliche Wertungen nicht durchkreuzen dürfe; sowie MüKoBGB-*v. Hein*, Einl. IPR Rn. 30.
80 *v. Bar/Mankowski*, IPR I, § 6 Rn. 96.
81 *v. Bar/Mankowski*, IPR I, § 6 Rn. 96.
82 *v. Bar/Mankowski*, IPR I, § 6 Rn. 97.
83 In diesem Sinne *v. Bar/Mankowski*, IPR I, § 7 Rn. 109; *v. Hein*, Günstigkeitsprinzip, S. 72; *Sonnentag*, Renvoi, S. 150 f.

wonach der Gesetzgeber die grundlegenden Wertungen vorgebe.[84] Mit dem Erlass der Kollisionsnorm nehme der Gesetzgeber abstrakt die Bewertung der relevanten Anknüpfungspunkte und damit auch die Gewichtung relevanter Faktoren vor. Die Suche nach dem Recht, welches die engste Beziehung zu dem Sachverhalt aufweise, werde durch das Aufstellen der Kollisionsnormen bewältigt.[85] Mit Hilfe der engsten Verbindung werde kollisionsrechtliche Gerechtigkeit erreicht. Wenn man Gerechtigkeit „im Sinne einer *adäquaten Komplexität* des konsistenten Entscheidens"[86] verstehe, sei jede Kollisionsnorm gerecht, die der Komplexität des internationalen Sachverhalts Rechnung trage.[87] In der hinreichenden Würdigung relevanter Faktoren könne folglich die Verwirklichung der engsten Verbindung gesehen werden. Die gewählten Anknüpfungspunkte seien damit in der Regel Ausdruck der gesetzgeberischen Wertung zur engsten Verbindung.[88]

Dem vorgennannten Ansatz ist zuzustimmen. Inwiefern sachrechtlichen Wertungen und den betroffenen Interessen kollisionsrechtlich Ausdruck verliehen wird, wird durch den Gesetzgeber bestimmt, dem in dieser Hinsicht eine Einschätzungsprärogative zusteht.[89] Dem Prinzip der Gewaltenteilung entspricht es, dass der Gesetzgeber die relevanten Faktoren rechtspolitisch bewertet und eine entsprechende Kollisionsnorm aufstellt.[90] Gebunden wird der Gesetzgeber hierbei lediglich durch höherrangige Rechtsquellen, wie das europäische Primärrecht.[91] Eine feste Rangordnung relevanter Faktoren besteht abseits dessen nicht.[92] Das Prinzip engster Verbindung wird durch die Formulierung einer Kollisionsnorm immer dann verwirklicht, wenn der Gesetzgeber die relevanten Faktoren zur Kenntnis genommen und gewürdigt hat. Deutlichstes Anzeichen hierfür ist die explizite Bezugnahme auf die engste Verbindung in Gesetzestext oder Gesetzesbegründung. Dies ist allerdings keine Bedingung für die Verwirklichung der engsten Verbindung. Vielmehr kann die engste Verbindung der Kollisionsnorm auch als ungenanntes Prinzip zugrunde liegen.[93]

---

84 *v. Hein*, Günstigkeitsprinzip, S. 72.
85 *v. Bar/Mankowski*, IPR I, § 7 Rn. 109.
86 *Luhmann*, S. 225 (Hervorhebung dort).
87 Vgl. dazu *v. Hein*, Günstigkeitsprinzip, S. 24 f.
88 *v. Bar/Mankowski*, IPR I, § 7 Rn. 109; *Sonnentag*, Renvoi, S. 150 f.
89 *v. Hein*, Günstigkeitsprinzip, S. 28.
90 *v. Hein*, Günstigkeitsprinzip, S. 28.
91 Vgl. *Rauscher*, IPR, Rn. 76.
92 MüKoBGB[5]-*Sonnenberger*, Einl. IPR Rn. 95.
93 *v. Bar/Mankowski*, IPR I, § 7 Rn. 109.

5. Keine Ablehnung des Prinzips engster Verbindung

Das Prinzip der engsten Verbindung wird teilweise stark kritisiert. Unabhängig von der Ausgestaltung wird der engsten Verbindung vorgeworfen, dass sie eine Leerformel ist, die zu der Bestimmung der richtigen Anknüpfung keinen Beitrag leistet.[94] Aus interessenjuristischer Sicht heißt es: Das Prinzip engster Verbindung sei keine Zielbestimmung des Internationalen Privatrechts, sondern bezeichne vielmehr das kollisionsrechtliche Ergebnis.[95] Räumliche oder sonstige Beziehungen zwischen Sachverhalt und Rechtsordnung könnten nicht die kollisionsrechtliche Gerechtigkeit begründen. Diese müsse sich immer an der bestmöglichen Befriedigung realer menschlicher Bedürfnisse, sprich der betroffenen Interessen, orientieren.[96]

Die engste Verbindung stellt – entgegen der obigen Vorwürfe – keine Leerformel dar.[97] Auch wenn die konkrete Umsetzung der gesetzgeberischen Wertung unterliegt, liegen Maßstäbe für dessen Konkretisierung vor. Ein deutungsoffener Begriff ist nicht mit einer Leerformel gleichzusetzen. Die Einbeziehung von kollisionsrechtlichen Interessen, wie auch materiellrechtlichen Gesichtspunkten ist unweigerliche Folge der Umsetzung der sozialgestaltenden Aufgabe des Rechts auf kollisionsrechtlicher Ebene.[98]

II. Verwirklichte Ziele durch Inverkehrbringen, Vorhersehbarkeit und Art. 17 Rom II-VO

Zu untersuchen ist, welche Funktion die Verteidigungsmechanismen unter Berücksichtigung der Ziele des Internationalen Privatrechts erfüllen.

1. Umsetzung der kollisionsrechtlichen Interessenlehre

Zunächst findet sich die kollisionsrechtliche Interessenlehre in Art. 5 Rom II-VO – und damit auch in Inverkehrbringen und Vorhersehbarkeit – sowie in Art. 17 Rom II-VO wieder. Abgesehen von dem gemeinsamen gewöhnlichen Aufenthalt knüpft Art. 5 Abs. 1 Satz 1 lit. a Rom II-VO vorrangig an den

---

94 Siehe *Ehrenzweig*, Harv. L. Rev. 80 (1966), 377, 381 f.; *Flessner*, S. 78 f.; *Juenger*, RabelsZ 46 (1982), 73; *Kegel*, AcP 178 (1978), 118, 120; *Kegel/Schurig*, IPR, S. 305 ff.; *Schurig*, S. 342.

95 *Flessner*, S. 78.

96 *Flessner*, S. 79.

97 So bereits MüKoBGB-*v. Hein*, Einl. IPR Rn. 29.

98 Vgl. *Hohloch*, Deliktsstatut, S. 233, 250; MüKoBGB-*v. Hein*, Einl. IPR Rn. 29.

gewöhnlichen Aufenthalt des Geschädigten an. Der Geschädigte ist regelmäßig daran interessiert, nach der Rechtsordnung Ersatz verlangen zu können, mit der er vertraut ist.[99] Regelmäßig wird der Erwerber eines Produkts an seinem gewöhnlichen Aufenthalt geschädigt.[100] Die primäre Anknüpfung an den gewöhnlichen Aufenthalt des Geschädigten drückt gleichzeitig das Prinzip des Schutzes der schwächeren Partei aus, welches auch das materielle Recht beeinflusst.[101] Mit der nachrangigen Anknüpfung an den Erwerbsort wurde ein Anknüpfungspunkt gewählt, der gewissermaßen zwischen den Parteien liegt, indem er auf die Markttransaktion Bezug nimmt. Insbesondere für den Geschädigten ist der Erwerbsort vorhersehbar und erkennbar.[102] In seiner Person wird durch den Erwerbsakt die Erwartung der Anwendbarkeit des Marktrechts begründet.[103] Die Berufung des Erfolgsorts auf der letzten Stufe der Anknüpfungsleiter nimmt die Opferinteressen wiederum stärker in den Blick.[104] Der Geschädigte vertraut regelmäßig darauf, dass der Ort, an dem sich der Schaden ereignet, auch für den Haftungsfall maßgeblich ist.[105]

Inverkehrbringen und Vorhersehbarkeit begrenzen die Anwendbarkeit der an sich berufenen Rechtsordnung.[106] Hinter beiden Merkmalen steht das Interesse des potentiell Haftenden an der Berechenbarkeit des anwendbaren Rechts.[107] Der potentiell Haftende ist hieran interessiert, um sich auf die einschlägigen Verhaltensgebote einstellen zu können. Eine Rechtsordnung, deren Anwendbarkeit der potentiell Haftende nicht erkennen kann, muss er nicht beachten. So gewährleisten Inverkehrbringen und Vorhersehbarkeit auf Seiten des Haftenden die Vorhersehbarkeit des anwendbaren Rechts bzw. sie erhöhen die Kalkulierbarkeit

---

99 *De Ment*, Cornell Int'l L. J. 5 (1972), 75, 93; *Freitag*, S. 114 f.; *Kegel/Schurig*, IPR, S. 135; MüKoBGB[5]-*Sonnenberger*, Einl. IPR Rn. 88; *Prager*, S. 302; NK-Lehmann, Art. 5 Rom II-VO Rn. 12.

100 So allgemein *Saunders*, Law & Policy Int. Bus. 4 (1972), 187, 199.

101 Vgl. *Weller*, IPRax 2011, 429, 431.

102 Vgl. NK-*Lehmann*, Art. 5 Rom II-VO Rn. 11.

103 *Duintjer Tebbens*, S. 377; *v. Hein*, Günstigkeitsprinzip, S. 403 f.; NK-*Lehmann*, Art. 5 Rom II-VO Rn. 11; *Prager*, S. 301; *Stoll*, FS Kegel, S. 113, 131.

104 *Weller*, IPRax 2011, 429, 435; vgl. ferner *v. Bar/Mankowski*, IPR I, § 6 Rn. 52 ff.

105 *Kadner Graziano*, Europäisches Internationales Deliktsrecht, S. 54 f. m. w. N.

106 *Leible/Lehmann*, RIW 2007, 721, 727.

107 *Rodiek*, S. 26. Vgl. *v. Hein*, Tul. L. Rev. 82 (2008), 1663, 1697; so zum Vorhersehbarkeitseinwand Bamberger/Roth-*Spickhoff*, Art. 5 Rom II-VO Rn. 1, 8; Rauscher-*Unberath/Cziupka/Pabst*, EuZPR/EuIPR, Art. 5 Rom II-VO Rn. 94.

des Haftungsrisikos.[108] Jedoch unterscheiden sich Inverkehrbringen und Vorhersehbarkeit in der Gewährleistungsrichtung. Während das Inverkehrbringen ein objektives Merkmal darstellt, drückt die Vorhersehbarkeit die subjektive Beziehung des Haftenden zum Inverkehrbringen aus.

Art. 5 Abs. 1 Satz 2 Rom II-VO sorgt dafür, dass bei mangelnder Vorhersehbarkeit des objektiven Merkmals (des Inverkehrbringens) eine Rechtsordnung angewandt wird, mit welcher der Haftende direkt verbunden ist, indem das Recht seines gewöhnlichen Aufenthalts berufen wird. Auch der Haftende hat ein Interesse daran, sich auf die ihm vertraute Rechtsordnung seines gewöhnlichen Aufenthalts verlassen zu können.[109] Hinter der Vorhersehbarkeitsklausel steht die Wertung, dass der Haftende sich nie über die Anwendbarkeit des Rechts seines gewöhnlichen Aufenthalts beschweren kann. Das Recht des eigenen gewöhnlichen Aufenthalts ist für ihn stets vorhersehbar.[110] Nach der Wertung, die Art. 5 Abs. 1 Satz 2 Rom II-VO zugrunde liegt, gilt dies auch dann, wenn ein Hersteller ausschließlich Produkte für den Export herstellt. Gerade in diesem Fall wird der Haftende durch Art. 17 Rom II-VO geschützt.

Hinter Art. 5 Abs. 1 Satz 2 und Art. 17 Rom II-VO steht derselbe Grundgedanke.[111] Auch die Berücksichtigung lokaler Sicherheits- und Verhaltensregeln soll die Unvorhersehbarkeit des anwendbaren Rechts auf Seiten des potentiell Haftenden verhindern,[112] indem die Sicherheits- und Verhaltensregeln des Orts und Zeitpunkts der maßgeblichen Handlung berücksichtigt werden können.[113] Art. 17 Rom II-VO ergänzt damit den Schutz des Haftenden.

Insgesamt ergibt sich folgendes Bild: Die Abwägung betroffener Parteiinteressen tritt innerhalb der Anknüpfungsleiter des Art. 5 Rom II-VO durch die kumulative Anknüpfung, die durch den Vorhersehbarkeitseinwand begrenzt

---

108 *Huber/Illmer*, YbPIL (9) 2007, 31, 41; Palandt-*Thorn*, Art. 5 Rom II-VO Rn. 6; Rauscher-*Unberath/Cziupka/Pabst*, EuZPR/EuIPR, Art. 5 Rom II-VO Rn. 96.

109 *De Ment*, Cornell Int'l L. J. 5 (1972), 75, 93.

110 So allgemein *Pryles*, Rec. des Cours 227 (1991-II), 9, 126; sowie zur Vorhersehbarkeit in Art. 7 Haager Übereinkommen *Fawcett*, Rec. des Cours 238 (1993-I), 9, 144; *Lorenz*, FS Wahl, S. 185, 190 f.; *ders.*; RabelsZ 37 (1973), 317, 344; *ders.*, RabelsZ 57 (1993), 175, 204; *Reese*, Ga. J. Int'l & Comp. L. 8 (1978), 311, 315.

111 *G. Wagner*, IPRax 2008, 1, 7.

112 Calliess-*v. Hein*, Rome Regulations, Art. 17 Rome II Rn. 1; *ders.*, FS v. Hoffmann, S. 139. *Leible/Lehmann*, RIW 2007, 721, 725; *G. Wagner*, IPRax 2008, 1, 5, 7.

113 *Junker*, JZ 2008, 169, 177; MüKoBGB-*ders.*, Art. 17 Rom II-VO Rn. 1; *Rüppell*, S. 88; *G. Wagner*, IPRax 2008, 1, 5; so auch zu Art. 9 Haager Übereinkommen *Wandt*, Rn. 766.

wird, hervor.[114] Auf diesem Weg soll kollisionsrechtliche Anknüpfungsgerechtigkeit erzielt werden. Inverkehrbringen und Vorhersehbarkeit sind das Gegenstück zu der Anknüpfung an den gewöhnlichen Aufenthalt des Geschädigten, den Erwerbs- bzw. Erfolgsort.[115] Während das Inverkehrbringen und die Vorhersehbarkeit in objektiver und subjektiver Hinsicht eine hinreichend enge Verbindung zu dem Haftenden sicherstellen, gewährleisten der gewöhnliche Aufenthalt des Geschädigten, der Erwerbsort und der Erfolgsort den hinreichenden Bezug zum Geschädigten.[116] In diesem Sinne ist auch Erwägungsgrund 20 der Rom II-Verordnung zu sehen, wonach die Anknüpfungsleiter, zusammen mit der Vorhersehbarkeitsklausel, eine ausgewogene Lösung darstellt. Art. 5 Rom II-VO ist getragen von einem Kompromiss zwischen Konsumentenschutz einerseits und Kalkulierbarkeit der Haftung andererseits.[117] Der vielfach in der Literatur kritisierte Kompromisscharakter[118] von Art. 5 Rom II-VO ist evident.

Art. 17 Rom II-VO sorgt ebenfalls für die Erkennbarkeit der relevanten Verhaltensgebote und ergänzt auf diesem Weg den Schutz des Haftenden. Doch auch innerhalb des Art. 17 Rom II-VO wird ein angemessener Interessenausgleich gewährleistet.[119] Art. 17 Rom II-VO schützt gleichermaßen den Geschädigten, weil auch er mit der Anwendung der Sicherheits- und Verhaltensvorschriften rechnet, die am Handlungsort gelten.[120]

---

114 Palandt-*Thorn*, Art. 5 Rom II-VO Rn. 5; vgl. auch den Kommissionsentwurf vom 22.7.2003, KOM (2003) 427 endgültig, S. 16, wonach die geplante Regelung ein „angemessener Ausgleich zwischen den einzelnen Interessen“ darstelle.

115 *Stone*, in: Ahern/Binchy, S. 175, 193.

116 *Stone*, in: Ahern/Binchy, S. 175, 193.

117 Vgl. zu dieser grundsätzlichen Interessenwertung im Internationalen Produkthaftungsrecht *Lorenz*, FS Wahl, S. 185, 190.

118 *Hartley*, ICLQ 57 (2008), 898, 906; Rauscher-*Unberath/Cziupka/Pabst*, EuZPR/EuIPR, Art. 5 Rom II-VO Rn. 4; *G. Wagner*, IPRax 2008, 1, 6.

119 Siehe Erwägungsgrund 34 der Rom II-Verordnung: sowie Bamberger/Roth-*Spickhoff*, Art. 17 Rom II-VO Rn. 1; Calliess-*v. Hein*, Rome Regulations, Art. 17 Rome II Rn. 2; *ders.*, FS v. Hoffmann, S. 139, 140; *Plender/Wilderspin*, European Private International Law, Rn. 19–137; *Rüppell*, S. 87 f.; *G. Wagner*, IPrax 2008, 1, 5.

120 So zu Art. 9 Haager Übereinkommen *Cavers*, ICLQ 26 (1977), 703, 725; *Durham*, Ga. J. Int'l L. 4 (1974), 178, 187 f.; *Fallon*, Les accidents de la consommation, S. 261; *Lorenz*, RabelsZ 57 (1993), 175, 205; *Sack*, FS Ulmer, S. 495, 503; vgl. in diesem Sinne zu Art. 17 Rom II-VO *Dickinson*, Rome II, Rn. 15.34; *v. Hein*, FS v. Hoffmann, S. 139, 140, 152; *Muir Watt*, in: Corneloup/Joubert, S. 129, 140; *Plender/Wilderspin*, European Private International Law, Rn. 19–137; *Symeonides*, FS Jayme, S. 935, 944; *ders.*, Am. J. Comp. L. 56 (2008), 173, 214 f., sowie den Kommissionsentwurf vom 22.7.2003, KOM (2003) 427 endgültig, S. 28, wonach der Haftende die lokalen Sicherheits- und

2. Berücksichtigung der Zwecke des materiellen Rechts

Zu klären bleibt, inwiefern auch die Zwecke des Sachrechts durch Art. 5 Rom II-VO und Art. 17 Rom II-VO berücksichtigt werden. Das Haftungsrecht bezweckt sowohl die Verhaltenssteuerung als auch die Opferentschädigung.[121] Zwar kann bei verschiedenen Delikten die relative Gewichtung der Funktionen variieren, dennoch dient das Haftungsrecht aus rechtsvergleichender Sicht stets beiden Zwecken.[122]

a) *Die Kompensation von Schäden*

Der Schadensausgleich wird innerhalb der produkthaftungsrechtlichen Kollisionsnorm durch die Anknüpfung an den gewöhnlichen Aufenthalt[123] und den Erfolgsort[124] gewährleistet. Wie bereits erwähnt, ist den Kompensationsinteressen des Geschädigten regelmäßig dadurch Genüge getan, dass die Rechtsordnung seines gewöhnlichen Aufenthalts oder das Recht des Erfolgsorts über die Ersatzfähigkeit von Schäden entscheidet. Wenngleich die *lex domicilii* nicht die materiell günstigste Rechtsordnung für den Geschädigten sein muss, steht die gewählte Anknüpfung nicht im Widerspruch zur Kompensationsfunktion.[125] Die Anknüpfung fordert nicht die bestmögliche Umsetzung der Ziele des materiellen Rechts.

Verhaltensregeln beachten muss. Anders Huber-*Bach*, Rome II Regulation, Art. 17 Rn. 10; jurisPK-*Engel*, Art. 17 Rom II-VO Rn. 8; *G. Wagner*, IPrax 2008, 1, 6, wonach Art. 17 allein den Haftenden schütze; siehe dazu noch ausführlich unter E.IV.2.

121 *Hohloch*, Deliktsstatut, S. 230; MüKoBGB-*v. Hein*, Einl. IPR Rn. 30; ausführlich dazu auch *Trutmann*, S. 80 ff.

122 *Hamburg Group for Private International Law*, RabelsZ 67 (2003), 1, 15; *v. Hoffmann/Thorn*, IPR, § 11 Rn. 23; *Koziol/Thiede*, ZVglRWiss 106 (2007), 235, 239; MüKoBGB-*v. Hein*, Einl. IPR Rn. 30. Aus rechtsvergleichender Sicht siehe beispielsweise Art. 10:101 PETL der European Group on Tort Law vor: „Damages also serve the aim of preventing harm.“ Instruktiv hierzu und zur dualistischen Funktion des Haftungsrechts aus rechtsvergleichender Sicht *Fuchs*, FS v. Hoffmann, S. 776 ff.

123 *v. Hoffmann*, IPRax 1986, 90; *Kadner Graziano*, VersR 2004, 1205, 1209; *Wandt*, Rn. 893.

124 Vgl. *v. Hein*, VersR 2007, 440, 447; *Hohloch*, YbPIL 9 (2007), 1, 8.

125 Vgl. *v. Hein*, VersR 2007, 440, 447; *Kadner Graziano*, VersR 2004, 1205, 1209.

b) *Die Verhaltenssteuerung*

Daneben bezweckt das Haftungsrecht die Verhinderung künftiger Schäden. Da Hersteller als rational handelnde Marktteilnehmer ihr Verhalten zumindest theoretisch an ökonomischen Kriterien ausrichten, kann eine ökonomische Analyse wertvolle Hinweise zu der Frage liefern, inwiefern Inverkehrbringen und Vorhersehbarkeit sowie Art. 17 Rom II-VO zu einer Verhaltenssteuerung des Haftenden beitragen. Nach einer wohlfahrtsökonomischen Theorie bedeutet Prävention nicht Schadensverhütung um jeden Preis. Vielmehr sind Rechtsnormen unter dem Gesichtspunkt der Effizienz zu betrachten.[126]

aa) *Die Regulierung von Sorgfalts- und Aktivitätsniveau im materiellen Recht*

Im Bereich des Produkthaftungsrechts verfolgt die ökonomische Analyse des Rechts das Ziel, das Verhalten des Normadressaten durch Setzung entsprechender Anreize derart zu steuern, dass solche Schadensereignissen verhindert werden, deren Ausbleiben aufgrund des damit erzielten Gewinns an gesamtgesellschaftlicher Wohlfahrt sinnvoll ist.[127] In ökonomischer Hinsicht ist eine Unfallverhütung nur in den Fällen sinnvoll, in denen die Kosten, die für die Unfallverhütung aufgewendet werden müssen, geringer sind als die Kosten der verhinderten Unfälle.[128] Wenn die Kosten der Unfallverhütung größer sind als die Kosten des Schadens, ist der Eintritt des Schadens ökonomisch geboten, obwohl dies im Einzelfall Körperverletzung oder sogar Tod bedeuten mag.[129]

(1) *Das Haftungsrisiko zur Bestimmung des Sorgfaltsniveaus im Rahmen der Verschuldenshaftung*

Abgesehen von Schäden, die vernünftigerweise nicht vermeidbar sind,[130] gilt im Bereich der Haftung für fehlerhafte Produkte, dass Schäden durch planende und organisierende Tätigkeit verhindert werden können.[131] Die Wahl zwischen verschiedenen Konstruktionen oder Prüfverfahren bedeutet häufig auch die Wahl zwischen verschieden hohen Haftungsrisiken.[132] Durch die Androhung

---

126 Instruktiv *Schäfer/Ott*, Ökonomische Analyse, S. XXXIII ff.

127 *Kötz*, FS Steindorff, S. 643, 645.

128 *Kötz*, FS Steindorff, S. 643, 645.

129 *Harrison*, S. 166.

130 Siehe hierzu sogleich unter B.II.2.b)aa)(2).

131 *Esser/Weyers*, S. 137; *Wandt*, Rn. 632.

132 *Kötz*, FS Steindorff, S. 643, 653.

der Schadensersatzpflicht wird für die Warenherstellung ein Anreiz gesetzt, die Produktrisiken zu minimieren, um der Schadensersatzpflicht zu entgehen.[133] Der Anreiz führt zur Erhöhung des Schadensvermeidungsaufwands auf Seiten des Herstellers. Unter Zugrundelegung der obigen Erwägungen ergibt sich, dass die Anreize dort wirken, wo die Schadenskosten höher sind als die Kosten der Schadensvermeidung. Durch die Verschuldenshaftung wird folglich das Sorgfaltsniveau reguliert.

(2) *Das Haftungsrisiko zur Bestimmung des Aktivitätsniveaus im Rahmen der Gefährdungshaftung*

Soweit das Gesetz eine Gefährdungshaftung statuiert, geht damit auch eine Haftung für vernünftigerweise nicht vermeidbare Schäden einher.[134] In diesem Bereich führt eine Erhöhung des Sorgfaltaufwands nicht zu einer Reduktion des Haftungsrisikos. Durch die Gefährdungshaftung wird hingegen das Niveau gefährlicher Aktivität des Haftenden (Aktivitätsniveau) gesteuert.[135] In ökonomischer Hinsicht wird ein optimales Aktivitätsniveau erreicht, wenn der Nutzen durch die Ausdehnung der Aktivität genau den zu erwartenden Schäden entspricht.[136] Mit anderen Worten: In den Fällen, in denen die marginalen Schadenskosten höher sind als der zusätzliche Nutzen, führt die Ausdehnung der Aktivität zu Wohlfahrtsverlusten und sollte unterbleiben. Nach einer wohlfahrtsökonomischen Betrachtung muss die schadensverursachende Aktivität nur verringert werden, wenn die Schadenskosten größer sind als der zusätzliche Nutzen.[137] Hinsichtlich der Produkthaftung gilt: Dem unvermeidbaren Restrisiko der Gefährdungshaftung kann nur dadurch begegnet werden, dass der Vertrieb des Produkts unterlassen oder reduziert wird. Hier wird das Aktivitätsniveau bestimmt.[138]

(3) *Die Gefahr des Innovationsstopps*

Die Steuerung von Sorgfalts- und Aktivitätsniveau stößt jedoch dort an ihre Grenzen, wo eine grenzenlose Haftung die Gefahr des Innovationsstopps

133 *Zoller*, S. 80.
134 *Brüggemeier*, ZHR 152 (1988), 511, 515.
135 *Schäfer/Ott*, Ökonomische Analyse, S. 155 ff.; vgl. auch *Landes/Posner*, S. 67 ff.
136 *Schäfer/Ott*, Ökonomische Analyse, S. 156.
137 *Schäfer/Ott*, Ökonomische Analyse, S. 157.
138 Siehe zum vorhergehenden *Brüggemeier*, ZHR 152 (1988), 511, 515; *Schäfer/Ott*, Ökonomische Analyse, S. 155 ff.

begründet. Wenn die Unfallkosten untragbar und unvorhersehbar werden, wird das Haftungsrisiko unkalkulierbar und bestimmte Produkte werden aus dem Markt gedrängt oder nicht mehr entwickelt.[139] Soweit sich das Haftungsrisiko des Produzenten in keiner Weise eingrenzen lässt, bestehen auch keine Anhaltspunkte, mit deren Hilfe das Sorgfalts- und Aktivitätsniveau optimiert werden kann.[140] Der Produzent kann sich der Haftung nur dadurch entziehen, dass er ganz auf die Aktivität verzichtet. In der Folge können sozial nützliche und wünschenswerte Produktinnovationen ausbleiben.[141]

Somit ergibt sich ein Spannungsverhältnis zwischen gewünschter Verhaltenssteuerung und der Gefahr des Innovationsstopps. Empirische Studien legen den Schluss nahe, dass die Haftung für fehlerhafte Produkte grundsätzlich Anreize setzt, die Produktsicherheit zu erhöhen, ein extrem hohes Haftungsniveau jedoch dazu führt, dass Produktinnovationen gehemmt werden.[142] Der Produkthaftung nach US-amerikanischem Recht wird beispielsweise vorgeworfen, Innovationen für bestimmte Produkte zu verhindern. Die potentielle Haftung für fehlerhafte Produkte soll von Pharmaherstellern in den 1990er Jahren als so bedrohlich angesehen worden sein, dass beispielsweise die Entwicklung neuer Medikamente zur Schwangerschaftsverhütung unterblieb.[143]

bb) *Schlussfolgerungen für das Kollisionsrecht*

Bereits oben wurde festgestellt, dass Inverkehrbringen und Vorhersehbarkeit sowie Art. 17 Rom II-VO für die Erkennbarkeit anwendbarer Verhaltensgebote sorgen. Grundbedingung des Präventionsgedankens ist es, dass der potentiell Haftende die einschlägigen Verhaltensgebote erkennen kann, um sein Verhalten entsprechend anzupassen.[144] Nur gegen Risiken, die er kennt, wird er auch etwas unternehmen.[145] So kommt der Vorhersehbarkeit relevanter Sicherheitsstandards und der zu erwartenden Schäden im Rahmen der Produktentwicklung eine wichtige Funktion zu.[146] Die erwarteten Haftungskosten setzen einen

---

139 *Huber/Litan*, The Liability Maze, S. 2; ausführlich dazu auch *Huber*, Liability, S. 153 ff. Vgl. auch *Saravalle*, in: Malatesta, S. 107, 112.

140 *Schäfer/Ott*, Ökonomische Analyse, S. 385.

141 *Schäfer/Ott*, Ökonomische Analyse, S. 385.

142 *Viscusi/Moore*, in: Huber/Litan, S. 81, 114.

143 Siehe beispielsweise *Viscusi/Moore*, in: Huber/Litan, S. 81 ff. m. w. N.

144 jurisPK-*Lund*, Art. 5 Rom II-VO Rn. 2; *G. Wagner*, IPRax 2006, 372, 374 f.; *Wandt*, Rn. 609; vgl. auch *Faust*, S. 216; *Schäfer/Ott*, Ökonomische Analyse, S. 149 ff., 239 f.

145 *Faust*, S. 216.

146 In diesem Sinne auch jurisPK-*Lund*, Art. 5 Rom II-VO Rn. 2.

Anreiz dazu, ökonomisch sinnvollen Schadensvermeidungsaufwand zu betreiben. Im Gegensatz dazu bergen fehlende Informationen über die potentielle Haftung das Problem unvollkommener Sorgfaltsanforderungen in sich.

Die Verhaltenssteuerung im Zeitpunkt der Produktentwicklung steht in einem Spannungsverhältnis zu der Verhaltenssteuerung, die über später eintretende Haftungsfälle indiziert wird. Gegen die Verteidigungsmechanismen ließe sich einwenden, dass sie die Haftung begrenzen und dadurch unzureichende Anreize zur Schadensverhütung setzen. Nur ein System objektiver Haftung belastet den Haftenden mit dem Gewicht des gesamten Schadens, der aufgrund seiner wirtschaftlichen Unternehmung entstanden ist, so dass Sorgfalts- und Aktivitätsniveau entsprechend reguliert werden.[147] Im Falle der Nichthaftung für bestimmte Schäden wird kein Anreiz gesetzt, Vorsorgemaßnahmen zu treffen oder das Aktivitätsniveau zu senken, da der potentiell Haftende keinen Vorteil aus den zusätzlichen Kosten zieht.[148]

Eine solche Sichtweise übersieht, dass die Verteidigungsmechanismen der Rom II-Verordnung nicht zwingend dazu führen, dass die Haftung für einen verursachten Schaden entfällt. Es wird lediglich das anwendbare Haftungsregime ausgetauscht bzw. im Fall des Art. 17 Rom II-VO modifiziert. Der oben beschriebene Effekt tritt nur dann ein, wenn die Haftung nach dem an sich anwendbaren Recht dem Haftenden alle Schadenskosten auferlegt, während das durch die Verteidigungsmechanismen anwendbare Recht keine Entschädigung des Geschädigten vorsieht.

Daneben ist die Vorhersehbarkeit für die Steuerung des Aktivitätsniveaus unerlässlich. Die Haftung für unvermeidbare Schäden wirkt sich, wie gezeigt wurde, im materiellen Recht auf das Aktivitätsniveau aus. Die Korrelation zwischen Haftung und Aktivität wird auf Ebene des Kollisionsrechts dadurch hergestellt, dass die Ersatzpflicht des potentiell Haftenden mit Hilfe des Inverkehrbringens an sein Aktivitätsniveau geknüpft wird.[149] Der potentiell Haftende kann durch eine Verringerung seiner Aktivität auch seine Haftung verringern. Nur wenn er die potentiellen Schadenskosten, die sich aus der anwendbaren Rechtsordnung ergeben, im Zeitpunkt der Vornahme der Handlung vorhersehen konnte, wird er diese in die Kalkulation miteinbeziehen und das Ausmaß der gefährlichen Aktivität in Bezug auf die Haftung nach dieser Rechtsordnung

147 *Trimarchi*, ZHR 136 (1972), 118, 130.
148 *Shavell*, Foundations of Economic Analysis, S. 179.
149 Vgl. in diesem Sinne auch *Sammeck*, S. 34.

gegebenenfalls reduzieren.[150] Die Steuerung des Aktivitätsniveaus hängt folglich von der *ex ante* Erkennbarkeit der Haftungskosten ab.[151]

Im Hinblick auf die Gefahr des Innovationsstopps wäre jedoch neben der Erkennbarkeit des Haftungsstatuts erforderlich, dass der Haftende die Haftung nach einer bestimmten Rechtsordnung ausschließen kann. Wenn beispielsweise die Haftung nach US-amerikanischem Recht für bestimmte Hersteller existenzbedrohenden Charakter hat, ist es für sie unerlässlich, die Haftung nach US-amerikanischem Recht vermeiden zu können, ohne den Vertrieb in anderen Gebieten einzustellen. Eine uneingeschränkte Anwendbarkeit nationaler Rechtsordnungen hätte den Effekt, dass der Haftende sich auf den weltweit strengsten Haftungsmaßstab einstellen müsste.[152] In diesem Fall würden Vermeidungs-, Schadens- und Verfahrenskosten so stark zunehmen, dass eine gesamtgesellschaftlich sinnvolle Optimierung nicht mehr möglich wäre.[153] Ob mit den Verteidigungsmechanismen die Möglichkeit einhergeht, zielgerichtet der Anwendbarkeit einer Rechtsordnung entgegentreten zu können, kann an dieser Stelle noch nicht beantwortet werden. Dies hängt davon ab, ob mit dem Inverkehrbringen die Kontrolle über den internationalen Warenabsatz einhergeht und die Vorhersehbarkeit die Beherrschbarkeit des Geschehens oder eine ähnliche Form der Kontrolle ermöglicht. Das Gebot der Berechenbarkeit der Handlungsbedingungen erfordert dies nicht.

Zusammenfassend lässt sich festhalten, dass Inverkehrbringen und Vorhersehbarkeit sowie Art. 17 Rom II-VO die Verhaltenssteuerung auf kollisionsrechtlicher Ebene gewährleisten. Sie sorgen dafür, dass das gebotene Sorgfalts- und Aktivitätsniveau erkennbar ist. Ob sie auch das internationale Rechtsanwendungsrisiko beherrschbar machen, hängt von der Auslegung ab.

III. Ergebnis zur Funktion von Inverkehrbringen, Vorhersehbarkeit und Art. 17 Rom II-VO

Gemeinsam sichern Inverkehrbringen und Vorhersehbarkeit sowie Art. 17 Rom II-VO das Interesse des Haftenden an der Berechenbarkeit der anwendbaren Rechtsordnung im Kollisionsrecht und stärken auf seiner Seite die Rechtssicherheit. So tragen sie auch dazu bei, dass der Haftende die anwendbaren Verhaltensgebote erkennen und sein Verhalten entsprechend einstellen

---

150 So zum materiellen Recht *Schäfer/Ott*, Ökonomische Analyse, S. 239 f.

151 *Schäfer/Ott*, Ökonomische Analyse, S. 239 f.

152 *Rühl*, S. 670.

153 *Rühl*, S. 670.

kann. Innerhalb des Art. 5 Rom II-VO gewährleistet das Inverkehrbringen in objektiver Hinsicht und die Vorhersehbarkeit in subjektiver Hinsicht eine hinreichend enge Verbindung zum Haftenden. Auch Art. 17 Rom II-VO schützt die Berechenbarkeit der anwendbaren Rechtsordnung, bleibt jedoch in seinem Schutzniveau hinter Inverkehrbringen und Vorhersehbarkeit zurück, da die Berücksichtigung der Sicherheits- und Verhaltensvorschriften, die am Handlungsort gelten, im Ermessen des Gerichts steht.

C. Das Inverkehrbringen

Im nächsten Schritt wird das Inverkehrbringen analysiert. Die verschiedenen Stufen der Anknüpfungsleiter des Art. 5 Abs. 1 Satz 1 Rom II-VO (gewöhnlicher Aufenthalt des Geschädigten, Erwerbsort und Erfolgsort) sind nur dann anwendbar, wenn das Produkt in dem jeweiligen Staat in Verkehr gebracht wurde.

I. Dogmatische Einordnung

Wie das Inverkehrbringen das Interesse des Haftenden an der Berechenbarkeit des Haftungsstatuts verwirklicht, wurde durch die vorgehende Analyse nicht festgestellt. Hinter dem Inverkehrbringen könnten zwei dogmatische Figuren stehen. Zum einen könnte das Inverkehrbringen an den Marktort anknüpfen. Zum anderen könnte der Ort des Inverkehrbringens als Handlungsort im Internationalen Produkthaftungsrecht einzustufen sein.

1. Marktort

Gerade in der jüngeren Literatur wird häufig dafür plädiert, internationale Produkthaftungsfälle an den Marktort anzuknüpfen.[154] Die englische Sprachfassung des Art. 5 Rom II-VO, die für das Inverkehrbringen den Terminus *marketed* verwendet, legt den Schluss nahe, dass mit dem Inverkehrbringen eine Marktortanknüpfung einhergeht.[155] So spricht sich auch *Rühl* dafür aus, den Ort als

---

154 *v. Hein*, Tul. L. Rev. 82 (2008), 1663, 1697; *Kadner Graziano*, VersR 2004, 1205, 1208, 1210; *Krauss*, BYU L. Rev. 2002, 759, 815 ff.; *McConnell*, in: Olson, S. 90, 98; MüKoBGB-*Junker*, Art. 5 Rom II-VO Rn. 4; *O'Hara/Ribstein*, U. Chi. L. Rev. 67 (2000), 1151, 1211; *dies.*, The Law Market, S. 158; Rauscher-*Unberath/Cziupka/Pabst*, EuZPR/EuIPR, Art. 5 Rom II-VO Rn. 14; *Rühl*, S. 678 ff.; *Saravalle*, in: Malatesta, S. 107, 123; *Schäfer/Lantermann*, in: Basedow/Kono, S. 87, 110 ff.; *Sonnentag*, ZVglRWiss 105 (2006), 256, 282; *G. Wagner*, IPRax 2008, 1, 6. Vgl. auch *Heiderhoff*, GPR 2005, 92, 95; *v. Hein*, ZEuP 2009, 6, 28.

155 So *Heiderhoff*, GPR 2005, 92, 94; *Plender/Wilderspin*, European Private International Law, Rn. 19–148, die jedoch in Rn. 19–151 auch den Erwerbsort als Marktort ansehen. In diesem Sinne wohl auch MüKoBGB-*Junker*, Art. 5 Rom II-VO Rn. 22: „Diese Anknüpfungsleiter privilegiert (…) den Geschädigten, indem sie auf den gewöhnlichen Aufenthalts-, den Erwerbs- oder den Schadensort abstellt, allerdings abgemildert durch das Erfordernis der *Kongruenz mit dem Marktort*." (Hervorhebung durch den Verfasser). Auch *de Boer*, NILR 2009, 295, 321 f. geht in diese Richtung. So zum autonomen deutschen Recht *Freitag*, S. 110.

Marktort zu verstehen, an dem das Produkt erstmalig angeboten wurde.[156] Gemeinhin wird innerhalb des Art. 5 Rom II-VO allerdings die Anknüpfung an den Erwerbsort als Ausdruck des Marktorts verstanden.[157] *Kadner Graziano* nimmt hingegen an, dass der Marktort beide Elemente in sich vereinigt. Der Marktort sei also der Ort, an dem das Produkt im gewerblichen Handel angeboten und vom Geschädigten erworben werde.[158]

Zu untersuchen ist, ob im Rahmen des Art. 5 Rom II-VO der Erwerbsort oder der Ort des Inverkehrbringens der Marktort ist. Es bleibt zu beachten, dass der Marktort kein feststehender Begriff ist und deshalb der Auslegung offensteht.[159] Ein Markt ist getragen von dem Aufeinandertreffen von Angebot und Nachfrage. Damit kommen sowohl der Ort des Inverkehrbringens als auch der Erwerbsort als Marktort in Betracht.

Der Erwerbsort weist einen stärkeren Bezug zur Markttransaktion auf, weil das Produkt mit dem Erwerbsakt die Sphäre wechselt. Für die Auslegung des Marktorts im Sinne des Erwerbsorts sprechen auch ökonomische Erwägungen. Im Gegensatz zu anderen außervertraglichen Schuldverhältnissen besteht zwischen Haftendem und Geschädigtem im Fall der Produkthaftung eine Sonderverbindung in Form der Markttransaktion, die es grundsätzlich ermöglicht, Haftungskosten im Produktpreis zu berücksichtigen.[160] Wenn Haftungskosten im Produktpreis repräsentiert sind, wird den unerwünschten Effekten der *interstate arbitrage* und einer Quersubventionierung entgegengetreten.

Zur *interstate arbitrage*[161] kommt es, wenn ein Kunde ein Produkt in einem Land mit niedrigen Haftungsstandards erwirbt, es aber in ein Land mit höheren Haftungsstandards verbringt und dort einen Schaden erleidet, der bei Geltung des Rechts des Erfolgsorts zu einem Vorteil führen würde, der im Preis

156 *Rühl*, S. 679.

157 *v. Hein*, VersR 2007, 440, 447; *Kadner Graziano*, VersR 2004, 1205, 1208, 1210; Kullmann/Pfister-*Pfister*, Produzentenhaftung, Nr. 4010, S. 20, Fn. 106; MüKoBGB-*Junker*, Art. 5 Rom II-VO Rn. 4; *Rudolf*, WBL 2009, 525, 531; *Sonnentag*, ZVglRWiss 105 (2006), 256, 282; *Thorn*, IPRax 2001, 561, 564; Rauscher-*Unberath/Cziupka/Pabst*, EuZPR/EuIPR, Art. 5 Rom II-VO Rn. 61; *G. Wagner*, IPRax 2006, 372, 382; *ders.*, IPRax 2008, 1, 6.

158 *Kadner Graziano*, VersR 2004, 1205, 1208; in diese Richtung tendierend auch NK-*Lehmann*, Art. 5 Rom II-VO Rn. 13.

159 Vgl. insbesondere die Diskussion zum Marktort im Internationalen Wettbewerbsrecht: MüKoBGB-*Drexl*, IntLautR Rn. 133 ff.

160 *Rühl*, S. 670; vgl. auch NK-*Lehmann*, Art. 5 Rom II-VO Rn. 11.

161 Zum Begriff siehe *Krauss*, BYU L. Rev. 2002, 759, 785 ff.; *Rühl*, S. 671.

nicht berücksichtigt war.[162] Im Falle geringer Haftungsstandards am Erfolgsort würden dem Abnehmer hingegen Vorteile entgehen, für die er gezahlt hat.[163] Daher ist der Erwerb des Produktes in Ländern mit niedrigerem Haftungsniveau attraktiver für Kunden aus Ländern mit strengerem Haftungsregime als für einheimische Kunden.[164] Unter Geltung der Rom II-Verordnung kommt es zu der *interstate arbitrage*, wenn unterschiedliche Haftungsstandards nach dem Recht des gewöhnlichen Aufenthalts des Geschädigten und demjenigen des Erwerbsorts bestehen.

Die Quersubventionierung vollzieht sich dergestalt, dass alle Haftungsregime zur Bildung des Produktpreises herangezogen werden müssen, wenn eine Differenzierung nach unterschiedlich hohem Haftungsregime nicht möglich ist. Es bildet sich ein Einheitspreis. Dementsprechend müssen Konsumenten aus Ländern mit niedrigem Haftungsniveau einen Aufschlag zahlen, der nicht den zu erwartenden Haftungskosten entspricht.[165] In Ländern mit niedrigem Haftungsniveau kommt es zu einem überhöhten Preis. Gleichzeitig wird der Preis in Ländern mit höherem Haftungsniveau gedrückt. Folglich werden Konsumenten in Ländern mit niedrigem Haftungsniveau aufgrund des gestiegenen Preises aus dem Markt gedrängt.[166] Die Verkäufe an lokale Konsumenten sind in diesen Gebieten unter Effektivitätsgesichtspunkten zu gering.[167] In Gebieten mit höherem Haftungsregime sind die Verkäufe an lokale Kunden hingegen zu hoch. Die Effizienz würde verlangen, dass der Preis die vollen Haftungskosten der jeweiligen Rechtsordnung widerspiegelt und so Angebot und Nachfrage in einen optimalen Ausgleich gebracht würden.[168]

Jedoch kann ausschließlich die Anknüpfung an den Erwerbsort und eben nicht die Anknüpfung an den Ort des Inverkehrbringens die vorgenannten ökonomischen Zwecke erfüllen. Nur wenn die Produkthaftung an den Erwerbsort anknüpft, wird das Haftungsstatut über den Erwerbsakt bestimmt und die

---

162 *Kadner Graziano*, VersR 2004, 1205, 1208; siehe auch *ders.*, Europäisches Internationales Deliktsrecht, S. 75.

163 *Kadner Graziano*, VersR 2004, 1205, 1208; siehe auch *ders.*, Europäisches Internationales Deliktsrecht, S. 75.

164 *Rühl*, S. 671; vgl. auch *Krauss*, BYU L. Rev. 2002, 759, 785 ff.

165 *O'Hara/Ribstein*, The Law Market, S. 20; MüKoBGB-*Junker*, Art. 5 Rom II-VO Rn. 34; Rauscher-*Unberath/Cziupka/Pabst*, EuZPR/EuIPR, Art. 5 Rom II-VO Rn. 17; vgl. auch die Erwägungen zum materiellen Recht *Schäfer/Ott*, Ökonomische Analyse, S. 367.

166 *Schäfer/Lantermann*, in: Basedow/Kono, S. 87, 110.

167 *Schäfer/Lantermann*, in: Basedow/Kono, S. 87, 110.

168 *G. Wagner*, IPrax 2008, 1, 7.

Kosten des jeweiligen Haftungsregimes können im individuellen Stückpreis repräsentiert werden. Bei einer Anknüpfung an den Erwerbsort würden sowohl Konsumenten als auch Haftende in die Lage versetzt, Preis und Haftungsniveau ihren Bedürfnissen anzupassen. Erwerber könnten sich durch den Kauf des Produkts zu einem niedrigen Preis auch für ein niedriges Haftungsniveau entscheiden.[169] Spiegelbildlich dazu steht der Haftende vor der Entscheidung, sich gegen einen Preisaufschlag einem strengeren Haftungsregime zu unterwerfen oder das Haftungsrisiko durch einen geringeren Preis zu verkleinern.[170] Zum Zeitpunkt des Inverkehrbringens kann dem jeweiligen Stück noch nicht zwingend die anwendbare Rechtsordnung zugeordnet werden, so dass das Inverkehrbringen diese Beziehung nicht in gleichem Maße zum Ausdruck bringt. Die Markttransaktion in dem Sinne nutzbar zu machen, dass die Haftungskosten im Produktpreis berücksichtigt werden können und Haftende wie Konsumenten sich über den Erwerbsakt auch für ein bestimmtes Haftungsregime entscheiden können, erfordert es, den Erwerbsort als relevanten Marktort einzustufen. Der Ort des Inverkehrbringens ist folglich nicht der relevante Marktort im Internationalen Produkthaftungsrecht.

2. Handlungsort

Jedoch könnte der Ort des Inverkehrbringens der Handlungsort im Internationalen Produkthaftungsrecht der Rom II-Verordnung sein. Die Bestimmung des Handlungsorts im Internationalen Produkthaftungsrecht ist umstritten. Einige erachten ausschließlich einen Handlungsort für maßgeblich, sind sich aber uneins darin, ob dies der Ort des Inverkehrbringens, der Herstellersitz oder der Herstellungsort ist. Andere gehen von einer Doppelnatur des Handlungsorts aus. Danach ist sowohl der Herstellungsort als auch der Ort des Inverkehrbringens ein Handlungsort im internationalen Produkthaftungsrecht.

Teile der Literatur ordnen das Inverkehrbringen als maßgebliche Handlung im Rahmen des Art. 5 Rom II-VO ein.[171] Auch im Internationalen Zivilprozessrecht

---

169 *O'Hara/Ribstein*, U. Chi. L. Rev. 67 (2000), 1151, 1211 f.; *dies.*, Tul. L. Rev. 82 (2008), 2147, 2167; *Rühl*, S. 681; vgl. auch *McConnell*, in: Olson, S. 90, 98.

170 *O'Hara/Ribstein*, U. Chi. L. Rev. 67 (2000), 1151, 1211 f.; *McConnell*, in: Olson, S. 90, 98; *Rühl*, S. 681; vgl. ferner *Allen/O'Hara*, Stan. L. Rev. 51 (1999), 1011, 1046; *Krauss*, BYU L. Rev. 2002, 759, 815.

171 *Heiderhoff*, GPR 2005, 92, 94; *v. Hein*, IPRax 2010, 330, 337; *ders.*, RabelsZ 73 (2009), 461, 495 f.; so hinsichtlich des Handlungsorts im Rahmen des Art. 17 Rom II-VO Calliess-*v. Hein*, Rome Regulations, Art. 17 Rome II Rn. 10; *ders.*, FS v. Hoffmann, S. 139, 155; jurisPK-*Lund*, Art. 5 Rom II-VO Rn. 39; *Kozyris*, Am. J. Comp. L. 56

plädieren einige Autoren dafür, den Ort des Inverkehrbringens als Handlungsort anzusehen.[172] Dafür spreche, dass dort die Abnehmer den Produktgefahren durch das Inverkehrbringen ausgesetzt würden.[173] Im Übrigen werde auf diesem Weg die Parallelität zur Produkthaftungsrichtlinie gewährleistet.[174]

Die deutsche Rechtsprechung zum autonomen Recht hat sich hingegen mehrheitlich dafür ausgesprochen, den Handlungsort am Herstellersitz zu verorten.[175] Das OLG München wies darauf hin, dass am Herstellersitz „der Herstellungs- und Vertriebsprozess der (…) Ware ausgeübt"[176] wird. Stimmen in der Literatur folgen dieser Ansicht.[177]

Ein Urteil des OLG Düsseldorfs aus dem Jahr 1999 deutet teilweise in eine andere Richtung. Das Gericht setzte sich in einer Entscheidung zum Internationalen Produkthaftungsrecht explizit nicht damit auseinander, wo der Handlungsort im Fall der Produkthaftung liegt.[178] Indem es die Belegenheit des Orts der Herstellung oder des Inverkehrbringens in Deutschland als hinreichend ansah, um deutsches Recht zur Anwendung zu bringen,[179] ging es offensichtlich von einer Doppelnatur des Handlungsorts aus.[180] Nach Ansicht des Gerichts ist das Inverkehrbringen des fehlerhaften Produkts das haftungsauslösende Verhalten gewesen, welches die Anwendbarkeit des deutschen Produkthaftungsrechts begründen kann.[181]

Jüngst bestätigte der EuGH in einem Urteil zu Art. 5 Nr. 3 Brüssel I-VO – nunmehr Art. 7 Nr. 2 Brüssel Ia-VO – seine vorherige Rechtsprechung, dass der

---

(2008), 471, 487; MüKoBGB-*Junker*, Art. 17 Rom II-VO Rn. 31; Palandt-*Thorn*, Art. 5 Rom II-VO Rn. 14; Rauscher-*Unberath/Cziupka/Pabst*, EuZPR/EuIPR, Art. 5 Rom II-VO Rn. 50; Rauscher-*Jakob/Picht*, EuZPR/EuIPR, Art. 17 Rom II-VO Rn. 11; sowie zum autonomen deutschen Recht *Kegel/Schurig*, IPR, S. 730.

172 *Buchner*, S. 132 f.; Rauscher-*Leible*, EuZPR/EuIPR, Art. 7 Brüssel Ia-VO Rn. 134; *Uhl*, S. 183 f.; ebenso zu § 32 ZPO *v. Hoffmann*, JuS 1986, 385, 387.

173 *Freitag*, S. 101; *v. Hein*, IPRax 2010, 330, 334.

174 *Freitag*, S. 101.

175 BGH vom 17.3.1981, IPRspr. 1981 Nr. 25 = IPRax 1982, 13, 14; OLG München vom 9.8.1995, IPRspr. 1995 Nr. 38 = IPRax 1997, 38, 40.

176 IPRax 1997, 38, 40.

177 *Drobnig*, in: v. Caemmerer, S. 298, 329 ff.; *v. Hoffmann/Thorn*, IPR, § 11 Rn. 49; *Lorenz*, FS Wahl, S. 185, 203 f.; Staudinger-*v. Hoffmann*, Art. 40 EGBGB Rn. 93; *Thorn*, IPRax 2001, 561, 564 f.; so allgemein auch *Weintraub*, S. 352.

178 OLG Düsseldorf vom 18.12.1998, IPRax 2001, 584, m. Anm. *Thorn*, 561.

179 OLG Düsseldorf vom 18.12.1998, IPRax 2001, 584, 585.

180 *Thorn*, IPRax 2001, 561 564.

181 OLG Düsseldorf vom 18.12.1998, IPRax 2001, 584, 585.

Herstellungsort der Handlungsort in Produkthaftungsfällen ist.[182] Dies begründet der EuGH mit der Beweisnähe und der Vorhersehbarkeit des Gerichtsstandes am Herstellungsort. Am Herstellungsort könne am besten die Fehlerhaftigkeit festgestellt werden. Dieser Gerichtsstand sei für beide Parteien vorhersehbar.[183] Auch ältere Literaturstimmen stellen auf den Herstellungsort als relevanten Handlungsort ab.[184] Auf diesem Weg komme dem Warenvertrauen, das beispielsweise durch den Aufdruck *„Made in Germany"* geweckt werde, angemessene kollisionsrechtliche Bedeutung zu.[185]

Zu klären ist, welche Ansicht im Rahmen des Art. 5 Rom II-VO vorzugswürdig ist. Tatsächlich ist das Inverkehrbringen eine von mehreren Handlungen der internationalen Produkthaftung.[186] Daneben tritt die Entwicklung des Produkts, dessen Herstellung und die Beobachtung nach dem Inverkehrbringen.[187] In der Literatur zum autonomen deutschen IPR ist insofern entweder von der Doppelnatur (Sitz des Herstellers und Ort des Inverkehrbringens) oder einer Vervielfältigung der Handlungsorte die Rede (insofern wird auch der Ort des Produkterwerbs miteinbezogen).[188] Im Gegensatz zum autonomen IPR, das im Rahmen des Art. 40 EGBGB explizit an den Handlungsort anknüpft und daher ein besonderes Interesse an der Entscheidung für einen Handlungsort artikuliert, könnte man sich im Rahmen des Art. 5 Rom II-VO mit dem Schluss begnügen, dass der Ort des Inverkehrbringens einer von mehreren Handlungsorten ist. Da durch das Inverkehrbringen des Produkts die konkrete Gefahr für die Produktabnehmer geschaffen wird,[189] liegt ein hinreichender Grund für eine solche Annahme vor. Doch zumindest vor dem Hintergrund des Art. 17 Rom II-VO, der die Sicherheits- und Verhaltensregeln an den Handlungsort

---

182 EuGH vom 16.7.2009, Rs. C-189/08 – *Zuid-Chemie*, Slg. 2009, I-6917, Rn. 13, 25 = IPRax 2010, 358; EuGH vom 16.1.2014, Rs. C-45/13 – *Kainz/Pantherwerke AG*, NJW 2014, 1166, 1167.

183 EuGH vom 16.1.2014, Rs. C-45/13 – *Kainz/Pantherwerke AG*, NJW 2014, 1166, 1167.

184 *Dyer*, Rec. des Cours 211 (1988-IV), 373, 416; *Lorenz*, FS Wahl, S. 185, 203 f.; *ders.*, RabelsZ 37 (1973), 317, 341; *Siehr*, AWD 1972, 373, 384.

185 *Lorenz*, FS Wahl, S. 185, 204

186 *Freitag*, S. 101; *Schmidt-Salzer*, Rn. 338; siehe ferner die Nachweise bei Staudinger-*v. Hoffmann*, Art. 40 EGBGB Rn. 84.

187 *Freitag*, S. 100 f.; *Thorn*, IPRax 2001, 561, 565.

188 Siehe hierzu *Thorn*, IPRax 2001, 561, 564; siehe auch die weiteren Nachweise bei Staudinger-*v. Hoffmann*, Art. 40 EGBGB Rn. 84.

189 So zum autonomen deutschen IPR *Freitag*, S. 101.

anknüpft, besteht ein Bedürfnis, den Handlungsort der Produkthaftung im IPR der Rom II-VO zweifelsfrei zu bestimmen.

Europarechtliche Vorprägung hat die Auslegung des Handlungsorts durch die Rechtsprechung des EuGH zum deliktischen Gerichtsstand in Art. 5 Nr. 3 Brüssel I-VO bzw. nun Art. 7 Nr. 2 Brüssel Ia-VO erfahren. Danach ist der Handlungsort der Ort, an dem das schadensbegründende Geschehen seinen Ausgang nimmt.[190] Bei mehreren kausalen Handlungen soll sich die Bestimmung des Handlungsorts an dem maßgeblichen Tatbeitrag orientieren.[191] Obwohl der EuGH zumindest im Internationalen Zivilprozessrecht den Herstellungsort als Handlungsort ansieht,[192] stellt der Herstellungsort im Rahmen des Art. 5 Rom II-VO keinen relevanten Handlungsort dar. Wie Art. 5 Rom II-VO selbst verdeutlicht, kann allein die Produktion einer fehlerhaften Ware dem Hersteller noch nicht zum Vorwurf gemacht werden; daneben muss das Inverkehrbringen treten.[193] Die Herstellung des fehlerhaften Produkts ist eine irrelevante Vorbereitungshandlung.[194] Außenwirkung kommt den Produktgefahren nämlich erst durch das Inverkehrbringen zu, was dafür spricht, dieses als maßgebliche Handlung anzusehen.[195] Zudem ist eine parallele Auslegung von IZVR und IPR keineswegs zwingend. Der EuGH erkennt selbst an, dass Kohärenz zwischen Brüssel I-VO und Rom II-VO dann nicht hergestellt werden kann, wenn Systematik und Zielsetzung der beiden Rechtsakte einander widersprechen.[196] Während die Auslegung der Brüssel I-VO bzw. Brüssel Ia-VO von der Beweisnähe getragen ist, sollte sich die Auslegung der Rom II-VO an der Rechtsordnung

---

190 EuGH vom 7.3.1995, Rs. C-68/93 – *Shevill*, Slg. 1995, I-415, Rn. 24; EuGH vom 5.2.2004, Rs. C-18/02 – *Danmarks Rederiforening*, Slg. 2004, I-1417, Rn. 41.

191 So zum IZVR Rauscher-*Leible*, EuZPR/EuIPR, Art. 7 Brüssel Ia-VO Rn. 135; im Sinne einer Schwerpunktbetrachtung im IPR auch *v. Hein*, Günstigkeitsprinzip, S. 273; *ders.*, RIW 2000, 820, 829; *v. Hoffmann/Thorn*, IPR, § 11 Rn. 28; MüKoBGB^5-*Junker*, Art. 40 EGBGB Rn. 28.

192 EuGH vom 16.7.2009, Rs. C-189/08 – *Zuid-Chemie*, Slg. 2009, I-6917, Rn. 13, 25 = IPRax 2010, 358; EuGH vom 16.1.2014, Rs. C-45/13 – *Kainz/Pantherwerke AG*, NJW 2014, 1166, 1167.

193 *Buchner*, S. 132; vgl. auch *Kozyris*, Remarks on Transatlantiv Product Liability, S. 316, 318.

194 Vgl. *v. Hein*, Günstigkeitsprinzip, S. 98; zur Irrelevanz von Vorbereitungshandlungen *Kegel/Schurig*, IPR, S. 726.

195 *Buchner*, S. 132; siehe auch zur Notwendigkeit der Außenwirkung *v. Hoffmann/Thorn*, IPR, § 11 Rn. 27.

196 EuGH vom 16.1.2014, Rs. C-45/13 – *Kainz/Pantherwerke AG*, NJW 2014, 1166.

orientieren, in deren Umwelt der Schädiger handelt, weil er eben mit dieser rechnen muss.[197]

Die Anwendung des Rechts des Handlungsorts ist vor allem deshalb angemessen, weil der Haftende mit der Geltung der Rechtsordnung rechnen muss, in deren Umwelt er handelt.[198] Es kommt folglich nicht auf die Sicht des Geschädigten an, auf dessen Seite beispielsweise durch den Aufdruck „*Made in Germany*" ein Warenvertrauen geweckt wird. Die relevante Umwelt, in der sich die Handlung vollzieht, ist im Fall der Produkthaftung dort, wo die Produkte auf den Markt gebracht werden. Das Inverkehrbringen nimmt genau auf diesen Prozess Bezug. Da das Inverkehrbringen eines fehlerhaften Produkts zumindest in der Produkthaftungsrichtlinie schadensbegründend wirkt, liegt ein weiteres Argument dafür vor, das Inverkehrbringen als relevante Handlung im Rahmen des Art. 5 Rom II-VO anzusehen. Entkräftet wird dieser Schluss auch nicht dadurch, dass das Produkt nicht notwendigerweise von dem Haftenden selbst in Verkehr gebracht wird.[199] Der Einwand geht darauf zurück, dass der Handlungsort immer für den Haftenden berechenbar und beeinflussbar sein muss. Auch wenn für den Haftenden der Ort des Inverkehrbringens nicht in allen Fällen beeinflussbar oder vorhersehbar ist,[200] gewährleisten Inverkehrbringen und Vorhersehbarkeit gemeinsam die Berechenbarkeit des anwendbaren Rechts, so dass dem Einwand nur ein geringes Gewicht zukommt.[201]

Der Normzweck, welcher der Anknüpfung an den Handlungsort zugedacht wird, besteht im Gegensatz zum Erfolgsort in einer stärkeren Orientierung an der kollisionsrechtlichen Umsetzung der Verhaltenssteuerung.[202] Die Umsetzung der Verhaltenssteuerung belegt ebenfalls die Irrelevanz des Herstellungsorts.[203]

---

197 So allgemein zum Handlungsort im IPR *Kegel/Schurig*, IPR, S. 726.

198 *Kegel/Schurig*, IPR, S. 726.

199 *Heiderhoff*, GPR 2005, 92, 94.

200 *Thorn*, IPRax 2001, 561, 565.

201 Vgl. auch *Kegel/Schurig*, IPR, S. 729, die davon ausgehen, dass die maßgebliche Handlung nicht vom Haftenden selbst ausgeführt werden müsse.

202 Siehe *v. Bar/Mankowski*, IPR I, § 7 Rn. 52; *Ehrenzweig*, FS Rabel I, S. 655, 657, 682 f.; *v. Hein*, ZVglRWiss 102 (2003), 528, 543; *v. Hoffmann/Thorn*, IPR, § 11 Rn. 28; *Kropholler*, S. 522; *Looschelders*, ZVglRWiss 95 (1996), 48, 68 f.; *Mankowski*, Interessenpolitik, S. 66; MüKoBGB[5]-*Junker*, Art. 40 EGBGB Rn. 24; Staudinger-*v. Hoffmann*, Art. 40 EGBGB Rn. 4, 93; *Trutmann*, S. 92 ff.; *Weintraub*, S. 354; anders *v. Hein*, Günstigkeitsprinzip, S. 97 ff., der davon ausgeht, dass die Verhaltenssteuerung bei der Suche nach der angemessenen Rechtsordnung nicht zu berücksichtigen sei, da jede Rechtsordnung die Abwägung zwischen Rechtsgüterschutz und Verhaltenssteuerung vornehme.

203 *v. Hein*, Günstigkeitsprinzip, S. 98; Staudinger-*v. Hoffmann*, Art. 40 EGBGB Rn. 93.

Dieser gibt weder die beachtlichen Verhaltensgebote vor (dies wäre die Rechtsordnung, in deren Geltungsbereich das Produkt in Verkehr gebracht wird) noch werden die unternehmerischen Entscheidungen hier vorgenommen (dies wäre der Sitz des Herstellers).[204] Kostenerwägungen sind häufig für die Wahl des Herstellungsorts maßgeblich,[205] müssen aber bei der Bestimmung des Handlungsorts außen vor bleiben. Die Übertragung der Verhaltenssteuerung auf das IPR könnte hingegen dafür sprechen, nur den Ort als Handlungsort anzusehen, der den Ort der Verhaltenszentrale darstellt, und nicht jeden Ort genügen zu lassen, an dem ein Handlungsbeitrag geleistet wurde.[206] Die Zentrale der Verhaltenssteuerung liegt regelmäßig am Herstellersitz.[207] Bei näherer Betrachtung ist die Verhaltenssteuerung im Anknüpfungssystem des Art. 5 Rom II-VO jedoch nicht zwingend mit dem Sitz des Herstellers verknüpft. Wie erörtert wurde, steht die Verhaltenssteuerung hinter mehreren Merkmalen des Art. 5 Abs. 1 Rom II-VO. Gewährleistet wird sie objektiv durch das Inverkehrbringen und subjektiv durch den Einwand mangelnder Vorhersehbarkeit; erst dessen erfolgreiche Geltendmachung bringt das Umweltrecht des Herstellers zur Anwendung. Auf die Entscheidungen des Herstellers wird zwar an dessen Sitz eingewirkt, formuliert und objektiv gewährleistet wird die Vorhersehbarkeit des anwendbaren Rechts aber durch das Inverkehrbringen. Entscheidend für die Verwirklichung der Verhaltenssteuerung dürfte sein, dass der Gehalt unternehmerischer Entscheidungen durch den Ort des Inverkehrbringens vorgegeben wird.[208] Ferner bleibt zu beachten, dass Art. 5 Rom II-VO auch die Gefährdungshaftung umfasst.[209] Im Fall der Gefährdungshaftung wird keine Verhaltenssteuerung im engeren Sinne erzielt, vielmehr wird das Aktivitätsniveau bestimmt. Reguliert wird das Aktivitätsniveau über das Inverkehrbringen des Produkts. Zwar ließe sich auch in diesem Zusammenhang argumentieren, dass das Aktivitätsniveau vom Herstellersitz aus reguliert wird, dies würde aber verkennen, dass mangels Verhaltensunrechts bei

---

204 *Wandt*, Rn. 716 ff.

205 *Freitag*, S. 109; *Pryles*, Rec. des Cours 277 (1991-II), 9, 127; in diesem Sinne auch *Kozyris*, Remarks on Transatlantic Product Liability, S. 316, 318.

206 *Thorn*, IPRax 2001, 561, 564; vgl. auch Staudinger-*v. Hoffmann*, Art. 40 EGBGB Rn. 92.

207 *Thorn*, IPRax 2001, 561, 564; vgl. auch Staudinger-*v. Hoffmann*, Art. 40 EGBGB Rn. 92.

208 *Freitag*, S. 110; vgl. auch *Wandt*, Rn. 718, 1130. So auch zum Handlungsort im Rahmen des Art. 17 Rom II-VO Palandt-*Thorn*, Art. 5 Rom II-VO Rn. 14.

209 Siehe Erwägungsgrund 11 der Rom II-Verordnung; sowie statt vieler Palandt-*Thorn*, Art. 5 Rom II-VO Rn. 3.

der Gefährdungshaftung kein Handlungsort am Herstellersitz besteht.[210] Im Fall der Gefährdungshaftung liegt der Handlungsort nämlich dort, wo sich die abstrakte Gefahr zu einer konkreten verdichtet.[211] Im Internationalen Produkthaftungsrecht geschieht dies durch das Inverkehrbringen des Produkts. Nur wenn das Inverkehrbringen als relevante Handlung angesehen wird, wird hinreichend berücksichtigt, dass den Produktgefahren erst durch diesen Akt Außenwirkung zukommt.[212]

Ausgehend von dem Zweck des Handlungsorts und der kollisionsrechtlichen Relevanz des Inverkehrbringens ist der Handlungsort im Internationalen Produkthaftungsrecht der Rom II-Verordnung der Ort des Inverkehrbringens.

II. Auslegung des Inverkehrbringens

Im nächsten Schritt soll das Inverkehrbringen ausgelegt werden.

1. Übersicht über die vertretenen Ansätze zum Inverkehrbringen

Die Meinungsvielfalt zu der Frage, wann ein Produkt auf einem nationalen Markt in Verkehr gebracht wird, ist auf den ersten Blick groß.

a) *Anlehnung an das Inverkehrbringen in der Produkthaftungsrichtlinie*

In Anbetracht der Nähe des Art. 5 Rom II-VO zur europäischen Produkthaftungsrichtlinie, die das materielle Produkthaftungsrecht der Mitgliedstaaten harmonisiert hat, spricht sich ein bedeutender Teil der Literatur dafür aus, das Inverkehrbringen im Sinne der Produkthaftungsrichtlinie zu interpretieren.[213] Die Produkthaftungsrichtlinie selbst enthält keine Definition des Inverkehrbringens. Im Jahr 2006 befasste sich der EuGH in der Rechtssache *O'Byrne* umfassend mit der Auslegung des Inverkehrbringens, wie es in der Produkthaftungsrichtlinie zum Ausdruck kommt. Im Ausgangsfall verlangte der Geschädigte *Declan O'Byrne*, der seinen gewöhnlichen Aufenthalt in Großbritannien hatte, Schadensersatz wegen eines fehlerhaften Impfstoffes von dem Pharmahersteller *Sanofi Pasteur SA*, einer Gesellschaft französischen Rechts, und deren britischer

210 Vgl. *v. Bar*, IPR II, Rn. 659.

211 *v. Bar*, IPR II, Rn. 659.

212 Vgl. *Kozyris*, Remarks on Transatlantiv Product Liability, S. 316, 318.

213 Hk-BGB-*Dörner*, Art. 5 Rom II-VO Rn. 5; *v. Hein*, IPRax 2010, 330, 338; *Siehr*, RabelsZ 74 (2010), 139, 142; Palandt-*Thorn*, Art. 5 Rom II-VO Rn. 11; *ders.*, FS Schmidt, S. 1561, 1573.

Tochter *Sanofi Pasteur MSD Ltd.* Der Impfstoff war 1992 von der französischen Herstellerin an ihre britische Tochter versandt worden, die dann ihrerseits das Produkt an das britische Gesundheitsministerium vertrieb. Durch das britische Gesundheitsministerium gelangte der Impfstoff in eine britische Arztpraxis, wo er dem Kläger verabreicht wurde. Das Art. 11 Produkthaftungsrichtlinie[214] entsprechende Gesetz sah einen Ausschluss der Ansprüche des Geschädigten vor, wenn zum Zeitpunkt der Klageerhebung zehn Jahre vergangen waren seit das Produkt in Verkehr gebracht wurde. Im vorliegenden Fall waren zwar zehn Jahre seit der Auslieferung an die britische Tochtergesellschaft, nicht aber seit dem Vertrieb an das britische Gesundheitsministerium vergangen. Demzufolge legte der *High Court of Justice, Queen's Bench Division* dem EuGH zur Vorabentscheidung die Frage vor, zu welchem Zeitpunkt ein Produkt im Sinne des Art. 11 Produkthaftungsrichtlinie als in den Verkehr gebracht gilt. Insbesondere bat der *High Court of Justice* den EuGH darum zu klären, ob es beim Versand innerhalb des Konzerns auf den Zeitpunkt der Übergabe an die Tochtergesellschaft oder an den Dritten ankommt.

Der EuGH entschied, dass ein Produkt in den Verkehr gebracht wird, „wenn es den vom Hersteller eingerichteten Prozess der Herstellung verlassen hat und in einen Prozess der Vermarktung eingetreten ist, in dem es in ge- oder verbrauchsfertigem Zustand öffentlich angeboten wird.“[215] Hinsichtlich der Versendung innerhalb des Konzerns soll entscheidend sein, ob die Verbindung zwischen Hersteller und den verbundenen Gliedern der Vertriebskette so eng ist, dass die Verbindung zur Folge hat, „dass die fragliche Einrichtung in Wirklichkeit in den Prozess der Herstellung des betreffenden Produkts einbezogen ist.“[216]

Ausgehend von der Rechtsprechung des EuGH in der Rechtssache *O'Byrne* wird der in Art. 5 Rom II-VO genannte Begriff des Inverkehrbringens von einigen dahingehend ausgelegt, dass das Produkt kumulativ den Herstellungsprozess verlassen haben muss und in einen Prozess der Vermarktung eingetreten ist, in dem es in gebrauchs- oder verbrauchsfertigem Zustand öffentlich angeboten

---

214 Art. 11 der Produkthaftungsrichtlinie besagt: „Die Mitgliedstaaten sehen in ihren Rechtsvorschriften vor, daß die dem Geschädigten aus dieser Richtlinie erwachsenden Ansprüche nach Ablauf einer Frist von zehn Jahren ab dem Zeitpunkt erlöschen, zu dem der Hersteller das Produkt, welches den Schaden verursacht hat, in den Verkehr gebracht hat, es sei denn, der Geschädigte hat in der Zwischenzeit ein gerichtliches Verfahren gegen den Hersteller eingeleitet.“

215 EuGH vom 9.2.2006, Rs. C-124/04 – *O'Byrne*, Slg. 2006, I-1313, Rn. 27.

216 EuGH vom 9.2.2006, Rs. C-124/04 – *O'Byrne*, Slg. 2006, I-1313, Rn. 29.

wird.[217] Andere rekurrieren ausschließlich darauf, dass das Produkt freiwillig und endgültig den Einfluss- und Organisationsbereich des Herstellers verlassen hat.[218] Im Kern finde das sog. Werkstorprinzip auch im Internationalen Produkthaftungsrecht Anwendung,[219] da das Produkt am Werkstor den Einfluss und Organisationsbereich des Herstellers verlasse.[220]

b) *Angebot des Produkts*

Kadner Graziano rekurriert ebenfalls auf die Rechtsprechung des EuGH in der Rechtssache *O'Byrne*. Er erachtet das Werkstorprinzip allerdings für unbeachtlich und nimmt ein Inverkehrbringen an, wenn das Produkt in dem fraglichen Staat „zum Zwecke der Vermarktung in gebrauchs- oder verbrauchsfertigem Zustand öffentlich angeboten wurde."[221] Die Maßgeblichkeit des Orts des Angebots findet sich auch in anderen Literaturansichten wieder. So geht *Gerhard Wagner* davon aus, dass ein Inverkehrbringen gegeben ist, wenn das Produkt in einem bestimmten Staat angeboten wird.[222] *Stone* zufolge bezieht sich das Inverkehrbringen auf das Angebot der Ware an Endnutzer durch einen Anbieter, der kommerzielle Zwecke verfolgt. Das Angebot könne durch Kauf, Miete oder einen ähnlichen Vertrag erfolgen, müsse allerdings auf herkömmlichen Vertriebswegen geschehen.[223] Nach Ansicht *Illmers* wird ein Produkt überall dort in Verkehr gebracht, wo es zur Verbreitung an Endnutzer durch Verkauf, Vermietung oder anderweitig angeboten wird.[224] Dies sei jeder Ort, an dem einem potentiellen Käufer die Ware zur Verfügung gestellt würde.[225]

---

217 Hk-BGB-*Dörner*, Art. 5 Rom II-VO Rn. 5; vgl. in diesem Sinne auch Palandt-*Thorn*, Art. 5 Rom II-VO Rn. 11.

218 *v. Hein*, IPRax 2010, 330, 338; *Thorn*, FS Schmidt, S. 1561, 1575; so auch hinsichtlich des Inverkehrbringens von Fähren *Siehr*, RabelsZ 74 (2010), 139, 142: „Ferry boats may be ordered to be built by a shipyard and are only marketed in that country in which the shipyard is located."

219 *v. Hein*, IPRax 2010, 330, 338.

220 MüKoBGB-*G. Wagner*, § 1 ProdHaftG Rn. 24; *Wurmnest*, GPR 2003–2004, 129, 133.

221 *Kadner Graziano*, RabelsZ 73 (2009), 1, 41; siehe auch *ders.*, Rev. crit. dr. int. priv. 97 (2008), 446, 481; so auch Foerste/Graf von Westphalen-*Wilde*, § 100 Rn. 10.

222 *G. Wagner*, IPRax 2006, 372, 374.

223 *Stone*, Ankara L. Rev. 4 (2007), 95, 122; *ders.*, in: Ahern/Binchy, S. 175, 188; dem folgend *Sammeck*, S. 32 f.

224 Huber-*Illmer*, Rome II Regulation, Art. 5 Rn. 29; *ders.*, RabelsZ 73 (2009), 291: „Marketing is better understood as occurring in every country where the product is distributed, i.e. offered for supply to end users via sale, hire or otherwise."

225 Huber-*Illmer*, Rome II Regulation, Art. 5 Rn. 29.

Wurmnest erachtet den Vertrieb der Ware als maßgeblichen Umstand.[226] Dafür müsse das Produkt Endnutzern im Wege des Kaufs, der Miete oder einer anderen kommerziellen Vertriebsart angeboten werden.[227] Letztlich wird also auch hier auf den Angebotsort abgestellt. Ob ein Inverkehrbringen vorliegt, könne jedoch nicht allein durch ein Angebot der Ware, sondern erst durch eine Gesamtschau ermittelt werden. Aus der Tatsache allein, dass ein Produkt in einem Staat geliefert wurde, könne nicht geschlossen werden, dass das Produkt dorthin auch geliefert werden sollte. Vielmehr müsse die Geschäftsstrategie auf den betreffenden Markt ausgerichtet sein. Danach sei ein Inverkehrbringen nicht gegeben, wenn Produkte, die grundsätzlich nur im Heimatland des Produzenten vertrieben werden, auf Wunsch des Konsumenten in sein Heimatland verschickt würden.[228]

c) *Auf den Markt Bringen des Produkts*

Ansätze, die eine leicht unterschiedliche Terminologie verwenden, nehmen an, dass ein Produkt in Verkehr gebracht wird, wenn es auf den jeweiligen nationalen Markt gelangt.[229] Ausgehend von der englischen Sprachfassung soll das Inverkehrbringen nach Ansicht *Hohlochs* auf dem Markt stattfinden, auf dem das Produkt zum Absatz gebracht wird.[230] Diese Auffassung wurde vereinzelt bereits zum autonomen deutschen Internationalen Privatrechts vertreten. In einem Fall zur Produkthaftung ging das OLG Düsseldorf davon aus, dass ein Schiff in Deutschland in Verkehr gebracht wurde, indem es „in Deutschland auf den Markt gebracht“ wurde.[231]

d) *Vertrieb des Produkts*

In die gleiche Richtung tendieren Ansichten, wonach ein Produkt in den Staaten in Verkehr gebracht wird, in denen es vertrieben wird.[232] Einige schränken

---

226 jurisPK[7]-*Wurmnest*, Art. 5 Rom II-VO Rn. 24.

227 jurisPK[7]-*Wurmnest*, Art. 5 Rom II-VO Rn. 24.

228 jurisPK[7]-*Wurmnest*, Art. 5 Rom II-VO Rn. 24.

229 MüKoBGB-*Junker*, Art. 5 Rom II-VO Rn. 29, wonach sich diese Auslegung aus dem Begriff des Vermarktens ergebe. In diesem Sinne auch *Sendmeyer*, in: Ebers/Janssen/Meyer, S. 151, 164.

230 Erman-*Hohloch*, Art. 5 Rom II-VO Rn. 6.

231 OLG Düsseldorf vom 18.12.1998, IPRax 2001, 584, 585, m. Anm. *Thorn*, 561.

232 *Hartley*, ICLQ 57 (2008), 899, 904; *Leible/Lehmann*, RIW 2007, 721, 728; Rauscher-*Unberath/Cziupka/Pabst*, EuZPR/EuIPR, Art. 5 Rom II-VO Rn. 75; vgl. auch *G. Wagner*, IPRax 2008, 1, 7; *Rodiek*, S. 60.

diesen Ansatz hinsichtlich der Art des Vertriebs ein. Nach *Unberath/Cziupka/Pabst* erfordert das Inverkehrbringen den strukturierten Vertrieb eines Produkts an Endabnehmer.[233] Die Ansicht *Hartleys* geht in diesem Sinne noch weiter: Ihm zufolge liegt ein Inverkehrbringen erst im Fall des organisierten Massenvertriebs eines standardisierten Produkts vor.[234]

e) *Kommerzielle Verfügbarkeit des Produkts*

Unterschiede in terminologischer Hinsicht weisen diejenigen Stimmen in der Literatur auf, die im Rahmen des Inverkehrbringens auf die kommerzielle Verfügbarkeit eines Produkts hinweisen.[235] Dies impliziere nicht nur die Verbreitung im Wege des Verkaufs, sondern auch die kommerzielle Vermietung und das Verteilen von Gratis-Ware. Die gelegentliche Verbreitung von Waren durch Private würde jedoch nicht mehr unter den Begriff des Inverkehrbringens fallen.[236]

Plender/Wilderspin unterscheiden zwischen der zeitlichen und der geographischen Komponente des Inverkehrbringens.[237] In räumlicher Hinsicht stellen sie ebenfalls auf die kommerzielle Verfügbarkeit des Produkts ab.[238] In zeitlicher Hinsicht schließen sich die Autoren der EuGH-Rechtsprechung zum Inverkehrbringen in der Produkthaftungsrichtlinie an. Folglich sei das Inverkehrbringen gegeben, „wenn es den vom Hersteller eingerichteten Prozess der Herstellung verlassen hat und in einen Prozess der Vermarktung eingetreten ist, in dem es in ge- oder verbrauchsfertigem Zustand öffentlich angeboten wird."[239]

f) *Planmäßiger Verbreitungsort*

Andere halten den planmäßigen Verbreitungsort des Produkts für maßgeblich.[240] Nur bei einer entsprechenden Auslegung des Inverkehrbringens sei das Produkthaftungsstatut für den Haftenden bestimmbar.[241]

---

233 Rauscher-*Unberath/Cziupka/Pabst*, EuZPR/EuIPR, Art. 5 Rom II-VO Rn. 75.

234 *Hartley*, ICLQ 57 (2008), 899, 904.

235 *Kozyris*, Am. J. Comp. L. 56 (2008), 471, 488; Calliess-*Schmid/Pinkel*, Rome Regulations, Art. 5 Rome II Rn. 31.

236 Calliess-*Schmid/Pinkel*, Rome Regulations, Art. 5 Rome II Rn. 31.

237 *Plender/Wilderspin*, European Private International Law, Rn. 19-090 ff.

238 *Plender/Wilderspin*, European Private International Law, Rn. 19-099.

239 EuGH vom 9.2.2006, Rs. C-124/04 – *O'Byrne*, Slg. 2006, I-1313, Rn. 27.

240 *Huber/Bach*, IPRax 2005, 73, 77; *Schwartze*, NIPR 2008, 430, 431 f., der allerdings fordert, dass das Produkt durch kommerzielle Absatzketten in dem jeweiligen Staat verbreitet worden sei. Vgl. auch *Kozyris*, Am. J. Comp. L. 56 (2008), 471, 489.

241 *Schwartze*, NIPR 2008, 430, 432.

g) *Überlassung an Endnutzer*

Nach einer anderen verbreiteten Ansicht wird ein Produkt in den Staaten in Verkehr gebracht, in denen es Endnutzern durch eine kommerzielle Vertriebsart überlassen oder zur Verfügung gestellt wird.[242] An diesem Ort könne das Produkt erstmalig Dritte schädigen, die außerhalb des Herrschaftsbereichs des Herstellers stehen, so dass dem Akt Außenwirkung zukomme.[243] Ähnliche Ansätze gehen davon aus, dass ein Produkt dort in Verkehr gebracht wird, wo es an den Verbraucher abgegeben wird.[244] Nach anderer leicht abweichender Ansicht ist die Abgabe des Produkts an den bestimmungsgemäßen Adressaten maßgeblich.[245]

Bereits im Verordnungsgebungsverfahren wurde eine entsprechende Auslegung befürwortet. Die *Hamburg Group for Private International Law* hat sich im Entwurfsstadium für eine Anknüpfung der Produkthaftung an das Recht des Landes ausgesprochen, in dem das Produkt, welches den Schaden verursacht, zum ersten Mal an den Endnutzer verkauft oder ihm anderweitig überlassen wird.[246] Umschrieben wird dies mit dem Ort der Kommerzialisierung oder der Vermarktung.[247] Die Anknüpfung an den Vermarktungsort sorge für eine Gleichbehandlung aller Wettbewerber auf dem jeweiligen Markt und sei für den Haftenden in der Regel vorhersehbar. Der Produzent sei regelmäßig in der Lage, sein Verbreitungsnetzwerk so zu organisieren, dass der Vermarktungsort bestimmt werden könne.[248] Im Fall des Verkaufs an den ersten Endnutzer falle der Vermarktungsort mit dem Erwerbsort zusammen.[249] Damit würden Orte, an denen gebrauchte Produkte verkauft werden, sowie Orte, an denen Plattformen für den Handel zwischen Unternehmen (sog. *business-to-business* bzw. abgekürzt *B2B*-Handel) betrieben werden, für die Anknüpfung der Produkthaftung ausscheiden.[250] Die Anwendung von Rechtsordnungen der Staaten, deren Märkte

---

242 *v. Hein*, ZEuP 2009, 6, 26; Kullmann/Pfister-*Pfister*, Produzentenhaftung, Nr. 4010, S. 19, Fn. 103; *Rudolf*, WBL 2009, 525, 530; so zum autonomen deutschen Recht auch *Thorn*, IPRax 2001, 561, 564.

243 *Thorn*, IPRax 2001, 561, 564.

244 Bamberger/Roth-*Spickhoff*, Art. 5 Rom II-VO Rn. 8; vgl. auch MüKo-*Junker*, Art. 5 Rom II-VO Rn. 29.

245 PWW-*Schaub*, Art. 5 Rom II-VO Rn. 6; siehe auch *Mankowski*, RabelsZ 63 (1999), 203, 290.

246 *Hamburg Group for Private International Law*, RabelsZ 67 (2003), 1, 16.

247 *Hamburg Group for Private International Law*, RabelsZ 67 (2003), 1, 15 ff.: „commercialised".

248 *Hamburg Group for Private International Law*, RabelsZ 67 (2003), 1, 16.

249 *Hamburg Group for Private International Law*, RabelsZ 67 (2003), 1, 17.

250 *Hamburg Group for Private International Law*, RabelsZ 67 (2003), 1, 16.

durch unabhängige Importeure und nicht durch den Hersteller oder mit ihm in Verbindung stehende Vertriebsunternehmen bedient werden, werde durch die vorgeschlagene Regelung hingegen nicht ausgeschlossen.[251]

2. Ort des Inverkehrbringens

Angesichts der Vielfalt der vertretenen Ansätze erscheint es sinnvoll, sich der Auslegung des Inverkehrbringens mit Hilfe einzelner Kriterien zu nähern. Zunächst soll das Inverkehrbringen in räumlicher Hinsicht konkretisiert werden.

a) *Reduktion der verschiedenen Ansätze in räumlicher Hinsicht*

Hinsichtlich des Orts, an dem ein Produkt in Verkehr gebracht wird, können die dargestellten Ansätze letztlich auf drei Orte reduziert werden.

aa) *Werkstorprinzip*

Zunächst einmal ist die Ansicht zu nennen, die in Anlehnung an die Produkthaftungsrichtlinie den Ort für maßgeblich erachtet, an dem die Ware den Einfluss- und Organisationsbereich des Herstellers verlassen hat.[252] Zutreffend wird dieser Ort mit dem Werkstorprinzip beschrieben.[253] Ob der Ansatz, der in Gänze auf die Rechtsprechung des EuGH zum Inverkehrbringen in der Produkthaftungsrichtlinie rekurriert,[254] das Werkstorprinzip oder den Angebotsort als räumlich beachtliches Kriterium ansieht, kann nicht zweifelsfrei bestimmt werden.

bb) *Angebots-/Vertriebsort*

Die Ansichten, die auf den Ort des Angebots[255], des auf den Marktbringens[256], des

251 *Hamburg Group for Private International Law*, RabelsZ 67 (2003), 1, 16.

252 *v. Hein*, IPRax 2010, 330, 338; *Thorn*, FS Schmidt, S. 1561, 1575; so auch hinsichtlich des Inverkehrbringens von Fähren *Siehr*, RabelsZ 74 (2010), 139, 142.

253 So *v. Hein*, IPRax 2010, 330, 338.

254 Hk-BGB-*Dörner*, Art. 5 Rom II-VO Rn. 5; so wohl auch Palandt-*Thorn*, Art. 5 Rom II-VO Rn. 11.

255 Huber-*Illmer*, Rome II Regulation, Art. 5 Rn. 29; *ders.*, RabelsZ 73 (2009), 269, 291; jurisPK[7]-*Wurmnest*, Art. 5 Rom II-VO Rn. 24; *Kadner Graziano*, RabelsZ 73 (2009), 1, 41; *Stone*, Ankara L. Rev. 4 (2007), 95, 122; *ders.*, in: Ahern/Binchy, S. 175, 188; *G. Wagner*, IPRax 2006, 372, 374.

256 Erman-*Hohloch*, Art. 5 Rom II-VO Rn. 6; MüKoBGB-*Junker*, Art. 5 Rom II-VO Rn. 29.

Vertriebs[257], der kommerziellen Verfügbarkeit[258] oder der planmäßigen Verbreitung[259] rekurrieren, weisen letztlich alle in dieselbe Richtung. Unterschiede zwischen dem Ort, an dem ein Produkt angeboten wird, und dem Ort, an dem ein Produkt auf den Markt gebracht wird, sind nicht erkennbar. Ein Produkt wird auf den Markt gebracht, indem es angeboten wird. Ähnlich verhält es sich mit den Ansätzen, die auf den Vertrieb rekurrieren: Schon die Ansicht *Wurmnests*[260] verdeutlicht, dass die Begriffe des Angebots und des Vertriebs in diesem Kontext gleichbedeutend sind. Auch wenn der Vertrieb alle Verkaufsmaßnahmen umfasst,[261] liegt der Schwerpunkt auf betrieblichen Maßnahmen, die darauf abzielen, die Produkte auf einen Markt zu bringen, indem sie dort angeboten werden.[262]

Die Ansicht, die auf die kommerzielle Verfügbarkeit abstellt,[263] steht dem Angebotsort sehr nahe. Eine Ware wird auf einem Markt immer dann angeboten, wenn sie dort kommerziell verfügbar ist. Der Aspekt der Kommerzialisierung betrifft nur die Art, nicht aber den Ort des Angebots. Die kommerzielle Verfügbarkeit ist folglich eine Konkretisierung des Angebotsorts.[264] Die Frage, ob das Angebot in einem Staat auch auf andere Weise erfüllt sein kann (beispielsweise durch Werbung), soll erst im nächsten Schritt geklärt werden.

Die Auslegung des Inverkehrbringens dahingehend, dass es auf den Ort der planmäßigen Verbreitung ankommt, ist mit dem gerade genannten Ansatz in räumlicher Hinsicht gleichbedeutend. Beide Ansätze stellen auf die künftige

---

257 *Hartley*, ICLQ 57 (2008), 899, 904; *Leible/Lehmann*, RIW 2007, 721, 728; Rauscher-*Unberath/Cziupka/Pabst*, EuZPR/EuIPR, Art. 5 Rom II-VO Rn. 75.

258 *Kozyris*, Am. J. Comp. L. 56 (2008), 471, 488; Calliess-*Schmid/Pinkel*, Rome Regulations, Art. 5 Rome II Rn. 31; *Plender/Wilderspin*, European Private International Law, Rn. 19-099.

259 *Huber/Bach*, IPRax 2005, 73, 77; *Schwartze*, NIPR 2008, 430, 431 f.

260 Siehe dazu oben unter C.II.1.b), der den Ort des Vertriebs dort lokalisiert, wo das Produkt angeboten wird.

261 Vgl. Definition in Gabler Wirtschaftslexikon, Stichwort: Vertrieb, siehe https://wirtschaftslexikon.gabler.de/definition/vertrieb-49436/version-272669, zuletzt abgerufen am 29.05.2018.

262 Siehe Definition in *Duden*, Stichwort: Vertrieb.

263 *Kozyris*, Am. J. Comp. L. 56 (2008), 471, 488; Calliess-*Schmid/Pinkel*, Rome Regulations, Art. 5 Rome II Rn. 31; *Plender/Wilderspin*, European Private International Law, Rn. 19-099.

264 Vgl. Huber-*Illmer*, Rome II Regulation, Art. 5 Rn. 29, der diese Beziehung zwischen Angebot und Verfügbarkeit herstellt.

physische Präsenz des Produkts ab. Ob diese auf Grundlage der potentiellen (im Sinne des erstgenannten Ansatzes) oder planmäßigen (im Sinne des zweitgenannten Ansatzes) Präsenz beurteilt wird, betrifft lediglich den Maßstab, welcher der erforderlichen Vorhersage zugrunde gelegt wird.

cc) *Überlassungsort*

Der dritte in Betracht kommende Ort ist der Ort, an dem die Ware dem Produkterwerber überlassen wird.[265] Von der kommerziellen Verfügbarkeit unterscheidet sich dieser Ansatz insofern, als dass nicht die potentielle oder planmäßige Präsenz ausreichend ist, sondern die tatsächliche Präsenz erforderlich ist. Im Gegensatz zu den Ansätzen, die das Angebot in einem bestimmten Staat für maßgeblich erachten, stellt diese Ansicht folglich auf das andere Ende der Markttransaktion ab.

b) *Stellungnahme*

Fraglich ist, ob der Ort, an dem das Produkt die Sphäre des Herstellers verlässt, der Ort des Angebots oder der Ort der Überlassung an Produkterwerber vorzugswürdig ist.

aa) *Kollisionsrechtliche Irrelevanz des Werkstorprinzips*

Ob die Rechtsprechung des EuGH zum Inverkehrbringen in der Produkthaftungsrichtlinie für die Auslegung des Art. 5 Rom II-VO herangezogen werden kann, hängt unter anderem davon ab, inwiefern der Wortlaut von Verordnung und Richtlinie gleichlautend ist. Die deutsche Sprachfassung enthält sowohl in Art. 5 Rom II-VO als auch in Art. 7 und 11 Produkthaftungsrichtlinie den Begriff des Inverkehrbringens. Die gleichlautende deutsche Fassung der Produkthaftungsrichtlinie und der Rom II-Verordnung spricht folglich dafür, die Auslegung des EuGH auch im Rahmen des letztgenannten Rechtsaktes zu nutzen.[266] Die Parallelität der Begriffsverwendung findet sich jedoch nicht in anderen Sprachfassungen. Die Formulierung von Art. 7 Produkthaftungsrichtlinie deutet sowohl in der englischen, französischen, spanischen als auch in der italienischen Sprachfassung darauf hin, dass es darauf ankommt, dass das Produkt

265 Bamberger/Roth-*Spickhoff*, Art. 5 Rom II-VO Rn. 8; *v. Hein*, ZEuP 2009, 6, 26; Kullmann/Pfister-*Pfister*, Produzentenhaftung, Nr. 4010, S. 19, Fn. 103; *Rudolf*, WBL 2009, 525, 530; vgl. auch MüKo-*Junker*, Art. 5 Rom II-VO Rn. 29.

266 *v. Hein*, IPRax 2010, 330, 334; Palandt-*Thorn*, Art. 5 Rom II-VO Rn. 11.

in den Umlauf gebracht wurde.[267] Der Wortlaut des Art. 5 Rom II-VO legt in den genannten Sprachen hingegen den Schluss nahe, dass die Kommerzialisierung oder Vermarktung der Ware im Vordergrund steht.[268] Danach weist das Inverkehrbringen in der Rom II-VO einen stärkeren Bezug zum Produktabsatz als in der Produkthaftungsrichtlinie auf. Dieses Ergebnis wird auch durch die niederländische Version beider Rechtsakte gestützt. Während die Produkthaftungsrichtlinie auf das Inverkehrbringen rekurriert („*in het verkeer is gebracht*"), sieht Art. 5 Rom II-VO vor, dass das Produkt auf einen Markt gebracht wird („*op de markt is gebracht*"). Die parallele Begriffsverwendung in der deutschen Sprachfassung führt folglich nicht zwingend dazu, dass die Rechtsprechung des EuGH zur Produkthaftungsrichtlinie auch im Rahmen der Rom II-Verordnung maßgeblich ist.[269]

Aus systematischer Sicht besteht ein bedeutender Einwand gegen die Anwendung des Werkstorprinzips. Während die Anknüpfung der Produkthaftung in der Rom II-Verordnung eindeutig produktbezogen ist, bezieht sich das Inverkehrbringen in der Produkthaftungsrichtlinie auf die Person des Haftenden.[270] Soweit das Inverkehrbringen im Sinne des Werkstorprinzips interpretiert wird, wird dieses faktisch auf die Orte reduziert, an denen der Hersteller das Produkt selbst in Verkehr gebracht hat. Dies sollte unterbleiben, da sonst die Vorhersehbarkeitsklausel ihres Anwendungsbereichs beraubt wäre.[271]

Zugunsten einer Auslegung im Sinne der Produkthaftungsrichtlinie wird ferner angeführt, dass ein Produkt erst nach dessen Herstellung in Verkehr gebracht werden kann. Vor Herstellung mache es wenig Sinn zu fragen, ob das Inverkehrbringen in dem jeweiligen Staat vorhersehbar gewesen wäre.[272] Dieses Argument hat zwar durchaus Berechtigung, zwingt jedoch nicht dazu, die Rechtsprechung zur Produkthaftungsrichtlinie in räumlicher Hinsicht anzuwenden. *Plender/Wilderspin* haben zu Recht darauf hingewiesen, dass die Auslegung zwischen

---

267 Siehe „put (…) into circulation" im Englischen, „avait mis (…) en circulation" im Französischen, „puso (…) en circulación" im Spanischen und „ha messo (…) in circolazione" im Italienischen.

268 Siehe „marketed" im Englischen, „commercialisé" im Französischen, „comercializó" im Spanischen und „commercializzato" im Italienischen.

269 Calliess-*Schmid/Pinkel*, Rome Regulations, Art. 5 Rome II Rn. 28; *Dickinson*, Rome II, Rn. 5.23.

270 Huber-*Illmer*, Rome II Regulation, Art. 5 Rn. 30; *ders.*, RabelsZ 73 (2009), 269, 290.

271 Huber-*Illmer*, Rome II Regulation, Art. 5 Rn. 30; *ders.*, RabelsZ 73 (2009), 269, 290.

272 *v. Hein*, IPRax 2010, 330, 338.

der zeitlichen und geographischen Komponente des Inverkehrbringens unterscheiden muss.[273]

Der gewichtigste Einwand gegen die Umsetzung des Werkstorprinzips im Rahmen des Kollisionsrechts besteht darin, dass Produkthaftungsrichtlinie und Art. 5 Rom II-VO unterschiedliche Zwecke verfolgen.[274] Die Produkthaftungsrichtlinie definiert mit Hilfe des Inverkehrbringens den relevanten Zeitpunkt, um Handlungen oder Unterlassungen des Haftenden zu untersuchen. Entsprechend war die Auslegung durch den EuGH von dem Gedanken getragen, wann der Hersteller die Kontrolle über das jeweilige Produkt aufgibt.[275] Die Rom II-Verordnung bestimmt hingegen die anwendbare Rechtsordnung unter Berücksichtigung des Interesses der Beteiligten an Vorhersehbarkeit.[276] Art. 5 Rom II-VO soll die räumlich angemessene Rechtsordnung zur Anwendung bringen. Die Frage, ab *wann* dem Hersteller die Haftung für seine Produkte zugemutet werden kann, beeinflusst die räumliche Zuordnung von Produkthaftungsfällen nicht. Im Übrigen findet die für die Produkthaftung charakteristische Markttransaktion bei einer Auslegung im Sinne des Werkstorprinzips keine Beachtung mehr.

In Anbetracht der Einwände aus Sicht des Wortlauts, der Systematik und des Telos sollte das Inverkehrbringen räumlich nicht im Sinne des Werkstorprinzips ausgelegt werden.

bb) *Überlegenheit des Angebotsorts gegenüber dem Ort der Überlassung an Endnutzer*

Der Vorwurf, die Markttransaktion nicht hinreichend in Bezug zu nehmen, kann den Ansätzen, die auf den Ort des Angebots oder der Überlassung an Produktabnehmer rekurrieren, nicht gemacht werden. Im Kern stellen diese Ansichten auf die unterschiedlichen Enden der Markttransaktion ab. Der Angebotsort spiegelt das Angebot der Ware wider, während die Überlassung an Produktabnehmer auf die Nachfrage Bezug nimmt. Fraglich ist jedoch, welche Seite der Markttransaktion im Rahmen des Inverkehrbringens vorzugswürdig ist.

---

273 *Plender/Wilderspin*, European Private International Law, Rn. 19-090.

274 *Dickinson*, Rome II, Rn. 5.23; Huber-*Illmer*, Rome II Regulation, Art. 5 Rn. 30; *ders.*, RabelsZ 73 (2009), 269, 290; PWW-*Schaub*, Art. 5 Rom II-VO Rn. 6; Calliess-*Schmid/Pinkel*, Rome Regulations, Art. 5 Rome II Rn. 28.

275 Generalanwalt *Geelhoed*, Schlussanträge vom 2.6.2005, Rs. C-127/04 – *O'Byrne*, Slg. 2006, I-1315, Rn. 43.

276 Huber-*Illmer*, Rome II Regulation, Art. 5 Rn. 30; *ders.*, RabelsZ 73 (2009), 269, 290. Ihm folgend PWW-*Schaub*, Art. 5 Rom II-VO Rn. 6.

Ein Beispiel soll die Unterschiede zwischen den beiden Ansichten aufzeigen: Ein deutscher Versandhändler verkauft Gartenzwerge, die er in einem Katalog bewirbt. Der Katalog wird an Haushalte in Deutschland und der Schweiz verschickt. Die Lieferbedingungen im Katalog sehen vor, dass Bestellungen von Kunden aus Deutschland und der Schweiz entgegengenommen werden. Nur in Deutschland besteht eine Nachfrage nach Gartenzwergen; Schweizer Kunden bestellen die Gartenzwerge nicht. In Deutschland wurde das Produkt nach beiden Ansichten in Verkehr gebracht, weil dort das Produkt sowohl angeboten[277] als auch Kunden überlassen wurde. Ob das Produkt auch in der Schweiz in Verkehr gebracht wurde, hängt von der vertretenen Ansicht ab. Nur diejenigen, die das Inverkehrbringen im Sinne des Angebotsorts verstehen, würden hier das Inverkehrbringens bejahen. Eine Überlassung in der Schweiz hat nicht stattgefunden.

Fraglich ist, welche Ansicht vorzugswürdig ist. Die nicht deutschen Sprachfassungen der Rom II-Verordnung, auf die bereits oben eingegangen wurde, weisen einen engen Bezug zur Vermarktung des Produkts auf.[278] Die Vermarktung steht dem Angebotsort näher als dem Ort der Überlassung an Endnutzer. Ein Produkt wird vermarktet, indem es auf den Markt gebracht wird,[279] was seinerseits mit dem Angebot auf einem bestimmten Markt gleichgesetzt werden kann. Der Wortlaut des Art. 5 Rom II-VO spricht folglich für eine Auslegung des Inverkehrbringens im Sinne des Angebotsorts.

Aus systematischer Sicht ist eine Abgrenzung zum Erwerbsort erforderlich. Dies bereitet Probleme, weil auch die Auslegung des Erwerbsorts umstritten ist. Die überwiegende Ansicht nimmt an, dass das Produkt dort erworben wird, wo es dem Geschädigten zur Verfügung gestellt wird.[280] Gleichbedeutend sind hiermit Ansätze, die auf den Ort rekurrieren, an dem der Geschädigte das Produkt empfängt und daher Besitz ergreift.[281] Auf diesem Weg werde ein angemessener

277 Das Angebot setzt keinen Rechtsbindungswillen voraus, so dass auch eine *invitatio ad offerendum* ein Angebot im Sinne des Inverkehrbringens ist.

278 Siehe „marketed“ im Englischen, „commercialisé“ im Französischen, „comercializó“ im Spanischen und „commercializzato“ im Italienischen.

279 Zur Bedeutung des Begriffs siehe *Duden*, Stichwort: vermarkten.

280 *Rudolf*, WBL 2009, 525, 531; Palandt-*Thorn*, Art. 5 Rom II-VO Rn. 9; jurisPK-*Lund*, Art. 5 Rom II-VO Rn. 26.

281 *Dickinson*, Rome II, Rn. 5.38; Erman-*Hohloch*, Art. 5 Rom II-VO Rn. 11; Huber-*Illmer*, Rome II Regulation, Art. 5 Rn. 25; NK-*Lehmann*, Art. 5 Rom II-VO Rn. 65; *Plender/Wilderspin*, European Private International Law, Rn. 19-063; Calliess-*Schmid/Pinkel*, Rome Regulations, Art. 5 Rome II Rn. 47; Rauscher-*Unberath/Cziupka/Pabst*, EuZPR/EuIPR, Art. 5 Rom II-VO Rn. 66.

Ausgleich zwischen den Interessen des Geschädigten und des Haftenden gefunden.[282] Andere weisen pauschal auf den Ort des Kaufs hin, ohne diesen näher zu konkretisieren.[283] In die gleiche Richtung gehen Ansätze, die auf den Ort rekurrieren, wo das Produkt im gewerblichen Handel durch den ersten Endabnehmer erworben wurde.[284] Bei Platzgeschäften bereitet dieser Ansatz wenig Problem. Klarheit fehlt jedoch im Fall des Distanzgeschäfts. Vereinzelt wird in der Literatur eine alternative Anknüpfung an den Ort, an dem der Verkäufer seinen Verkaufswillen übermittelt hat, oder den Ort, an dem das Produkt in den Einflussbereich des Käufers eintritt, vorgeschlagen.[285]

Angesichts der Unklarheiten bei Distanzgeschäften ist die Ansicht, die auf den Ort des Kaufs hinweist, schon aus diesem Grund abzulehnen. Ferner erscheint es nicht gerechtfertigt, eine alternative Anknüpfung an den Überlassungsort des Produkts oder den Übermittlungsort der Willenserklärung, wie von der zuletzt genannten Ansicht vertreten wird, zuzulassen. Die Rechtssicherheit hinsichtlich des anwendbaren Rechts erfordert es, den Erwerb räumlich eindeutig zuzuordnen.

Der Überlassungsort erweist sich gegenüber allen anderen möglichen Orten, die den Erwerbsort repräsentieren können, als vorzugswürdig. Die kollisionsrechtliche Relevanz des Erwerbsorts ergibt sich daraus, dass er für den Geschädigten leicht bestimmbar ist und sein Vertrauen in die Anwendbarkeit des Rechts des Marktorts durch den Erwerbsakt begründet wird.[286] Durch den Erwerb gelangt das Produkt in die Sphäre des Abnehmers und setzt ihn den Produktgefahren aus. Der Ort, an dem der Verkäufer seine Annahme erklärt, ist für den Erwerber nicht immer erkennbar. Insbesondere sei hier an Fälle des Internethandels gedacht. Den physischen Besitz zum entscheidenden Auslegungsmerkmal für den Erwerbsbegriff zu erheben, steht mit der Auslegung des Haager Übereinkommens in Einklang.[287] Gerade angesichts der parallelen Geltung von Haager Übereinkommen und Art. 5 Rom II-VO innerhalb der Europäischen Union und der Vorbildfunktion, die dem Haager Übereinkommen für die Regelung der Produkthaftung in der Rom II-Verordnung zukommt,[288] ist eine solche

---

282 *Dickinson*, Rome II, Rn. 5.38.

283 *Leible/Lehmann*, RIW 2007, 721, 727; vgl. in diesem Sinne auch *Hartley*, ICLQ 57 (2008), 899, 904; sowie *Micha*, S. 108, die davon ausgeht, dass der Erwerbsort überall dort ist, wo eine Transaktion stattfindet.

284 *Kadner Graziano*, Gemeineuropäisches IPR, S. 282.

285 *Schwartze*, NIPR 2008, 430, 432.

286 *v. Hein*, Günstigkeitsprinzip, S. 418; *Lorenz*, FS Wahl, S: 185, 202.

287 *Reese*, in: Conférence de La Haye, Actes et Documents 12. session, S. 252, 262.

288 Vgl. *Garcimartín Alférez*, EuLF 2007, I-77, I-85; *Stone*, in: Ahern/Binchy, S. 175, 181.

Übereinstimmung zweckmäßig. Folglich liegt der Erwerbsort dort, wo das Produkt Endnutzern überlassen wird.

Die Auslegung des Erwerbsorts stimmt geographisch mit der Ansicht überein, die das Inverkehrbringen am Überlassungsort verortet. Fraglich ist, ob und ggf. wie der Ort des Inverkehrbringens und der Erwerbsort von einander abzugrenzen sind. Teilweise wird der Erwerb mit dem Inverkehrbringen gleichgesetzt.[289] Der einzige Unterschied zwischen Erwerb und Inverkehrbringen bestehe darin, dass der Erwerb eine tatsächliche Verbindung zum Opfer aufweise.[290] Dadurch könne der Erwerbsort nach Art. 5 Abs. 1 Satz 1 lit. b Rom II-VO nur dann zum Tragen kommen, wenn das Opfer das Produkt selbst erworben habe.[291] Diese Sichtweise kann nicht überzeugen. Es ist nicht ersichtlich, warum der europäische Verordnungsgeber zwei unterschiedliche Begriffe verwenden sollte, um letztlich den gleichen Ort zu umschreiben, oder zwischen den beiden Begriffen nur in den Fällen unterscheiden wollte, in denen der Geschädigte das Produkt nicht selbst erworben hat.[292]

Wesentlich näher liegt es, Inverkehrbringen und Erwerb als die unterschiedlichen Enden der Markttransaktion zu sehen. Die Markttransaktion ist für die Produkthaftung charakteristisch.[293] Unter Sphärengesichtspunkten fällt das Angebot des Produkts in die Sphäre des Haftenden und der Erwerb in die Sphäre des Konsumenten. Es erscheint angemessen, dass sich das Interesse des Haftenden an der Berechenbarkeit der anwendbaren Rechtsordnung nach den Orten richtet, an denen das Produkt angeboten wird, da der Haftende hierüber mit der Markttransaktion verbunden ist.

Auch wenn das Werkstorprinzip in räumlicher Hinsicht nicht anzuwenden ist, bietet eine Auslegung im Sinne des Angebotsort die Möglichkeit, die Rechtsprechung des EuGH in der Rechtssache *O'Byrne* kollisionsrechtlich zu würdigen.[294] Nach Ansicht des EuGH zeichnet sich das Inverkehrbringen neben dem Werkstorprinzip dadurch aus, dass das Produkt „in einen Prozess der Vermarktung eingetreten ist, in dem es in ge- oder verbrauchsfertigem Zustand öffentlich angeboten wird."[295] Gerade in der englischen Sprachfassung, die in

289 *Stone*, Ankara L. Rev. 4 (2007), 95, 122 f.; *ders.*, in: Ahern/Binchy, S. 175, 189.

290 *Stone*, Ankara L. Rev. 4 (2007), 95, 122 f.; *ders.*, in: Ahern/Binchy, S. 175, 189.

291 *Stone*, Ankara L. Rev. 4 (2007), 95, 122 f.; *ders.*, in: Ahern/Binchy, S. 175, 189.

292 Siehe dazu ausführlich unter C.III.

293 Die Bedeutung der Markttransaktion unterstreicht auch Staudinger-*v. Hoffmann*, Art. 40 EGBGB Rn. 97.

294 So bereits *Corneloup*, in: dies./Joubert, S. 85, 97; *Kadner Graziano*, RabelsZ 73 (2009), 1, 41; *ders.*, Rev. crit. dr. int. priv. 97 (2008), 446, 481.

295 EuGH vom 9.2.2006, Rs. C-127/04 – *O'Byrne*, Slg. 2006, I-1313, Rn. 27.

der Rechtssache *O'Byrne* die verbindliche Sprachfassung ist,[296] wird das Inverkehrbringen sowohl im Urteil als auch in Art. 5 Rom II-VO mit *„marketing"* umschrieben. Die sachliche Nähe der beiden Rechtsakte, die freilich nicht eine Übernahme der EuGH-Rechtsprechung in Gänze gebietet, kann hier genutzt werden. Insgesamt sollte das Inverkehrbringen dem Angebots- oder Vertriebsort räumlich zugeordnet werden.

cc) *Konkretisierung des Angebotsorts*

Mit der Auslegung des Inverkehrbringens im Sinne des Angebotsorts werden Produkthaftungsfälle noch nicht zweifelsfrei räumlich zugeordnet. Als Angebotsorte kommen sowohl der Geschäftssitz des Vertragspartners des Erwerbers, der Ort, an dem die Ware beworben wird, und der Ort, an dem die Ware kommerziell verfügbar ist, in Betracht.[297] Zusätzlich ist zu untersuchen, ob neben dem Angebot weitere Anforderungen an das Inverkehrbringen zu stellen sind.

(1) *Geschäftssitz des Vertragspartners*

Nach Ansicht von *Stone* wird ein Produkt vom Geschäftssitz des Vertragspartners des Konsumenten aus angeboten.[298] Für die geographische Relevanz dieses Orts spricht, dass von dort aus die Angebotsaktivitäten koordiniert werden. Für den Verkaufsprozess liegt hier gewissermaßen die Verhaltenszentrale vor.[299] Ferner verlässt die Ware am Geschäftssitz des Vertragspartners endgültig die Sphäre des Herstellers.

(2) *Ort, wo Ware beworben wird*

Ein Teil der Literatur nimmt ein Angebot überall dort an, wo Werbung für das Produkt gemacht wird.[300] Uneinigkeit besteht allerdings darüber, ob neben die Werbung verstärkende Elemente treten müssen.

---

296 Zur verbindlichen Sprachfassung siehe Art. 31 VerfO EuGH: „Verbindlich ist die Fassung in der Verfahrenssprache oder, falls der Gerichtshof gemäß Artikel 29 eine andere Sprache zugelassen hat, die Fassung in dieser Sprache."

297 So zumindest hinsichtlich des Geschäftssitzes und des Orts, an dem die Ware kommerziell verfügbar ist, *Stone*, Ankara L. Rev. 4 (2007), 95, 122.

298 *Stone*, Ankara L. Rev. 4 (2007), 95, 122.

299 *Thorn*, IPRax 2001, 561, 564; vgl. auch Staudinger-*v. Hoffmann*, Art. 40 EGBGB Rn. 92.

300 In diesem Sinne zu Art. 5 Rom II-VO *Dickinson*, Rome II, Rn. 5.20, 5.23; Calliess-*Schmid/Pinkel*, Rome Regulations, Art. 5 Rome II Rn. 31; jurisPK[7]-*Wurmnest*, Art. 5 Rom II-VO Rn. 24; sowie allgemein *Sack*, FS Ulmer, S. 495, 503.

(a) *Werbung allein ausreichend*
Vereinzelt wird in der Literatur zum Haager Übereinkommen Werbung in einem Staat als ausreichend erachtet, um ein Angebot dort zu begründen.[301] Am Ort, an dem für das Produkt geworben werde, würden die Interessen der Wettbewerber aufeinanderstoßen, so dass nur bei einer Berufung dieses Rechts Wettbewerbsverzerrungen verhindert werden könnten.[302] Ferner würden die schützenswerten Erwartungen aller beteiligten Parteien auf diesem Weg gewahrt.[303]

(b) *Ausrichten der gewerblichen Tätigkeit?*
In Analogie zu Art. 15 Abs. 1 lit. c Brüssel I-VO bzw. nunmehr Art. 17 Abs. 1 lit. c Brüssel Ia-VO und Art. 6 Abs. 1 lit. b Rom I-VO argumentieren einige Autoren, der Haftende müsse seine gewerbliche Tätigkeit auf den Heimatstaat des Geschädigten ausgerichtet haben.[304] Um das Inverkehrbringen, das in der englischen Version mit „*marketing*" umschrieben ist, nicht zu entwerten, müsse der Haftende Konsumenten durch Werbung in dem Land gezielt angesprochen haben. Andernfalls werde insbesondere im Fall der Internetwerbung das Erfordernis des Inverkehrbringens nachhaltig verwässert.[305] Für eine solche Auslegung spreche ferner, dass auf diesem Weg das Ziel eines kohärenten Systems des Europäischen Privatrechts gefördert werde.[306] Der Intention des europäischen Verordnungsgebers, die Rom II-Verordnung mit der Brüssel I-Verordnung und der Rom I-Verordnung in Einklang zu bringen, werde auf diesem Weg Ausdruck verliehen.[307]

(c) *Tatsächlicher Warenverkauf notwendig?*
Ein anderer Teil der Literatur lässt Werbung in einem Staat nicht genügen und fordert, dass es zumindest zu einem tatsächlichen Warenabsatz gekommen sein muss.[308] Das Argument der drohenden Entwertung des Inverkehrbringens ist

---

301 *Sack*, FS Ulmer, S. 495, 503.
302 *Sack*, FS Ulmer, S. 495, 502 f.
303 *Sack*, FS Ulmer, S. 495, 503.
304 Calliess-*Schmid/Pinkel*, Rome Regulations, Art. 5 Rome II Rn. 31; *Dickinson*, Rome II, Rn. 5.20, 5.23; in diesem Sinne auch *van Calster*, S. 169 f.; Foerste/Graf von Westphalen-*Wilde*, § 100 Rn. 11.
305 *Dickinson*, Rome II, Rn. 5.20.
306 Calliess-*Schmid/Pinkel*, Rome Regulations, Art. 5 Rome II Rn. 31.
307 Siehe Erwägungsgrund 7 der Rom II-Verordnung.
308 NK-*Lehmann*, Art. 5 Rom II-VO Rn. 76; Spindler/Schuster-*Weller/Nordmeier*, Art. 5 Rom II-VO Rn. 4; in diesem Sinne auch *Dickinson*, Rome II, Rn. 5.20.

auch in diesem Zusammenhang relevant. Von dem Inverkehrbringen bliebe nichts übrig, wenn noch nicht einmal ein Warenabsatz stattgefunden habe.[309]

(3) *Ort, wo Ware kommerziell verfügbar ist*

Nach anderer Ansicht wird ein Produkt überall dort angeboten, wo es kommerziell verfügbar ist bzw. wo es Käufern potentiell zur Verfügung gestellt wird.[310] Da bloße Werbung das Inverkehrbringen noch nicht begründen könne, müsse mit Hilfe der kommerziellen Verfügbarkeit ein engerer Bezug zu der Markttransaktion hergestellt werden.[311] Erforderlich sei neben der Werbung, dass das Produkt auch in den jeweiligen Staat geliefert würde. Das Warenvertrauen des Erwerbers werde regelmäßig an seinem gewöhnlichen Aufenthaltsort geweckt, wenn das Produkt dort auch verfügbar sei; der tatsächliche Erwerbsort sei demgegenüber zufällig.[312] Auch beim Erwerb im Ausland lasse sich der Erwerber von der Rechtsauffassung seines Wohnsitzlands oder dem heimischen Qualitätsruf leiten.[313] Der Haftende müsse immer dann mit der Haftung nach einer Rechtsordnung rechnen, wenn das Produkt dort grundsätzlich vertrieben würde.[314]

(4) *Stellungnahme*

Eine Anknüpfung an den Geschäftssitz des Vertragspartners begegnet erheblichen Bedenken. Zunächst bleibt zu beachten, dass nicht nur der Vertragspartner des Geschädigten als Anspruchsgegner der Produkthaftung in Betracht kommt.[315] Zudem enthält der Begriff des Angebotsorts einen engeren Bezug zu den Orten, an denen ein Produkt beworben wird oder kommerziell verfügbar ist, als zu dem Geschäftssitz des Vertragspartners. Die Einwände, die gegen das Werkstorprinzip vorgebracht wurden, sind auch in diesem Rahmen berechtigt. Gerade im Bereich des Internethandels ist der Geschäftssitz des Vertragspartners zufällig. Erwägungen, welche die Entscheidung über den Geschäftssitz beeinflussen, wie etwa steuerliche

309 *Dickinson*, Rome II, Rn. 5.20.

310 Huber-*Illmer*, Rome II Regulation, Art. 5 Rn. 29; *ders.*, RabelsZ 73 (2009), 269, 291; *Kozyris*, Am. J. Comp. L. 56 (2008), 471, 488; *Plender/Wilderspin*, European Private International Law, Rn. 19-099; Calliess-*Schmid/Pinkel*, Rome Regulations, Art. 5 Rome II Rn. 31; so auch *de lege ferenda Prager*, S. 275, 295.

311 Vgl. Huber-*Illmer*, Rome II Regulation, Art. 5 Rn. 29; *ders.*, RabelsZ 73 (2009), 269, 291.

312 *Prager*, S. 295.

313 *Prager*, S. 303.

314 *Prager*, S. 295.

315 Statt vieler MüKoBGB-*Junker*, Art. 5 Rom II-VO Rn. 19.

Aspekte, sollten für die kollisionsrechtliche Behandlung von Produkthaftungsfällen nicht maßgeblich sein. Im Übrigen wären die Orte, an denen das Produkt in Verkehr gebracht wird, von vornherein zu stark begrenzt. Eine Konkretisierung mit Hilfe des Geschäftssitzes des Vertragspartners muss daher ausscheiden.

Die Frage, ob Werbung ausreichend ist, um das Inverkehrbringen zu begründen, kann am besten am Beispiel der Werbung im Internet diskutiert werden. Internetwerbung ist grundsätzlich weltweit verfügbar, so dass bei einer entsprechen Konkretisierung des Angebotsorts dem Inverkehrbringen keine einschränkende Bedeutung mehr zukäme.[316] Dies widerspricht dem Zweck des Inverkehrbringens. Es entspricht im Übrigen zumindest den Grundsätzen des materiellen deutschen Zivilrecht, dass Werbung für ein Produkt regelmäßig noch kein Angebot begründet, da nicht davon ausgegangen werden kann, dass der Verkäufer mit jedem Adressaten der Werbung auch eine vertragliche Beziehung eingehen möchte.[317] Auch wenn Grundsätze des deutschen materiellen Rechts nur unter Vergleich der mitgliedstaatlichen Rechtsordnungen auf das europäische Kollisionsrecht übertragen werden können und ihnen nur indizielle Wirkung zukommt,[318] wird deutlich, dass die Werbung dem Angebot regelmäßig vorgelagert ist. Daher sollte auch im Rahmen des Art. 5 Rom II-VO zwischen Werbung und Angebot unterschieden werden. Der vorgebrachte Aspekt der Wettbewerbsgleichheit vermag eine zwingende Anknüpfung an den Werbeort nicht zu begründen. Wettbewerbsgleichheit besteht immer dann, wenn alle Marktteilnehmer den gleichen Regelungen unterworfen sind. Jegliche Bezugnahme auf den Marktort – sei es nun in Form des Werbeorts, des Erwerbsorts oder des Orts, an dem das Produkt kommerziell verfügbar ist – wahrt dieses Gebot. Die Anknüpfung an den Werbeort ist also nur eine von mehreren Möglichkeiten, um Wettbewerbsverzerrungen zu verhindern.

Auch wenn der Ansatz, wonach die gewerbliche Tätigkeit auf den in Frage stehenden Staat ausgerichtet sein muss, in seinem Bestreben berechtigt ist, das Tatbestandsmerkmal des Inverkehrbringens nicht zu entwerten, bestehen erhebliche Einwände gegen eine analoge Anwendung von Art. 15 Abs. 1 lit. c

---

316 Vgl. Spindler/Schuster-*Weller/Nordmeier*, Art. 5 Rom II-VO Rn. 4.

317 Siehe statt vieler MüKoBGB-*Busche*, § 145 BGB Rn. 11.

318 So für die Bedeutung der Rechtsvergleichung für die Auslegung europäischen Rechts Riesenhuber-*Schwartze*, § 4 Rn. 26. Sowie zur indiziellen Bedeutung des materiellen Rechts für die Auslegung des IPRs *v. Bar*, JZ 1985, 961, 965; *ders./Mankowski*, IPR I, Rn. 94; *Hamburg Group for Private International Law*, RabelsZ 67 (2003), 1, 15; *v. Hein*, Günstigkeitsprinzip, S. 67 ff.; *v. Hoffmann/Thorn*, IPR, § 11 Rn. 23; *Hohloch*, Deliktsstatut, S. 229 ff.; *Kegel/Schurig*, IPR, S. 131; *Kropholler*, S. 142; *Koziol/Thiede*, ZVglRWiss 106 (2007), 235, 238 ff; MüKoBGB-*v. Hein*, Einl. IPR Rn. 30, 41; *Siehr*, RabelsZ 37 (1973), 466, 478 ff.; *Wandt*, Rn. 540.

Brüssel I-VO bzw. Art. 17 Abs. 1 lit. c Brüssel Ia-VO und Art. 6 Abs. 1 lit. b Rom I-VO. Zunächst einmal weist der Verordnungstext der Rom II-Verordnung keine Parallelität zu Brüssel I-Verordnung/Brüssel Ia-Verordnung und Rom I-Verordnung auf. Wenn eine parallele Auslegung gewollt gewesen wäre, hätte sich der Verordnungsgeber wohl auch für eine gleiche Terminologie entschieden, wie dies in Brüssel I- Verordnung/Brüssel Ia-Verordnung und Rom I-Verordnung geschehen ist.[319] Jedoch besagt Erwägungsgrund 7 der Rom II-Verordnung, dass der materielle Anwendungsbereich und die Bestimmungen dieser Verordnung mit der Brüssel I-Verordnung und der Rom I-Verordnung[320] in Einklang stehen sollte. Auch die jüngere Rechtsprechung des EuGH verdeutlicht das Bestreben nach einer parallelen Auslegung der verschiedenen europäischen Rechtsakte.[321] Aufgrund der Eigenheiten der beiden Regime ist eine strikte Parallelität zwischen Brüssel I-Verordnung/Brüssel Ia-Verordnung und Rom I-Verordnung einerseits und Rom II-Verordnung andererseits zumindest im Bereich der Produkthaftung jedoch weder erstrebenswert noch praktikabel.[322] Beispielhaft sei auf das Ubiquitätsprinzip hingewiesen, das für die Auslegung des Tatorts in Art. 5 Nr. 3 Brüssel I-VO bzw. Art. 7 Nr. 2 Brüssel Ia-VO maßgeblich ist, jedoch keinen Eingang in Art. 5 Rom II-VO gefunden hat.[323] Art. 5 Rom II-VO nimmt im Gegensatz zur Brüssel I-Verordnung/Brüssel Ia-Verordnung nicht Handlungs- und Erfolgsort zum Ausgangspunkt, sondern schreibt eine Anknüpfungsleiter vor. Die unterschiedliche Konzeption der Rechtsakte steht einer Übertragung des „Ausrichtens" entgegen.

Ferner ist die Interessenlage zwischen Brüssel I-Verordnung/Brüssel Ia-Verordnung und Rom I-Verordnung einerseits und Rom II-Verordnung andererseits nicht vergleichbar. Das Konzept des „Ausrichtens" ist spezifisch für Verbraucherfälle. Art. 5 Rom II-VO hingegen ist nicht auf Haftungsfälle von Verbrauchern beschränkt, sondern findet ebenfalls auf gewerbliche Abnehmer

319 *v. Hein*, IPRax 2010, 330, 338.

320 Erwägungsgrund 7 spricht insofern zwar noch von „den Instrumenten, die das auf vertragliche Schuldverhältnisse anzuwendende Recht zum Gegenstand haben", womit aber die zum Zeitpunkt des Erlasses der Rom II-Verordnung noch nicht in Kraft getretene Rom I-Verordnung gemeint ist.

321 Siehe *Staudinger*, AnwBl 2011, 327 ff.

322 So ausdrücklich zu Art. 5 Nr. 3 Brüssel I-VO BGH vom 9.7.2009, NJW 2009, 3371; *v. Hein*, IPRax 2010, 330, 335; vgl. auch EuGH vom 16.1.2014, Rs. C-45/13 – *Kainzer/ Pantherwerke AG*, NJW 2014, 1166 f.

323 *v. Hein*, IPRax 2010, 330, 335. Im Bereich der Umwelthaftung nach Art. 7 Rom II-VO gilt das Ubiquitätsprinzip hingegen.

Anwendung. Aufgrund unterschiedlicher Anwendungsbereiche ist eine Übertragung dieses Konzepts auf die Produkthaftung wenig überzeugend.[324]

Daneben bleibt zu beachten, dass mit Hilfe des Ausrichtungskriteriums das Inverkehrbringen nicht in ausreichendem Maß eingeschränkt wird, wie es der Zweck der Regelung erfordert.[325] Grundsätzlich begründet jede absatzfördernde Werbung in einem Staat die Annahme, dass die Tätigkeit auf den jeweiligen Staat ausgerichtet ist.[326] Folglich wird die Werbung durch das Ausrichtungskriterium nur derart modifiziert, dass diese auf den Absatz gerichtet sein muss. Der Zweck jeder Werbung besteht aber darin, den Produktabsatz zu fördern. Faktisch wird die Maßgeblichkeit der Werbung über das Ausrichtungskriterium nicht eingegrenzt. Untermalt wird dieses Ergebnis durch die Tatsache, dass im Fall der Internetwerbung die gewerbliche Tätigkeit weltweit ausgerichtet ist.[327] Die berechtigten Interessen des Haftenden würden in diesem Fall außer Acht gelassen.

Gegen die Anwendung des Ausrichtungskriteriums spricht ferner, dass auf diesem Weg ein Willenselement des Haftenden auf objektiver Ebene inkorporiert wird, was mit der Konzeption des Gesetzes nur schwer vereinbar ist. Der EuGH hat selbst zum Ausdruck gebracht, dass das Ausrichtungskriterium auf dem Willen des Gewerbetreibenden beruht.[328] Das Inverkehrbringen hingegen kann nicht als Willenselement eingeordnet werden. Vielmehr soll das Inverkehrbringen die Interessen des Haftenden schützen, indem in objektiver Hinsicht eine hinreichend enge Verbindung zu seiner Tätigkeit bestehen muss.

Im Übrigen bezieht sich das Ausrichtungskriteriums auf ein Verhalten des Haftenden: Auch wenn die Aktivitäten nicht das spezifische Produkt betreffen müssen, müssen sie stets vom Haftenden selbst vorgenommen werden.[329] Wie später noch zu sehen ist, muss das Produkt hingegen nicht vom Haftenden selbst

---

324 *v. Hein*, IPRax 2010, 330, 338.

325 Vgl. auch *v. Hein*, IPRax 2010, 330, 338.

326 Vgl. BGH vom 30.3.2006, NJW 2006, 1672, 1673; Ferrari/Kieninger/Mankowski-*Staudinger*, Art. 6 Rom I-VO Rn. 47; Palandt-*Thorn*, Art. 6 Rom I-VO Rn. 6; Staudinger-*Magnus*, Art. 6 Rom I-VO Rn. 113.

327 MüKoBGB-*Martiny*, Art. 6 Rom I-VO Rn. 34; Palandt-*Thorn*, Art. 6 Rom I-VO Rn. 6; Spindler/Schuster-*Weller/Nordmeier*, Art. 5 Rom II-VO Rn. 4; so auch zumindest hinsichtlich einer aktiven Website BGH vom 17.9.2008, NJW 2009, 298.

328 EuGH vom 7.12.2010, verb. Rs. C-585/08 und C-144/09 – *Pammer*, NJW 2011, 505, Rn. 75; *Staudinger*, AnwBl 2011, 327, 328.

329 *Fallon*, in: Basedow/Baum/Nishitani, S. 261, 266.

in dem in Frage stehenden Staat in Verkehr gebracht werden.[330] Folglich scheidet die Heranziehung des Ausrichtungskriteriums auch aus diesem Grund aus.

Zu klären bleibt, ob es in dem in Frage stehenden Staat tatsächlich zu Verkäufen gekommen sein muss, wie es in der Literatur teilweise gefordert wird. Die Argumente, die für ein solches Erfordernis sprechen, sind zwar nicht von der Hand zu weisen, die Systematik des Art. 5 Rom II-VO steht einer solchen Annahme jedoch entgegen. Wie oben herausgearbeitet wurde, sind Inverkehrbringen und Erwerb dadurch von einander abzugrenzen, dass sie die unterschiedlichen Seiten der Markttransaktion darstellen. Für das Inverkehrbringen reicht schon das Angebot des Produkts aus, so dass Verkäufe gerade nicht erforderlich sind.

Vorzugswürdig ist es, den Angebotsort dahingehend zu konkretisieren, dass das Produkt Abnehmern im jeweiligen Staat potentiell zur Verfügung gestellt wird bzw. dort kommerziell verfügbar ist. Im Fall von Distanzgeschäften ist entscheidend, in welche Länder der Verkäufer bereit ist, das Produkt zu liefern. Ansätzen, die im Fall des Fernabsatzgeschäfts auf den Empfangsort[331] oder den Absendungsort[332] rekurrieren, kann nicht gefolgt werden. Es kommt weder darauf an, wo der Abnehmer die tatsächliche Sachherrschaft erlangt, noch von wo aus die Ware verschickt wird – das potentielle Liefergebiet des Produkts ist entscheidend. Freilich rückt der Ort des Inverkehrbringens damit wieder in die Nähe des Erwerbsorts. *Unberath/Cziupka/Pabst* nehmen daher zu Recht an, dass der Unterschied zwischen Inverkehrbringen und Erwerb gradueller Art ist.[333] Während das Inverkehrbringen danach fragt, wo das Produkt *potentiell* auf die Marktgegenseite trifft, stellt der Erwerb darauf ab, wo das konkrete Produkt *tatsächlich* auf die Marktgegenseite trifft.

Fraglich ist jedoch, wie mit Angeboten umzugehen ist, die ihr Liefergebiet nicht spezifizieren. Zugunsten der Produktabnehmer könnte angenommen werden, dass das Produkt potentiell weltweit geliefert wird. Das Bedürfnis, das Merkmal des Inverkehrbringens nicht komplett zu entwerten, steht allerdings auch diesem Schluss im Wege. Wenn ein Angebot, welches das Liefergebiet nicht absteckt, die Haftung nach jeder erdenklichen Rechtsordnung begründen

330 Vgl. dazu unten C.II.5.a).

331 Erman-*Hohloch*, Art. 5 Rom II-VO Rn. 6, 11; MüKoBGB-*Junker*, Art. 5 Rom II-VO Rn. 29.

332 *Stone*, in: Ahern/Binchy, S. 175, 189.

333 Rauscher-*Unberath/Cziupka/Pabst*, EuZPR/EuIPR, Art. 5 Rom II-VO Rn. 75.

würde, würde die einschränkende Wirkung des Kriteriums des Inverkehrbringens komplett entfallen.

3. Art des Inverkehrbringens

Ferner ist zu untersuchen, ob jegliche Form des Angebots ein Produkt auf dem jeweiligen Markt in Verkehr bringt oder ob Einschränkungen in dieser Hinsicht vorgenommen werden müssen.

a) *Kommerzielle Tätigkeit*

Ein erheblicher Teil der Literatur nimmt an, dass der Vertrieb des Produkts zu kommerziellen Zwecken erfolgen muss.[334] Verschiedene Sprachfassungen der Rom II-Verordnung stützten eine entsprechende Auslegung. Insbesondere die romanischen Sprachfassungen[335] sprechen explizit von der Kommerzialisierung der Ware.[336] Auswirkungen hätte eine entsprechende Einschränkung des Inverkehrbringens auf die Fälle, in denen Waren gratis verteilt oder gebraucht gehandelt werden. Das Verteilen von Gratisware müsse zumindest auch kommerzielle Ziele verfolgen, so dass die Produktverbreitung zu rein karitativen Zwecken nicht erfasst wäre, das Verteilen von Waren zu Werbezwecken hingegen schon.[337] Der Handel mit gebrauchten Produkten wäre nach dieser Auslegung nicht generell ausgeschlossen, würde aber im Fall des Handels zwischen Privaten das Inverkehrbringen entfallen lassen.

Aus mehreren Gründen ist eine Einschränkung des Inverkehrbringens dahingehend, dass der Vertrieb auf kommerziellem Weg erfolgen muss, richtig. Zu Recht haben die Befürworter dieser Ansicht darauf hingewiesen, dass die Kommerzialisierung der Ware wesentliches Element der romanischen

---

334 *Dickinson*, Rome II, Rn. 5.19; *Hamburg Group for Private International Law*, RabelsZ 67 (2003), 1, 15; *v. Hein*, ZEuP 2009, 6, 26; MüKoBGB-*Junker*, Art. 5 Rom II-VO Rn. 29; *Kozyris*, Am. J. Comp. L. 56 (2008), 471, 488; NK-*Lehmann*, Art. 5 Rom II-VO Rn. 76; Plender/*Wilderspin*, European Private International Law, Rn. 19-099; *Rudolf*, WBL 2009, 525, 530; Calliess-*Schmid/Pinkel*, Rome Regulations, Art. 5 Rome II Rn. 12; *Stone*, Ankara L. Rev. 4 (2007), 95, 122; *ders.*, in: Ahern/Binchy, S. 175, 188; *Schwartze*, NIPR 2008, 430, 431 f.; a.A. offenbar Erman-*Hohloch*, Art. 5 Rom II-VO Rn. 6.

335 Siehe „commercialisé" im Französischen, „comercializó" im Spanischen und „commercializzato" im Italienischen.

336 Calliess-*Schmid/Pinkel*, Rome Regulations, Art. 5 Rome II Rn. 12.

337 MüKoBGB-*Junker*, Art. 5 Rom II-VO Rn. 29; NK-*Lehmann*, Art. 5 Rom II-VO Rn. 76; so wohl auch *Stone*, Ankara L. Rev. 4 (2007), 95, 122; *ders.*, in: Ahern/Binchy, S. 175, 188; anders Erman-*Hohloch*, Art. 5 Rom II-VO Rn. 6.

Sprachfassungen des Art. 5 Rom II-VO ist. Der EuGH definiert in seiner Rechtsprechung zur Produkthaftungsrichtlinie das Inverkehrbringen ebenfalls mit Hilfe der Vermarktung. Auch in Art. 7 Haager Übereinkommen, das innerhalb der Europäischen Union in einigen Mitgliedstaaten vorrangig anzuwenden ist und der Regelung der Produkthaftung als Vorbild gedient hat,[338] ist normiert, dass das Produkt auf kommerziellen Wegen im betreffenden Staat zur Verfügung gestellt wurde.[339] Der Zweck der Vorschrift, in objektiver Hinsicht eine hinreichend enge Verbindung zum Haftenden herzustellen, gebietet es, nur kommerzielle Vertriebsarten als anknüpfungsrelevant anzusehen, weil eine solche Verbindung über die Warenverteilungskette vermittelt wird.[340] Die Warenverteilungskette zeichnet sich wiederum dadurch aus, dass die handelnden Akteure kommerzielle Zwecke verfolgen.

b) *Vertrieb an Endabnehmer*

Wie schon oben zum Ausdruck gebracht wurde, kann die EuGH-Rechtsprechung zum Inverkehrbringen in der Produkthaftungsrichtlinie zwar nicht in Gänze zur Auslegung des Inverkehrbringens der Rom II-Verordnung herangezogen werden, wohl aber dahingehend, dass das Produkt „in einen Prozess der Vermarktung eingetreten ist, in dem es in ge- oder verbrauchsfertigem Zustand öffentlich angeboten wird."[341] Dies lässt weitere Rückschlüsse auf die Art des Angebots zu. Ein Angebot ist öffentlich, wenn es sich an einen unbegrenzten Adressatenkreis richtet. Beim Handel zwischen Unternehmern (sog. business-to-business bzw. *B2B*-Handel), die das Produkt zum Weitervertrieb erwerben, wird das Produkt nur bestimmten Abnehmern angeboten.[342] Daher sind Orte,

---

338 *Brière*, Clunet 135 (2008), 31, 46; *Schwartze*, NIPR 2008, 430, 432; vgl. auch *Dickinson*, Rome II, Rn. 5.36; *Garcimartín Alférez*, EuLF 2007, I-77, I-85; *v. Hein*, ZVglRWiss 102 (2003), 528, 552 f.; *ders.*, VersR 2007, 440, 446; *ders.*, Tul. L. Rev. 82 (2008), 1663, 1695; *Huber/Illmer*, YbPIL 9 (2007), 31, 45; *Junker*, RIW 2010, 257, 265. Vgl. auch *Plender/Wilderspin*, European Private International Law, 19–110.

339 Siehe Art. 7 Haager Übereinkommen: „Neither the law of the State of the place of injury nor the law of the State of the habitual residence of the person directly suffering damage shall be applicable by virtue of Articles 4, 5 and 6 if the person claimed to be liable establishes that he could not reasonably have foreseen that the product or his own products of the same type would be made available in that State through commercial channels."

340 Vgl. Staudinger-*v. Hoffmann*, Art. 40 EGBGB Rn. 99.

341 EuGH vom 9.2.2006, Rs. C-124/04 – *O'Byrne*, Slg. 2006, I-1313, Rn. 27.

342 Vgl. in diesem Sinne Foerste/Graf von Westphalen-*Wilde*, § 100 Rn. 10; *Hamburg Group for Private International Law*, RabelsZ 67 (2003), 1, 16.

an denen das Produkt innerhalb der Vertriebskette angeboten wird, aus dem Kreis möglicher Orte des Inverkehrbringens auszuschließen. Folglich ist nur der Vertrieb an Endabnehmer anknüpfungsrelevant.[343] Endabnehmer kaufen das Produkt zum Ge- oder Verbrauch und nicht zur Weiterverbreitung.[344]

c) *Begrenzung auf den ersten Vertrieb?*

Eine weitere zentrale Frage ist, ob das Inverkehrbringen auf den ersten Vertriebsort der Ware zu begrenzen ist.[345] Bereits im Verordnungsgebungsverfahren wurde eine solche Ansicht *de lege ferenda* vertreten.[346] Auf diesem Weg werde sichergestellt, dass der Handel mit gebrauchten Produkten nicht die Anwendbarkeit der entsprechenden Rechtsordnung begründen könne.[347] Dies erlaube dem Haftenden sein Vertriebsnetzwerk so zu organisieren, dass die anwendbare Rechtsordnung feststellbar und vorhersehbar sei.[348]

Nach der hier vertretenen Auffassung ist diese Frage nicht in allen Fällen des Gebrauchtwarenhandels relevant. Da das Inverkehrbringen stets eine kommerzielle Tätigkeit voraussetzt,[349] erfüllt der Handel zwischen Privaten (sog. *consumer-to-consumer* bzw. abgekürzt *C2C*-Handel) das Inverkehrbringen ohnehin nicht. Relevant ist die Frage hingegen in dem Fall, in dem ein polnischer Autohändler gebrauchte deutsche Pkw importiert und in Polen weiterverkauft.

Der Wortlaut des Art. 5 Rom II-VO lässt keinen Schluss darauf zu, ob nur der erste Vertriebsort für das Inverkehrbringen relevant ist. Die historische Auslegung deutet hingegen auf eine enge Auslegung hin. Bereits dem Kommissionsentwurf aus dem Jahr 2003 lag die Vorstellung zugrunde, dass nur dem

---

343 So bereits Foerste/Graf von Westphalen-*Wilde*, § 100 Rn. 10; *Hamburg Group for Private International Law*, RabelsZ 67 (2003), 1, 16; *Illmer*, RabelsZ 73 (2009), 269, 291; Rauscher-*Unberath/Cziupka/Pabst*, EuZPR/EuIPR, Art. 5 Rom II-VO Rn. 75; *Stone*, Ankara L. Rev. 4 (2007), 95, 122; *ders.*, in: Ahern/Binchy, S. 175, 188.

344 *Stone*, in: Ahern/Binchy, S. 175, 188.

345 Für eine Begrenzung Foerste/Graf von Westphalen-*Wilde*, § 100 Rn. 11; *v. Hein*, ZEuP 2009, 6, 26; so wohl auch *Stone*, Ankara L. Rev. 4 (2007), 95, 122; *ders.*, in: Ahern/Binchy, S. 175, 188; sowie zu Art. 9 Haager Übereinkommen *Fallon*, J. T. 89 (1974), 15, 78. A.A. *Duintjer Tebbens*, S. 352.

346 *Hamburg Group for Private International Law*, RabelsZ 67 (2003), 1, 16; in diesem Sinne auch *Heiss/Loacker*, JBl 2007, 621,628, *Mankowski*, RabelsZ 63 (1999), 203, 290

347 Foerste/Graf von Westphalen-*Wilde*, § 100 Rn. 11.

348 Foerste/Graf von Westphalen-*Wilde*, § 100 Rn. 11; *Hamburg Group for Private International Law*, RabelsZ 67 (2003), 1, 16.

349 Siehe soeben unter C.II.3.a).

ersten Ort des Inverkehrbringens Anknüpfungsrelevanz zukommt. So nannte die Kommission in ihrem ersten Verordnungsentwurf den „Ort, an dem das Produkt *zuerst* in Verkehr gebracht wurde“[350] als einen der in Betracht kommenden Anknüpfungspunkte für die internationale Produkthaftung. Hinweise darauf, dass der Ort des Inverkehrbringens im weiteren Verordnungsverfahren anders verstanden wurde, sind nicht ersichtlich. Im selben Entwurf wies die Kommission in ihrer Begründung zur Regelung der Produkthaftung darauf hin, dass der Hersteller mit Hilfe des Inverkehrbringens sein Vertriebsgebiet selbst bestimmen könne.[351] Das zuletzt genannte Argument kann faktisch jedoch nicht überzeugen. Das europäische Kartellrecht lässt eine Begrenzung des Vertriebsgebiets – eine Form der Bestimmbarkeit – nur in wenigen Fällen zu.[352]

Die Systematik des Art. 5 Abs. 1 Rom II-VO steht einer engen Auslegung des Inverkehrbringens im Wege.[353] Wie die *Hamburg Group for Private International Law* zu Recht festgestellt hat, stellt eine Begrenzung des Inverkehrbringens auf die ursprünglichen Vertriebsorte die Vorhersehbarkeit des anwendbaren Rechts sicher. Angesichts der ausdrücklichen Normierung des Vorhersehbarkeitseinwands in Art. 5 Abs. 1 Satz 2 Rom II-VO muss das Inverkehrbringen nicht derart eingeschränkt werden. Ein typischer Fall, der mit Hilfe der Vorhersehbarkeit zu lösen ist, würde auf die Ebene des Inverkehrbringens verlagert werden, ohne dass es auf die subjektive Seite des Haftenden ankäme. Folglich droht eine Übervorteilung des Haftenden und die Entwertung der Vorhersehbarkeit. Im Übrigen ist das Schutzbedürfnis des Haftenden als gering einzustufen. Wie eingangs dargestellt, ist der *C2C*-Handel bereits durch das Erfordernis einer kommerziellen Tätigkeit gelöst worden.

Auch der Zweck des Inverkehrbringens spricht dafür, das Inverkehrbringen nicht auf den Ort des ersten Vertriebs zu begrenzen. Das Inverkehrbringen soll eine objektiv hinreichend enge Verbindung zum Haftenden sicherstellen. Diese

---

350 Kommissionsentwurf vom 22.7.2003, KOM (2003) 427 endgültig, S. 15. (Hervorhebung durch den Verfasser).

351 Vgl. Kommissionsentwurf vom 22.7.2003, KOM (2003) 427 endgültig, S. 16: „Da ein Produkt im Staat des gewöhnlichen Aufenthalts des Geschädigten in Verkehr gebracht werden musste, damit das Recht dieses Staates Anwendung findet, ist die Lösung für den Hersteller, *der sein Vertriebsgebiet selbst bestimmen kann*, vorhersehbar.“ (Hervorhebung durch den Verfasser).

352 Vgl. dazu ausführlich unter D.IV.2.b)cc)(3)(a).

353 Für eine Berücksichtigung des Gebrauchtwarenhandels im Rahmen der Vorhersehbarkeit sprechen sich Spindler/Schuster-*Weller/Nordmeier*, Art. 5 Rom II-VO Rn. 7 aus.

wird durch die Vertriebskette vermittelt, die gerade auch noch beim Handel mit gebrauchten Produkten besteht. Zwar sind beim Zweithandel von Produkten der gewöhnliche Aufenthalt des Geschädigten, sowie Erwerbs- und Erfolgsort für den Haftenden häufig nicht mehr zu überschauen,[354] doch wird der potentiell Haftende durch den Vorhersehbarkeitseinwand in diesem Fall geschützt.

Den Handel mit gebrauchten Produkten bereits auf der Ebene des Inverkehrbringens aus dem Kreis der anwendbaren Rechtsordnungen herauszunehmen, ist auch aus Sicht der Interessen des Geschädigten unangemessen. Im Fall des Kaufs aus zweiter Hand werden die kollisionsrechtlichen Interessen des Geschädigten, die durch die Anwendung des Rechts seines gewöhnlichen Aufenthalts, des Rechts des Erwerbsorts oder des Erfolgsorts zum Ausdruck gebracht werden, nur noch dann gewahrt, wenn der Ort des Zweitmarkts mit den ursprünglichen Angebots-/Vertriebsorten übereinstimmt. Dies würde die Anknüpfungspunkte des gewöhnlichen Aufenthalts des Geschädigten, des Erwerbs- und Erfolgsorts stark entwerten, was in Anbetracht des Vorhersehbarkeitseinwands nicht nötig ist.

Letztlich spricht zwar die historische Auslegung dafür, ein Inverkehrbringen nur an den Orten des *ersten* Vertriebs anzunehmen, doch überwiegen die systematischen und teleologischen Einwände. Folglich kommt es im Rahmen des Inverkehrbringens auf den ersten Vertriebsort nicht an.

d) *Strukturierter Vertrieb?*

Einige Autoren schränken das Inverkehrbringen hinsichtlich der Art des Angebots noch weiter ein. Am weitesten geht *Hartley*. Seiner Ansicht nach wird nur im Fall des organisierten Massenvertriebs eines standardisierten Produkts das Produkt in Verkehr gebracht.[355] Zurückhaltender formulieren andere Autoren. Nach ihrer Ansicht setzt das Inverkehrbringen einen strukturierten Absatz an Endabnehmer voraus.[356] Dies wiederum scheint zu bedeuten, dass das Produkt über ein Händlernetz vertrieben werden muss.[357] *Stone* geht davon aus, dass der Vertrieb auf normalen kommerziellen Kanälen erfolgen muss.[358]

---

354 So hinsichtlich des Erfolgsorts bereits Palandt-*Thorn*, Art. 5 Rom II-VO Rn. 5.

355 *Hartley*, ICLQ 57 (2008), 899, 904.

356 NK-*Lehmann*, Art. 5 Rom II-VO Rn. 76; Rauscher-*Unberath/Cziupka/Pabst*, EuZPR/EuIPR, Art. 5 Rom II-VO Rn. 75.

357 Vgl. Rauscher-*Unberath/Cziupka/Pabst*, EuZPR/EuIPR, Art. 5 Rom II-VO Rn. 75.

358 *Stone*, Ankara L. Rev. 4 (2007), 95, 122; *ders.*, in: Ahern/Binchy, S. 175, 188.

Fraglich ist, ob die vorgestellten Ansätze gerechtfertigt sind. Freilich dient eine weitere Einschränkung des Inverkehrbringens den Interessen des Haftenden. Jedoch bieten weder Verordnungsgebungsverfahren noch Systematik Anhaltspunkte dafür, dass das Angebot des Produkts in Form des organisierten Massenvertriebs, des strukturierten Vertriebs oder auf normalen Vertriebswegen erfolgen muss. Wie bereits ausgeführt wurde, gebietet die Interessenabwägung zwar eine Begrenzung auf den kommerziellen und öffentlichen Vertrieb, darüber hinausgehende Einschränkungen sind jedoch unverhältnismäßig. Daneben steht keineswegs fest, welchen Inhalt die Begriffe des Massenvertriebs, des strukturierten Vertriebs oder der normalen Vertriebswege haben. Auch angesichts inhaltlicher Unklarheiten sollte von einer entsprechenden Einschränkung des Inverkehrbringens abgesehen werden.

4. Abschluss des Herstellungsprozesses

Bereits oben ist angeklungen, dass die geographische und die zeitliche Komponente des Inverkehrbringens zu trennen sind.[359] Der Rechtsprechung des EuGH zum Inverkehrbringen in der Produkthaftungsrichtlinie lag offensichtlich die Vorstellung zugrunde, dass ein Produkt erst nach Abschluss des Herstellungsprozesses in Verkehr gebracht werden kann.[360] Dies muss auch im Kollisionsrecht gelten.[361] Erst nach Abschluss des Herstellungsprozesses wird der Hersteller damit rechnen, für sein Produkt haften zu müssen, und Produktabnehmer dürfen berechtigterweise erwarten, Ersatz für erlittene Schäden zu erhalten. Hinsichtlich interner Maßnahmen bedeutet dies Folgendes: Wenn ein Glied der Vertriebskette ein unfertiges Produkt erhält, um noch weitere Produktionsschritte durchzuführen, liegt ein Inverkehrbringen nicht vor. Soweit hingegen ein fertiges Produkt zur Aufbewahrung oder Weiterverbreitung übergeben wird, wurde das Produkt in Verkehr gebracht.[362] Wenn beispielsweise eine Papiermaschine von dem Hersteller an ein Tochterunternehmen weitergereicht wird, wurde die Maschine nur dann in Verkehr gebracht, wenn das Tochterunternehmen keine weiteren Produktionsschritte vornehmen soll.

---

359 So bereits *Plender/Wilderspin*, European Private International Law, Rn. 19-090.

360 Vgl. EuGH vom 10.5.2001, Rs. C-203/99 – *Veedfald*, Slg. 2001, I-3569, Rn. 16; *v. Hein*, IPRax 2010, 330, 338.

361 In diesem Sinne bereits NK-*Lehmann*, Art. 5 Rom II-VO Rn. 76; *Plender/Wilderspin*, European Private International Law, Rn. 19-096; Rauscher-*Unberath/Cziupka/Pabst*, EuZPR/EuIPR, Art. 5 Rom II-VO Rn. 78.

362 So zu Recht *Plender/Wilderspin*, European Private International Law, Rn. 19-096.

Fraglich ist, ob das Produkt neben dem abgeschlossenen Produktionsprozess auch die Produktionssphäre verlassen haben muss. Wenn dies gefordert wird, müsste die fertige Maschine in dem gerade genannten Beispielsfall das Werkstor des (letzten) Herstellers passiert haben. Diese Frage ist auch im materiellen Produkthaftungsrecht umstritten.[363] Die EuGH-Rechtsprechung zum Inverkehrbringen in der Produkthaftungsrichtlinie lässt in dieser Hinsicht keinen eindeutigen Schluss zu. Einerseits deutet die Entscheidung in der Rechtssache *O'Byrne*, die zu Art. 11 der Richtlinie ergangen ist, darauf hin, dass sich das Produkt zum Zeitpunkt des Inverkehrbringens nicht mehr in der Produktionssphäre befunden haben darf.[364] Andererseits stellte das Gericht in der Rechtssache *Veedfald* fest, dass es für das Inverkehrbringen irrelevant ist, ob das Produkt die Herstellersphäre verlassen hat.[365] Praktisch ist dieser Streit entscheidungserheblich, wenn der Hersteller ein selbst produziertes Produkt auch selbst benutzt.[366] Hier verlässt das Produkt nie die Sphäre des Herstellers. Dadurch dass Produkte, die für den Eigengebrauch produziert werden, nie auf den Markt gebracht bzw. einer anderen Person zur Verfügung gestellt werden, liegen die typischen Elemente für das Inverkehrbringen bzw. die durch die Produkthaftung einhergehenden Gefahren nicht vor.[367] Folglich sollten der Einsatz von Produkten zum Eigengebrauch und der Vertrieb an Dritte nicht gleichgestellt werden.[368] Auch das Urteil in der Rechtssache *O'Byrne* unterscheidet zwischen Herstellung und Angebot des Produkts, so dass die Herstellungssphäre und Vertriebssphäre grundsätzlich getrennt betrachtet werden sollten.[369] Folglich ist das sog. Werkstorprinzip für

363 Vgl. MüKoBGB-*G. Wagner*, § 1 ProdHaftG Rn. 24 ff.

364 So MüKoBGB-*G. Wagner*, § 1 ProdHaftG Rn. 25 unter Verweis auf EuGH vom 9.2.2006, Rs. C-124/04 – *O'Byrne*, Slg. 2006, I-1313, Rn. 27, wonach das Produkt „den vom Hersteller eingerichteten Prozess der Herstellung verlassen [haben muss] und in einen Prozess der Vermarktung eingetreten [ist], in dem es in ge- oder verbrauchsfertigem Zustand öffentlich angeboten wird".

365 EuGH vom 10.5.2001, Rs. C-203/99 – *Veedfald*, Slg. 2001, I-3569, Rn. 16; vgl. dazu Rauscher-*Unberath/Cziupka/Pabst*, EuZPR/EuIPR, Art. 5 Rom II-VO Rn. 78; MüKoBGB-*G. Wagner*, § 1 ProdHaftG Rn. 25.

366 Rauscher-*Unberath/Cziupka/Pabst*, EuZPR/EuIPR, Art. 5 Rom II-VO Rn. 78.

367 Vgl. Generalanwalt *Colomer*, Schlussanträge vom 2.6.2005, Rs. C-203/99 – *Veedfald*, Slg. 2001, I-3572, Rn. 14.

368 So zum materiellen Recht MüKoBGB-*G. Wagner*, § 1 ProdHaftG Rn. 25.

369 In diesem Sinne zum materiellen Recht MüKoBGB-*G. Wagner*, § 1 ProdHaftG Rn. 25.

das Inverkehrbringen in zeitlicher Hinsicht maßgeblich.[370] Im Sinne der Rechtsprechung des EuGH in der Rechtssache *O'Byrne* muss das Produkt „den vom Hersteller eingerichteten Prozess der Herstellung verlassen [haben]"[371], indem es sich außerhalb der Produktionssphäre befindet.[372]

5. Kontrolle über den Warenabsatz

Zu untersuchen ist ferner, ob das Inverkehrbringen an die Kontrolle des Haftenden gebunden ist. Diese Frage stellt sich in mehrfacher Form. Fraglich ist, ob das Produkt vom Haftenden selbst in Verkehr gebracht worden sein muss, ob nur die eigenen Produkte anknüpfungsrelevant sind und ob er dem Inverkehrbringen zugestimmt haben muss.

a) *Keine Begrenzung auf Akte des Haftenden*

Vereinzelt klingt in der Literatur die Forderung an, dass der Haftende das Produkt selbst im jeweiligen Staat in Verkehr gebracht haben muss.[373] Sein Interesse an der Berechenbarkeit der anwendbaren Rechtsordnung spricht für eine entsprechende Auslegung.[374] Die anwendbare Rechtsordnung ist für ihn jedenfalls dann berechenbar, wenn er das Produkt im entsprechenden Land selbst in Verkehr gebracht hat. Auch das Verordnungsgebungsverfahren kann als Indiz für eine entsprechende Begrenzung herangezogen werden. Wie bereits oben erwähnt, ging die Kommission davon aus, dass der Haftende mit Hilfe des Inverkehrbringens sein Vertriebsgebiet bestimmen kann.[375] Wenn nur Akte des Haftenden anknüpfungsrelevant sind, wird die Bestimmbarkeit des Vertriebsgebiets in besonderem Maße verwirklicht. Gemeinhin wird es jedoch abgelehnt, das Inverkehrbringen auf Akte des Haftenden zu

---

370 In diesem Sinne bereits zu Recht *Plender/Wilderspin*, European Private International Law, Rn. 19-096; Rauscher-*Unberath/Cziupka/Pabst*, EuZPR/EuIPR, Art. 5 Rom II-VO Rn. 78.

371 EuGH vom 9.2.2006, Rs. C-124/04 – *O'Byrne*, Slg. 2006, I-1313, Rn. 27.

372 In diesem Sinne bereits zu Recht *Plender/Wilderspin*, European Private International Law, Rn. 19-096; Rauscher-*Unberath/Cziupka/Pabst*, EuZPR/EuIPR, Art. 5 Rom II-VO Rn. 78.

373 In diesem Sinne *Kozyris*, Am. J. Comp. L. 56 (2008), 471, 489 f.; *Schwartze*, NIPR 2008, 430, 432.

374 Vgl. Calliess-*Schmid/Pinkel*, Rome Regulations, Art. 5 Rome II Rn. 33 f.

375 Vgl. Kommissionsentwurf vom 22.7.2003, KOM (2003) 427 endgültig, S. 16.

begrenzen, weil dem Vorhersehbarkeitseinwand sonst kein Anwendungsbereich verbliebe.[376]

Indem Art. 5 Abs. 1 Rom II-VO den Passiv verwendet („in Verkehr gebracht wurde"), verdeutlicht bereits der Wortlaut, dass der Haftende das Produkt nicht selbst in Verkehr gebracht haben muss.[377] Zu Recht rekurrieren die Gegner einer Begrenzung des Inverkehrbringens auf Akte des Haftenden auch auf die Normstruktur des Art. 5 Rom II-VO. Das Ziel, den Haftenden vor einer Haftung durch unerwartete Akte Dritter zu schützen, wird bereits durch die Vorhersehbarkeitsklausel in Art. 5 Abs. 1 Satz 2 Rom II-VO erreicht.[378] Der Vorhersehbarkeit würde der ihr zugedachte Anwendungsbereich entzogen. Bereits der EuGH brachte in der Rechtssache *O'Byrne* den Gedanken zum Ausdruck, dass es für das Inverkehrbringen unerheblich ist, „ob das Produkt unmittelbar vom Hersteller an den Verbraucher verkauft wird oder ob dieser im Rahmen eines Vertriebsvorgangs mit einem oder mehreren Beteiligten erfolgt."[379] Die Auslegung des EuGH zur Produkthaftungsrichtlinie verdeutlicht, dass es nicht darauf ankommt, wer das Produkt in Verkehr gebracht hat.[380]

b) *Begrenzung auf eigene Produkte*

In diesem Kontext kommt auch die Frage auf, ob nur die eigenen Produkte des Haftenden relevant sind oder ob auch Produkte anderer Hersteller das Inverkehrbringen begründen können. Relevanz hat diese Frage insbesondere für Konkurrenzprodukte und Plagiate. So müsste ein Sportmodenhersteller befürchten, dass auch die Vertriebsorte von Plagiaten zur Anwendbarkeit der jeweiligen Rechtsordnung führen können. Der Wortlaut der Vorhersehbarkeitsklausel, der die in Betracht kommenden Produkte um gleichartige Produkte erweitert, lässt eine weite Auslegung zu.[381] Die historische Auslegung liefert hingegen wichtige Anhaltspunkte dafür, dass das Inverkehrbringen gleichartiger Produkte anderer Hersteller die Anwendbarkeit einer Rechtsordnung nicht begründen

376 *Huber/Illmer*, YbPIL 9 (2007), 31, 42; *Kadner Graziano*, Riv. crit. dr. int. priv. 97 (2008), 446, 481; MüKoBGB-*Junker*, Art. 5 Rom II-VO Rn. 29; *Leible/Lehmann*, RIW 2007, 721, 728; *Rudolf*, WBL 2009, 525, 530; *Stone*, in: Ahern/Binchy, S. 175, 188; Palandt-*Thorn*, Art. 5 Rom II-VO Rn. 11.

377 NK-*Lehmann*, Art. 5 Rom II-VO Rn. 88.

378 Calliess-*Schmid/Pinkel*, Rome Regulations, Art. 5 Rome II Rn. 33.

379 EuGH vom 9.2.2006, Rs. C-124/04 – *O'Byrne*, Slg. 2006, I-1313, Rn. 28.

380 So bereits in Anlehnung an die Produkthaftungsrichtlinie Palandt-*Thorn*, Art. 5 Rom II-VO Rn. 11.

381 *Kozyris*, Am. J. Comp. L. 56 (2008), 471, 489.

kann. Der Einwand mangelnder *Zustimmung* zum Inverkehrbringen, wie er in dem ursprünglichen Kommissionsentwurf vorgesehen war,[382] zeigt, dass nach der Konzeption der Verordnung nur die eigenen Produkte des Haftenden eine bestimmte Rechtsordnung zur Anwendung bringen können.[383] Sinnvollerweise kann ein Hersteller nur der Verbreitung eigener Produkte zustimmen, nicht aber der Verbreitung von Konkurrenzprodukten oder Plagiaten. Der Gedanke der Kommission, dass der Hersteller durch das Inverkehrbringen sein Vertriebsgebiet bestimmen kann,[384] lässt einen ähnlichen Schluss zu.[385] Wenn Produkte, die von Konkurrenten produziert wurden, miteinbezogen würden, wäre für den Hersteller das Vertriebsgebiet nahezu unüberschaubar und er liefe Gefahr, seine Haftung nicht mehr kalkulieren zu können. Im Übrigen würde auf Seiten des Herstellers die Unsicherheit darüber, welche Produkte als gleichartig anzusehen sind, in nicht hinnehmbarer Weise vergrößert.[386] Unter Berücksichtigung konkurrierender Produkte würde der Produktbegriff jegliche Konturen verlieren. Die Funktion des Inverkehrbringens gebietet ebenfalls eine Begrenzung auf Produkte des Herstellers. Dem Vertrieb fremder Produkte steht der Hersteller unverbunden gegenüber, so dass die hinreichend enge Verbindung zu dem Haftende komplett entfallen würde.[387] Auch nach Art. 7 Haager Übereinkommen sind nur die eigenen Produkte des Herstellers relevant.[388] Entsprechendes hat auch für Art. 5 Rom II-VO zu gelten.

c) *Zustimmung zum Inverkehrbringen?*

Ferner muss untersucht werden, ob der Haftende dem Inverkehrbringen zugestimmt haben muss. Die Zustimmung kann sich auf zwei verschiedene Momente beziehen. Zum einen kommt in Betracht, dass der Haftende mit dem Vertrieb in einem bestimmten Staat einverstanden ist. Zum anderen könnte zumindest eine Zustimmung zur generellen Verbreitung des Produkts erforderlich sein.

---

382 Siehe Art. 4 des Kommissionsentwurfs vom 22.7.2003, KOM (2003) 427 endgültig.

383 Vgl. *Kozyris*, Am. J. Comp. L. 56 (2008), 471, 489.

384 Siehe Kommissionsentwurf vom 22.7.2003, KOM (2003) 427 endgültig, S. 16.

385 Vgl. Calliess-*Schmid/Pinkel*, Rome Regulations, Art. 5 Rome II Rn. 34.

386 *Dickinson*, Rome II, Rn. 5.34.

387 Vgl. Calliess-*Schmid/Pinkel*, Rome Regulations, Art. 5 Rome II Rn. 34; NK-*Lehmann*, Art. 5 Rom II-VO Rn. 84.

388 Art. 7 Haager Übereinkommen: „(…) if the person claimed to be liable establishes that he could not reasonably have foreseen that the product or *his own products* of the same type would be made available in that State through commercial channels.“ (Hervorhebung durch den Verfasser).

aa) *Zustimmung zum Inverkehrbringen im jeweiligen Staat*

Ohne weitere Begründung geht *Garcimartín Alférez* davon aus, dass das Inverkehrbringen in einem Staat entfällt, wenn das Produkt dort gegen den Willen des Haftenden vermarktet wurde.[389] Da jedoch die ursprünglich vorgesehene Zustimmung zu dem Inverkehrbringen in einem bestimmten Land durch die Vorhersehbarkeit ersetzt wurde, darf ein entsprechendes Erfordernis auch nicht im Wege der Auslegung wieder eingeführt werden.[390]

bb) *Zustimmung zum generellen Inverkehrbringen*

Nach Ansicht von *Unberath/Cziupka/Pabst* kommt es zwar nicht darauf an, ob der Haftende dem Inverkehrbringen in einem bestimmten Land zugestimmt hat, entscheidend soll allerdings sein, „ob der Produktionsprozess aus Sicht des Herstellers abgeschlossen war und das Produkt die Sphäre des Produzenten aufgrund eines freiwilligen Entschlusses des Haftenden verlassen hat."[391] Folglich beziehe sich die Zustimmung nicht auf die Verbreitung des Produkts in einem bestimmten Land, wohl aber auf die generelle Verbreitung des Produkts.[392] Dies ergebe sich aus der Rechtsprechung des EuGH zu dem Inverkehrbringen in der Produkthaftungsrichtlinie. Nach Ansicht des EuGH entfällt das Inverkehrbringen, wenn das Produkt gegen den Willen des Produzenten verwendet wurde, was etwa der Fall ist, wenn der Herstellungsprozess noch nicht abgeschlossen war.[393]

Zum Abschluss des Herstellungsprozesses ist bereits oben Stellung genommen worden. Ob die Verbreitung darüber hinaus auf dem Willen des Haftenden beruhen muss, ist fraglich. Der Ansicht von *Unberath/Cziupka/Pabst* ist zuzugeben, dass der Verordnungsgeber direkt eine Absage nur an ein Zustimmungserfordernis zur Verbreitung in einem bestimmten Land erteilt hat, nicht aber

---

389 *Garcimartín Alférez*, EuLF 2007, I-77, I-85.

390 *Hartley*, ICLQ 57 (2008), 898, 904; Huber-*Illmer*, Rome II Regulation, Art. 5 Rn. 29; so auch Rauscher-*Unberath/Cziupka/Pabst*, EuZPR/EuIPR, Art. 5 Rom II-VO Rn. 77.

391 Rauscher-*Unberath/Cziupka/Pabst*, EuZPR/EuIPR, Art. 5 Rom II-VO Rn. 78.

392 Rauscher-*Unberath/Cziupka/Pabst*, EuZPR/EuIPR, Art. 5 Rom II-VO Rn. 79: „Das Inverkehrbringen setzt also die Zustimmung der Person, deren Haftung geltend gemacht wird, insofern voraus, als das Produkt vom Produzenten für den Absatz zu seinem bestimmungsgemäßen Gebrauch *überhaupt* freigegeben worden sein muss. Davon abgesehen kann ein Produkt aber auch ohne die Zustimmung des Produzenten *in einem bestimmten Land* ‚in Verkehr gebracht' werden." (Hervorhebung durch *Unberath/Cziupka/Pabst*).

393 EuGH vom 10.5.2001, Rs. C-203/99 – *Veedfald*, Slg. 2001, I-3569, Rn. 16.

an das Zustimmungserfordernis überhaupt. Aus dogmatischer Sicht ist ihrer Ansicht aber dennoch nicht zu folgen. Da das Inverkehrbringen eine hinreichend enge Verbindung in objektiver Weise sicherstellen soll, ist dem Inverkehrbringen ein subjektives Element fremd. Das Bedürfnis, die Anwendbarkeit bestimmter Rechtsordnungen einzuschränken, wenn das Produkt generell gegen seinen Willen vertrieben wurde, ist zwar anzuerkennen. Wesentlich näher liegt es jedoch, diesen Fall systemkonform über die Vorhersehbarkeit zu lösen, welches die subjektive Seite der hinreichend engen Verbindung zum Haftenden abbildet. In der Produkthaftungsrichtlinie kann sich der Haftende der Ersatzpflicht in der hier vorliegenden Konstellation nur mit dem Einwand entziehen, das Produkt sei nicht in Verkehr gebracht worden.[394] Der Schutz des Haftenden findet in Art. 5 Rom II-VO hingegen auf zwei Ebenen statt: dem Inverkehrbringen und der Vorhersehbarkeit. Das Bedürfnis, alle legitimen Einwände des Haftenden im Inverkehrbringen zu verankern, stellt sich folglich nur im Rahmen der Produkthaftungsrichtlinie. Zur Wahrung der dogmatischen Funktion ist dieser Fall im Rahmen der Rom II-Verordnung über die Vorhersehbarkeit zu lösen.[395]

d) *Berücksichtigung der berechtigten Erwartungen des Haftenden?*

Nachdem soeben festgestellt wurde, dass das Inverkehrbringen nicht vom Willen des Haftenden abhängt, bleibt zu klären, ob zumindest seine berechtigten Erwartungen im Rahmen des Inverkehrbringens Berücksichtigung finden. Nach Ansicht einiger Autoren sind nur planmäßige Verbreitungsorte für das Inverkehrbringen relevant.[396] *Unberath/Cziupka/Pabst* messen den Erwartungen des Haftenden hingegen keine Bedeutung zu.[397] Sein Erwartungshorizont sei nur im Rahmen der Vorhersehbarkeit und im Rahmen des Art. 17 Rom II-VO beachtlich.

Dem ist in Anbetracht der Funktion des Inverkehrbringens zuzustimmen. Da das Inverkehrbringen ein objektives Kriterium und die Vorhersehbarkeit ein subjektives Kriterium ist, sind die Erwartungen und die Planmäßigkeit für die Vorhersehbarkeit, nicht aber für das Inverkehrbringen relevant.

394 Siehe Art. 7 lit. a Produkthaftungsrichtlinie.

395 Vgl. NK-*Lehmann*, Art. 5 Rom II-VO Rn. 89.

396 *Huber/Bach*, IPRax 2005, 73, 77; *Schwartze*, NIPR 2008, 430, 431 f.

397 Rauscher-*Unberath/Cziupka/Pabst*, EuZPR/EuIPR, Art. 5 Rom II-VO Rn. 76.

e) *Rechtmäßigkeit des Inverkehrbringens?*

In der Begründung zur Kollisionsnorm für die Produkthaftung, wie sie im ersten Kommissionsentwurf enthalten ist, ist die Rede davon, dass das Produkt in dem betreffenden Staat *rechtmäßig* in den Verkehr gebracht wurde.[398] Unweigerlich kommt die Frage auf, ob eine solche Auslegung des Inverkehrbringens auch im Rahmen des endgültigen Verordnungstexts geboten ist. Diskutiert wird dies im Zusammenhang mit dem Verkauf von Schmuggelware und Waren, die unter Umgehung privatrechtlicher Vereinbarungen vertrieben werden.[399] Vereinzelt wird zu Art. 5 Rom II-VO vertreten, dass das Erfordernis der Rechtmäßigkeit nicht in Gänze obsolet geworden ist.[400] Beispielsweise im Fall des Vertriebs von Schmuggelware müsse der Haftende nicht mit dem Vertrieb in dem betreffenden Staat rechnen, was die Kommission dazu bewogen habe, das Inverkehrbringen auf rechtmäßige Akte zu begrenzen.[401]

Gerade im Fall des Handels auf unautorisierten Vertriebskanälen liegt es nahe, die Rechtmäßigkeit des Inverkehrbringens bei der Vorhersehbarkeit zu berücksichtigen. Da die Autorisierung eine Form der Zustimmung ist,[402] ist der Handel unter Umgehung vertraglicher Vereinbarung ebenso wie die mangelnde Zustimmung zum Inverkehrbringen zu behandeln. Bereits oben wurde gezeigt, dass es im Rahmen des Inverkehrbringens auf die Zustimmung zum Vertrieb in einem bestimmten Staat nicht ankommt. Ob das Produkt rechtmäßig vertrieben wurde, ist für das Inverkehrbringen gleichermaßen irrelevant.

6. Keine Vermutung des Inverkehrbringens in anderen Mitgliedstaaten

Fraglich ist, wie sich das Konzept des europäischen Binnenmarkts auf das Inverkehrbringen auswirkt. Insofern ist zu erwägen, ob eine widerlegbare Vermutung besteht, nach der das Inverkehrbringen des Produkts in allen Mitgliedstaaten vermutet wird, soweit das Produkt auch nur in einem Mitgliedstaat in den Verkehr gebracht wurde.

398 Kommissionsentwurf vom 22.7.2003, KOM (2003) 427 endgültig, S. 16.

399 *Dickinson*, Rome II, Rn. 5.22; Calliess-*Schmid/Pinkel*, Rome Regulations, Art. 5 Rome II Rn. 30; NK-*Lehmann*, Art. 5 Rom II-VO Rn. 76.

400 Calliess-*Schmid/Pinkel*, Rome Regulations, Art. 5 Rome II Rn. 29.

401 Calliess-*Schmid/Pinkel*, Rome Regulations, Art. 5 Rome II Rn. 30.

402 Vgl. Definition in *Duden*, Stichwort: autorisieren.

Eine entsprechende Vermutung wurde von der spanischen Delegation im Verordnungsgebungsverfahren vorgeschlagen.[403] Auch in späteren Formulierungsvorschlägen wurde die Tatsache, dass das Produkt in einem Mitgliedstaat in den Verkehr gebracht wurde, als hinreichend für die Vermarktung in den anderen Mitgliedstaaten angesehen.[404] Letztlich wurde die Idee aber verworfen.[405] Angesichts des entgegenstehenden Willens des Verordnungsgebers darf diese Vermutung daher auch nicht im Rahmen der Auslegung gelten.[406]

7. Verbleibende Zweifelsfälle

Im letzten Schritt gilt es zu beantworten, ob ein Produkt im Empfangsstaat in Verkehr gebracht wurde, wenn es dorthin auf Wunsch des Erwerbers versandt wurde. Ferner muss das Inverkehrbringen von Produktbausteinen betrachtet werden.

a) *Versendung in anderen Staat auf Wunsch eines Erwerbers*

Im Fernabsatzgeschäft kann es dazu kommen, dass das Produkt auf Wunsch eines Erwerbers in ein Land versandt wird, in das der Händler üblicherweise nicht liefert. Fraglich ist, ob das Produkt in dem Empfangsstaat in Verkehr gebracht wurde. In dieser Frage besteht keine Einigkeit. Während einige auf den Empfangsstaat abstellen,[407] lehnen andere ein Inverkehrbringen im Empfangsstaat ab.[408]

Für die folgende Betrachtung soll von dem Beispiel ausgegangen werden, dass ein chinesischer Händler, der Laptop-Akkus nur in China öffentlich anbietet,

---

403 Siehe Ratsdokument 9009/04 ADD 10 vom 18.5.2004, S. 3, in dem die spanische Delegation die folgende Regelung vorschlug: „In the absence of evidence to the contrary, it shall be presumed that a product marketed in one Member State is marketed in the other Member States."

404 Siehe Ratsdokument 13446/04 vom 3.11.2004, S. 2 f., Ratsdokument 14193/04 ADD 1 vom 4.11.2004, S. 2 f.; Ratsdokument 16231/04 vom 20.12.2004, S. 6 ff.

405 Siehe Ratsdokument 6161/06 vom 10.2.2006, S. 2; Ratsdokument 7432/06 vom 16.3.2006, S. 6 f.

406 *Dickinson*, Rome II, Rn. 5.24.

407 Erman-*Hohloch*, Art. 5 Rom II-VO Rn. 6, 11; jurisPK[7]-*Wurmnest*, Art. 5 Rom II-VO Rn. 25; MüKoBGB-*Junker*, Art. 5 Rom II-VO Rn. 29; so auch generell *Duintjer Tebbens*, S. 378 f.; *Kozyris*, Am. J. Comp. L. 38 (1990), 475, 505.

408 Foerste/Graf von Westphalen-*Wilde*, § 100 Rn. 11; ähnlich *Stone*, in: Ahern/Binchy, S. 175, 189. So allgemein auch *Wandt*, Rn. 1109 ff.

auf Wunsch eines Kunden mit gewöhnlichem Aufenthalt in Deutschland ausnahmsweise in Deutschland beliefert. Der deutsche Kunde nimmt nach einem eingetretenen Schaden den chinesischen Versandhändler auf Schadensersatz in Anspruch.

Wortlaut und Verordnungsgebungsgeschichte liefern keine Hinweise für die Lösung dieses Problems. Aufgrund einer Interessenwertung ist jedoch zwischen dem konkreten Erwerber, dessen Wunsch der Händler nachkommt, und allen anderen Geschädigten zu differenzieren.

Auf Seiten des deutschen Erwerbers geht mit der Lieferung des Produkts nach Deutschland die Erwartung einher, deutsches Recht finde auf seine potentiellen Haftungsansprüche Anwendung. Der Versand nach Deutschland zeigt, dass das Produkt tatsächlich dort verfügbar ist. Auch der chinesische Versandhändler muss aufgrund der Lieferung nach Deutschland mit der Anwendung deutschen Rechts rechnen. Die Anwendbarkeit deutschen Rechts folgt jedoch nicht daraus, dass das Produkt in dem jeweiligen Staat in Verkehr gebracht wurde. Dies ergibt sich aus der Auslegung des Inverkehrbringens. Nach der hier vertretenen Ansicht wird ein Produkt in einem Staat in Verkehr gebracht, wenn es dort öffentlich angeboten wird. Wenn das Produkt auf Wunsch eines einzelnen Kunden nach Deutschland versandt wird, wurde das Produkt in Deutschland nicht öffentlich – sprich einem unbegrenzten Abnehmerkreis – angeboten.[409] Um deutsches Recht gegenüber dem konkreten Produkterwerber anzuwenden, bedarf es vielmehr eines Rückgriffs auf die Ausweichklausel nach Art. 5 Abs. 2 Satz 1 Rom II-VO. Die offensichtlich engere Verbindung liegt darin, dass das Produkt nach Deutschland versandt wurde.

Im Gegensatz zum konkreten Erwerber dürfen alle anderen deutschen Geschädigten, die beispielsweise den Akku während einer Urlaubsreise in China gekauft haben, nicht auf die Anwendbarkeit deutschen Rechts vertrauen. Sie können sich weder auf ein öffentliches Angebot in Deutschland noch eine konkrete Lieferung nach Deutschland berufen. Wenn die Lieferung an einen anderen deutschen Kunden auch ihnen gegenüber zur Anwendung deutschen Rechts führen würde, würden sie von einem Zufall profitieren, der keinen Schutz verdient. Grundsätzlich bleibt es dabei, dass mangels öffentlichen Angebots das Produkt in Deutschland nicht in Verkehr gebracht wurde. Nur der Produkterwerber, der auch in Deutschland beliefert wurde, verdient eine Ausnahme.

409 Foerste/Graf von Westphalen-*Wilde*, § 100 Rn. 11.

b) *Das Inverkehrbringen von zur Weiterverarbeitung bestimmten Produkten*

Zweifel bestehen auch hinsichtlich der Behandlung von Zulieferern, die Produktbausteine oder Teile produzieren. Es könnte sowohl auf das Inverkehrbringen des Produktbausteins als auch des Endprodukts abgestellt werden. In der Literatur wird einerseits angenommen, dass es auf das Inverkehrbringen des Endprodukts ankommt.[410] Indem der Zulieferer an der Produktverteilungskette teilnehme, profitiere er von einem höheren Produktabsatz, so dass ihm die Maßgeblichkeit des Endprodukts zugemutet werden könne.[411] Ferner sei dem Zulieferer der Absatz des Endprodukts zurechenbar.[412] Die Gegenansicht hält auch bei Zulieferern das Inverkehrbringen des konkreten Produkts, also des Produktbausteins, für maßgeblich.[413] Hierfür spreche der Grundsatz, dass die Haftung für jeden Schädiger getrennt zu beurteilen sei.[414] Daneben wird angeführt, dass der Zulieferer bei einer weiten Auslegung einer zu weitgehenden internationalprivatrechtlichen Haftung gegenüber steht.[415] Insbesondere werde der Teilehersteller über die Vorhersehbarkeit nicht angemessen geschützt, da der Hersteller mit der weltweiten Verbreitung des Endprodukts rechnen müsste. Vielmehr sei es Aufgabe des Herstellers des Endprodukts, sicherzustellen, dass die Produktbausteine mit den rechtlichen und technischen Standards der Länder übereinstimmen, in denen das Endprodukt in Verkehr gebracht werden soll.[416]

Unangemessen erscheint es, nur die Vertriebsorte des Produktbausteins in den Blick zu nehmen. Die Produktbausteine werden regelmäßig nur dort in Verkehr gebracht, wo die weiterverarbeitenden Betriebe ihren Sitz haben. Die internationalprivatrechtliche Haftung des Zulieferers wäre auf wenige Rechtsordnungen beschränkt, so dass die legitimen Interessen des Geschädigten enttäuscht würden. Mit den Erwartungen des Teileherstellers ist es hingegen vereinbar, einen Ansatz zugunsten des Geschädigten zu vertreten. Produktbausteine werden für die Weiterverarbeitung hergestellt, so dass der Zulieferer

---

410 *Dickinson*, Rome II, Rn. 5.21; *Rodiek*, S. 49; so auch zum Erwerbsort im autonomen deutschen Recht *Thorn*, IPRax 2001, 561, 566.

411 *Thorn*, IPRax 2001, 561, 566.

412 Vgl. *Thorn*, IPRax 2001, 561, 566.

413 Calliess-*Schmid/Pinkel*, Rome Regulations, Art. 5 Rome II Rn. 39.

414 In diesem Sinne zur Bestimmung des Handlungsorts von Importeuren und Zwischenhändlern im autonomen deutschen Recht Staudinger-*v. Hoffmann*, Art. 40 EGBGB Rn. 94.

415 Calliess-*Schmid/Pinkel*, Rome Regulations, Art. 5 Rome II Rn. 39.

416 Calliess-*Schmid/Pinkel*, Rome Regulations, Art. 5 Rome II Rn. 39.

mit der Verbreitung seines Produkts als Teil des Endprodukts zu rechnen hat. Der Grundsatz, die Haftung für jeden Schädiger einzeln zu beurteilen, wird auch durch die Auslegung dahingehend, die Vertriebsorte des Endprodukts als maßgeblich zu erachten, gewahrt. Die Zurechenbarkeit zu dem Teilehersteller rechtfertigt die Haftung nach den Rechtsordnungen, in deren Hoheitsgebiet das Endprodukt in Verkehr gebracht wird. Vermittelt über die Vertriebskette besteht für den Hersteller des Produktbausteins eine objektive Verbindung hin zu dem Vertriebsort des Endprodukts.

Wenn der Teilehersteller nur die Verhaltensgebote der Rechtsordnung seines eigenen Vertriebsgebiets beachten müsste, müsste der Hersteller des Endprodukts dafür sorgen, dass die Teile den Verhaltensgeboten der endgültigen Orte des Inverkehrbringens entsprechen. Dem Hersteller des Endprodukts die internationalprivatrechtliche Verantwortung für Produktbausteine aufzuerlegen, geht zu weit. Der Hersteller des Endprodukts kontrolliert weder die Konstruktion noch die Produktion des Produktbausteins, so dass es unverhältnismäßig wäre, ihm die Beachtung der technischen und rechtlichen Vorgaben der maßgeblichen Rechtsordnungen zu überantworten. Im Übrigen ist es eine Frage der *lex causae*, ob der Hersteller des Endprodukts auch für fehlerhafte Produktbausteine zu haften hat.

Der Vorwurf, die Vorhersehbarkeit könne den Teilehersteller nicht angemessen schützen, ist in dieser Form nicht berechtigt. Mit Hilfe von vertraglichen Beschränkungen des Vertriebsgebiets, die als relative Maßnahmen die Vorhersehbarkeit beeinflussen, können – vorbehaltlich kartellrechtlicher Grenzen – die zu beachtenden Rechtsordnungen begrenzt werden.[417] Die Vorhersehbarkeit erweist sich folglich auch für den Vertrieb von Produktbausteinen als der richtige Schutzmechanismus.

Mithin gebietet sowohl die Interessenlage als auch der Zweck des Inverkehrbringens, die Orte, an denen das Endprodukt in Verkehr gebracht wird, auch für Produktbausteine als maßgeblich anzusehen. Die vorgebrachten Einwände der Gegenansicht stehen einer solchen Auslegung im Ergebnis nicht entgegen.

8. Zwischenergebnis

Folglich ist der Ort des Inverkehrbringens im Sinne des Angebots- oder Vertriebsorts zu verstehen. Entscheidend ist das öffentliche Angebot in den Staaten, in die das Produkt potentiell geliefert wird. Einzuschränken sind die Angebotsorte insofern, dass nur der kommerzielle Vertrieb eigener Produkte an

417 Siehe dazu ausführlich unter D.IV.2.b)cc).

Endabnehmer anknüpfungsrelevant ist. Es kommt jedoch weder auf die Zustimmung des Haftenden, seine berechtigten Erwartungen, die Rechtmäßigkeit des Inverkehrbringens oder die Orte des Erstvertriebs an.

III. Notwendige Differenzierung nach Art des Geschädigten

Die Definition des Inverkehrbringens lässt die Frage offen, wem gegenüber das Kriterium überhaupt gilt. Die Rom II-Verordnung spricht in Art. 5 von der „geschädigten Person", so dass Erstabnehmer, Zweitabnehmer, Produktbenutzer und unbeteiligter Dritter dem Wortlaut nach gleichermaßen erfasst sind.[418] Es ist jedoch durchaus zweifelhaft, ob die Anknüpfung nach Art. 5 Abs. 1 Rom II-VO für alle Opfergruppen gilt. Diskutiert wird dieses Problem insbesondere vor dem Hintergrund, ob die Anknüpfung an den Erwerbsort nach Art. 5 Abs. 1 Satz 1 lit. b Rom II-VO für unbeteiligte Dritte (sog. *bystander*)[419] interessengerecht ist. In dem hier behandelten Zusammenhang stellt sich das Problem in anderer Gestalt. Es gilt zu untersuchen, welche Opfergruppen dem Anwendungsbereich des Inverkehrbringens unterfallen und welche Rechtsordnung außerhalb des persönlichen Anwendungsbereichs des Inverkehrbringens berufen werden sollte. Für diese Analyse erscheint es zweckmäßig, die verschiedenen Opfergruppen getrennt zu behandeln.

1. Erstabnehmer

Hinsichtlich der internationalprivatrechtlichen Haftung gegenüber Erstabnehmern besteht kein Zweifel, dass die Anknüpfungsleiter des Art. 5 Abs. 1 Rom II-VO und damit auch das Kriterium des Inverkehrbringens Anwendung findet.[420] Die Norm wurde gerade mit Blick auf die widerstreitenden Interessen von Haftendem und Erstabnehmer geschaffen.

2. Unbeteiligte Dritte

Problematisch ist jedoch, wie mit unbeteiligten Dritten (sog. *bystander*) umzugehen ist. In Anbetracht der übrigen diskutierten Opfergruppen wird deutlich, dass hier nur diejenigen Dritten gemeint sein sollen, die das Produkt weder erworben noch genutzt haben.[421] Opfer, die in einem Näheverhältnis zum Erwerber stehen,

---

418 *Heiss/Loacker*, JBl 2007, 613, 628.

419 Rauscher-*Unberath/Cziupka/Pabst*, EuZPR/EuIPR, Art. 5 Rom II-VO Rn. 67.

420 Vgl. statt vieler *Illmer*, RabelsZ 73 (2009), 269, 291.

421 So auch das Verständnis von Huber-*Illmer*, Rome II Regulation, Art. 5 Rn. 44.

sind an dieser Stelle ebenfalls ausgenommen; sie werden gesondert behandelt.[422] Beispielhaft für die folgende Betrachtung wäre der Fall, in dem ein Fußgänger an einer Ampel von einem Pkw geschädigt wird, dessen Bremsen aufgrund eines Fabrikationsfehler versagt haben, und daraufhin Schadensersatz vom Pkw-Hersteller fordert.

Ein Teil der Literatur differenziert generell nicht zwischen verschiedenen Geschädigten.[423] Mit Ausnahme der Anknüpfung an den Erwerbsort und abgesehen von atypischen Einzelfällen gelte die in Art. 5 Abs. 1 Rom II-VO enthaltene Kaskadenanknüpfung auch für *bystander*.[424] Ein weites Verständnis des Inverkehrbringens erlaube die einheitliche Behandlung von allen Geschädigten.[425] Die Anknüpfungsleiter könne auch in diesem Fall angemessene Ergebnisse liefern.[426] Obwohl die Anknüpfungsleiter mit Blick auf die Ansprüche eines Erwerbers geschaffen worden sei, könne es gerechtfertigt sein, auch gegenüber Dritten auf das Inverkehrbringen zu rekurrieren.[427] Bei Schädigungen Dritter erfordere die Vorhersehbarkeit auf Seiten des Produzenten, dass das Produkt am Erfolgsort vermarktet worden sei.[428] *Junker* geht davon aus, dass sich aus der Kombination von gewöhnlichem Aufenthalt bzw. Erfolgsort und dem Inverkehrbringen des

---

422 Siehe dazu unten unter C.III.5.

423 *Dickinson*, Rome II, Rn. 5.40; Erman-*Hohloch*, Art. 5 Rom II-VO Rn. 11 f.; *Fuchs*, GPR 2003/2004, 100, 102; *Kadner Graziano*, Rev. crit. dr. int. priv. 97 (2008), 446, 481; *ders.*, RabelsZ 73 (2009), 1, 40; Rauscher-*Unberath/Cziupka/Pabst*, EuZPR/EuIPR, Art. 5 Rom II-VO Rn. 70 f.; siehe auch Foerste/Graf von Westphalen-*Wilde*, § 100 Rn. 16; sowie *Heiss/Loacker*, JBl 2007, 613, 628, die jedoch Art. 16 Rom II-VO anwenden wollen, wenn aufgrund der Subsidiäranknüpfung nach Art. 5 Abs. 1 Satz 2 Rom II-VO die Gefahr drohe, dass der Geschädigte den von der Produkthaftungsrichtlinie vorgegebenen Schutz verlieren könne.

424 *Dickinson*, Rome II, Rn. 5.40; Erman-*Hohloch*, Art. 5 Rom II-VO Rn. 11 f.; *Kadner Graziano*, Rev. crit. dr. int. priv. 97 (2008), 446, 481, 483; *ders.*, RabelsZ 73 (2009), 1, 42; Rauscher-*Unberath/Cziupka/Pabst*, EuZPR/EuIPR, Art. 5 Rom II-VO Rn. 71; vgl. auch MüKoBGB-*Junker*, Art. 5 Rom II-VO Rn. 38, 52.

425 *Kadner Graziano*, RabelsZ 73 (2009), 1, 40, siehe dort insbesondere Fn. 136; vgl. auch *Fuchs*, GPR 2003/2004, 100, 102; *Illmer*, RabelsZ 73 (2009), 269, 291, jedoch scheint der Autor seine Ansicht revidiert zu haben, siehe Huber-*Illmer*, Rome II Regulation, Art. 5 Rn. 44.

426 Vgl. *Dickinson*, Rome II, Rn. 5.40; *Illmer*, RabelsZ 73 (2009), 269, 291; Rauscher-*Unberath/Cziupka/Pabst*, EuZPR/EuIPR, Art. 5 Rom II-VO Rn. 70.

427 *Illmer*, RabelsZ 73 (2009), 269, 291.

428 Rauscher-*Unberath/Cziupka/Pabst*, EuZPR/EuIPR, Art. 5 Rom II-VO Rn. 70; so auch zum autonomen österreichischem Recht *Posch*, in: Schwind, S. 247, 265 f.

Produkts eine „relativ starke Verknüpfung von Sachverhalt und Rechtsordnung ergibt, die sich nicht leicht durch die Berichtigungsklausel überspielen lässt."[429]

Die überwiegende Literaturansicht wendet die Anknüpfungsleiter in Art. 5 Abs. 1 Rom II-VO, und damit auch das Inverkehrbringen, auf Produkthaftungsfälle von unbeteiligten Dritten nicht an. Zu lösen sei diese Problematik über die Ausweichklausel nach Art. 5 Abs. 2 Satz 1 Rom II-VO, indem an den Erfolgsort angeknüpft werde.[430] Maßgeblich für die Anhänger dieser Ansicht ist, dass ein Dritter zufällig und überraschend geschädigt wird.[431] Dritte seien nur mit der Rechtsordnung des Erfolgsorts verbunden.[432] Bei der Anwendung der Anknüpfungsleiter drohe eine Entwertung der berechtigten Erwartungen des Dritten.[433] Es würde vom Zufall abhängen, ob das Anknüpfungsergebnis für den

---

429 MüKoBGB-*Junker*, Art. 5 Rom II-VO Rn. 52.

430 Bamberger/Roth-*Spickhoff*, Art. 5 Rom II-VO Rn. 9; Calliess-*Schmid/Pinkel*, Rome Regulations, Art. 5 Rome II Rn. 48; *Hamburg Group for Private International Law*, RabelsZ 67 (2003), 1, 18; *Huber/Illmer*, YbPIL (9) 2007, 31, 46; Huber-*Illmer*, Rome II Regulation, Art. 5 Rn. 44; jurisPK-*Lund*, Art. 5 Rom II-VO Rn. 37; *Kadner Graziano*, VersR 2004, 1205, 1208; *Leible/Engel*, EuZW 2004, 7, 11; *Rudolf*, WBL 2009, 525, 532; *Ofner*, ZfRV 2008, 13, 17; Palandt-*Thorn*, Art. 5 Rom II-VO Rn. 13; PWW-*Schaub*, Art. 5 Rom II-VO Rn. 9; *Spickhoff*, FS Kropholler, S. 671, 689; *Thorn*, FS Schmidt, S. 1561, 1576; in diese Richtung tendierend *v. Hein*, ZEuP 2009, 6, 29; *Leible/Lehmann*, RIW 2007, 721, 728; sowie *Illmer*, RabelsZ 73 (2009), 269, 291, 302, der auf *bystander* allerdings nicht per se die Ausweichklausel anwenden möchte. In diesem Sinne generell zur Produkthaftung *Birk*, S. 108 f.; *Duintjer Tebbens*, S. 382 f.; *Freitag*, S. 116 f; *v. Hein*, Günstigkeitsprinzip, S. 417 ff.; *v. Hoffmann/Thorn*, IPR, § 11 Rn. 49; *Kadner Graziano*, Gemeineuropäisches IPR, S. 294; *Kropholler*, S. 539 f.; *Sack*, FS Ulmer, S. 495, 505 f; Staudinger-*v. Hoffmann*, Art. 40 EGBGB Rn. 96, 98; *Stoll*, FS Kegel, S. 113, 130; *Winkelmann*, S. 221 f. So auch die international bevorzugte Lösung *Kadner Graziano*, Gemeineuropäisches IPR, S. 274 m. w. N.

431 Huber-*Illmer*, Rome II Regulation, Art. 5 Rn. 44.

432 Huber-*Illmer*, Rome II Regulation, Art. 5 Rn. 44; Palandt-*Thorn*, Art. 5 Rom II-VO Rn. 13; *Rudolf*, WBL 2009, 525, 532; *Thorn*, FS Schmidt, S. 1561, 1576; so bereits zum autonomen Recht Staudinger-*v. Hoffmann*, Art. 40 EGBGB Rn. 96; vgl. auch Calliess-*Schmid/Pinkel*, Rome Regulations, Art. 5 Rome II Rn. 48; *Heiss/Loacker*, JBl 2007, 613, 628; *Huber/Illmer*, YbPIL 9 (2007), 31, 46; *Illmer*, RabelsZ 73 (2009), 269, 302; *Leible/Engel*, EuZW 2004, 7, 11 f.; PWW-*Schaub*, Art. 5 Rom II-VO Rn. 9.

433 Huber-*Illmer*, Rome II Regulation, Art. 5 Rn. 44; Palandt-*Thorn*, Art. 5 Rom II-VO Rn. 13; *Rudolf*, WBL 2009, 525, 532; *Thorn*, FS Schmidt, S. 1561, 1576; so bereits zum autonomen Recht Staudinger-*v. Hoffmann*, Art. 40 EGBGB Rn. 96; vgl. auch Calliess-*Schmid/Pinkel*, Rome Regulations, Art. 5 Rome II Rn. 48; *Heiss/Loacker*, JBl 2007, 613, 628; *Huber/Illmer*, YbPIL 9 (2007), 31, 46; *Illmer*, RabelsZ 73 (2009), 269, 302; *Leible/Engel*, EuZW 2004, 7, 11 f.; PWW-*Schaub*, Art. 5 Rom II-VO Rn. 9.

Dritten hinnehmbar wäre.[434] Letztlich habe die Sympathie mit dem Opfer Vorrang vor den Interessen des Haftenden.[435] Schließlich sei der Haftende besser als der Geschädigte dazu in der Lage, das Risiko vorherzusehen und zu tragen.[436] Abweichend davon meint *von Hein*, dass die für die Produkthaftung konstitutive Sonderbeziehung in Form des Distributionsprozesses gegenüber unbeteiligten Dritten nicht besteht, so dass eine unterschiedliche Behandlung beider Gruppen gerechtfertigt ist.[437] Allerdings bleibt zu beachten, dass *von Hein* seine Begründung basierend auf der Annahme formulierte, dass auf Produkthaftungsfälle primär das Recht des Erwerbsorts[438] angewendet wird.

Eine wiederum abweichende Ansicht hält die Anknüpfungsleiter ebenfalls für unangemessen, bringt in diesem Fall aber zunächst das Recht am Sitz des Haftenden zur Anwendung und greift nur hilfsweise auf die offensichtlich engere Verbindung nach Art. 5 Abs. 2 Satz 1 Rom II-VO zurück.[439] Art. 5 Abs. 1 Satz 2 Rom II-VO könne die Grundaussage entnommen werden, dass bei Unanwendbarkeit der Anknüpfungsleiter das Aufenthaltsrecht des Geschädigten zu berufen sei.[440]

Fraglich ist, wie mit der Haftung gegenüber unbeteiligten Dritten umzugehen ist. Der Wortlaut des Art. 5 Rom II-VO differenziert nicht zwischen Erwerber und Dritten, so dass eine Anwendung der regulären Anknüpfung grundsätzlich geboten scheint. Auch aus Sicht des Haftenden bestehen gewichtige Einwände gegen die Anwendung des Rechts des Erfolgsorts. Mit der Anwendung des Rechts des Erfolgsorts geht für ihn die Gefahr einher, nach einer nicht antizipierten Rechtsordnung haften zu müssen.[441] Folglich droht eine Entwertung der Verhaltenssteuerung.[442] Ausgehend von dem Interesse des Haftenden an der Berechenbarkeit der anwendbaren Rechtsordnung müsste das Inverkehrbringen auch im Verhältnis zu Dritten eingreifen.

---

434 jurisPK-*Lund*, Art. 5 Rom II-VO Rn. 37; Palandt-*Thorn*, Art. 5 Rom II-VO Rn. 13.

435 Palandt-*Thorn*, Art. 5 Rom II-VO Rn. 13; *ders.*, FS Schmidt, S. 1561, 1576.

436 Staudinger-*v. Hoffmann*, Art. 40 EGBGB Rn. 96.

437 *v. Hein*, Günstigkeitsprinzip, S. 412 f.

438 *v. Hein*, Günstigkeitsprinzip, S. 377 ff., 422.

439 *Huber/Bach*, IPRax 2005, 73, 77; Kullmann/Pfister-*Pfister*, Produzentenhaftung, Nr. 4010, S. 21.

440 Kullmann/Pfister-*Pfister*, Produzentenhaftung, Nr. 4010, S. 21; vgl. auch *Huber/Bach*, IPRax 2005, 73, 77.

441 Vgl. dazu bereits Rauscher-*Unberath/Cziupka/Pabst*, EuZPR/EuIPR, Art. 5 Rom II-VO Rn. 70; *Posch*, in: Schwind, S. 265 f.

442 Vgl. *Wandt*, Rn. 1086; *Sonnentag*, ZVglRWiss 105 (2006), 256, 283.

Jedoch überzeugen die Einwände aus Sicht des Haftenden nicht, weil Funktionsdefizite im Bereich der Verhaltenssteuerung über die Berücksichtigung des Rechts, das nach Art. 17 Rom II-VO[443] am Ort des Inverkehrbringens gilt, ausgeglichen werden.[444] Die Ausgleichsfunktion des Deliktsrechts, die gleichberechtigt neben der Verhaltenssteuerung steht, spricht für eine Anknüpfung an den Erfolgsort.[445] Auf diesem Weg werden die Rechtsgüter des Geschädigten nach der Rechtsordnung geschützt, in der sie sich zum Schadenszeitpunkt befinden[446] und dessen Schutzniveau der Geschädigte regelmäßig erwartet[447]. Die kollisionsrechtlichen Interessen des geschädigten Dritten überwiegen in diesem Fall. Ihn trifft der Schaden durch das Produkt vollkommen unvorbereitet. Folglich kann ein unbeteiligter Dritter berechtigtes Vertrauen nur in Bezug auf das Recht des Erfolgsorts bilden,[448] da er seine Rechtsgüter bewusst ausschließlich dieser Rechtsordnung unterstellt hat.[449] Im Übrigen hängt es von Zufällen ab, ob die Anknüpfungsleiter zu interessengerechten Ergebnissen führt.[450] Auch ein weites Verständnis des Inverkehrbringens ändert hieran nichts. Wenn das Inverkehrbringen gegenüber Dritten gelten würde, müsste dies konsequenterweise auch für den Einwand der Vorhersehbarkeit gelten. Jedoch kann gerade die Anwendung des Rechts des gewöhnlichen Aufenthalts des Haftenden über Art. 5 Abs. 1 Satz 2 Rom II-VO zu interessenwidrigen Ergebnissen auf Seiten des Geschädigten führen, weil er dieser Rechtsordnung vollkommen unverbunden gegenübersteht.[451] Aus Sicht des Haftenden manifestiert sich bei einer Schädigung Dritter die Unbeherrschbarkeit einer mobilen Gefahrenquelle, die mit seiner wirtschaftlichen Tätigkeit einhergeht.[452] Auch wenn der Erfolgsort für beide Parteien zufällig sein mag, stellt *von Hoffmann* zu Recht fest, dass „er der einzige Berührungspunkt zwischen den Sphären von Schädiger und Geschädigtem [ist].“[453] Eine Sonderverbindung

443 Siehe dazu unter E.

444 So im Ergebnis ebenfalls *Wandt*, Rn. 1099.

445 *v. Hoffmann/Thorn*, IPR, §11 Rn. 23; *Ehrenzweig*, FS Rabel I, S. 655, 657, 682 f.; *Trutmann*, S. 92 ff.; *Wandt*, Rn. 1086.

446 *Zwanzger*, S. 90.

447 *Leible/Engel*, EuZW 2004, 7, 10; *Sonnentag*, ZVglRWiss 105 (2006), 256, 266; *G. Wagner*, IPRax 2006, 372, 374.

448 *v. Hein*, Günstigkeitsprinzip, S. 419 f.

449 *Wandt*, Rn. 1097.

450 jurisPK-*Lund*, Art. 5 Rom II-VO Rn. 37; Palandt-*Thorn*, Art. 5 Rom II-VO Rn. 13.

451 Palandt-*Thorn*, Art. 5 Rom II-VO Rn. 13.

452 Vgl. *Freitag*, S. 117.

453 Staudinger-*v. Hoffmann*, Art. 40 EGBGB Rn. 96.

zwischen beiden Parteien, welche die Anwendung des Art. 5 Abs. 1 Rom II-VO rechtfertigen könnte, liegt nicht vor. Dem Argument der mangelnden Sonderverbindung tritt *Drobnig* entgegen. Seiner Ansicht nach wird die Sonderverbindung durch die Berührung mit dem Produkt geschaffen.[454] Die Frage, ob unbeteiligte Dritte anders zu behandeln sind, müsse vielmehr der *lex causae* überlassen werden.[455] Dies kann schwerlich überzeugen. Es erscheint unangemessen, die Frage der *lex causae* zu überlassen, da bereits die kollisionsrechtlichen Interessen des Geschädigten derart stark ausgeprägt sind, dass auf der Ebene des IPRs eine Klärung erforderlich ist. Die Sonderverbindung mit der reinen Produktberührung zu begründen, ist mehr als zweifelhaft. Davon ausgehend müsste auch bei anderen Deliktstypen eine Sonderverbindung - vermittelt über den Haftungsfall - zwischen Haftendem und Geschädigtem angenommen werden. Zu beachten bleibt, dass die Anwendung des Rechts des Erfolgsorts nicht notwendigerweise eine kollisionsrechtliche Bevorzugung des Geschädigten bedeutet. Schließlich wird kein Wahlrecht eingeräumt oder ein Günstigkeitsvergleich vorgenommen.

Das Inverkehrbringen kann folglich gegenüber unbeteiligten Dritten nicht gelten. Methodisch bedarf es einer teleologischen Reduktion des Art. 5 Abs. 1 Rom II-VO. Über die Ausweichklausel nach Art. 5 Abs. 2 Satz 1 Rom II-VO ist das Recht des Erfolgsorts anzuwenden, weil nur diese Lösung regelmäßig zu interessengerechten Ergebnissen führt. In Bezug auf das eingangs gebildete Beispiel bedeutet dies, dass für Produkthaftungsansprüche des Fußgängers gegen den Pkw-Hersteller das Recht des Unfallorts gilt.

3. Zweiterwerber

Hinsichtlich der Haftung gegenüber Zweiterwerbern verändert sich das Meinungsbild. Das beste Beispiel für die hier zu behandelnden Fälle sind die Käufer gebrauchter Produkte. Literaturstimmen, die selbst bei unbeteiligten Dritten nicht von der Anwendung des Art. 5 Abs. 1 Rom II-VO abweichen, werden auf das Inverkehrbringen erst recht gegenüber dem Zweitabnehmer rekurrieren. Ein beachtlicher Teil der Literatur, der bei unbeteiligten Dritten noch eine Anknüpfung an den Erfolgsort befürwortet, wendet auf Zweiterwerber - und wohl auch auf alle weiteren Erwerber - Art. 5 Abs. 1 Rom II-VO an.[456] Nach dieser Ansicht

---

454 *Drobnig*, in: v. Caemmerer, S. 298, 318.

455 *Drobnig*, in: v. Caemmerer, S. 298, 318 f.

456 Calliess-*Schmid/Pinkel*, Rome Regulations, Art. 5 Rome II Rn. 48; *Hamburg Group for Private International Law*, RabelsZ 67 (2003), 1, 18; *v. Hein*, ZEuP 2009, 6, 29; *Huber/Illmer*, YbPIL (9) 2007, 31, 46; Huber-*Illmer*, Rome II Regulation, Art. 5 Rn. 44;

kann sich der Haftende auf das mangelnde Inverkehrbringen auch gegenüber Zweiterwerbern berufen, um die einschränkende Funktion des Kriteriums zu wahren.[457] Erwerber gebrauchter Produkte könnten sich beim Veräußerer, dem Ersterwerber, darüber informieren, wo das Produkt zuerst gekauft wurde.[458]

Ein Teil der Literatur, der sich allerdings teilweise mit dem autonomen deutschen Recht befasst, differenziert nicht zwischen Zweitabnehmern und unbeteiligten Dritten.[459] Auf beide Opfergruppen sei das Recht des Erfolgsorts anwendbar.[460] Der mangelnde Bezug zum Marktort erfordere eine Anknüpfung an den Erfolgsort.[461] Innerhalb dieser Ansicht wollen einige Autoren an den Erfolgsort jedoch dann nicht anknüpfen, wenn der Geschädigte seinen gewöhnlichen Aufenthalt im Marktortstaat hat. In diesem Fall müsse der Geschädigte die Möglichkeit haben, dieses Recht zu wählen.[462] Eine alternative Anknüpfung würde den Interessen des Geschädigten am ehesten gerecht werden, während auf Seiten des Haftenden keine unzumutbare Beeinträchtigung entstehen würde.[463]

Gegen den vorgebrachten Ansatz, der dem Zweiterwerber ein Wahlrecht einräumt, bestehen erhebliche systematische Bedenken. Ein Wahlrecht ist sowohl der besonderen Kollisionsnorm für die Produkthaftung als auch der allgemeinen Kollisionsnorm der Rom II-Verordnung unbekannt. Die Verordnung ist insofern nicht dem deutschen Vorbild des Ubiquitätsprinzips gefolgt.[464] Folglich ist ein Wahlrecht im Bereich der Produkthaftung so wesensfremd, dass es auch nicht

---

Kadner Graziano, VersR 2004, 1205, 1208; jurisPK-*Lund*, Art. 5 Rom II-VO Rn. 37; MüKoBGB-*Junker*, Art. 5 Rom II-VO Rn. 38; Palandt-*Thorn*, Art. 5 Rom II-VO Rn. 13; *Rudolf*, WBL 2009, 525, 532; *Spickhoff*, FS Kropholler, S. 671, 689; *Thorn*, FS Schmidt, S. 1561, 1576.

457 So ausdrücklich MüKoBGB-*Junker*, Art. 5 Rom II-VO Rn. 38.

458 *Kadner Graziano*, VersR 2004, 1205, 1208, der eine widerlegliche Vermutung dahingehend in Betracht zieht, dass der Ort des Ersterwerbs mit demjenigen des Zweiterwerbs übereinstimme.

459 So zu den Vorentwürfen der Rom II-Verordnung *Sonnentag*, ZVglRWiss 105 (2006), 256, 283; vgl. allgemein Staudinger-*v. Hoffmann*, Art. 40 EGBGB Rn. 99; *Wandt*, Rn. 1086 ff.

460 *Sonnentag*, ZVglRWiss 105 (2006), 256, 283; Staudinger-*v. Hoffmann*, Art. 40 EGBGB Rn. 99; *Wandt*, Rn. 1086 ff.

461 Staudinger-*v. Hoffmann*, Art. 40 EGBGB Rn. 99.

462 *Sonnentag*, ZVglRWiss 105 (2006), 256, 283; *Wandt*, Rn. 1102.

463 *Sonnentag*, ZVglRWiss 105 (2006), 256, 284; *Wandt*, Rn. 1102.

464 Anders im Rahmen der Umwelthaftung nach Art. 7 Rom II-VO, siehe Palandt-*Thorn*, Art. 7 Rom II-VO Rn. 6.

im Wege der Auslegung etabliert werden darf. Auch die hiermit einhergehende Rechtsunsicherheit ist mit den Zielen der Rom II-Verordnung[465] unvereinbar.

Die berechtigten Erwartungen des Zweiterwerbs unterscheiden sich von denjenigen des unbeteiligten Dritten. Das Element des Zufalls und Überraschung, das den unbeteiligten Dritten auszeichnet, ist bei Produkterwerbern unabhängig davon abwesend, ob es sich um den Ersterwerber oder einen nachfolgenden Teilnehmer der Distributionskette handelt.[466] Zweiterwerber kommen nicht erst durch den Haftungsfall mit dem Produkt in Berührung, sondern setzen sich bewusst den Produktgefahren aus. Folglich besteht das besondere Interesse an der Anwendung des Rechts des Erfolgsorts bei Zweiterwerbern nicht. Ob Erwerber gebrauchter Produkte sich über den Ort der Erstvermarktung informieren können, wird unterschiedlich beurteilt,[467] sollte jedoch nicht den entscheidenden Ausschlag geben. Auf die Erkennbarkeit der Orte des Inverkehrbringens von Seiten des Geschädigten kommt es nicht an, weil das Inverkehrbringen eine hinreichend enge Verbindung zum Haftenden gewährleistet und im Gegensatz zur Anknüpfung an den Erwerbsort nicht die Erwartung des Ersterwerbers in die Anwendung des Marktrechts[468] umsetzen soll. Vom Inverkehrbringen abzuweichen, bringt für den Haftenden die Gefahr mit sich, nach einer Rechtsordnung haften zu müssen, in der das Produkt überhaupt nicht im Handel war und die deshalb für ihn nicht erkennbar ist. Folglich sollte nur in besonderen Ausnahmefällen hiervon abgewichen werden.[469] Im Fall der Haftung gegenüber Zweiterwerbern ist entgegen der Ansicht einiger keine Ausnahme von der Anknüpfung nach Art. 5 Abs. 1 Rom II-VO zu machen. Vielmehr findet das Kriterium des Inverkehrbringens ihnen gegenüber Anwendung.

4. Produktnutzer

Im nächsten Schritt ist die Haftung gegenüber Produktnutzern, die das Produkt nicht selbst erworben haben, zu untersuchen. Beispielsweise sei an den

465 Vgl. Erwägungsgrund 6 und 14 der Rom II-VO.

466 Vgl. Huber-*Illmer*, Rome II Regulation, Art. 5 Rn. 44; *ders.*, RabelsZ 73 (2009), 269, 291.

467 Siehe *Kadner Graziano*, VersR 2004, 1205, 1208, der annimmt, dass der Erwerber sich zumindest über den ursprünglichen Erwerbsort informieren könne; anders *Heiss/ Loacker*, JBl 2007, 613, 627, die bezweifeln, dass der Ort der Erstvermarktung für den Zweiterwerber erkennbar ist.

468 Siehe zu den berechtigten Erwartungen, die mit dem Erwerb des Produkts einhergehen, *v. Hein*, Günstigkeitsprinzip, S. 418.

469 *Kadner Graziano*, Gemeineuropäisches IPR, S. 282.

Fall gedacht, dass der Anspruchsteller durch ein Auto geschädigt wird, das er sich unentgeltlich von einem Freund geliehen hat. Denkbar ist auch, dass der Geschädigte einen Leihwagen von einem kommerziellen Anbieter mietet.

Gerade in der älteren Literatur wird nicht zwischen Erwerbern und Dritten, sondern zwischen unbeteiligten Dritten und Produktnutzern unterschieden. Für Produktnutzer gelte das Recht des Erfolgsorts nicht.[470] Auch in der Literatur zur Rom II-Verordnung finden sich zahlreiche Stimmen, die Produktnutzer nicht als unbeteiligte Dritte einstufen.[471] Der Benutzer eines Produkts befinde sich in einem engen Verhältnis zu den typischen Produktgefahren.[472] Die Sonderverbindung werde nicht nur durch die Veräußerungskette, sondern auch durch die Weitergabe des Produkts zum Ge- oder Verbrauch vermittelt.[473] *Drobnig* äußert Zweifel daran, ob eine Grenzziehung zwischen Benutzern und Nichtbenutzern überhaupt möglich ist.[474] Beispielsweise sei vollkommen unklar, ob der Besucher eines Kaufhauses, der bei der Prüfung des Geräts zu Schaden komme, Benutzer oder Nichtbenutzer sei.[475] Aufgrund der entstehenden Unsicherheiten müsse eine Unterscheidung zwischen beiden Gruppen unterbleiben und konsequent das anwendbare Produkthaftungsstatut berufen werden.[476]

Andere Teile der Literatur halten für bloße Benutzer des Produkts die Anwendung der *lex loci delicti commissi* für angemessen.[477] Benutzer des Produkts seien nur mit dem Begehungsort örtlich verbunden.[478]

Von Hoffmann und *von Hein* vertreten differenzierende Lösungsansätze zu dieser Frage. *Von Hoffmann* hält eine Anknüpfung an den Erwerbsort nur dann für angemessen, wenn die Gebrauchsüberlassung im Rahmen einer

---

470 *Duintjer Tebbens*, S. 381 f.; *Sack*, FS Ulmer, S. 495, 506; Staudinger-*v. Hoffmann*, Art. 40 EGBGB Rn. 96; *Stoll*, FS Kegel, S. 113, 130.

471 Calliess-*Schmid/Pinkel*, Rome Regulations, Art. 5 Rome II Rn. 17; *Hamburg Group for Private International Law*, RabelsZ 67 (2003), 1, 18; *v. Hein*, ZEuP 2009, 6, 29; *Huber/Illmer*, YbPIL (9) 2007, 31, 46; Huber-*Illmer*, Rome II Regulation, Art. 5 Rn. 44; jurisPK-*Lund*, Art. 5 Rom II-VO Rn. 37; MüKoBGB-*Junker*, Art. 5 Rom II-VO Rn. 38; Palandt-*Thorn*, Art. 5 Rom II-VO Rn. 13; *Rudolf*, WBL 2009, 525, 532; *Thorn*, FS Schmidt, S. 1561, 1576.

472 *Stoll*, FS Kegel, S. 113, 130.

473 *Sack*, FS Ulmer, S. 495, 506.

474 *Drobnig*, in: v. Caemmerer, S. 298, 318 f.; so auch *Winkelmann*, S. 222.

475 *Drobnig*, in: v. Caemmerer, S. 298, 318.

476 *Drobnig*, in: v. Caemmerer, S. 298, 319.

477 *Birk*, S. 108 f.; so wohl auch *Spickhoff*, FS Kropholler, S. 671, 689, der Geschädigte, die das Produkt nicht selbst erworben haben, als *bystander* einstuft.

478 *Birk*, S. 108 f.

gewerblichen Tätigkeit erfolge, was insbesondere im Fall des Leasings oder der Autovermietung der Fall sei.[479] Vermittelt werde die besondere Beziehung zwischen Konsument und Hersteller durch die genutzte Warenverteilungskette, die ein Abweichen vom Recht des Erfolgsorts erlaube.[480] Zumindest im autonomen deutschen Recht bezieht *von Hein* Produktnutzer zwar in den Anwendungsbereich des Erwerbsorts mit ein, möchte diesen jedoch ein Wahlrecht zugunsten des Rechts des Erfolgsorts einräumen.[481] Der Produktnutzer stehe in einem qualifizierten Näheverhältnis zum fehlerhaften Produkt, das kollisionsrechtliche Beachtung verdiene. Die alleinige Anknüpfung an den Marktort sei jedoch für den Produktnutzer unangemessen, da er am Erwerbsakt unmittelbar nicht beteiligt sei.[482] Der Produktnutzer habe ein derivatives Marktvertrauen, das aber mangels Einwirkungsmöglichkeit auf den ursprünglichen Erwerbsort nicht zu seinen Lasten wirken dürfe.[483]

Die Behandlung von Produktnutzern, denen das Produkt im Rahmen einer kommerziellen Überlassungsart, etwa im Fall der entgeltlichen Vermietung oder des Leasings, zur Verfügung gestellt wird, ist unproblematisch. Nach herrschender Literaturansicht umfasst der Erwerbsbegriff (Art. 5 Abs. 1 Satz 1 lit. b Rom II-VO) jede kommerzielle Überlassung des Produkts.[484] Es kann nicht darauf ankommen, ob der Vertrieb des Produkts im Wege des Kaufs oder auf andere Art stattgefunden hat. Solange kommerzielle Zwecke verfolgt werden, ist ebenfalls nicht entscheidend, ob der Produktnutzer ein Entgelt entrichtet.[485] Dass Erwerber unabhängig von ihrem Rang in der Absatzkette das Inverkehrbringen sich gegenüber gelten lassen müssen, wurde bereits oben festgestellt.[486] Die Werbeaktion eines Autovermieters, der für ein Wochenende seinen Kunden kostenfrei ein Auto zur Verfügung stellt, ist damit vom Inverkehrbringen erfasst.

---

479 Staudinger-*v. Hoffmann*, Art. 40 EGBGB Rn. 98.

480 Staudinger-*v. Hoffmann*, Art. 40 EGBGB Rn. 98; so bereits *Trutmann*, S. 171.

481 *v. Hein*, Günstigkeitsprinzip, S. 419 ff.

482 *v. Hein*, Günstigkeitsprinzip, S. 420.

483 *v. Hein*, Günstigkeitsprinzip, S. 420.

484 Hk-BGB-*Dörner*, Art. 5 Rom II-VO Rn. 8; jurisPK-*Lund*, Art. 5 Rom II-VO Rn. 19; Palandt-*Thorn*, Art. 5 Rom II-VO Rn. 9; Rauscher-*Unberath/Cziupka/Pabst*, EuZPR/EuIPR, Art. 5 Rom II-VO Rn. 64; sogar noch weitergehender *Dickinson*, Rome II, Rn. 5.39; Huber-*Illmer*, Rome II Regulation, Art. 5 Rn. 25; MüKoBGB-*Junker*, Art. 5 Rom II-VO Rn. 35; *Plender/Wilderspin*, European Private International Law, Rn. 19-060 ff.; anders Foerste/Graf von Westphalen-*Wilde*, § 100 Rn. 14, wonach der Erwerb eine gewisse Dauerhaftigkeit voraussetze.

485 Siehe dazu unter C.II.3.a).

486 Siehe dazu unter C.III.3.

Wesentlich schwieriger ist die Behandlung von Geschädigten, denen die Nutzung von einem Privaten überlassen wird (sog. *consumer-to-consumer* bzw. abgekürzt *C2C*-Geschäft). Hier sei der Fall in Erinnerung gerufen, dass der Geschädigte sich das schadensverursachende Auto von einem Freund geliehen hat. Hier bleibt zu beachten, dass die Weitergabe durch den Privaten kein Inverkehrbringen in dem jeweiligen Staat begründet. Zu einer Anwendung der Anknüpfungsleiter kommt es nur, wenn das Produkt oder gleichartige Produkte in dem fraglichen Staat auch kommerziell angeboten werden.[487]

Der Verordnungsgeber hat es unterlassen, im Wortlaut anhand der Art des Geschädigten zu differenzieren. Dies ist grundsätzlich zu respektieren.[488] Die vermittelnden Ansichten *von Hoffmanns* und *von Heins* offenbaren, dass es entscheidend auf die Frage ankommt, welche Verbindung zwischen Haftendem und Geschädigtem die Anwendung der Anknüpfungsleiter und des Vorhersehbarkeitseinwands rechtfertigt. Soweit die Sonderverbindung in der kommerziell genutzten Vertriebskette liegt, dürfen Produktnutzer, denen die Nutzung von Privaten überlassen wird, nicht unter Art. 5 Abs. 1 Rom II-VO (und damit das Inverkehrbringen) fallen. Wenn hingegen die Sonderverbindung auch dann erfüllt, wenn sich jemand bewusst den Produktgefahren aussetzt, besteht kein Grund, die hier in Rede stehenden Produktnutzer anders als Erwerber zu behandeln.

Dafür, dass die Sonderverbindung durch die Vertriebskette begründet wird, spricht, dass Inverkehrbringen und Erwerb die unterschiedlichen Seiten der Markttransaktion abbilden. Wenngleich der Bezug zur Markttransaktion nicht zu leugnen ist, offenbart die Anknüpfungsleiter des Art. 5 Abs. 1 Satz 1 Rom II-VO jedoch, dass die Markttransaktion nicht das prägende Merkmal innerhalb des Art. 5 Rom II-VO ist. Der Erwerbsort findet erst auf der zweiten Stufe der Anknüpfungsleiter Berücksichtigung und auch mit dem Inverkehrbringen geht nicht die Umsetzung der Markttransaktion einher. *De lege ferenda* mag dies zu bedauern sein, *de lege lata* ist es hinzunehmen. Daher hat auch der Einwand *von Heins*, die charakteristische Marktverbindung sei bei bloßen Produktnutzern nicht gegeben, für die Auslegung des Art. 5 Rom II-VO keine Bedeutung. Die kollisionsrechtliche Sonderbehandlung des unbeteiligten Dritten ist gerechtfertigt, weil er aufgrund der zufälligen und überraschenden Schädigung berechtigterweise mit der Anwendung des Rechts des Erfolgsorts rechnen darf. Vermittelt über die Weitergabe des Produkts zum Ge- oder Verbrauch besteht eine

487 Siehe oben unter C.II.3.a).

488 Vgl. *Fuchs*, GPR 2003/2004, 100, 102; *Spickhoff*, FS Kropholler, S. 671, 689.

Sonderverbindung zu dem Geschädigten, die es rechtfertigt, Produktnutzer der beschränkenden Wirkung des Inverkehrbringens zu unterwerfen. Der Produktnutzer setzt sich bewusst den Produktgefahren aus und muss daher damit rechnen, dass eventuell eine andere Rechtsordnung als die des Erfolgsorts für seine Ansprüche gilt. Die Anknüpfungsleiter nimmt nicht nur die berechtigten Erwartungen eines Erwerbers in den Blick,[489] sondern berücksichtigt gleichermaßen die Interessen eines Produktnutzers.[490] Produktnutzer können sich grundsätzlich vor den Produktgefahren schützen.[491] Im materiellen Recht kommt dieser Gedanke dadurch zum Ausdruck, dass Produktnutzer im Gegensatz zu Dritten das Produkt vor Gebrauch auf Mängel hin untersuchen können und sich nur solchen Produkten auszusetzen können, die sie für vertrauenswürdig halten.[492]

Das Inverkehrbringen bezweckt die Berechenbarkeit der anwendbaren Rechtsordnung auf Seiten des Haftenden und nicht des Geschädigten. Typischerweise sind nicht nur Erwerber den Produktgefahren ausgesetzt, sondern auch die übrigen Produktnutzer, die das Produkt selbst nicht erworben haben. Das kollisionsrechtliche Interesse des Haftenden, mit Hilfe des Inverkehrbringens die anwendbare Rechtsordnung vorhersehen zu können, ist im Fall der Haftung gegenüber Produktnutzern gleichermaßen ausgeprägt. Im Übrigen wird auf diesem Weg eine Gleichbehandlung verschiedener Geschädigter gewährleistet. Bei einem fehlerhaften Kfz käme es nicht darauf an, ob der Schadensfall sich während der Benutzung durch den Erwerber oder den Freund, der sich das Auto vom Erwerber geliehen hat, ereignet.

Im Ergebnis ist die Anknüpfungsleiter teleologisch zu reduzieren, wenn der Geschädigte erst durch den Schadensfall mit dem Produkt in Berührung kommt. Berechtigterweise erwartet er dann die Berufung des Rechts des Erfolgsorts. Für Produktnutzer gilt dies nicht.

5. Geschädigte aus dem Obhutsbereich des Erwerbers

Im letzten Schritt ist auf Geschädigte aus dem Obhutsbereich des Erwerbers, wie etwa nahe Familienangehörige des Erwerbers und von ihm abhängige Arbeitnehmer, einzugehen. Zunächst gilt es zu beachten, dass die hier zu behandelnden Fälle nur begrenzt vorkommen. Wenn der geschädigte Familienangehörige

---

489 So *Illmer*, RabelsZ 73 (2009), 269, 291.

490 Siehe jurisPK-*Lund*, Art. 5 Rom II-VO Rn. 9, 37; Palandt-*Thorn*, Art. 5 Rom II-VO Rn. 13.

491 Vgl. *Heiss/Loacker*, JBl 2007, 613, 628.

492 So *Elmore v. American Motors Corp.*, 70 Cal.2d 578, 586 (Cal.1969).

das Produkt selbst benutzt hat, ist er als Produktnutzer zu behandeln. Ein Beispielsfall, der die nun zu behandelnde Frage betrifft, liegt vor, wenn der Sohn des Produkterwerbers durch sich lösende Teile eines Rasenmähers verletzt wird, während der Familienvater ihn benutzt.

Von Hoffmann und *Thorn* sind der Ansicht, dass Personen aus dem Obhutsbereich des Erwerbers nicht als Dritte gelten können.[493] Diese Personen seien der Sphäre des Erwerbers zuzuordnen und könnten unter Umständen Ansprüche aus dem Sonderverhältnis zwischen Hersteller und Produkterwerber, wie etwa einem Vertrag mit Schutzwirkung zugunsten Dritter, geltend machen.[494] Auch die *Hamburg Group for Private International Law* zieht es zumindest in Betracht, Geschädigte, die sich in der unmittelbaren sozialen Sphäre des Erwerbers befinden, der regulären Anknüpfung für Produkthaftungsfälle zu unterwerfen.[495] Diejenigen, die nicht zwischen verschiedenen Geschädigten differenzieren,[496] werden ohnehin die Anknüpfungsleiter und damit auch das Inverkehrbringen anwenden.

Vorbehalte gegen die Ansicht, nahe Familienangehörige des Erwerbers und von diesem abhängige Arbeitnehmer nicht als unbeteiligte Dritte anzusehen, werden aus verschiedenen Perspektiven geäußert. *Winkelmann* bemängelt, dass mit Hilfe des Näheverhältnisses eine willkürliche Grenze zwischen den verschiedenen Geschädigten gezogen wird.[497] Nach *von Hein* stellt die Einbeziehung des Dritten in die Sonderverbindung zwischen Hersteller und Abnehmer eine unzulässige Rechtswahl zu Lasten des Geschädigten dar, der nicht die Freiheit hat, die anwendbare Rechtsordnung über den Erwerb auf einem bestimmten Markt selbst zu steuern.[498] *Wandt* wirft der Ansicht vor, dass es etwas völlig anderes ist,

---

493 Palandt-*Thorn*, Art. 5 Rom II-VO Rn. 13; so auch zum autonomen deutschen Recht Staudinger-*v. Hoffmann*, Art. 40 EGBGB Rn. 96, 98. Auch *Dickinson*, Rome II, Rn. 5.40 erwägt, es eine enge Familienbeziehung zwischen Erwerber und Geschädigtem zu beachten.

494 Staudinger-*v. Hoffmann*, Art. 40 EGBGB Rn. 98.

495 *Hamburg Group for Private International Law*, RabelsZ 67 (2003), 1, 18.

496 *Dickinson*, Rome II, Rn. 5.40; Erman-*Hohloch*, Art. 5 Rom II-VO Rn. 11 f.; *Fuchs*, GPR 2003/2004, 100, 102; *Kadner Graziano*, Rev. crit. dr. int. priv. 97 (2008), 446, 481; *ders.*, RabelsZ 73 (2009), 1, 40; Rauscher-*Unberath/Cziupka/Pabst*, EuZPR/EuIPR, Art. 5 Rom II-VO Rn. 70 f.; siehe auch *Heiss/Loacker*, JBl 2007, 613, 628, die jedoch Art. 16 Rom II-VO anwenden wollen, wenn aufgrund der Subsidiäranknüpfung nach Art. 5 Abs. 1 Satz 2 Rom II-VO die Gefahr drohe, dass der Geschädigte den von der Produkthaftungsrichtlinie vorgegebenen Schutz verlieren könnte.

497 *Winkelmann*, S. 222.

498 *v. Hein*, Günstigkeitsprinzip, S. 419.

ob der Geschädigte auf Ebene des materiellen Rechts neben dem Deliktsrecht Ansprüche aus einem Vertrag mit Schutzwirkung zugunsten Dritter hat oder ob man ihn auf Ebene des Kollisionsrechts zwingend an die Schutzerwartungen des Erwerbers bindet.[499] Nach dieser Ansicht soll – wie bei unbeteiligten Dritten – das Recht des Erfolgsorts gelten.

Wandts Kritik ist in ihrer Allgemeinheit nicht berechtigt, da aus den Wertungen des materiellen Rechts Indizien für die Auslegung der Kollisionsnorm gezogen werden können.[500] Im europäischen Kollisionsrecht bildet der Vergleich der mitgliedstaatlichen Rechtsordnungen den relevanten Maßstab für materiellrechtliche Wertungen.[501] Die Rechtsvergleichung auf europäischer Ebene zeigt, dass der Vertrag mit Schutzwirkung zugunsten Dritter in vielen Mitgliedstaaten anerkannt ist, allerdings zum Beispiel nicht im englischen Recht.[502] Daher kann dem Vertrag mit Schutzwirkung zugunsten Dritter zumindest eine indizielle Wirkung dahingehend zukommen, dass Personen aus dem Obhutsbereich des Erwerbers in die Sonderbeziehung zwischen Hersteller und Erwerber miteinbezogen werden können. Innerhalb des Anküpfungssystems des Art. 5 Rom II-VO kommt der Einwand *von Heins* nur zu einem gewissen Maß zum Tragen. Nach Art. 5 Abs. 1 Satz 1 lit. a Rom II-VO wird mangels eines gemeinsamen gewöhnlichen Aufenthalts der Parteien vorrangig das Recht des gewöhnlichen Aufenthalts des Geschädigten angewandt. Erst auf der zweiten Stufe der Anknüpfungsleiter wird das Recht des Erwerbsorts berufen, das dem Erwerber faktisch eine Rechtswahlmöglichkeit eröffnet, die zu Lasten des Geschädigten wirken könnte. *Winkelmanns* Argument, es werde willkürlich zwischen verschiedenen Geschädigten unterschieden, erweist sich als unrichtig, wie sich aus einem Vergleich mit der Interessenlage des unbeteiligten Dritten und der

---

499 *Wandt*, Rn. 873.

500 Vgl. *v. Hein*, Günstigkeitsprinzip, S. 419.

501 So für die Bedeutung der Rechtsvergleichung für die Auslegung europäischen Rechts Riesenhuber-*Schwartze*, § 4 Rn. 26. Sowie zur indiziellen Bedeutung des materiellen Rechts für die Auslegung des IPRs *v. Bar*, JZ 1985, 961, 965; *ders./Mankowski*, IPR I, Rn. 94; *Hamburg Group for Private International Law*, RabelsZ 67 (2003), 1, 15; *v. Hein*, Günstigkeitsprinzip, S. 67 ff.; *v. Hoffmann/Thorn*, IPR, § 11 Rn. 23; *Hohloch*, Deliktsstatut, S. 229 ff.; *Kegel/Schurig*, IPR, S. 131; *Kropholler*, S. 142; *Koziol/Thiede*, ZVglRWiss 106 (2007), 235, 238 ff; MüKoBGB-*v. Hein*, Einl. IPR Rn. 30, 41; *Siehr*, RabelsZ 37 (1973), 466, 478 ff.; *Wandt*, Rn. 540.

502 Europäisches Parlament (Hrsg.), Untersuchung der Privatrechtsordnungen der EU im Hinblick auf Diskriminierungen und die Schaffung eines europäischen Zivilgesetzbuchs, Reihe Rechtsfragen, JURI 103-DE, 10-1999, S. 22; vgl. *Zimmermann*, JZ 1995, 477, 487.

des Produktnutzers ergibt. Während der Dritte zufällig und überraschend von dem fehlerhaften Produkt geschädigt wird, sind Geschädigte aus dem Obhutsbereich des Erwerbers typischerweise den besonderen Gefahren, die mit Produkten einhergehen, ausgesetzt. Der Zweck des Inverkehrbringens gebietet es, alle Geschädigten zu erfassen. Er muss sich in dem hier behandelten Fall auch durchsetzen, weil der Grund für die Sonderbehandlung unbeteiligter Dritter in diesem Fall nicht vorliegt. Personen aus dem Obhutsverhältnis des Erwerbers sind unzweifelhaft seiner Sphäre zuzuordnen, so dass auch eine kollisionsrechtliche Gleichstellung beider angemessen ist.[503] Die gebotene enge Auslegung der Ausweichklausel, die hier einzig zu einer Anwendung des Rechts des Erfolgsorts führen könnte, und die Entscheidung des Verordnungsgebers, nicht zwischen verschiedenen Geschädigten zu differenzieren, stehen einer Begrenzung des Anwendungsbereichs des Inverkehrbringens ebenfalls im Weg.

Die Reihenfolge der Anknüpfungsmerkmale in Art. 5 Abs. 1 Rom II-VO spricht ebenfalls dafür, nahe Familienangehörige des Erwerbers und von diesem abhängige Arbeitnehmer nicht als Dritte anzusehen.[504] Zumindest bei nahen Familienangehörigen des Erwerbers wird der gewöhnliche Aufenthalt häufig mit dem des Erwerbers übereinstimmen, so dass beiden an der Anwendung des Rechts ihres gewöhnlichen Aufenthalts gelegen ist. Wenn auf Geschädigte, die der unmittelbaren sozialen Sphäre des Erwerbers angehören, das Recht des Erfolgsorts angewandt würde, könnten unterschiedliche Rechtsordnungen auf die Ansprüche verschiedener Geschädigter Anwendung finden, die letztlich auf den gleichen Sachverhalt zurückgehen. Wenn im Ausgangsbeispiel der Familienvater und dessen Sohn, die beide ihren gewöhnlichen Aufenthalt in Deutschland haben, durch einen fehlerhaften Rasenmäher im spanischen Ferienhaus gleichzeitig zu Schaden kommen, würde auf den Anspruch des Familienvaters unabhängig von dem Schadensort deutsches Recht Anwendung finden (vorausgesetzt das Produkt wurde dort in Verkehr gebracht), während für den Sohn die Rechtsordnung des Erfolgsorts, d.h. spanisches Recht, (unabhängig von den Orten des Inverkehrbringens) maßgeblich wäre. Die Anwendung unterschiedlicher Rechtsordnung auf einen im Grunde einheitlichen Haftungsfall ist aus Sicht aller Beteiligter nur schwer zu rechtfertigen. Daher ist es geboten, Geschädigte aus dem Obhutsbereich des Erwerbers nicht als Dritte anzusehen; für sie gilt die Anknüpfungsleiter des Art. 5 Abs. 1 Rom II-VO, einschließlich des Inverkehrbringens.

503 Staudinger-*v. Hoffmann*, Art. 40 EGBGB Rn. 98.

504 Vgl. Rauscher-*Unberath/Cziupka/Pabst*, EuZPR/EuIPR, Art. 5 Rom II-VO Rn. 69.

IV. Relevanter Zeitpunkt

Fraglich ist, zu welchem Zeitpunkt das Produkt im betreffenden Staat in den Verkehr gebracht worden sein muss. Auf den relevanten Zeitpunkt kommt es an, wenn das Produkt oder gleichartige Produkte erst nach Schadenseintritt in der fraglichen Jurisdiktion in Verkehr gebracht werden oder wenn das Produkt zu Schäden führt, nachdem der Vertrieb in dem betreffenden Staat beendet wurde.

Nach Ansicht von *Dickinson* lässt das verwendete Tempus Rückschlüsse auf den relevanten Zeitpunkt zu. Die Verwendung des Imperfekts lege eine weite, geschädigtenfreundliche Auslegung nahe.[505] Danach reiche es aus, wenn das Produkt oder gleichartige Produkte entweder zum Zeitpunkt des ersten Schadenseintritts oder zum Zeitpunkt des Erwerbs in dem betreffenden Land in den Verkehr gebracht wurden.[506] *Schmid/Pinkel* gehen noch weiter. Ihrer Ansicht nach ist es ausreichend, dass das Produkt in dem betreffenden Staat zu irgendeinem Zeitpunkt vor Rechtshängigkeit in Verkehr gebracht wurde.[507] Auch bei dieser Auslegung sei den Interessen des Haftenden an der Vorhersehbarkeit des anwendbaren Rechts hinreichend Rechnung getragen.

Die beiden problematischen Konstellationen sollen getrennt beantwortet werden. Zunächst wird der Fall behandelt, dass das Produkt oder gleichartige Produkte erst nach Schadenseintritt in dem betreffenden Land in Verkehr gebracht werden. In Art. 5 Abs. 1 Satz 1 Rom II-VO wird das Inverkehrbringen jeweils in der Vergangenheitsform benutzt, so dass ein Inverkehrbringen nach dem Schadenseintritt vom Wortlaut nicht erfasst ist.[508] Die Schutzbedürftigkeit des Haftenden in dieser Konstellation steht außer Frage. Für ihn kommt der Eintritt des schädigenden Ereignisses vor Inverkehrbringen am Schadensort völlig überraschend. Es muss jedoch geklärt werden, ob er mit Hilfe des Inverkehrbringens oder der Vorhersehbarkeit geschützt werden soll. Die weite Auslegung *Schmid/Pinkels* gründet auf der Annahme, dass die Ratio des Art. 5 Rom II-VO es erfordert, diese Konstellation mit Hilfe der Vorhersehbarkeit zu lösen. Hiergegen bestehen allerdings erhebliche Bedenken. Der Wortlaut der

505 *Dickinson*, Rome II, Rn. 5.25.

506 *Dickinson*, Rome II, Rn. 5.25; so im Ergebnis wohl auch NK-*Lehmann*, Art. 5 Rom II-VO Rn. 90 f.

507 Calliess-*Schmid/Pinkel*, Rome Regulations, Art. 5 Rome II Rn. 37.

508 Vgl. *Dickinson*, Rome II, Rn. 5.25; Calliess-*Schmid/Pinkel*, Rome Regulations, Art. 5 Rome II Rn. 37.

Vorhersehbarkeitsklausel bezieht sich nur auf das Inverkehrbringen in räumlicher Hinsicht.[509] Zwar wäre eine Auslegung des Wortlauts dahingehend, dass die Vorhersehbarkeit auch Probleme des relevanten Zeitpunkts regelt, möglich, allerdings müssten dies systematische oder teleologische Erwägungen erfordern. Der Zweck von Inverkehrbringen und Vorhersehbarkeit unterscheidet sich im Wesentlichen dadurch, dass das Inverkehrbringen objektiv eine hinreichend enge Verbindung zum Haftenden herstellt und die Vorhersehbarkeit die gleiche Funktion in subjektiver Hinsicht erfüllt. Ob das Produkt zum Zeitpunkt des Schadenseintritts im jeweiligen Staat in Verkehr gebracht wurde, ist eine Tatsachenfrage und keine Frage der Erkennbarkeit. Daher sollte die zeitliche Komponente der objektiven Seite, also dem Inverkehrbringen, zugeordnet werden. Ein Blick auf die berechtigten Erwartungen des Geschädigten gebietet keine andere Auslegung. Wenn das Produkt erst nach dem für Art. 5 Abs. 1 Satz 1 lit. a bis c Rom II-VO maßgeblichen Ereignis in dem betreffenden Staat vertrieben wird, können auch auf Seiten des Geschädigten keine berechtigten Erwartungen dahingehend entstehen, dass die jeweilige Rechtsordnung Anwendung findet. In zeitlicher Hinsicht steht das Inverkehrbringen den übrigen Anknüpfungspunkten unverbunden gegenüber. Der Vertrieb des Produkts in der fraglichen Jurisdiktion nach dem Schadenseinstritt ist aus Sicht des Geschädigten ein *windfall gain*, der keine Beachtung verdient. Aus Sicht des Haftenden ist es entscheidend, dass er im Zeitpunkt des Schadenseintritts das anwendbare Recht bestimmen kann. Spätere Änderungen der anwendbaren Rechtsordnung sind ihm nicht zumutbar. Folglich muss ausgehend vom Wortlaut des Art. 5 Rom II-VO und dem Telos des Inverkehrbringens das Produkt vor oder zeitgleich mit dem Schadenseintritt in der fraglichen Jurisdiktion in Verkehr gebracht worden sein.

Fraglich ist, ob das Inverkehrbringen nach dessen Beendigung für spätere Haftungsfälle fortwirkt. Die Verwendung der Vergangenheitsform auf den verschiedenen Stufen der Anknüpfungsleiter bedeutet nicht, dass eine zeitliche Kongruenz im engeren Sinne vorliegen muss. Der Wortlaut des Art. 5 Rom II-VO deutet vielmehr daraufhin, dass das Produkt irgendwann vor dem Schadenseintritt in dem betreffenden Staat vertrieben worden sein kann. Der Zweck des Inverkehrbringens erfordert es nicht, dass das Inverkehrbringen im Fall des beendeten Vertriebs entfällt. Die hinreichend enge Verbindung in objektiver Hinsicht, die über das Inverkehrbringen vermittelt wird, besteht auch nach

509 Vgl. beispielsweise die deutsche Sprachfassung, in dem das Inverkehrbringen „in dem betreffenden Staat" vorhersehbar sein muss oder die englische Sprachfassung, in dem das Inverkehrbringen „in the country" vorhersehbar sein muss.

dem Ende des Angebots fort. Die Produkte sind weiterhin in dem betreffenden Staat präsent und können dort potentiell zu Schäden führen. Folglich erscheint es unangemessen, den Haftenden nur während der aktiven Zeit des Inverkehrbringens nach dieser Rechtsordnung haften zu lassen. Vielmehr bietet sich die Vorhersehbarkeit zur angemessenen Lösung dieser Konstellation an.

Folglich muss das Produkt vor oder zeitgleich mit Schadenseintritt in dem betreffenden Staat in Verkehr gebracht worden sein.

V. Verteilung der Beweislast

Grundsätzliche Einigkeit besteht in der Literatur hinsichtlich der Frage, welche Partei die Beweislast dafür trägt, dass das Produkt in dem betreffenden Staat in Verkehr gebracht wurde. Der Geschädigte ist beweisbelastet für alle relevanten Anknüpfungspunkte nach Art. 5 Abs. 1 Satz 1 lit. a bis c Rom II-VO (inklusive des Inverkehrbringens).[510] Dem ist zuzustimmen, wie ein Vergleich des ersten und zweiten Satzes des Art. 5 Abs. 1 Rom II-VO offenbart. Während die objektiven Voraussetzungen des ersten Satzes positiv formuliert sind, enthält der zweite Satz eine negative Formulierung. Ein Umkehrschluss aus dem Wortlaut des Vorhersehbarkeitseinwands ergibt, dass der Geschädigte den Nachweis des tatsächlichen Inverkehrbringens erbringen muss.[511]

Fraglich ist jedoch, ob der Geschädigte auch die Beweislast hinsichtlich des Inverkehrbringens trägt, wenn der Haftende eine negative Feststellungsklage initiiert. Nach dem allgemeinen Grundsatz der Beweislast, nach welcher der Antragsteller die Tatsachen einer für ihn günstigen Regelung nachweisen muss,[512] könnte dem Haftenden in dieser Konstellation die Beweislast für das (mangelnde) Inverkehrbringen obliegen.[513] Aus systematischer Sicht steht dem jedoch ein erheblicher Einwand entgegen. Indem Art. 22 Abs. 1 Rom II-VO Fragen der Beweislast dem materiellen Recht zuweist, wird deutlich, dass die

---

510 Bamberger/Roth-*Spickhoff*, Art. 5 Rom II-VO Rn. 11; Calliess-*Schmid/Pinkel*, Rome Regulations, Art. 5 Rome II Rn. 38; Huber-*Illmer*, Rome II Regulation, Art. 5 Rn. 45; *ders.*, RabelsZ 73 (2009), 269, 303; Kullmann/Pfister-*Pfister*, Produzentenhaftung, Nr. 4010, S. 20; MüKoBGB-*Junker*, Art. 5 Rom II-VO Rn. 55; *Spickhoff*, FS Kropholler, S. 671, 682; *Symeonides*, Am. J. Comp. L. 56 (2008), 173, 206; vgl. ferner *Dickinson*, Rome II, Rn. 5.24; *Heiss/Loacker*, JBl 2007, 613, 627 f.; *Kadner Graziano*, VersR 2004, 1205, 1209; Palandt-*Thorn*, Art. 5 Rom II-VO Rn. 10.

511 Vgl. *Illmer*, RabelsZ 73 (2009), 269, 303; Palandt-*Thorn*, Art. 5 Rom II-VO Rn. 10.

512 Vgl. Huber-*Illmer*, Rome II Regulation, Art. 5 Rn. 45.

513 So wohl *Dickinson*, Rome II, Rn. 5.28; anders Calliess-*Schmid/Pinkel*, Rome Regulations, Art. 5 Rome II Rn. 38; Huber-*Illmer*, Rome II Regulation, Art. 5 Rn. 45.

prozessuale Konstellation keine Auswirkung auf die Verteilung der Beweislast haben sollte.[514] Die Beweislast ist eine abstrakte gesetzliche Verteilung des Risikos der Nichterweisbarkeit einer Tatsache,[515] die unabhängig von der prozessualen Konstellation ist. Folglich trifft die Beweislast des Inverkehrbringens auch in diesem Fall den Geschädigten.

Schwieriger ist die Konstellation zu beurteilen, in welcher der Geschädigte sich auf eine nachrangige Stufe der Anknüpfungsleiter beruft und deren Voraussetzung nachweist, aber auch die Voraussetzungen einer höheren gegeben sein könnten.[516] Dies wäre der Fall, wenn der Geschädigte die Anwendbarkeit des Erwerbsorts nach Art. 5 Abs. 1 Satz 1 lit. b Rom II-VO geltend macht, ohne auf die Anwendbarkeit der Rechtsordnung seines gewöhnlichen Aufenthalts nach Art. 5 Abs. 1 Satz 1 lit. a Rom II-VO einzugehen. In diesem Fall ist fraglich, ob den Geschädigten die Pflicht trifft, das Inverkehrbringen im Land seines gewöhnlichen Aufenthalts zu entkräften. *Dickinson* lehnt dies ab.[517] Ihm zufolge trägt immer derjenige die Beweislast, der sich auf die jeweilige Stufe der Anknüpfungsleiter beruft.[518] *Illmer* leitet hingegen aus der Systematik des Art. 5 Abs. 1 Rom II-VO für den Geschädigten eine Pflicht ab, die fehlende Anwendbarkeit der vorrangigen Stufe der Anknüpfungsleiter zu beweisen, sobald der Haftende Umstände vorträgt, welche die in Frage stehende Stufe der Anknüpfungsleiter zur Anwendung bringen können.[519] Der Ansicht *Illmers* ist zu folgen, weil Art. 5 Rom II-VO im Gegensatz zum Haager Übereinkommen nicht als Wahlrecht des Geschädigten, sondern als Kaskade ausgestaltet ist. Danach wird die nachrangige Stufe erst berufen, wenn die vorrangige entfällt.[520] Die Wertung des Verordnungsgebers darf nicht über die Verteilung der Beweislast entwertet werden.[521] So gesehen trifft den Geschädigten auch die Beweislast hinsichtlich des mangelnden Inverkehrbringens. Freilich muss der Beweis erst dann angetreten werden, wenn der Haftende Umstände vorträgt, die die Anwendbarkeit der vorrangigen Stufe der Anknüpfungsleiter begründen.[522]

514 Huber-*Illmer*, Rome II Regulation, Art. 5 Rn. 45.

515 So allgemein zur Beweislast MüKoZPO-*Prütting*, § 286 ZPO Rn. 100.

516 Diese Frage aufwerfend *Illmer*, RabelsZ 73 (2009), 269, 303.

517 *Dickinson*, Rome II, Rn. 5.28.

518 *Dickinson*, Rome II, Rn. 5.28.

519 *Illmer*, RabelsZ 73 (2009), 269, 303.

520 Vgl. *Illmer*, RabelsZ 73 (2009), 269, 303.

521 Vgl. *Illmer*, RabelsZ 73 (2009), 269, 303.

522 So bereits *Illmer*, RabelsZ 73 (2009), 269, 303.

VI. Inverkehrbringen des Produkts oder eines gleichartigen Produkts

Gegenstand intensiver Auseinandersetzung in der Literatur ist die Frage, ob das konkret schadensstiftende Produkt oder ein gleichartiges Produkt in dem Staat, dessen Recht nach Art. 5 Abs. 1 Satz 1 lit. a bis c Rom II-VO zur Anwendung gebracht werden soll, in Verkehr gebracht werden muss. Der Streit entzündet sich an dem unterschiedlichen Wortlaut des ersten und zweiten Satzes des Art. 5 Abs. 1 Rom II-VO. Während auf den verschiedenen Stufen der Anknüpfungsleiter jeweils gefordert wird, dass „das Produkt" in Verkehr gebracht wurde, hängt die Geltendmachung des Vorhersehbarkeitseinwands davon ab, ob der Haftende „das Inverkehrbringen *des Produkts oder eines gleichartigen Produkts* in dem Staat, dessen Recht nach den Buchstaben a, b oder c anzuwenden ist, vernünftigerweise nicht voraussehen konnte."[523]

1. Gleichartige Produkte ausreichend

Zunächst ist zu klären, wie der Produktbegriff, der sich auf den verschiedenen Stufen der Anknüpfungsleiter findet, auszulegen ist.

a) *Begrenzung auf das konkret schadensstiftende Produkt*

Nach einer Literaturansicht, die insbesondere *von Hein* vertritt, ist das Inverkehrbringen eines gleichartigen Produkts für die Anwendbarkeit einer Rechtsordnung nicht ausreichend, sondern stets muss das konkret schadensstiftende Produkt im Geltungsbereich der in Frage stehenden Rechtsordnung in Verkehr gebracht werden.[524] Zum einen könne aus der weiter gefassten Vorhersehbarkeitsklausel ein *argumentum e contrario* gezogen werden.[525] Zum anderen spreche nicht nur der Wortlaut von Art. 5 Abs. 1 Satz 1 Rom II-VO von dem Produkt, sondern auch Erwägungsgrund 20 beziehe sich auf das Produkt.[526] Der Annahme eines Redaktionsversehens stehe die Tatsache entgegen, dass innerhalb des Verordnungsgebungsverfahrens auf die Diskrepanz zwischen objektivem und subjektivem Tatbestand mehrmals hingewiesen worden sei und es sich bei Art. 5

---

523 Hervorhebung durch den Verfasser.

524 *Hartley*, ICLQ 57 (2008), 899, 904; *v. Hein*, VersR 2007, 440, 447 f.; *ders.*; ZEuP 2009, 6, 26 f.; *ders.*; IPRax 2010, 330, 338; *Stone*, in: Ahern/Binchy, S. 175, 193; so zumindest auch *de lege ferenda Kozyris*, Am. J. Comp. L. 56 (2008), 471, 488 f.

525 *Hartley*, ICLQ 57 (2008), 899, 904; *v. Hein*, ZEuP 2009, 6, 27.

526 *v. Hein*, ZEuP 2009, 6, 27.

Rom II-VO um eine der zentralen Vorschriften handele, die bis zuletzt Gegenstand intensiver Auseinandersetzungen gewesen sei.[527] Telos und Systematik verböten eine Ausdehnung des objektiven Tatbestands ebenfalls. Das Erfordernis der objektiv engsten Verbindung sei nur dann erfüllt, wenn das konkret schadensstiftende Produkt in dem fraglichen Staat in den Verkehr gebracht wurde; am Streitgegenstand völlig unbeteiligte Produkte könnten diese Bedingung nicht erfüllen.[528] In Anbetracht des weltweiten Vertriebs identischer Produkte würde eine weite Auslegung des Produktbegriffs die räumlich eingrenzende Wirkung des Inverkehrbringens entfallen lassen, so dass das Risiko des Haftenden signifikant ausgeweitet würde.[529] Der Verbraucherschutz, wie er in Erwägungsgrund 20 zum Ausdruck komme, könne eine Besserstellung des Geschädigten in Form einer extensiven Anwendung des Rechts des gewöhnlichen Aufenthalts des Geschädigten nicht rechtfertigen, da Art. 5 Rom II-VO auch für gewerbliche Abnehmer gelte.[530]

Der Gleichlauf von Haftungsniveau und Preis spreche ebenfalls für eine enge Auslegung des Produktbegriffs.[531] Soweit es auf das individuell schadensstiftende Produkt ankäme, würde die Bedeutung des Erwerbsorts gestärkt, da am Erwerbsort Vertrieb und Erwerb des konkreten Produkts typischerweise zusammenfallen würden.[532] So könnten die Haftungskosten im Produktpreis repräsentiert werden.[533] Nach Ansicht *von Heins* verdient diese inhaltliche Erwägung den Vorzug „gegenüber der bloßen Buchstabenreihung der einzelnen Sprossen der Anknüpfungsleiter."[534] Im Übrigen würde die Wettbewerbsgleichheit als Regelungsziel bei einer weiten Auslegung gestört, weil Produkte in diesem Fall nicht mehr an die Anforderungen der jeweiligen nationalen Märkte angepasst werden könnten.[535]

---

527 Siehe zum Vorhergehenden *v. Hein*, ZEuP 2009, 6, 26 f.

528 *v. Hein*, ZEuP 2009, 6, 27.

529 *v. Hein*, VersR 2007, 440, 447; *ders.*, ZEuP 2009, 6, 27; MüKoBGB-*Junker*, Art. 5 Rom II-VO Rn. 36.

530 *v. Hein*, VersR 2007, 440, 447; *ders.*, IPRax 2010, 330, 339.

531 *v. Hein*, VersR 2007, 440, 447; *ders.*, ZEuP 2009, 6, 28.

532 *v. Hein*, VersR 2007, 440, 447; *ders.*, ZEuP 2009, 6, 28; so auch *Huber/Illmer*, YbPIL 9 (2007), 31, 42, die diese ökonomisch vorzugswürdige Lösung aber aus systematischen Gründen ablehnen.

533 *v. Hein*, VersR 2007, 440, 447; *ders.*, ZEuP 2009, 6, 28; so auch *Huber/Illmer*, YbPIL 9 (2007), 31, 42.

534 *v. Hein*, ZEuP 2009, 6, 28.

535 *v. Hein*, ZEuP 2009, 6, 27; *ders.*, IPRax 2010, 330, 338; *Kozyris*, Am. J. Comp. L. 56 (2008),

Auch die Prozessökonomie stütze die Forderung nach einer engen Auslegung des Produktbegriffs.[536] Wenn der Vertrieb eines gleichartigen Produkts einen Gerichtsstand am jeweiligen Ort begründe, werde faktisch ein Gerichtsstand kraft „*doing business*" geschaffen, der dem europäischen Internationalen Zivilprozessrecht unbekannt sei.[537] Die *Shevill*[538]-Rechtsprechung des EuGH belege das Bedürfnis nach einer engen Auslegung des Produktbegriffs. Da der in einem Staat eingetretene Schaden nur dann zuständigkeitsbegründend wirke, wenn eine kausale Beziehung mit dem Vertrieb des Presseerzeugnisses bestehe, müsse auch das konkret fehlerhafte Produkt kausal mit dem Schaden des Verletzten verknüpft sein.[539]

b) *Erfassung von gleichartigen Produkten*

Die ganz überwiegende Ansicht in der Literatur lässt hingegen auch das Inverkehrbringen eines gleichartigen Produkts genügen.[540] Der vom europäischen Verordnungsgeber angestrebte Ausgleich betroffener Interessen werde nur bei einer weiten Auslegung verwirklicht.[541] Es könne nicht auf das individuelle Produkt ankommen, da hiermit die Anknüpfungsleiter faktisch auf den Erwerbsort reduziert werde, was der Systematik des Art. 5 Abs. 1 Rom II-VO widerspräche.[542] Art. 5 Abs. 1 Satz 2 Rom II-VO offenbare hingegen die eigentliche Intention des

536 *v. Hein*, ZEuP 2009, 6, 27.

537 *v. Hein*, ZEuP 2009, 6, 27.

538 EuGH vom 7.3.1995, Rs. C-68/93 – *Shevill*, Slg. 1995, I-415, Rn. 33.

539 *v. Hein*, IPRax 2010, 330, 339.

540 Bamberger/Roth-*Spickhoff*, Art. 5 Rom II-VO Rn. 8; Erman-*Hohloch*, Art. 5 Rom II-VO Rn. 10; Foerste/Graf von Westphalen-*Wilde*, § 100 Rn. 12; *Garcimartín Alférez*, EuLF 2007, I-77, I-85; *Hay*, EuLF 2007, I-137, I-145; *Huber/Illmer*, YbPIL 9 (2007), 31, 42 f.; Huber-*Illmer*, Rome II Regulation, Art. 5 Rn. 35; *Illmer*, RabelsZ 73 (2009), 269, 292 f.; *Junker*, RIW 2010, 257, 266; jurisPK-*Lund*, Art. 5 Rom II-VO Rn. 20; *Kadner Graziano*, Rev. crit. dr. int. priv. 97 (2008), 446, 481; MüKoBGB-*Junker*, Art. 5 Rom II-VO Rn. 27; NK-*Lehmann*, Art. 5 Rom II-VO Rn. 83; Palandt-*Thorn*, Art. 5 Rom II-VO Rn. 11; *Plender/Wilderspin*, European Private International Law, Rn. 19-086; PWW-*Schaub*, Art. 5 Rom II-VO Rn. 6; Rauscher-*Unberath/Cziupka/Pabst*, EuZPR/EuIPR, Art. 5 Rom II-VO Rn. 88; *Rodiek*, S. 49; *Rudolf*, WBL 2009, 525, 530; *Sammeck*, S. 33; *Spickhoff*, FS Kropholler, S. 671, 685; *G. Wagner*, IPRax 2008, 1, 7.

541 *Plender/Wilderspin*, European Private International Law, Rn. 19-082, 19-084.

542 *Huber/Illmer*, YbPIL 9 (2007), 31, 42; *Illmer*, RabelsZ 73 (2009), 269, 292 f.; jurisPK-*Lund*, Art. 5 Rom II-VO Rn. 20; *Plender/Wilderspin*, European Private International Law, Rn. 19-080; Rauscher-*Unberath/Cziupka/Pabst*, EuZPR/EuIPR, Art. 5 Rom II-VO Rn. 85; *Rudolf*, WBL 2009, 525, 530.

Verordnungsgebers, auch gleichartige Produkte auf den verschiedenen Stufen der Anknüpfungsleiter genügen zu lassen.[543] Der Einwand mangelnder Vorhersehbarkeit beziehe sich nicht auf gleichartige Produkte, wenn solche Produkte die Anknüpfungsleiter ohnehin nicht zur Anwendung bringen könnten.[544] Im Übrigen werde die Vorhersehbarkeitsklausel im Fall der Begrenzung auf das Produkt, das den Schaden verursacht hat, ihres Anwendungsbereichs beraubt.[545]

Das Bedürfnis nach einer differenzierenden Preispolitik wird unter Hinweis darauf zurückgewiesen, dass dies ein Anliegen *de lege ferenda* und ohnehin zweifelhaft sei, ob eine differenzierende Preispolitik wirklich durchsetzbar wäre.[546] Regelmäßig werde der Hersteller eher die Sicherheitsmerkmale als den Preis den nationalen Gegebenheiten anpassen. Ferner sei sein Einfluss auf die Preispolitik begrenzt, da er regelmäßig nicht derjenige sei, der die Produkte auf den jeweiligen Märkten in Verkehr bringt.[547]

Aus Sicht der Prozessökonomie wird im Wege einer weiten Auslegung die Stärkung der Anknüpfung an den gewöhnlichen Aufenthalt des Geschädigten befürwortet.[548] Da der gewöhnliche Aufenthalt des Geschädigten regelmäßig mit dem Erfolgsort zusammenfalle, komme es in Hinblick auf Art. 5 Nr. 3 Brüssel I-VO – nunmehr Art. 7 Nr. 2 Brüssel Ia-VO – zu dem gewünschten Gleichlauf von anwendbarem Recht und Zuständigkeit.[549]

c) *Identische Produkte*

Eine vermittelnde Ansicht möchte zwischen dem schadensstiftenden Produkt, einem identischen Produkt und einem gleichartigen Produkt unterscheiden.[550] Während das Inverkehrbringen des schadensstiftenden Produkts oder eines identischen Produkts als ausreichend angesehen wird, um eine Rechtsordnung zur Anwendung zu bringen, soll ein gleichartiges Produkt nicht ausreichen.[551]

543 MüKoBGB-*Junker*, Art. 5 Rom II-VO Rn. 27; *G. Wagner*, IPRax 2008, 1, 7.

544 *Plender/Wilderspin*, European Private International Law, Rn. 19-077.

545 *Plender/Wilderspin*, European Private International Law, Rn. 19-077, vgl. auch Huber-*Illmer*, Rome II Regulation, Art. 5 Rn. 33.

546 Huber-*Illmer*, Rome II Regulation, Art. 5 Rn. 35; so auch zur reinen Beachtlichkeit *de lege ferenda Huber/Illmer*, YbPIL 9 (2007), 31, 42.

547 Huber-*Illmer*, Rome II Regulation, Art. 5 Rn. 35.

548 Rauscher-*Unberath/Cziupka/Pabst*, EuZPR/EuIPR, Art. 5 Rom II-VO Rn. 86.

549 Rauscher-*Unberath/Cziupka/Pabst*, EuZPR/EuIPR, Art. 5 Rom II-VO Rn. 86; vgl. auch *G. Wagner*, IPRax 2008, 1, 7.

550 *Dickinson*, Rome II, Rn. 5.21; ihm folgend Calliess-*Schmid/Pinkel*, Rome Regulations, Art. 5 Rome II Rn. 35.

551 *Dickinson*, Rome II, Rn. 5.21.

Auch diese Ansicht stützt sich auf den unterschiedlichen Wortlaut in Art. 5 Abs. 1 Satz 1 und 2 Rom II-VO und folgert daraus, dass der Begriff des Produkts in Satz 1 enger sein müsse als derjenige des gleichartigen Produkts in Satz 2.[552] Um die Kaskadenanknüpfung dennoch nicht leerlaufen zu lassen, sei es hinreichend, dass ein identisches Produkt im betreffenden Land in Verkehr gebracht werde.[553]

d) *Stellungnahme*

Fraglich ist, welche Ansicht vorzugswürdig ist. Der Wortlaut des Art. 5 Abs. 1 Satz 1 Rom II-VO spricht dafür, dass das konkrete Produkt in der fraglichen Rechtsordnung in Verkehr gebracht worden sein muss.[554] Zwar wird in der Literatur zu Recht darauf hingewiesen, dass auch der Produktbegriff ein Gattungsbegriff ist,[555] doch belegt die Differenz zwischen den beiden Sätzen des Art. 5 Abs. 1 Rom II-VO die Relevanz des konkreten Produkts. Während Art. 5 Abs. 1 Satz 1 Rom II-VO nur „das Produkt" erwähnt, enthält der zweite Satz die Formulierung „das Produkt oder ein gleichartiges Produkt". Folglich kann der Begriff „das Produkt" in Satz 1 nur schwerlich auch „gleichartige Produkte" umfassen, denn sonst hätte es der expliziten Erwähnung in Satz 2 nicht bedurft.[556]

Gegen die Annahme, auch ein gleichartiges Produkt müsse im Rahmen des Art. 5 Abs. 1 Satz 1 Rom II-VO genügen, lässt sich ferner einwenden, dass im Rahmen des Verordnungsgebungsverfahren mehrmals auf die Differenz zwischen Satz 1 und 2 des Art. 5 Abs. 1 Rom II-VO hingewiesen wurde, die Vorschrift jedoch nie geändert wurde.[557] Jedoch ging der europäische Verordnungsgeber offensichtlich von einer weiten Auslegung aus.[558] Im ersten Kommissionsentwurf

552 Calliess-*Schmid/Pinkel*, Rome Regulations, Art. 5 Rome II Rn. 35; *Dickinson*, Rome II, Rn. 5.21.

553 Calliess-*Schmid/Pinkel*, Rome Regulations, Art. 5 Rome II Rn. 35.

554 Anders Rauscher-*Unberath/Cziupka/Pabst*, EuZPR/EuIPR, Art. 5 Rom II-VO Rn. 83, die davon ausgehen, dass der Wortlaut keinen Schluss auf die gebotene Auslegung zulasse.

555 NK-*Lehmann*, Art. 5 Rom II-VO Rn. 79; Rauscher-*Unberath/Cziupka/Pabst*, EuZPR/EuIPR, Art. 5 Rom II-VO Rn. 83.

556 *Hartley*, ICLQ 57 (2008), 898, 904; so zur Wortlautauslegung auch jurisPK-*Lund*, Art. 5 Rom II-VO Rn. 20; Rauscher-*Unberath/Cziupka/Pabst*, EuZPR/EuIPR, Art. 5 Rom II-VO Rn. 87.

557 *v. Hein*, VersR 2007, 440, 447; *Stone*, EuLF 2004, 213, 225 f.

558 So bereits Rauscher-*Unberath/Cziupka/Pabst*, EuZPR/EuIPR, Art. 5 Rom II-VO Rn. 84; *Plender/Wilderspin*, European Private International Law, Rn. 19-078 f.

wies die Kommission ausdrücklich darauf hin, dass das konkrete Produkt nicht im Heimatstaat des Geschädigten in Verkehr gebracht worden sein muss, um dieses Recht zur Anwendung zu bringen.[559] Auf diesem Weg soll der Konsument in die Lage versetzt werden, auch Angebote im Ausland wahrnehmen zu können. Im weiteren Verordnungsgebungsverfahren findet sich kein Hinweis, dass der Verordnungsgeber von dieser Wertung abgerückt ist.[560] Als Argument für eine weite Auslegung des Produktbegriff kann ferner die Tatsache herangezogen werden, dass im Verordnungsgebungsverfahren eine Vermutung dahingehend diskutiert wurde, dass das Produkt in der ganzen EU als in Verkehr gebracht gilt, wenn es auch nur in einem Mitgliedstaat in den Verkehr gebracht wurde. Auch wenn sich dieser Vorschlag letztlich nicht durchgesetzt hat, verdeutlicht er, dass der Verordnungsgeber nie das Inverkehrbringen des konkreten Produkts meinte, sondern den Produktbegriff immer in einem weiten Kontext verstand.[561]

Die drohende Entwertung der Kaskadenanknüpfung steht der engen Auslegung des Produktbegriffs entscheidend entgegen.[562] Wie in der Literatur richtig bemerkt wurde, hätte die enge Auslegung den Effekt, dass in der Regel an den Erwerbsort angeknüpft und dem gewöhnlichen Aufenthalt des Geschädigten die Anknüpfungsrelevanz entzogen würde.[563] Denn das konkret schadensstiftende Produkt wird nur in sehr seltenen Fällen an einem anderen Ort als dem Erwerbsort in Verkehr gebracht.

---

559 Kommissionsentwurf vom 22.7.2003, KOM (2003) 427 endgültig, S. 16: „Wenn der Geschädigte das Produkt in einem anderen Staat als dem seines gewöhnlichen Aufenthalts erwirbt, z.B. auf einer Reise, sind zwei Fälle zu unterscheiden: im ersten Fall hat er – etwa um ein Angebot zu nuten – im Ausland ein Produkt entstanden, das auch in seinem Aufenthaltsstaat vertrieben wird. In diesem Fall musste der Hersteller bereits damit rechnen, dass seine Tätigkeit nach Maßgabe der in diesem Staat geltenden Normen bewertet wird, und Artikel 4 bezeichnet das Recht dieses Staates, dessen Anwendung für beide Parteien vorhersehbar war."

560 NK-*Lehmann*, Art. 5 Rom II-VO Rn. 81; Rauscher-*Unberath/Cziupka/Pabst*, EuZPR/EuIPR, Art. 5 Rom II-VO Rn. 84.

561 *Plender/Wilderspin*, European Private International Law, Rn. 19-083.

562 *Huber/Illmer*, YbPIL 9 (2007), 31, 42; Huber-*Illmer*, Rome II Regulation, Art. 5 Rn. 32; *Illmer*, RabelsZ 73 (2009), 269, 292 f.; jurisPK-*Lund*, Art. 5 Rom II-VO Rn. 20; *Plender/Wilderspin*, European Private International Law, Rn. 19-080; Rauscher-*Unberath/Cziupka/Pabst*, EuZPR/EuIPR, Art. 5 Rom II-VO Rn. 85; *Rudolf*, WBL 2009, 525, 530.

563 *Huber/Illmer*, YbPIL 9 (2007), 31, 42; Huber-*Illmer*, Rome II Regulation, Art. 5 Rn. 32; *Illmer*, RabelsZ 73 (2009), 269, 292 f. jurisPK-*Lund*, Art. 5 Rom II-VO Rn. 20; *Plender/Wilderspin*, European Private International Law, Rn. 19-080; Rauscher-*Unberath/Cziupka/Pabst*, EuZPR/EuIPR, Art. 5 Rom II-VO Rn. 85; *Rudolf*, WBL 2009, 525, 530.

Dieser Einwand wird durch die systematische Verbindung von Vorhersehbarkeit und Inverkehrbringen weiter gestützt. Wenn es auf der Ebene des Inverkehrbringens auf das konkrete Produkt ankäme, könnte der Einwand, das Inverkehrbringen eines gleichartigen Produkts sei nicht vorhersehbar gewesen, fast nie vorgebracht werden.[564] Letztlich ginge es immer um die Frage, ob das Inverkehrbringen des konkreten Produkts vorhersehbar gewesen ist. Die Wertung, Inverkehrbringen und Vorhersehbarkeit als einander flankierende Verteidigungsmechanismen zu sehen, würde bei einer engen Auslegung des Produktbegriffs durchkreuzt.

Mit dem Zweck des Art. 5 Rom II-VO ist eine enge Auslegung ebenfalls unvereinbar. Durch die Stärkung des Erwerbsorts wird zwar die ökonomisch sinnvolle Beziehung zwischen Haftungskosten und Preis auf Ebene des Kollisionsrechts hergestellt und die Wettbewerbsgleichheit gefördert,[565] die Wertung des Verordnungsgebers hingegen verkannt. Der europäische Verordnungsgeber wollte mit der Regelung der Produkthaftung in Art. 5 Rom II-VO die Interessen von Haftendem und Geschädigtem in einen angemessenen Ausgleich bringen. Die Interessen des Geschädigten werden vorrangig durch die Anknüpfung an den gewöhnlichen Aufenthalt geschützt, so dass eine faktische Entwertung dieses Anknüpfungspunkts, die bei einer engen Auslegung unweigerliche Folge wäre, nicht hinzunehmen ist. Abweichende rechtspolitische Wertungen sind nur *de lege ferenda* zu beachten[566] und können die Vorgaben des Verordnungsgebers nicht überwinden. Primär ist nicht ökonomische Effizienz, sondern der Ausgleich betroffener Interessen das erklärte Ziel des Verordnungsgebers.[567] Die Auslegung des Produktbegriffs in Art. 5 Abs. 1 Satz 1 Rom II-VO darf nicht dazu benutzt werden, die vorgegebene Reihenfolge der Anknüpfungspunkte zu ändern.[568]

Nach dem hier vertretenen Ansatz gewährleistet das Inverkehrbringen die hinreichend enge Verbindung zum Haftenden in objektiver Weise und die Vorhersehbarkeit selbiges in subjektiver Weise. Es ist nicht ersichtlich, warum die hinreichend enge Verbindung objektiv enger gefasst sein sollte als subjektiv oder warum das Inverkehrbringen ein höheres Maß an Schutz bieten sollte

564 Huber-*Illmer*, Rome II Regulation, Art. 5 Rn. 33.

565 NK-*Lehmann*, Art. 5 Rom II-VO Rn. 11; Rauscher-*Unberath/Cziupka/Pabst*, EuZPR/EuIPR, Art. 5 Rom II-VO Rn. 86.

566 Huber-*Illmer*, Rome II Regulation, Art. 5 Rn. 35.

567 NK-*Lehmann*, Art. 5 Rom II-VO Rn. 15; vgl. auch Palandt-*Thorn*, Art. 5 Rom II-VO Rn. 5.

568 Vgl. *Plender/Wilderspin*, European Private International Law, Rn. 19-081, 19-084.

als die Vorhersehbarkeit.[569] Auch wenn nur gleichartige Produkte in der an sich berufenen Rechtsordnung in Verkehr gebracht werden, kann der Haftende die anwendbare Rechtsordnung erkennen, so dass auch in diesem Fall eine hinreichend enge Verbindung zu seiner Person besteht. Die Ersatzpflicht des Haftenden hängt von der Erkennbarkeit[570] der anwendbaren Rechtsordnung und nicht von einer kausalen Beziehung zwischen Produkt und Schaden ab. Dem Einwand, das „Inverkehrbringen des Produkts" würde bei einer weiten Auslegung einen wesentlichen Teil der räumlich begrenzenden Funktion verlieren, kann im Rahmen der Gleichartigkeit Rechnung getragen werden.[571] Die Verhaltenssteuerung, die unter anderem durch das Inverkehrbringen abgesichert wird, hängt nicht davon ab, dass das konkrete Produkt im jeweiligen Staat in Verkehr gebracht wird.[572] Auch beim Inverkehrbringen gleichartiger Produkte kann der Hersteller die anwendbare Rechtsordnung erkennen und auf die Verhaltensgebote der jeweils anwendbaren Rechtsordnung reagieren, indem er Einfluss auf die Gleichartigkeit nimmt. Die Möglichkeit, Produkte jenseits der Gleichartigkeit zu diversifizieren, ist Art. 5 Rom II-VO unbekannt. Im Übrigen kommt es – nach der hier vertretenen Ansicht[573] – im Rahmen des Art. 17 Rom II-VO auf das Inverkehrbringen des *konkreten* Produkts an. Die Schutzbedürftigkeit des Haftenden erfordert es gerade nicht, bereits das Inverkehrbringen eng auszulegen.

Einwände gegen die weite Auslegung aus Sicht des europäischen IZVR haben im Rahmen des Art. 5 Rom II-VO keine Berechtigung. Wie bereits oben ausgeführt wurde,[574] unterscheiden sich Art. 5 Nr. 3 Brüssel I-VO bzw. Art. 7 Nr. 2 Brüssel Ia-VO und Art. 5 Rom II-VO in methodischer Hinsicht.[575] Während der besondere Gerichtsstand der unerlaubten Handlung das Ubiquitätsprinzip festschreibt, geht die Kollisionsnorm der Produkthaftung von einer

569 Siehe zu der fehlenden Hinnehmbarkeit eines unterschiedlichen Schutzniveaus Huber-*Illmer*, Rome II Regulation, Art. 5 Rn. 33.

570 Siehe insbesondere *Kozyris*, Am. J. Comp. L. 56 (2008), 471, 488 f., der davon ausgeht, dass die Konzeption des europäischen Gesetzgebers eine Antwort darauf sei, dass der Hersteller, der seine Produkte in verschiedenen Staaten verkaufe, deren Rechtsordnung er kenne und all diesen er ausgesetzt sei; in diesem Sinne auch *Kadner Graziano*, Rabels 73 (2009), 1, 41.

571 MüKoBGB-*Junker*, Art. 5 Rom II-VO Rn. 27.

572 Vgl. auch *G. Wagner*, IPRax 2006, 372, 382.

573 Siehe unten unter E.I.2.

574 Siehe oben unter C.II.2.b)cc)(4).

575 Siehe insofern sogar *v. Hein*, IPRax 2010, 330, 335 f.

Kaskadenanküpfung aus. Daneben rekurriert der EuGH nur auf den Herstellungsort als Handlungsort im Rahmen des Art. 5 Nr. 3 Brüssel I-VO (jetzt Art. 7 Nr. 2 Brüssel Ia-VO).[576] Die Gefahr der Begründung eines systemfremden Gerichtsstands kraft „*doing business*“[577] stellt sich damit unmittelbar nicht. Auch die *Shevill*-Rechtsprechung des EuGH gibt die Auslegung des Produktbegriffs nicht vor. Sie gilt für Handlungen aufgrund der Verbreitung von Presseartikeln (insbes. Persönlichkeitsrechtsverletzungen)[578] und eben nicht für die Produkthaftung. Im Übrigen begrenzt die *Shevill*-Rechtsprechung die Kognitionsbefugnis des Gerichts am Erfolgsort.[579] Die notwendige kausale Beziehung, die nach *von Hein* die Begrenzung auf das konkret schadensstiftende Produkt erfordert, muss nach Ansicht des EuGH nur in Bezug auf den Erfolgsort bestehen. Innerhalb des Anknüpfungssystems des Art. 5 Rom II-VO ist der Ort des Inverkehrbringens hingegen als Handlungsort einzustufen. Näher liegt es, dass die Prozessökonomie durch eine weite Auslegung des Produktbegriffs gefördert wird, da die Relevanz des gewöhnlichen Aufenthalts des Geschädigten auf diesem Weg gestärkt wird. Im Regelfall der Produkthaftung werden Geschädigte am Ort ihres gewöhnlichen Aufenthalts geschädigt, so dass Erfolgsort und gewöhnlicher Aufenthalt zusammenfallen. In Hinblick auf Art. 5 Nr. 3 Brüssel I-VO bzw. Art. 7 Nr. 2 Brüssel Ia-VO kommt es daher regelmäßig zu dem gewünschten Gleichlauf von anwendbarem Recht und Zuständigkeit.[580]

Die vermittelnde Ansicht, die das Inverkehrbringen identischer Produkte genügen lässt, vermag ebenfalls nicht zu überzeugen. In Art. 5 Rom II-VO ist von identischen Produkten nicht die Rede. Folglich kann die Ansicht im Wortlaut nicht verankert werden. Wie die enge Auslegung übersieht sie die teleologischen Argumente, die dafür sprechen, gleichartige Produkte miteinzubeziehen. Daneben belastet sie die Anknüpfung der Produkthaftung mit weiteren Auslegungsschwierigkeiten. Nach dieser Ansicht müssten nicht nur „das Produkt“ und ein „gleichartiges Produkt“ von einander abgegrenzt werden, dazu müsste

---

576 EuGH vom 16.7.2009, Rs. C-189/08 – *Zuid-Chemie*, Slg 2009, I-6917, Rn. 13, 25 = IPRax 2010, 358.

577 *v. Hein*, ZEuP 2009, 6, 27.

578 EuGH vom 7.3.1995, Rs. C-68/93 – *Shevill*, Slg. 1995, I-415, Rn. 33; *Heiderhoff*, EuZW 2007, 428, 431.

579 EuGH vom 7.3.1995, Rs. C-68/93 – *Shevill*, Slg. 1995, I-415, Rn. 33; Rauscher-*Leible*, EuZPR/EuIPR, Art. 7 Brüssel Ia-VO Rn. 129.

580 Rauscher-*Unberath/Cziupka/Pabst*, EuZPR/EuIPR, Art. 5 Rom II-VO Rn. 86; vgl. auch *G. Wagner*, IPRax 2008, 1, 7.

noch der Gehalt des „identischen Produkts“ bestimmt werden.[581] Um dem Gebot der Rechtssicherheit nachzukommen,[582] sollte von der Etablierung einer dritten Produktkategorie abgesehen werden.

Das Verordnungsgebungsverfahren, die Systematik und das Telos des Art. 5 Rom II-VO sprechen eindeutig für eine weite Auslegung des Produktbegriffs und können Bedenken hinsichtlich des Wortlauts sowie das rechtspolitische Streben nach einer Stärkung des Marktorts überwinden.[583] Es reicht folglich aus, wenn ein gleichartiges Produkt in dem betreffenden Staat in Verkehr gebracht wird.

2. Bestimmung des gleichartigen Produkts

Zu klären bleibt, wann ein gleichartiges Produkt vorliegt. Die Meinungsvielfalt zu dieser Frage ist groß.

a) *Anlehnung an Art. 16 Produkthaftungsrichtlinie*

In Betracht kommt zunächst, den Begriff des gleichartigen Produkts in Anlehnung an die Produkthaftungsrichtlinie auszulegen. Nach Art. 16 Produkthaftungsrichtlinie können die Mitgliedstaaten vorsehen, dass „die Gesamthaftung des Herstellers für die Schäden infolge von Tod oder Körperverletzungen, die durch gleiche Artikel mit demselben Fehler verursacht wurden, auf einen Betrag von nicht weniger als 70 Millionen ECU begrenzt wird.“ Bisher liegt noch keine Rechtsprechung des EuGH dazu vor, wann ein gleicher Artikel im Sinne der Richtlinie vorliegt. *Taschner/Frietsch* gehen hinsichtlich der Produkthaftungsrichtlinie davon aus, dass die Einteilung von Produkten anhand der Konzeption des Herstellers, die er seinen Produktserien gegeben hat, erfolgen muss, was freilich eine Beurteilung im Einzelfall erfordert.[584] Zu § 10 Produkthaftungsgesetz, der Art. 16 Produkthaftungsrichtlinie ins deutsche Recht umsetzt, wird vertreten, dass die Produkte eine im Wesentlichen einheitliche Konstruktion und

---

581 Diese Schwierigkeiten räumt bereits *Dickinson*, Rome II, Rn. 5.21, der Vertreter dieser Ansicht, ein: „[d]ifficult questions remain (…) as to whether two products may be considered to be ‚identical‘ if there are minor differences between them, for example in markings or packaging.“ Hinsichtlich des vorgebrachten Arguments siehe bereits *Plender/Wilderspin*, European Private International Law, Rn. 19-085.

582 Vgl. Erwägungsgrund 14 und 31 der Rom II-Verordnung.

583 So auch schon Rauscher-*Unberath/Cziupka/Pabst*, EuZPR/EuIPR, Art. 5 Rom II-VO Rn. 90.

584 *Taschner/Frietsch*, Art. 16 Richtl. Rn. 4; so auch zu § 10 ProdHaftG Palandt-*Sprau*, § 10 ProdHaftG Rn. 3.

Fertigung aufweisen müssen.[585] Nach Ansicht von *Oechsler* müssen die Produkte zusätzlich die gleiche Nachfragegruppe ansprechen.[586]

b) *Identität der Produkte*

Die wohl engste Ansicht zu dieser Frage vertreten *Leible/Lehmann*, die nur ein identisches Produkt als gleichartig ansehen.[587] An die Identität des Produkts dürften jedoch nicht zu strenge Anforderungen gestellt werden.[588] Danach lasse ein anderer Name oder eine unterschiedliche Verpackung die Gleichartigkeit des Produkts nicht entfallen.[589] In die gleiche Richtung geht die Ansicht, wonach die verwendete Marke identisch sein muss.[590]

c) *„Substantial Identity"-Test*

Dickinson befürwortet einen *„substantial identity"*-Test zur Bestimmung der Gleichartigkeit.[591] Danach seien zwei Produkte gleichartig, wenn zwischen ihnen wesentliche (nicht absolute) Identität hinsichtlich (1) des Produktionsprozesses, (2) des Zwecks, (3) des Preises, (4) des Zielmarkts und (5) der in der Produktion verwendeten Technologie bestehe.[592]

d) *Zuordnung zu einer Produktgattung*

Hohloch und *Spickhoff* definieren die Gleichartigkeit des Produkts anhand der Produktgattung.[593] Nach Ansicht *Hohlochs* müssen Entwicklung, Konstruktion und Ausstattung übereinstimmen, damit ein gleichartiges Produkt vorliegt.[594]

---

585 MüKoBGB-*G. Wagner*, § 10 ProdHaftG Rn. 4; Staudinger-*Oechsler*, § 10 ProdHaftG Rn. 7; vgl. auch Soergel-*Krause*, § 10 ProdHaftG Rn. 2, wonach Produkte demselben Grundtyp angehören müssten.

586 Staudinger-*Oechsler*, § 10 ProdHaftG Rn. 7.

587 *Leible/Lehmann*, RIW 2007, 721, 728; in diesem Sinne wohl auch *Hartley*, ICLQ 57 (2008), 899, 904.

588 *Leible/Lehmann*, RIW 2007, 721, 728.

589 *Leible/Lehmann*, RIW 2007, 721, 728.

590 NK-*Lehmann*, Art. 5 Rom II-VO Rn. 85.

591 *Dickinson*, Rome II, Rn. 5.35; ihm folgend *Plender/Wilderspin*, European Private International Law, Rn. 19-085 f.

592 *Dickinson*, Rome II, Rn. 5.35; ihm folgend *Plender/Wilderspin*, European Private International Law, Rn. 19-085 f.

593 Erman-*Hohloch*, Art. 5 Rom II-VO Rn. 10; *Spickhoff*, FS Kropholler, S. 671, 685.

594 Erman-*Hohloch*, Art. 5 Rom II-VO Rn. 10.

Dies sei insbesondere bei Serienartikeln der Fall.[595] Fabrikationsfehler, die einen „Ausreißer" darstellen, stünden der Annahme, ein gleichartiges Produkt läge vor, nicht entgegen. *Spickhoff* sieht hingegen die Sicherheitsmerkmale des Produkts als maßgebliches Kriterium zur Bestimmung der Produktgattung an.[596]

e) *Sicherheitsausstattung*

Die überwiegende Ansicht in der Literatur rekurriert im Rahmen der Gleichartigkeit auf die Sicherheitsausstattung des Produkts.[597] Die Relevanz der Sicherheitsausstattung ergebe sich aus dem Normzweck des Art. 5 Abs. 1 Rom II-VO.[598] Die Norm schütze auf Seiten des Haftenden das Interesse an der Berechenbarkeit der anwendbaren Rechtsordnung.[599] Bei einer Bezugnahme auf die Sicherheitsausstattung könne der Hersteller seine Schadensvermeidungsaktivitäten auf die anwendbare Rechtsordnung einstellen und so seine Produkte innerhalb einer Produktpalette diversifizieren.[600] Er müsse nur die Sicherheitsmerkmale an das jeweilige Verbreitungsgebiet anpassen, ohne die Produktpalette hinsichtlich anderer Eigenschaften zu verändern.[601] Ferner werde das Haftungsinteresse des Haftenden durch die Produktsicherheit bestimmt.[602] Die Sicherheitsausstattung sei auch für die Erwartungen des Geschädigten an das Produkt maßgeblich.[603] Beachtliche Sicherheitsmerkmale seien alle Produkteigenschaften, die für Schäden durch fehlerhafte Produkte relevant würden, wie etwa das Material, die Konstruktion oder Instruktion.[604] Davon abzugrenzen seien Eigenschaften, die

---

595 Erman-*Hohloch*, Art. 5 Rom II-VO Rn. 10.

596 *Spickhoff*, FS Kropholler, S. 671, 685.

597 Calliess-*Schmid/Pinkel*, Rome Regulations, Art. 5 Rome II Rn. 41; Foerste/Graf von Westphalen-*Wilde*, § 100 Rn. 13; Hk-BGB-*Dörner*, Art. 5 Rom II-VO Rn. 6; *Illmer*, RabelsZ 73 (2009), 269, 293 f.; jurisPK-*Lund*, Art. 5 Rom II-VO Rn. 21; MüKoBGB-*Junker*, Art. 5 Rom II-VO Rn. 28; *Rodiek*, S. 88; Palandt-*Thorn*, Art. 5 Rom II-VO Rn. 11; Rauscher-*Unberath/Cziupka/Pabst*, EuZPR/EuIPR, Art. 5 Rom II-VO Rn. 89; *Rudolf*, WBL 2009, 525, 530; *Sammeck*, S. 33; *G. Wagner*, IPRax 2008, 1, 7; *ders.*, IPRax 2006, 372, 382.

598 *Illmer*, RabelsZ 73 (2009), 269, 293 f.

599 *Illmer*, RabelsZ 73 (2009), 269, 293 f.

600 Huber-*Illmer*, Rome II Regulation, Art. 5 Rn. 34; vgl. auch Rauscher-*Unberath/Cziupka/Pabst*, EuZPR/EuIPR, Art. 5 Rom II-VO Rn. 89.

601 Huber-*Illmer*, Rome II Regulation, Art. 5 Rn. 34.

602 Rauscher-*Unberath/Cziupka/Pabst*, EuZPR/EuIPR, Art. 5 Rom II-VO Rn. 89.

603 Palandt-*Thorn*, Art. 5 Rom II-VO Rn. 11.

604 Huber-*Illmer*, Rome II Regulation, Art. 5 Rn. 34.

keinen Bezug zu der Produktsicherheit aufweisen, z.B. der Name, die Farbe oder das Aussehen.

Umstritten innerhalb der Vertreter dieser Ansicht ist, inwiefern eine Verbindung zwischen der Sicherheitsausstattung und dem eingetretenen Produkthaftungsfall bestehen muss. Nach Ansicht einiger zeichnet sich eine neue Produktgattung durch einen Unterschied in der Sicherheitsausstattung hinsichtlich des konkret schadensverursachenden Produktteils aus.[605] Beispielsweise soll es den Hersteller nicht entlasten, wenn ein Kraftfahrzeug wegen eines mangelhaften Tanks explodiert und er im betreffenden Staat ein neueres Modell gleicher Serie verkauft hat, welches zwar mit der gleichen Tankkonstruktion ausgestattet ist, jedoch über bessere Bremsen verfügt.[606] *Illmer* formuliert seinen Ansatz weniger streng. Es komme zwar nicht auf Kausalität an, der Haftende werde jedoch dann nicht entlastet, wenn keine Verbindung zwischen dem Sicherheitsmerkmal und dem eingetretenen Schaden bestehe.[607] Die Gegenansicht hält eine generalisierende Betrachtung für geboten. Danach könne es nicht darauf ankommen, ob die mangelnde Sicherheitsausstattung für den konkreten Haftungsfall relevant gewesen sei.[608]

f) *Interessenabwägung*

Junker schlägt eine Interessenabwägung zur Bestimmung der Gleichartigkeit vor.[609] Dabei seien die Interessen des Geschädigten nicht *per se* vorrangig gegenüber den Interessen des Herstellers. Relevant im Rahmen der Interessenabwägung seien vor allem die Sicherheitsmerkmale des Produkts. Eine unterschiedliche Sicherheitsausstattung stehe einem gleichartigen Produkt entgegen. Eine unterschiedliche Verpackung oder ein anderer Name könne hingegen bei einem chemisch identischen Produkt nicht zu der Annahme einer anderen Produktgattung führen.[610]

605 Foerste/Graf von Westphalen-*Wilde*, § 100 Rn. 13; jurisPK-*Lund*, Art. 5 Rom II-VO Rn. 21.
606 jurisPK-*Lund*, Art. 5 Rom II-VO Rn. 21.
607 Huber-*Illmer*, Rome II Regulation, Art. 5 Rn. 34, sowie Fn. 80.
608 MüKoBGB-*Junker*, Art. 5 Rom II-VO Rn. 28.
609 MüKoBGB-*Junker*, Art. 5 Rom II-VO Rn. 28.
610 MüKoBGB-*Junker*, Art. 5 Rom II-VO Rn. 28.

g) *Bestimmung anhand des Produktfehlers*

Ferner wird vertreten, die Gleichartigkeit in Abhängigkeit vom Produktfehler zu bestimmen.[611] Im Fall des Konstruktionsfehler beziehe sich der Fehler nur auf einen bestimmten Ausstattungstyp, während bei Modulbauweise alle Modelle einer bestimmten Baureihe miteinbezogen sein könnten.[612] Bei Fabrikationsfehlern könne der Ansatz freilich nicht fruchtbar gemacht werden.[613]

h) *Stellungnahme*

Zu untersuchen ist, welche Anforderungen an die Gleichartigkeit zu stellen sind.

aa) *Produkteigenschaften als relevanter Maßstab*

Die Gleichartigkeit in Anlehnung an Art. 16 Produkthaftungsrichtlinie zu bestimmen, ist aus mehreren Gründen problematisch. Zum einen ist der Wortlaut des Art. 16 Produkthaftungsrichtlinie enger als derjenige des Art. 5 Rom II-VO. Während die Produkte nach der Richtlinie gleich sein müssen, reicht für die Rom II-Verordnung Gleichartigkeit aus.[614] Zum anderen bietet der vorgeschlagene Ansatz, wonach die Konzeption des Herstellers hinsichtlich der Produktserien entscheidend sei, nicht die erforderliche Rechtssicherheit. Schon dessen Befürworter erkennen, dass letztliche eine Entscheidung anhand der Umstände des Einzelfalls erforderlich wäre[615]. Hinsichtlich der Bezugnahme auf Konstruktion, Fertigung und Zielmarkt ergibt sich ein geteiltes Bild. Wie die nachfolgende Analyse zeigt, ist die Konstruktion im Gegensatz zur Fertigung zwar ein beachtlicher Aspekt für die Auslegung der Gleichartigkeit, kann aber nur in der Zusammenschau mit anderen Gesichtspunkten interessengerechte Ergebnisse liefern. Der Zielmarkt ist nur in bestimmten Fällen beachtlich.

Die Ansicht, die eine Identität der Produkte fordert, ist aus mehreren Gründen abzulehnen. Dem Begriff der Gleichartigkeit ist es immanent, dass andere

---

611 *Thorn*, FS Schmidt, S. 1561, 1575.

612 *Thorn*, FS Schmidt, S. 1561, 1575.

613 *Thorn*, FS Schmidt, S. 1561, 1575.

614 Siehe auch andere amtliche Amtssprachen. So bezieht sich die Richtlinie auf „identical items" (englisch), „articles identiques" (französisch), „artículos idénticos" (spanisch) und „articoli identici" (italienisch). Nach dem Wortlaut der Rom II-Verordnung ist hingegen ein „product of the same type" (englisch), „produit du même type" (französisch), „producto del mismo tipo" (spanisch) und „prodotto dello stesso tipo" (italienisch) ausreichend.

615 *Taschner/Frietsch*, Art. 16 Richtl. Rn. 4.

Produkte nur vergleichbar und nicht identisch sein müssen.[616] Die Forderung nach einem identischen Produkt kommt einer Begrenzung auf das konkrete Produkt gleich, die bereits oben abgelehnt wurde. Daneben bietet der Ansatz keinen tauglichen Maßstab zur Bestimmung der Gleichartigkeit. Wenn Unterschiede in Name und Verpackung ein gleichartiges Produkt nicht ausschließen, bleibt offen, wann dies der Fall sein soll.

Auch von der verwendeten Marke darf die Gleichartigkeit nicht abhängen. Eine solche Auslegung würde den Wortlaut der Verordnung nicht hinreichend beachten. Die Verordnung verlangt lediglich die gleiche Art. Die Art kann jedoch auch bei unterschiedlichen Marken gleich sein, weil sie über die Produkteigenschaften bestimmt wird.

Bereits im Vorschlag, die Gleichartigkeit abhängig vom Produktfehler zu bestimmen, ist der Hinweis enthalten, dass der Produktfehler nicht in allen Fällen tragfähige Ergebnisse liefert. Bei Fabrikationsfehlern ist nicht bestimmbar, welche anderen Produkte als gleichartig anzusehen sind, da sich der Produktfehler als Ausreißer nur auf das individuelle Stück bezieht. Da der Ansatz nicht in allen Fällen brauchbar ist, sollte auch er außer Betracht bleiben.

Die Interessenabwägung überzeugt als Maßstab für die Gleichartigkeit ebenfalls nicht. Eine Aussage darüber hinaus, dass die Produkteigenschaften entscheidend sein sollen, kann ihr nämlich nicht entnommen werden. Insbesondere sind keine weitergehenden Vorgaben für die Gewichtung betroffener Interessen enthalten.

Die Bezugnahme auf die Sicherheitsausstattung bringt eine Reihe von Vorteilen mit sich: Im Fall der vorhersehbaren Verbreitung können Hersteller die relevanten Sicherheitsstandards antizipieren und die Konstruktion der Produkte durch Diversifikationen hierauf einstellen.[617] Auf diesem Weg wird die Verhaltenssteuerung – einer der Zwecke der außervertraglichen Haftung – verwirklicht. Es kommt jedoch nicht darauf an, ob die berechtigten Erwartungen des Geschädigten angemessen berücksichtigt werden. Soweit auf die Produktsicherheit abgestellt wird, ist dies zwar ein Nebeneffekt der Auslegung, weil die Produktsicherheit die Wahrscheinlichkeit von Schäden durch das Produkt und damit auch sein Haftungsinteresse bestimmt,[618] doch nicht der Zweck der Gleichartigkeit.

---

616 Vgl. Rauscher-*Unberath/Cziupka/Pabst*, EuZPR/EuIPR, Art. 5 Rom II-VO Rn. 88; in diesem Sinne auch zur Gleichartigkeit in Art. 110 AEUV EuGH vom 27.2.2002, Rs. C302/00 – *Kommission/Frankreich*, Slg. 2002, I3055, Rn. 23.

617 *Rudolf*, WBL 2009, 525, 530.

618 Rauscher-*Unberath/Cziupka/Pabst*, EuZPR/EuIPR, Art. 5 Rom II-VO Rn. 89.

Das Inverkehrbringen schützt nämlich die Interessen des Haftenden. Der Schutz seiner Interessen manifestiert sich auch in der Auslegung der Gleichartigkeit.

Das Plädoyer für die Relevanz der Sicherheitsausstattung trägt in sich die Grundaussage, die Eigenschaften einer Sache in den Blick zu nehmen.[619] Produkte werden durch ihre Eigenschaften unterscheidbar. Auch der EuGH greift für die Bestimmung der Gleichartigkeit in einem anderen Regelungsbereich auf die Eigenschaften einer Sache zurück. Nach Ansicht des EuGH liegt eine gleichartige Ware im Sinne des Art. 110 Abs. 1 AEUV vor, wenn die Waren „in den Augen der Verbraucher die gleichen Eigenschaften haben und denselben Bedürfnissen dienen."[620] Art. 110 Abs. 1 AEUV enthält ein spezielles abgabenrechtliches Diskriminierungsverbot:[621] Auf Waren aus anderen Mitgliedstaaten dürfen keine höheren Abgaben als auf gleichartige inländische Ware erhoben werden. Zwar ist der Regelungszusammenhang des Art. 5 Rom II-VO und des Art. 110 AEUV unterschiedlich, doch kann die Rechtsprechung des EuGH als grobe Leitlinie dahingehend verstanden werden, dass die Gleichartigkeit grundsätzlich anhand der Produkteigenschaften zu bestimmen ist. Die Interessen des Haftenden bekräftigen die generelle Relevanz der Produkteigenschaften: Nicht nur im Bereich technischer Produkte wird das Haftungsinteresse des Geschädigten von den Eigenschaften der Sache bestimmt. Wenn beispielsweise ein Düngemittel giftig ist, ist das Haftungsrisiko wesentlich größer als wenn das Mittel nicht giftig ist.[622] Zudem wird deutlich, dass die Eigenschaften aus der Sicht der Abnehmer zu verstehen sind.

Als relevante Sicherheitsmerkmale sind alle Eigenschaften einer Sache zu verstehen, die dazu dienen, den Nutzer oder außenstehende Dritte vor den

---

619 Vgl. Huber-*Illmer*, Rome II Regulation, Art. 5 Rn. 34, der die Bedeutung der Eigenschaften einer Sache hervorhebt.

620 EuGH vom 17.2.1976, Rs. 45/75 – *Rewe*, Slg. 1976, 181, Rn. 12; EuGH vom 27.2.1980, Rs. 168/78 – *Kommission/Frankreich*, Slg. 1980, 347, Rn. 5; EuGH vom 27.2.1980, Rs. 168/78 – *Kommission/Italien*, Slg. 1980, 386, Rn. 5; EuGH vom 27.2.1980, Rs. 171/78 – *Kommission/Dänemark*, Slg. 1980, 447, Rn. 5; EuGH vom 15.3.2001, Rs. C265/99 – *Kommission/Frankreich*, Slg. 2001, I2305, Rn. 42; EuGH vom 27.2.2002; Rs. C302/00 – *Kommission/Frankreich*, Slg. 2002, I3055, Rn. 23; EuGH vom 19.9.2002; Rs. C101/00 – *Tulliasiamies und Siilin*, Slg. 2002, I7487, Rn. 56; dem folgend Calliess/Ruffert-*Waldhoff*, EUV/AEUV, Art. 110 AEUV Rn. 12.

621 Grabitz/Hilf/Nettesheim-*Seiler*, Art. 110 AEUV Rn. 2.

622 Vgl. den Sachverhalt, der dem Urteil des OLG Düsseldorf vom 16.3.2007, NJW-RR 2008, 411, zugrunde lag. Die Beklagte stellte Rizinusschrot her, welches die Klägerin dem von ihr hergestellten Düngemittel beimischte. Da das Rizinusschrot giftig war, verendeten 45 Hunde, die das Düngemittel gefressen hatten.

Gefahren zu schützen, die von dem Produkt, insbesondere bei dessen Nutzung, ausgehen. Wenngleich beispielsweise eine höhere PS-Zahl eines Kfz die Gefahren beim Fahren erhöhen mag, soll die Motorisierung nicht vor den entstehenden Gefahren schützen.

Die Frage nach den Sicherheitsmerkmalen eines Produkts liefert jedoch nicht in allen Fällen tragfähige Ergebnisse. Insbesondere chemische Produkte, wie etwa Hautcreme oder Düngemittel, weisen keine Sicherheitsmerkmale auf, so dass der Maßstab in diesen Fällen unbrauchbar ist.[623] Eine reine Betrachtung der Sicherheitsmerkmale ist aus einem weiteren Grund problematisch. Zwei Produkte können zwar dieselbe Sicherheitsausstattung haben, sich aber dennoch in anderen wesentlichen Merkmalen unterscheiden. Wenn beispielsweise ein Autohersteller die Modelle „A" und „B" produziert, welche die gleichen Bremsen, Airbags und das gleiche ESP verwenden, das Modell „A" ein Zweisitzer ist, das Modell „B" hingegen ein Kompaktwagen für fünf Personen, unterscheiden sich die Produkte aus Sicht des Konsumenten wesentlich. Kein Konsument wird erwarten, dass auf seine Produkthaftungsansprüche wegen des Modells „A", das er im Nachbarland gekauft hat, das Recht seines gewöhnlichen Aufenthalts Anwendung findet, wenn in seinem Heimatland lediglich das Modell „B" in Verkehr gebracht wird. Auch die Interessen des Herstellers, mit Hilfe der Diversifikation der Produktpalette das anwendbare Recht steuern zu können, stehen der Annahme der Gleichartigkeit entgegen. Das gerade genannte Beispiel verdeutlicht, dass unangemessene Ergebnisse entstehen, wenn nur die Sicherheitsmerkmale des Produkts beachtlich sind. Folglich rücken die Ansätze in den Vordergrund, die auch Produkteigenschaften in den Blick nehmen.

bb) *Relevante Produkteigenschaften*

Offen bleibt damit, welche Produkteigenschaften beachtlich sind. In Anbetracht der unzulänglichen Lösung muss der Ansatz, wonach die Sicherheitsmerkmale des Produkts entscheidend sein sollen, modifiziert werden. Generell sollten nur die Eigenschaften beachtlich sein, die das Produkt in seinem Kern betreffen, da sie das Produkt dauerhaft und essenziell auszeichnen. Was dies im Einzelnen bedeutet, soll anhand der jeweiligen Produkteigenschaft diskutiert werden.

Grundsätzlich sind Eigenschaften wie der Produktname oder die Verpackung von vornherein auszuschließen.[624] Sie zeichnen das Produkt nicht dauerhaft aus. Etwas anderes gilt, wenn die Verpackung selbst Teil der Sicherheitsausstattung

623 Vgl. NK-*Lehmann*, Art. 5 Rom II-VO Rn. 85.
624 Vgl. Huber-*Illmer*, Rome II Regulation, Art. 5 Rn. 34.

ist. Beispielsweise enthalten Toilettenreiniger einen Verschluss, den Kinder nicht öffnen können. Freilich kann dies auch über die Sicherheitsmerkmale des Produkts gelöst werden. Entscheidend ist, dass die Verpackung in diesen Fällen in die Betrachtung der Gleichartigkeit miteinfließt.

Entgegen den Vorschlägen der Befürworter ist der Kreis relevanter Sicherheitsmerkmale einzuschränken. Nach Ansicht *Illmers* stellt die Instruktion neben Konstruktion und Material ein beachtliches Sicherheitsmerkmal dar.[625] Die Beachtlichkeit der Instruktion begegnet jedoch erheblichen Zweifeln. Freilich steht die Instruktion, etwa in Form von Warnhinweisen, in engem Zusammenhang mit der Produktsicherheit, doch im Gegensatz zu Konstruktion und Material ist sie leicht wandelbar und besitzt geringe Unterscheidungskraft, was ihre kollisionsrechtliche Bedeutung entfallen lässt. Es wäre schwer hinnehmbar, wenn sich der Hersteller der Anwendbarkeit einer Rechtsordnung dadurch entziehen könnte, dass er seinem Produkt eine andere Bedienungsanleitung beilegt, obwohl ein konstruktionsgleiches Produkt im Heimatstaat des Geschädigten vertrieben wird. Zumindest aus Sicht des Erwerbers unterscheiden sich die Produkte nicht.

Hohloch und *Dickinson* ziehen verschiedene Merkmale heran. *Dickinson* nennt fünf Gesichtspunkte, um die Gleichartigkeit von Produkten zu bestimmen: den Produktionsprozess, den Zweck, den Preis, den Zielmarkt und die in der Produktion verwendete Technologie.[626] *Hohloch* nimmt lediglich die Entwicklung, Konstruktion und Ausstattung des Produkts in den Blick.[627]

Produktionsprozess und Entwicklung des Produkts sind für die Frage, ob Produkte gleichartig sind, irrelevant. Der Produktionsprozess und die Entwicklung begründen keine unmittelbare Eigenschaft des Produkts. Sie beeinflussen die Produkteigenschaften lediglich. Im Übrigen ist es möglich, dass verschiedene Produktionsprozesse oder Entwicklungen Waren hervorbringen, die sich in ihren Eigenschaften nicht unterscheiden.

Anders verhält es sich mit dem Zweck eines Produkts. Der Abnehmer kann leicht feststellen, ob zwei Produkte den gleichen Zweck erfüllen. Auch der natürliche Wortsinn spricht für die Relevanz des Zwecks. Es liegt nahe, von einer gleichen Art zu sprechen, wenn Produkte in gleicher Weise eingesetzt werden sollen. Der Zweck des Produkts wird durch seine Eigenschaften vorgegeben, so

---

625 Huber-*Illmer*, Rome II Regulation, Art. 5 Rn. 34.

626 *Dickinson*, Rome II, Rn. 5.35; ihm folgend *Plender/Wilderspin*, European Private International Law, Rn. 19-085 f.

627 Erman-*Hohloch*, Art. 5 Rom II-VO Rn. 10.

dass der notwendige Bezug zu den Produkteigenschaften besteht. Der EuGH rekurriert in seiner Rechtsprechung zur Gleichartigkeit in Art. 110 AEUV zwar nicht auf den Zweck, hält allerdings die Frage, welchen Bedürfnissen das Produkt dient, für beachtlich.[628] Welche Bedürfnisse ein Produkt befriedigt, wird durch den Zweck bestimmt.

Der Preis des Produkts verdient hingegen keine Beachtung im Rahmen der Gleichartigkeit. Bereits im deutschen materiellen Recht ist anerkannt, dass der Preis nicht zu den verkehrswesentlichen Eigenschaften einer Sache zählt.[629] Zwar bestimmen die Eigenschaften einer Sache den Preis derselben mit, gebildet wird er jedoch durch das Aufeinandertreffen von Angebot und Nachfrage. Bereits oben wurde gezeigt, dass die differenzierte Preisbildung mit der Regelung der Produkthaftung in Art. 5 Rom II-VO nicht hinreichend verwirklicht wird,[630] so dass dem Preis innerhalb des Art. 5 Rom II-VO nur eine geringe Bedeutung zukommt, was auch für die Gleichartigkeit zu gelten hat.

Soweit der Zielmarkt durch den Zweck des Produkts bestimmt wird, kommt ihm keine eigenständige Relevanz zu. Anders verhält es sich, wenn das Produkt auf besonders schutzwürdige Kunden abzielt. Auch unabhängig von der gewählten Konstruktion sollte es beispielsweise einen Unterschied machen, ob ein Kindersitz für Neugeborene oder für Kleinkinder bestimmt ist. Zwar ließe sich eine Unterscheidung auch über eine enge Auslegung des Produktzwecks erreichen, doch liegt dies fern, weil beide Sitze dem Transport von Kindern dienen.

Die Konstruktion des Produkts, die das Ergebnis des Produktionsprozesses ist, stellt ein wichtiges Kriterium für die Frage nach der Gleichartigkeit von Produkten dar. Die Konstruktion beschreibt die physische Beschaffenheit des Produkts. Sie beeinflusst die Eigenschaften des Produkts dauerhaft und ist im Gegensatz zu dem Produktnamen oder der Verpackung nicht leicht wandelbar. Neben der Konstruktion zeichnet sich die Beschaffenheit des Produkts auch durch die verwendeten Materialien[631] aus. Daher sollten Konstruktion und Material gemeinsam in den Blick genommen werden. Die physische Beschaffenheit erweist sich hier als vorzugswürdiger Begriff, der Konstruktion und Material gleichermaßen umfasst. Mit Hilfe der physischen Beschaffenheit kann auch eine Beurteilung nicht-technischer Produkte erfolgen. Chemische Produkte

---

628 Siehe die Nachweise in Fn. 467.

629 Siehe statt vieler MüKoBGB-*Armbrüster*, § 119 BGB Rn. 131.

630 Siehe oben unter C.I.1.

631 Zur Beachtlichkeit des Materials im Rahmen der Sicherheitsmerkmale siehe bereits Huber-*Illmer*, Rome II Regulation, Art. 5 Rn. 34.

können so beispielsweise anhand ihrer Zusammensetzung in gleichartige und ungleichartige Produkte eingeordnet werden. Die Rechtsprechung des EuGH zur Gleichartigkeit in Art. 110 AEUV bestätigt das gefundene Ergebnis: So sollen bestimmte Merkmale der Ware, insbesondere die verwendeten Rohstoffe, ergänzend zur Bestimmung der Gleichartigkeit herangezogen werden.[632]

Die verwendete Technologie hat für die Gleichartigkeit nur insoweit Bedeutung, als sie die Beschaffenheit des Produkts oder ein Sicherheitsmerkmal des Produkts beeinflusst. Diese Einschränkung ergibt sich aus der Irrelevanz des Produktionsprozesses.

Hohloch führt die Ausstattung des Produkts als weiteren beachtlichen Gesichtspunkt an.[633] Mit dem Begriff der Ausstattung kann sowohl die technische Ausrüstung als auch die Aufmachung oder äußere Gestaltung gemeint sein. Die technische Ausrüstung dürfte jedoch nur dann relevant sein, wenn sie die Produktsicherheit beeinflusst. Sie fällt damit unter die bereits diskutierten Kategorien. Ästhetische Aspekte beeinflussen die Gefahren fehlerhafter Produkte regelmäßig nicht. Hinsichtlich der Ausstattung ist nicht ersichtlich, warum ein ungleichartiges Produkt vorliegen soll, wenn ein Serienmodell lediglich mit besonderer Ausstattung angeboten wird. Es darf beispielsweise keinen Unterschied machen, ob der VW Golf in entwickelten Ländern mit einer besonders exklusiven Lederausstattung oder auch in der Sportversion in Verkehr gebracht wird, die in weniger entwickelten Ländern nicht verfügbar ist. Entscheidend sollte sein, ob sich die vertriebenen Produkte in Hinblick auf die Karosserie, die Bremsen und die Airbags unterscheiden. Letztlich ergibt sich, dass die Ausstattung nur als Sicherheitsmerkmal relevant ist.

cc) *Grad der Übereinstimmung*

Weiterhin ist zu klären, inwieweit die relevanten Merkmale übereinstimmen müssen. Einerseits wird gefordert, dass die relevanten Merkmale identisch sein müssen.[634] Andererseits wird es für hinreichend erachtet, dass die in Frage stehenden Produkte in wesentlicher Hinsicht einander entsprechen.[635] Die Ansicht

632 EuGH vom 27.2.1980, Rs. 168/78 – *Kommission/Frankreich*, Slg. 1980, 347, Rn. 11; EuGH vom 27.2.1980, Rs. 169/78 – *Kommission/Italien*, Slg. 1980, 385, Rn. 11; EuGH vom 27.2.1980, Rs. 171/78 – *Kommission/Dänemark*, Slg. 1980, 447, Rn. 11.

633 Erman-*Hohloch*, Art. 5 Rom II-VO Rn. 10.

634 Vgl. in diesem Sinne *Hartley*, ICLQ 57 (2008), 899, 904; *Leible/Lehmann*, RIW 2007, 721, 728.

635 *Dickinson*, Rome II, Rn. 5.35; *Plender/Wilderspin*, European Private International Law, Rn. 19-085 f.; Rauscher-*Unberath/Cziupka/Pabst*, EuZPR/EuIPR, Art. 5 Rom II-VO Rn. 88.

einiger Autoren, wonach sich die Produkte hinsichtlich des Sicherheitsmerkmals, das mit dem konkreten Schaden in Verbindung steht, übereinstimmen müssen,[636] kann allgemein formuliert werden: Die Vergleichsprodukte müssen hinsichtlich des im konkreten Fall relevanten Merkmals kongruent sein. Wenn beispielsweise bei einer Creme ein gewisser Zusatzstoff für Hautreizungen verantwortlich ist, muss dieser Stoff auch in der Creme verwendet werden, die im Heimatstaat des Erwerbers in Verkehr gebracht wird.

Eingangs wurde diskutiert, warum es nicht auf identische Produkte ankommen kann.[637] Aus den gleichen Gründen darf auch nicht gefordert werden, dass die Produkte identische Merkmale aufweisen müssen. Es geht um Vergleichbarkeit, nicht um Identität.

Die Gleichartigkeit sollte von dem jeweils relevanten Merkmal abhängen.[638] Um die Haftung nach einer bestimmten Rechtsordnung zu vermeiden, müsste der Hersteller Produkte sonst komplett überarbeiten. Einzelne Produktteile könnten nicht in verschiedenen Modelle und Entwicklungsstadien verarbeitet werden. Ökonomisch sinnvolle Rationalisierungseffekte würden damit entfallen. Unschädlich ist in dieser Hinsicht, dass die Änderung des Produkts hinsichtlich des schadensstiftenden Merkmals für den Geschädigten nicht erkennbar sein mag und so der Schutz seiner Interessen verkürzt wird. Das Inverkehrbringen, wozu auch die Gleichartigkeit zählt, schützt nämlich die Interessen des Haftenden, nicht die des Geschädigten.

dd) *Zwischenergebnis*

Insgesamt zeigt sich, dass die Ansicht, die nur die Sicherheitsmerkmale betrachtet, zwar den richtigen Ansatz formuliert, dieser aber nicht in allen Fällen tragfähige Lösungen liefert. Im Rahmen der Gleichartigkeit sind neben den Sicherheitsmerkmalen auch der Zweck, die physische Beschaffenheit des Produkts und die verwendete Technologie sowie – im Falle besonders schutzbedürftiger Kunden – der Zielmarkt und die sicherheitsrelevante Verpackung zu betrachten. Entscheidend ist das jeweils schadensstiftende Merkmal.

---

636 Huber-*Illmer*, Rome II Regulation, Art. 5 Rn. 34, sowie Fn. 80; jurisPK-*Lund*, Art. 5 Rom II-VO Rn. 21.

637 Siehe oben unter C.VI.1.d).

638 So bereits Huber-*Illmer*, Rome II Regulation, Art. 5 Rn. 34, sowie Fn. 80; jurisPK-*Lund*, Art. 5 Rom II-VO Rn. 21.

VII. Anwendbares Recht bei mangelndem Inverkehrbringen

Das Anknüpfungssystem der Rom II-Verordnung hinterlässt eine Regelungslücke, wenn das Produkt weder im Staat des gewöhnlichen Aufenthalts, des Erwerbsorts noch des Erfolgsorts in Verkehr gebracht wurde. Hierzu kann es insbesondere kommen, wenn mobile Produkte einen Schaden in einem Staat verursachen, in dem sie nicht kommerziell vertrieben werden. Ein Beispiel wäre der Fall, in dem ein mexikanischer Autokäufer das Kfz eines deutschen Herstellers nach Umzug in die USA dort weiterverkauft, wobei dieses Fahrzeug in den USA nicht kommerziell angeboten wird. Wenn in der Folge ein US-amerikanischer Käufer in den USA durch das Produkt zu Schaden kommt und den deutschen Hersteller in Anspruch nimmt, stellt sich die Frage, ob das Recht des Erfolgsorts (sprich US-amerikanisches Recht), das Recht des gewöhnlichen Aufenthalts des Haftenden (sprich deutsches Recht) oder etwa das Recht des nächsten Verbreitungsgebiets (wohl mexikanisches Recht) Anwendung findet.

1. Rückgriff auf Art. 4 Rom II-VO

Einige Autoren fordern in diesem Fall einen Rückgriff auf die allgemeine Regel in Art. 4 Rom II-VO.[639] Danach wäre (abseits eines gemeinsamen gewöhnlichen Aufenthalts der Parteien) das Recht des Erfolgsorts berufen. Insbesondere dürfe nicht nach Art. 5 Abs. 1 Satz 2 Rom II-VO das Recht des gewöhnlichen Aufenthalts des Haftenden angewandt werden, weil diese Regelung ausschließlich auf die Fälle des Art. 5 Abs. 1 Satz 1 Rom II-VO zugeschnitten sei.[640] Um das Recht des gewöhnlichen Aufenthalts des Haftenden anzuwenden, bedürfe es einer expliziten Klarstellung durch den Verordnungsgeber.[641] Nach Ansicht *Spickhoffs* darf der Produzent durch eine Analogie nicht noch weiter begünstigt werden.[642] Die Anknüpfung an den Erfolgsort nach Art. 4 Abs. 1 Rom II-VO entspreche der immer wieder in Bezug genommenen Grundregel der Rom II-Verordnung und stehe im Einklang mit der verbraucherschützenden Tendenz in Europa.[643] Eventuelle Wertungswidersprüche mit der Vorhersehbarkeitsklausel müssten

---

639 Bamberger/Roth-*Spickhoff*, Art. 5 Rom II-VO Rn. 10; *Hartley*, ICLQ 57 (2008), 899, 904 f.; PWW-*Schaub*, Art. 5 Rom II-VO Rn. 9; *Rushworth/Scott*, LMCLQ 2008, 274, 284; *Spickhoff*, FS Kropholler, S. 671, 685 ff; so wohl auch *Sammeck*, S. 43 ff., die allerdings einen Rückgriff auf den gemeinsamen gewöhnlichen Aufenthalt ausschließt.

640 *Hartley*, ICLQ 57 (2008), 899, 904 f.

641 Bamberger/Roth-*Spickhoff*, Art. 5 Rom II-VO Rn. 10.

642 Bamberger/Roth-*Spickhoff*, Art. 5 Rom II-VO Rn. 10; *ders.*, FS Kropholler, S. 671, 687.

643 Bamberger/Roth-*Spickhoff*, Art. 5 Rom II-VO Rn. 10.

hingenommen werden, da sie moderner Gesetzgebung gelegentlich immanent seien.[644] Daneben wird die Heranziehung des Art. 4 Rom II-VO als die sachnähere Regelung gesehen.[645] Die Anknüpfung an den Erfolgsort komme dem Prinzip der engsten Verbindung näher als die Anknüpfung an den gewöhnlichen Aufenthalt des Haftenden.[646]

2. Analoge Anwendung von Art. 5 Abs. 1 Satz 2 Rom II-VO

Um den angestrebten Schutz des Haftenden nicht zu umgehen, bringt die ganz überwiegende Literaturansicht in Analogie zu Art. 5 Abs. 1 Satz 2 Rom II-VO das Recht des gewöhnlichen Aufenthalts des Haftenden zur Anwendung.[647] In ihrer Begründung rekurriert diese Ansicht vor allem auf einen Erst-Recht-Schluss aus Art. 5 Abs. 1 Satz 2 Rom II-VO: Da der Haftende bereits bei mangelnder Vorhersehbarkeit durch die Berufung seines Aufenthaltsrechts geschützt werde, müsse dies erst recht gelten, wenn das Produkt im betreffenden Staat überhaupt nicht in den Verkehr gebracht werde.[648] Bei einer Anwendung des Rechts des Erfolgsorts drohe ein Wertungswiderspruch und eine Verkürzung

644 Bamberger/Roth-*Spickhoff*, Art. 5 Rom II-VO Rn. 10; *ders.*, FS Kropholler, S. 671, 686.

645 PWW-*Schaub*, Art. 5 Rom II-VO Rn. 9.

646 PWW-*Schaub*, Art. 5 Rom II-VO Rn. 9.

647 *Dickinson*, Rome II, Rn. 5.45; Erman-*Hohloch*, Art. 5 Rom II-VO Rn. 13; Foerste/Graf von Westphalen-*Wilde*, § 100 Rn. 19; *Garcimartín Alférez*, EuLF 2007, I-77, I-85; *v. Hein*, ZEuP 2009, 6, 27; Hk-BGB-*Dörner*, Art. 5 Rom II-VO Rn. 10; *Huber/Illmer*, YbPIL 9 (2007), 31, 43 f.; Huber-*Illmer*, Rome II Regulation, Art. 5 Rn. 36; *ders.*, RabelsZ 73 (2009), 269, 296 f.; *Junker*, RIW 2010, 257, 266; jurisPK-*Lund*, Art. 5 Rom II-VO Rn. 33; *Leible/Lehmann*, RIW 2007, 721, 728; *Lima Pinheiro*, Riv. dir. int. priv. proc. 2008, 5, 23: MüKoBGB-*Junker*, Art. 5 Rom II-VO Rn. 48; NK-*Lehmann*, Art. 5 Rom II-VO Rn. 96; Palandt-*Thorn*, Art. 5 Rom II-VO Rn. 11; *Plender/Wilderspin*, European Private International Law, Rn. 19-106; Rauscher-*Unberath/Cziupka/Pabst*, EuZPR/EuIPR, Art. 5 Rom II-VO Rn. 93; *Rudolf*, WBL 2009, 525, 531; *Sujecki*, EWS 2009, 310, 316; *Schwartze*, NIPR 2008, 430, 433; *G. Wagner*, IPRax 2008, 1, 7; so bereits zum Vorentwurf *Benecke*, RIW 2003, 830, 834.

648 Foerste/Graf von Westphalen-*Wilde*, § 100 Rn. 19; *v. Hein*, ZEuP 2009, 6, 27; Hk-BGB-*Dörner*, Art. 5 Rom II-VO Rn. 10; *Huber/Illmer*, YbPIL 9 (2007), 31, 43; Huber-*Illmer*, Rome II Regulation, Art. 5 Rn. 36; *ders.*, RabelsZ 73 (2009), 269, 296 f.; *Junker*, RIW 2010, 257, 266; jurisPK-*Lund*, Art. 5 Rom II-VO Rn. 33; *Leible/Lehmann*, RIW 2007, 721, 728; *Lima Pinheiro*, Riv. dir. int. priv. proc. 2008, 5, 23; MüKoBGB-*Junker*, Art. 5 Rom II-VO Rn. 48; NK-*Lehmann*, Art. 5 Rom II-VO Rn. 96; Palandt-*Thorn*, Art. 5 Rom II-VO Rn. 11; *Schwartze*, NIPR 2008, 430, 433; *G. Wagner*, IPRax 2008, 1, 7.

des Schutzes des Haftenden.[649] Daneben weisen die Vertreter dieser Meinung auf den abschließenden Charakter der Kollisionsnorm für die Produkthaftung hin, die als *lex specialis* der allgemeinen Kollisionsnorm vorgehe.[650] Die in Art. 5 Rom II-VO getroffenen Wertungen dürften nicht mit Hilfe eines Rückgriffs auf Art. 4 Rom II-VO umgangen werden.[651] Überdies verdeutliche Art. 5 Abs. 1 Satz 1 lit. c Rom II-VO, dass der Erfolgsort nur dann zur Anwendung komme, wenn das Produkt dort auch in Verkehr gebracht werde.[652]

3. Anwendung des Rechts des nächsten Verbreitungsgebiets

Kadner Graziano schlägt eine vermittelnde Lösung für dieses Problem vor. Ihm zufolge kommt das Recht des nächsten Verbreitungsorts zur Anwendung.[653] Auf diesem Weg werde die Interessenlage und die zentrale Bedeutung des Verbreitungsorts, der über das Inverkehrbringen zum Ausdruck gebracht werde, bestmöglich berücksichtigt.[654]

4. Stellungnahme

Der Ansatz *Kadner Grazianos*, der das Recht des nächsten Verbreitungsgebiets berufen möchte,[655] ist wenig überzeugend. Zunächst einmal ist unklar, wie die angeführte Nähe zu bemessen ist. Fraglich ist, ob hier allein die geographische Nähe gemeint ist oder auch andere Gesichtspunkte, wie etwa die kulturelle Verbundenheit zu anderen Ländern, beachtet werden müssen. Ferner müsste geklärt werden, von wo aus die Nähe zu messen ist. Selbst wenn die Nähe im geographischen Sinne vom gewöhnlichen Aufenthalt des Geschädigten aus bestimmt wird (dies liegt nahe, da der Geschädigte regelmäßig die engsten Beziehungen zu diesem Ort haben wird), ist kaum ersichtlich, warum eine andere Rechtsordnung

---

649 *Dickinson*, Rome II, Rn. 5.45; *Huber/Illmer*, YbPIL 9 (2007), 31, 43; Huber-*Illmer*, Rome II Regulation, Art. 5 Rn. 36; Rauscher-*Unberath/Cziupka/Pabst*, EuZPR/EuIPR, Art. 5 Rom II-VO Rn. 93; vgl. ferner Erman-*Hohloch*, Art. 5 Rom II-VO Rn. 6.

650 *Huber/Illmer*, YbPIL 9 (2007), 31, 43; *Illmer*, RabelsZ 73 (2009), 269, 296; jurisPK-*Lund*, Art. 5 Rom II-VO Rn. 33; Palandt-*Thorn*, Art. 5 Rom II-VO Rn. 11; *Rudolf*, WBL 2009, 525, 531.

651 Vgl. *Huber/Illmer*, YbPIL 9 (2007), 31, 43; *Illmer*, RabelsZ 73 (2009), 269, 296; Palandt-*Thorn*, Art. 5 Rom II-VO Rn. 11.

652 Foerste/Graf von Westphalen-*Wilde*, § 100 Rn. 19; Huber-*Illmer*, Rome II Regulation, Art. 5 Rn. 36; vgl. ferner *Dickinson*, Rome II, Rn. 5.45; *Sujecki*, EWS 2009, 310, 316.

653 *Kadner Graziano*, RabelsZ 73 (2009), 1, 44.

654 *Kadner Graziano*, RabelsZ 73 (2009), 1, 43 f.

655 *Kadner Graziano*, RabelsZ 73 (2009), 1, 44.

bei vergleichbaren Schadensfällen innerhalb desselben Landes zur Anwendung gebracht werden soll, je nach dem wo der Geschädigte seinen gewöhnlichen Aufenthalt hat. Wenn das Kfz im Ausgangsbeispiel nicht nur in Mexiko, sondern auch in Kanada vertrieben wird, käme je nachdem, ob der Geschädigte seinen gewöhnlichen Aufenthalt in Texas oder in Oregon hat, kanadisches oder mexikanisches Recht zur Anwendung. Dass ein Geschädigter mit gewöhnlichem Aufenthalt in Texas enger mit der Rechtsordnung Mexikos als mit der Kanadas verbunden ist, ist nicht ersichtlich.

Daneben wird die Bedeutung des Inverkehrbringens im Rahmen dieses Ansatzes überbewertet. Die Methodik der Kumulation auf allen Stufen der Anknüpfungsleiter verdeutlicht, dass das Inverkehrbringen nur bei Zusammentreffen mit einem anderen Anknüpfungsmoment die Anwendbarkeit der jeweiligen Rechtsordnung begründet,[656] weil nur in diesem Fall die hinreichend enge Verbindung zu beiden Parteien des Rechtsverhältnisses besteht.[657] Die alleinige Beachtung des Inverkehrbringens löst dieses aus seinem Regelungszusammenhang heraus. Ferner steht auch die Funktion des Inverkehrbringens der Lösung *Kadner Grazianos* entgegen. Das Inverkehrbringen sichert das Interesse des Haftenden an der Berechenbarkeit der anwendbaren Rechtsordnung in objektiver Weise. Nur weil ein Land dem anderen geographisch nahe liegt, muss der Haftende nicht damit rechnen, dass Haftungsfälle aus Nachbarstaaten in diese Rechtsordnung hineingezogen werden. Aus ökonomischer Sicht wird zwar kein neues Risiko (in Form der Anwendbarkeit unerwarteter Rechtsordnungen) geschaffen, wohl aber wird die potentielle Größe einzelner Risikofaktoren (die Anzahl potentieller Haftungsfälle nach Rechtsordnung X) in schwer vorhersehbarer Weise vergrößert. Im Sinne der Effizienz sollte dies unterbleiben. Im Übrigen wird, wie sogleich erörtert wird, mit Hilfe der analogen Anwendung des Art. 5 Abs. 1 Satz 2 Rom II-VO praktische Konkordanz zwischen den betroffenen Interessen hergestellt, so dass das Argument der bestmöglichen Interessenwahrung nicht überzeugt.

Um Art. 5 Abs. 1 Satz 2 Rom II-VO, d.h. das Recht des gewöhnlichen Aufenthalts des Haftenden, entsprechend anzuwenden, müssen die methodischen Voraussetzungen einer Analogie gegeben sein. Die analoge Anwendung eines Rechtssatzes erfordert auch im Europarecht zunächst eine planwidrige Regelungslücke.[658] Der Fall, dass das Produkt in keinem der in Art. 5 Abs. 1 Satz 1

---

656 Vgl. Huber-*Illmer*, Rome II Regulation, Art. 5 Rn. 36 bezüglich der Koinzidenz von Erfolgsort und dem Ort des Inverkehrbringens.

657 Siehe dazu bereits oben unter B.II.

658 Riesenhuber-*Neuner*, § 12 Rn. 27 ff.

Rom II-VO genannten Staaten in Verkehr gebracht wurde, ist ungeregelt. Mangels ersichtlicher Hinweise im Verordnungsgebungsverfahren, die darauf schließen lassen, dass die problematische Konstellation absichtlich ungeregelt blieb, ist auch von der Planwidrigkeit der Regelungslücke auszugehen.

Lücken sind im Europarecht mit Hilfe des Gleichheitssatzes oder des europäischen Primärrechts zu füllen.[659] Der hier relevante Gleichheitssatz verlangt nach Ansicht des EuGH, „dass vergleichbare Sachverhalte nicht unterschiedlich und unterschiedliche Sachverhalte nicht gleichbehandelt werden, sofern eine solche Behandlung nicht objektiv gerechtfertigt ist."[660] Durch die Anwendung des Rechts des Erfolgsorts über Art. 4 Abs. 1 Rom II-VO würde der Haftende schlechter gestellt, als wenn das Produkt für ihn unvorhersehbar am Erfolgsort in Verkehr gebracht worden wäre.[661] Die Anknüpfung an den Erfolgsort hätte folglich die absurde Konsequenz, dass der Haftende umso besser geschützt wäre, je internationaler er seine Produkte vertreibt.[662] Vielmehr ist derjenige, der seine Produkte nur in bestimmten Teilen der Welt vertreibt, schutzwürdiger. Der Mangel des Inverkehrbringens darf nicht zu Lasten des Haftenden gehen,[663] weil es ihn schützen soll. Folglich droht ein Wertungswiderspruch,[664] der dem Gleichheitssatz widerspricht. Wenn der Haftende sich bereits bei mangelnder Vorhersehbarkeit auf sein Aufenthaltsrecht berufen kann, muss dies erst recht gelten, wenn das Produkt in dem jeweiligen Staat noch nicht einmal in Verkehr gebracht wurde.[665] Die Anwendung des Rechts des Erfolgsorts könnte die Haftung nach einer unvorhersehbaren Rechtsordnung bedeuten, was dem hinter Art. 5 Rom II-VO stehenden Konzept widerspräche. Entgegen *Spickhoff* bleibt festzuhalten, dass keine weitere Übervorteilung des Haftenden droht, sondern

---

659 Riesenhuber-*Neuner*, § 12 Rn. 31 ff.

660 EuGH vom 19.11.2009, verb. Rs. C-402/07 und C-432/07 – *Sturgeon*, Slg. 2009, I-10923, Rn. 48 m. w. N.; siehe auch bereits EuGH vom 8.10.1980, Rs. 810/79 – *Überschär*, Slg. 1980, 2747, Rn. 16; EuGH vom 12.10.2004, Rs. C-313/02 – *Wippel*, Slg. 2004, I-9483, Rn. 56; vgl. ferner Riesenhuber-*Neuner*, § 12 Rn. 32.

661 *Dickinson*, Rome II, Rn. 5.45

662 *Hartley*, ICLQ 57 (2008), 899, 905; Rauscher-*Unberath/Cziupka/Pabst*, EuZPR/EuIPR, Art. 5 Rom II-VO Rn. 93.

663 Vgl. *Huber/Illmer*, YbPIL 9 (2007), 31, 43.

664 Huber-*Illmer*, Rome II Regulation, Art. 5 Rn. 36; Rauscher-*Unberath/Cziupka/Pabst*, EuZPR/EuIPR, Art. 5 Rom II-VO Rn. 93.

665 Huber-*Illmer*, Rome II Regulation, Art. 5 Rn. 36; *ders.*, RabelsZ 73 (2009), 269, 296 f.; MüKoBGB-*Junker*, Art. 5 Rom II-VO Rn. 48; Palandt-*Thorn*, Art. 5 Rom II-VO Rn. 11.

der vorgesehene Schutzumfang in ungeregelten Fällen gewährt wird.[666] Das vorgebrachte Argument, die Berufung des Rechts des Erfolgsorts sei durch den europarechtlichen Verbraucherschutz geboten,[667] hat nur geringes Gewicht, weil der Anwendungsbereich des Art. 5 Rom II-VO nicht auf Verbraucher beschränkt ist.[668] Die Kollisionsnorm über die Produkthaftung ist keine verbraucherschützende Norm, die an einem entsprechenden Schutzkonzept ausgerichtet werden müsste. Auch der Einwand, nur eine Anknüpfung an den Erfolgsort wahre das Prinzip engster Verbindung, geht fehl. Die engste Verbindung wird durch das Zusammenspiel des variierenden Anknüpfungsmoments aus Art. 5 Abs. 1 Satz 1 lit. a bis c Rom II-VO und des Inverkehrbringens verwirklicht. Die Berufung des Aufenthaltsrechts des Haftenden ist die Ersatzanknüpfung innerhalb der Verwirklichung des Prinzips engster Verbindung. In letzter Konsequenz, namentlich im Rahmen des Art. 5 Abs. 1 Satz 2 Rom II-VO, hat sich der Verordnungsgeber für einen Schutz des Haftenden ausgesprochen.[669] Auch wenn die Entscheidung des Verordnungsgebers den Haftenden begünstigt,[670] so ist sie im Rahmen der Auslegung zu respektieren. Nur mit Hilfe der analogen Anwendung von Art. 5 Abs. 1 Satz 2 Rom II-VO wird die Kalkulierbarkeit des Haftungsrisikos als *fallback* Position sichergestellt.

Ein Rückgriff auf die allgemeine Regelung in Art. 4 Rom II-VO muss auch ausscheiden, um den abschließenden Charakter des Art. 5 Rom II-VO zu wahren.[671] Da Art. 5 Rom II-VO *lex specialis* zu der allgemeinen Kollisionsnorm in Art. 4 Rom II-VO ist,[672] darf innerhalb des Anwendungsbereichs des Art. 5 Rom II-VO nicht auf Art. 4 Rom II-VO zurückgegriffen werden.[673] Ferner verdeutlicht Art. 5 Abs. 1 Satz 1 lit. c Rom II-VO, dass bei Produkthaftungsfällen

666 Vgl. Erman-*Hohloch*, Art. 5 Rom II-VO Rn. 13.

667 Bamberger/Roth-*Spickhoff*, Art. 5 Rom II-VO Rn. 10.

668 Vgl. zur Anwendbarkeit auf alle Geschädigten *Illmer*, RabelsZ 73 (2009), 269, 284.

669 So sogar *Spickhoff*, FS Kropholler, S. 671, 685, der in dieser Frage an sich die Gegenansicht vertritt; vgl. auch die Betonung der Interessen des Haftenden in Erwägungsgrund 20.

670 Bamberger/Roth-*Spickhoff*, Art. 5 Rom II-VO Rn. 10; *ders.*, FS Kropholler, S. 671, 687.

671 So bereits *Huber/Illmer*, YbPIL 9 (2007), 31, 43; Palandt-*Thorn*, Art. 5 Rom II-VO Rn. 11.

672 *Illmer*, RabelsZ 73 (2009), 269, 296; ihm folgend *Plender/Wilderspin*, European Private International Law, Rn. 19-106.

673 *Plender/Wilderspin*, European Private International Law, Rn. 19-106.

das Recht des Erfolgsorts eine örtliche Koinzidenz mit dem Inverkehrbringen erfordert.[674]

Die vorhergehende Analyse ergibt, dass nur bei einer entsprechenden Anwendung des Art. 5 Abs. 1 Satz 2 Rom II-VO den schutzwürdigen Interessen des Haftenden angemessen Rechnung getragen wird, ohne die Interessen des Geschädigten unzulässig zu entwerten. Systematische Erwägungen lassen ebenfalls keinen anderen Schluss zu. Folglich ist das Recht des gewöhnlichen Aufenthalts des Haftenden in den Fällen zu berufen, in denen das Produkt in keinem der in Art. 5 Abs. 1 Satz 1 lit. a bis c genannten Staaten in Verkehr gebracht wurde.[675]

VIII. Ergebnis zum Inverkehrbringen

Das Inverkehrbringen sorgt als handlungsbezogenes Element dafür, dass das Interesse an der Berechenbarkeit der anwendbaren Rechtsordnung in objektiver Hinsicht gewahrt wird und die Verhaltenssteuerung, einer der Zwecke der außervertraglichen Haftung, kollisionsrechtlich gewürdigt wird.

Die Rechtsprechung des EuGH zum Inverkehrbringen der Produkthaftungsrichtlinie ist in räumlicher Hinsicht insofern maßgeblich, als dass ein Produkt an den Orten in Verkehr gebracht wird, an denen es öffentlich angeboten wird. In zeitlicher Hinsicht muss der Herstellungsprozess abgeschlossen sein und das Produkt muss sich außerhalb der Produktionssphäre befinden. Nur die Orte des kommerziellen und öffentlichen Vertriebs an Endabnehmer sind als Angebotsorte relevant. Sowohl der Erstvertrieb als auch der kommerzielle Handel mit gebrauchten Produkten ist ausreichend. Wo ein Produkt angeboten wird, ist nicht anhand der Werbung für das Produkt zu bestimmen, sondern danach, ob

---

674 Huber-*Illmer*, Rome II Regulation, Art. 5 Rn. 36; vgl. auch *Dickinson*, Rome II, Rn. 5.45.

675 So im Ergebnis bereits *Dickinson*, Rome II, Rn. 5.45; Erman-*Hohloch*, Art. 5 Rom II-VO Rn. 6, 13; *Garcimartín Alférez*, EuLF 2007, I-77, I-85; *v. Hein*, ZEuP 2009, 6, 27; Hk-BGB-*Dörner*, Art. 5 Rom II-VO Rn. 10; *Huber/Illmer*, YbPIL 9 (2007), 31, 43 f.; Huber-*Illmer*, Rome II Regulation, Art. 5 Rn. 36; *ders.*, RabelsZ 73 (2009), 269, 296 f.; *Junker*, RIW 2010, 257, 266; jurisPK-*Lund*, Art. 5 Rom II-VO Rn. 33; *Leible/Lehmann*, RIW 2007, 721, 728; *de Lima Pinheiro*, Riv. dir. int. priv. proc. 2008, 5, 23: MüKoBGB-*Junker*, Art. 5 Rom II-VO Rn. 48; Palandt-*Thorn*, Art. 5 Rom II-VO Rn. 11; *Plender/Wilderspin*, European Private International Law, Rn. 19-106; Rauscher-*Unberath/Cziupka/Pabst*, EuZPR/EuIPR, Art. 5 Rom II-VO Rn. 93; *Rudolf*, WBL 2009, 525, 531; *Sujecki*, EWS 2009, 310, 316; *Schwartze*, NIPR 2008, 430, 433; *G. Wagner*, IPRax 2008, 1, 7.

es in dem jeweiligen Staat potentiell verfügbar ist. Wenn das Produkt nicht im Staat des gewöhnlichen Aufenthalts des Geschädigten, des Erwerbsorts oder des Erfolgsorts in Verkehr gebracht wurde, sollte in Analogie zu Art. 5 Abs. 1 Satz 2 Rom II-VO das Recht des Staates angewandt werden, in dem der Haftende seinen gewöhnlichen Aufenthalt hat.

Das Inverkehrbringen gilt gegenüber allen Erwerbern des Produkts (unabhängig von ihrem Rang), sowie Produktnutzern und Geschädigten aus dem Näheverhältnis des Erwerbers. Nur bei unbeteiligten Dritten (*bystander*) wird das Recht des Erfolgsorts berufen.

Nur die eigenen Produkte des Herstellers sind für das Inverkehrbringen relevant. Allerdings ist es entgegen des Wortlauts des Art. 5 Abs. 1 Satz 1 Rom II-VO ausreichend, wenn gleichartige Produkte in dem jeweiligen Staat in Verkehr gebracht werden. Entscheidend ist das jeweils schadensstiftende Merkmal. Ob Produkte gleichartig sind, ist anhand des Zwecks, der Sicherheitsmerkmale, der physischen Beschaffenheit und der verwendeten Technologie sowie – im Falle besonders schutzbedürftiger Kunden – zusätzlich mit Hilfe des Zielmarkts und der sicherheitsrelevanten Verpackung zu bestimmen. Der relevante Maßstab ist die wesentliche Übereinstimmung.

D. Die Vorhersehbarkeit

Die Auslegung der Vorhersehbarkeit ist Gegenstand dieses Abschnitts. Wenn das Produkt oder ein gleichartiges Produkt am Ort des gewöhnlichen Aufenthalts des Geschädigten, am Erwerbs- oder Erfolgsort in Verkehr gebracht wurde, kann der Haftende den Einwand mangelnder Vorhersehbarkeit gegen die Anwendung der an sich berufenen Rechtsordnung vorbringen. Nach Art. 5 Abs. 1 Satz 2 Rom II-VO ist das Recht des Staates anzuwenden, in dem der Haftende seinen gewöhnlichen Aufenthalt hat, wenn er das Inverkehrbringen des Produkts oder eines gleichartigen Produkts in dem Staat, dessen Recht nach Art. 5 Abs. 1 Satz 1 Rom II-VO anzuwenden ist, vernünftigerweise nicht voraussehen konnte.

I. Dogmatische Einordnung

Wie eingangs festgestellt wurde[676] und auch von der Literatur angenommen wird[677], dient der Vorhersehbarkeitseinwand den Interessen des Haftenden. Zu klären bleibt, worin dieses Interesse seinen Ausgangspunkt findet. In dieser Hinsicht werden Erwägungen zur Versicherbarkeit, zur Zurechenbarkeit, zum Vertrauensschutz und zur Verhaltenssteuerung vorgebracht.

1. Versicherbarkeit des Haftungsrisikos

Ehrenzweig hat für die internationale Produkthaftung die These aufgestellt, dass es der Vorhersehbarkeit bedürfe, um das Haftungsrisiko angemessen versichern zu können.[678] So wird auch der Zweck des Vorhersehbarkeitseinwands in Art. 5 Abs. 1 Satz 2 Rom II-VO darin gesehen, die Versicherbarkeit von Haftungsrisiken zu ermöglichen.[679] Die Kommission und einige ihr folgende Literaturstimmen

---

676 Siehe unter B.II.1.

677 *Illmer*, RabelsZ 73 (2009), 269, 298; Palandt-*Thorn*, Art. 5 Rom II-VO Rn. 6; PWW-*Schaub*, Art. 5 Rom II-VO Rn. 7; Rauscher-*Unberath/Cziupka/Pabst*, EuZPR/EuIPR, Art. 5 Rom II-VO Rn. 96; *G. Wagner*, IPRax 2008, 1, 6; vgl. auch *Garcimartín Alférez*, EuLF 2007, I-77, I-84 f.; *Hay*, EuLF 2007, I-137, I-145; *v. Hein*, Tul. L. Rev. 82 (2008), 1663, 1696; *Heiss/Loacker*, JBl 2007, 613, 627; *Junker*, NJW 2007, 3675, 3679. So zu den Vorentwürfen *Fuchs*, GPR 2004, 100, 102.

678 *Ehrenzweig*, Yale L. J. 69 (1960), 794, 800; vgl. zu der Diskussion *v. Hein*, Günstigkeitsprinzip, S. 205.

679 *v. Hein*, VersR 2007, 440, 446; jurisPK-*Lund*, Art. 5 Rom II-VO Rn. 29; NK-*Lehmann*, Art. 5 Rom II-VO Rn. 11; Palandt-*Thorn*, Art. 5 Rom II-VO Rn. 6; PWW-*Schaub*,

fordern eine klare und berechenbare Kollisionsregel, um Vergleichsverhandlungen, insbesondere unter Beteiligung von Versicherungen, zu erleichtern.[680]

a) *Ehrenzweigs Theorie des „foreseeable and insurable law"*

Ehrenzweig sah sich im Jahr 1960 konfrontiert mit einer zunehmenden Haftung für fehlerhafte Produkte in den USA. Angesichts dessen stellte er die Forderung nach einem *„reasonably forseeable and insurable law"*[681] auf. Der Hersteller müsse das Risiko, das aus der Anwendbarkeit verschiedener Rechtsordnungen resultiere, versichern können, weil er dazu besser in der Lage sei.[682] Die Versicherungskosten könnten bei der Preisbildung als Kosten der Geschäftstätigkeit einbezogen und auf die Gesamtheit der Konsumenten umgelegt werden.[683] Erst wenn das Risiko der Produkthaftung versicherbar sei, könne dem Hersteller die Haftung für fehlerhafte Produkte auferlegt werden.

Ehrenzweig formulierte seine Theorie auf Grundlage des interlokalen Privatrechts. Hinsichtlich der Verbreitung von Produkten in mehreren US-Bundesstaaten ging er davon aus, dass Grundlage der Haftung des Herstellers stets das Recht seines Sitzstaates sei, sowie alle Rechtsordnungen, in denen er mit dem Vertrieb des Produkts rechnen müsse.[684] Vom Konsumenten könne nicht erwartet werden, seine Versicherungen und sein Konsumverhalten jeweils an das Recht jenes Staates anzupassen, dessen Produkte er konsumiere. Vom Hersteller hingegen könne erwartet werden, seine Verluste nach den Rechtsordnungen der Staaten zu kalkulieren, in denen seine Produkte vorhersehbar vertrieben würden.[685] Angemessen sei es auch, ihm die Last des unvorteilhaftesten Rechts – unter denjenigen, die vernünftigerweise vorhersehbar und versicherbar seien – aufzuerlegen.[686]

Die Theorie *Ehrenzweigs* beruht auf dem Umstand, dass zur Zeit der Abhandlung US-amerikanische Gerichte vorwiegend die *lex fori* zur Anwendung

---

Art. 5 Rom II-VO Rn. 7; *Rodiek*, S. 111; vgl. auch *Hamburg Group for Private International Law*, RabelsZ 67 (2003), 1, 16; *Thorn*, FS Schmidt, 1561, 1575.

680 So die Begründung der Kommission vom 21.2.2006, KOM (2006) 83 endgültig, S. 6; aus der Literatur *Fricke*, VersR 2005, 726, 740; *v. Hein*, VersR 2007, 440, 447.

681 *Ehrenzweig*, Yale L. J. 69 (1960), 794.

682 *Ehrenzweig*, Yale L. J. 69 (1960), 794, 799.

683 *Ehrenzweig*, Yale L. J. 69 (1960), 794, 799.

684 *Ehrenzweig*, Yale L. J. 69 (1960), 794, 799.

685 *Ehrenzweig*, Yale L. J. 69 (1960), 794, 801.

686 *Ehrenzweig*, Yale L. J. 69 (1960), 794, 801.

brachten.[687] *Ehrenzweig* zufolge ist das Postulat des vorhersehbaren und versicherbaren Rechts eine Einrede des Beklagten gegen die Anwendung der *lex fori*.[688]

b) *Kritik*

Auch wenn *Ehrenzweigs* Theorie maßgeblichen Einfluss auf die Vorhersehbarkeitsklausel im Haager Übereinkommen hatte,[689] ist seine Forderung nach einem versicherbaren Recht auf deutliche Kritik in der Literatur gestoßen.[690]

aa) *Kein Bedürfnis der Einschränkung der Produzentenhaftung aus Sicht der Versicherungspraxis*

Abgelehnt wird *Ehrenzweigs* Theorie zunächst aus rein tatsächlicher Sicht: Die bestehende Versicherungspraxis, die täglich nicht vorhersehbare Risiken versichere, widerlege das Bedürfnis nach einem vorhersehbaren und versicherbaren Recht.[691]

Diese Überlegung soll anhand der deutschen Versicherungspraxis beispielhaft verdeutlicht werden. Die Produkthaftpflicht wird in Deutschland im Rahmen der Betriebshaftpflichtversicherung versichert.[692] Das versicherte Produktrisiko umfasst das Haftungsrisiko aus der Herstellung und dem Vertrieb von Produkten und Leistungen.[693] Der Betriebshaftpflicht liegen in der Regel die „Allgemeinen Haftungsbedingungen für die Haftpflichtversicherung (AHB)“[694] des Gesamtverbands der Deutschen Versicherungswirtschaft zugrunde. Für die Versicherung des Produktrisikos wurden vom Gesamtverband der Deutschen Versicherungswirtschaft Musterbedingungen, die „Besonderen Bedingungen und Risikobeschreibungen für die Produkthaftpflichtversicherung von

687 *Ehrenzweig*, Yale L. J. 69 (1960), 794 ff.

688 *Ehrenzweig*, Yale L. J. 69 (1960), 794, 803.

689 *Duintjer Tebbens*, S. 345; *Fischer*, McGill L. J. 20 (1974), 44, 58; *Lorenz*, FS Wahl, S. 185, 190; *ders.*; RabelsZ 37 (1973), 317, 344; *ders.*, RabelsZ 57 (1993), 175, 204.

690 Siehe unter anderem die Kritik von *Fallon*, Les accidents de la consommation, S. 488 ff.; *Czempiel*, Deliktsstatut, S. 128 ff.; *Wandt*, Rn. 599 ff.

691 *Czempiel*, Deliktsstatut, S. 129; *Duintjer Tebbens*, S. 133; *Wandt*, Rn. 599.

692 *Thürmann/Kettler*, S. 1.

693 *Thürmann/Kettler*, S. 1.

694 Aktuelle Fassung vom Februar 2016; abrufbar unter https://www.gdv.de/resource/blob/6132/6a2283f21432edcdf9291a53e9967fd0/01-allgemeine-versicherungsbedingungen-fuer-die-haftpflichtversicherung--ahb--data.pdf; zuletzt abgerufen am 08.06.2018.

Industrie- und Handelsbetrieben (Produkthaftpflicht-Modell)“[695], entwickelt, welche die Allgemeinen Haftungsbedingungen ergänzen.

Die AHB schließen grundsätzlich die Haftung für Auslandsschäden aus.[696] Gleichermaßen sieht das Produkthaftungsmodell keine Musterbedingungen für die Auslandsdeckung vor. Die Auslandsdeckung, sprich die Haftung für Produkthaftungsfälle im Ausland, erfordert eine besondere Vereinbarung zwischen den Parteien.[697] Der notwendigen gesonderten Vereinbarung wiederum liegen in der Regel die „Besonderen Bedingungen für den Einschluss von Auslandsschäden in die Betriebshaftpflichtversicherung“[698] oder vergleichbare Regelungen zugrunde.[699] Auslandsschäden werden nach einem sogenannten Bausteinsystem mitversichert.[700] Die wichtigsten Kategorien im Rahmen des Bausteinsystems sind der indirekte und der direkte Export. Indirekte Exporte liegen vor, wenn der Hersteller seine Produkte ins Inland liefert und die Produkte über (gewerbliche oder private) Abnehmer, Händler oder Weiterverarbeiter auf den ausländischen Markt gelangen.[701] Direkte Exporte sind gegeben, wenn der Versicherungsnehmer seine Produkte ins Ausland liefert oder liefern lässt.[702] Im Übrigen werden bekannte indirekte Exporte direkten Exporten gleichgestellt. Aus Sicht der Versicherungspraxis geht mit dem bekannten indirekten Export das gleiche Risiko einher wie mit dem direkten Export.[703] Der bekannte indirekte Export zeichnet sich dadurch aus, dass der Versicherungsnehmer vom Vertrieb des Produkts in einem bestimmten Land weiß.[704] Während indirekte Exporte generell weltweit versichert werden, gilt die Deckung für direkte Exporte in der Regel nicht für

---

695 Aktuelle Fassung vom Januar 2015; abrufbar unter https://www.gdv.de/resource/blob/5966/e514308a3a39a5a801ccd0dbd01f237c/14-besondere-bedingungen-und-risikobeschreibungen-fuer-die-produkthaftpflichtversicherung-von-industrie--und-handelsbetrieben--produkthaftpflicht-modell--data.pdf; zuletzt abgerufen am 08.06.2018.

696 Siehe Ziffer 7.9 der AHB.

697 Siehe Ziffer 5 des Produkthaftpflicht-Modells.

698 Abdruck in VerbAV 1982, 184 f.

699 Zu den gängigen Formulierungen siehe *Nickel/Nickel-Fiedler*, Ziff. 5 PHB Rn. 9 ff.

700 Vgl. *Nickel/Nickel-Fiedler*, Ziff. 5 PHB Rn. 9 ff.

701 *Nickel/Nickel-Fiedler*, Ziff. 5 PHB Rn. 11 ff.; siehe auch Definition unter http://www.deutsche-versicherungsboerse.de/verswiki/index_dvb.php?title=Indirekter_Export; zuletzt abgerufen am 08.06.2018.

702 Schimikowski-*Schimikowski*, BBR BHV Rn. 133; *Wandt*, Rn. 600.

703 *Nickel/Nickel-Fiedler*, Ziff. 5 PHB Rn. 12.

704 *Nickel/Nickel-Fiedler*, Ziff. 5 PHB Rn. 12; *Veith/Gebert/Gräfe*, §15 Rn. 196.

Lieferungen in die USA und Kanada.[705] Die Mitversicherung des weltweiten indirekten Exports ist in der Regel in der Prämie für die Produkthaftpflichtversicherung bereits eingerechnet.[706] Dies gilt jedoch nicht für den bekannten indirekten Export, weil er für den Versicherer das gleiche Risiko aufweist wie der direkte Export.[707]

Die Kritiker der Theorie *Ehrenzweigs* stützen sich insbesondere darauf, dass die deutsche Praxis Versicherungsschutz sowohl für direkte als auch für indirekte Exporte gewährt.[708] Gerade im Fall des indirekten Exports sei das anwendbare Recht nicht in allen Fällen für den Hersteller vorhersehbar, so dass ein tatsächlicher Beleg für die Versicherbarkeit des Haftungsrisikos nach einer unvorhersehbaren Rechtsordnung vorliege.

Ferner soll der Vorhersehbarkeit des anwendbaren Rechts auch keine Relevanz für die risikogerechte Berechnung der Versicherungsprämie zukommen.[709] Der Rückgriff auf Erfahrungswerte (beispielsweise in Form von Exportumsätzen) erlaube die risikogerechte Prämienberechnung.[710] Nicht die *ex ante*-, sondern die *ex post*-Betrachtung sei für die Versicherbarkeit und die Prämienberechnung entscheidend.[711] Dementsprechend könne es auch nicht auf die Vorhersehbarkeit des anwendbaren Rechts ankommen.[712]

Daneben gehen die Kritiker davon aus, dass die anwendbare Rechtsordnung kein relevanter Risikoparameter ist.[713] Grundlage der Prämienkalkulation seien nicht einzelne Rechtsordnungen, sondern lediglich Art und Umsatz des verkauften Produkts.[714] Von Interesse für die Prämienberechnung sei ferner Häufigkeit und Höhe der Schadensersatzforderungen. Solange die Höhe vorhersehbar sei, spiele es nur eine geringe Rolle, ob der Forderung eine Anspruchsgrundlage aus

705 *Nickel/Nickel-Fiedler*, Ziff. 5 PHB Rn. 12.

706 *Hoechst*, S. 132.

707 *Nickel/Nickel-Fiedler*, Ziff. 5 PHB Rn. 12.

708 Vgl. *Wandt*, Rn. 600 f.; *Winkelmann*, S. 241; so auch internationaler Hinsicht *Duintjer Tebbens*, S. 133.

709 *Drobnig*, in: v. Caemmerer, S. 298, 325; *Czempiel*, Deliktsstatut, S. 129; *Morris*, Yale L. J. 70 (1961), 554 ff.; *Wandt*, Rn. 602; vgl. auch *Fallon*, Les accidents de la consommation, S. 491.

710 *Drobnig*, in: v. Caemmerer, S. 298, 325; *Duintjer Tebbens*, S. 135; *Wandt*, Rn. 602.

711 Instruktiv hierzu *Morris*, Yale L.J. 70 (1961), 554 ff.; siehe ferner *Wandt*, Rn. 602.

712 Siehe vor allem *Czempiel*, Deliktsstatut, S. 129.

713 *Wandt*, Rn. 602; *Czempiel*, Deliktsstatut, S. 129, der allerdings davon ausgeht, das anwendbare Recht sei ein Risikoparameter von untergeordneter Bedeutung.

714 *Czempiel*, Deliktsstatut, S. 129; *Duintjer Tebbens*, S. 134 f.; *Wandt*, Rn. 602.

einer unvorhersehbaren Rechtsordnung zugrunde liege.[715] Die Höhe der Versicherungsprämien für die Haftung in den USA wird beispielsweise nicht auf Unterschiede im materiellen Recht, wie die Gewährung von *punitive damages*, zurückgeführt, sondern mit dem Institut des Jury-Prozesses oder den Unzulänglichkeiten des Sozialversicherungssystems begründet.[716]

bb) *Die Verkürzung der Zwecke des Haftungsrechts*

Daneben wird *Ehrenzweigs* Theorie vorgeworfen, sie verkürze unzulässigerweise die Ziele des Haftungsrechts.[717] Die Forderung nach einem versicherbaren Recht reduziere das Haftungsrecht auf die Ausgleichsfunktion und vernachlässige dadurch die verhaltenssteuernde Funktion.[718]

c) *Stellungnahme*

Die Frage, ob die Vorhersehbarkeit mit Hilfe der Versicherbarkeit zu begründen ist, hängt von vier Fragen ab: Ist die Versicherbarkeit des Produkthaftungsrisikos kollisionsrechtlich überhaupt ein berechtigtes Anliegen? Führt die Vorhersehbarkeit dazu, dass das Risiko der Produkthaftpflicht versicherbar ist? Ist das anwendbare Recht ein relevanter Risikoparameter bei der Prämienberechnung? Inwiefern kommt der Vorhersehbarkeit Bedeutung für die effektive Versicherbarkeit des Produkthaftungsrisikos zu? Diese Fragen sollen nacheinander beantwortet werden.

aa) *Die kollisionsrechtliche Relevanz der Versicherbarkeit des Produkthaftungsrisikos*

(1) *Die generelle Bedeutung und Funktion von Haftpflichtversicherungen*

Ehrenzweigs Ansicht stützt sich auf die generelle Funktion von Versicherungen. Die Grundidee der Versicherung besteht darin, dass Risiken nicht vom Einzelnen getragen, sondern auf möglichst viele Schultern verteilt werden.[719] Mit Hilfe der Versicherung wird ein im Einzelnen ungewisser, insgesamt aber geschätzter Mittelbedarf im Kollektiv und über die Zeit verteilt.[720] Der ökonomische Grund

---

715 *Czempiel*, Deliktsstatut, S. 129; *Duintjer Tebbens*, S. 133 ff.

716 *Czempiel*, Deliktsstatut, S. 129.

717 *v. Hein*, Günstigkeitsprinzip, S. 205.

718 *v. Hein*, Günstigkeitsprinzip, S. 205.

719 *Berger*, Am. U. L. Rev. 37 (1988), 285, 287.

720 Siehe *Wantzen*, S. 91; vgl. auch die Definition bei *Koch*, S. 42.

für den Abschluss der Versicherung liegt darin, dass der Versicherer durch Risikotransfer und -diversifikation typischerweise besser dazu in der Lage ist, das versicherte Risiko zu tragen. Die Risikotragung ist dem Versicherten in der Regel nicht möglich, da er nicht genügend Vermögenswerte für den Verlustfall vorhalten kann oder will.[721] Der Abschluss einer Versicherung für ein bestimmtes Risiko führt dazu, dass der potentiell Haftende nicht mehr die primären Kosten der Aktivität trägt, sondern ihn sekundäre Kosten in Form von Versicherungsprämien treffen.

Die wirtschaftliche Bedeutung der Versicherung legt jedoch nicht fest, welche Partei das Risiko versichern sollte. *Ehrenzweig* meint, der Haftende könne das Produkthaftungsrisiko besser versichern.[722] Diese Überlegung muss eingeschränkt werden: Aus ökonomischer Sicht sollte die Schadenslast derjenigen Partei auferlegt werden, der geringere Kosten für die Versicherung des Risikos entstehen.[723] Ob dies der Haftende ist, kann in diesem Rahmen nicht abschließend untersucht werden. Es ist jedoch anzuerkennen, dass die Transaktionskosten auf Seiten des Haftenden geringer sind als auf Seiten der Produktabnehmer. Während der Haftende in der Regel nur einen Versicherungsvertrag abschließen muss, ist auf Seiten der Produktabnehmer eine Vielzahl von Verträgen nötig – jeder Abnehmer müsste selbst für seine Versicherung sorgen. Auch die Fähigkeiten von Herstellern und anderen Anspruchsgegnern der Produkthaftung als ökonomische Institution kommen im Rahmen dieser Betrachtung zum Tragen. *Ehrenzweig* ist in seiner Annahme insofern zuzustimmen, als dass der Haftende die Versicherungskosten und damit letztlich auch die Haftungskosten über den Produktpreis an die Konsumenten weitergeben und so auf die Gesamtheit der Konsumenten verteilen kann.[724] Letztlich tragen diejenigen die Kosten der Versicherung, die auch von der Nutzung des Produkts profitieren.[725] Allerdings bleibt zu beachten, dass Art. 5 Rom II-VO keine differenzierende Preispolitik anhand der jeweils gegebenen Versicherungsprämien ermöglicht, weil primär nicht an den Erwerbsort und damit die konkrete Markttransaktion angeknüpft wird. Daher kann auch nicht die jeweils zu zahlende Versicherungsprämie an den jeweiligen Abnehmer weitergegeben werden. Die insgesamt entstehenden Versicherungskosten können nur der Gesamtheit der Abnehmer auferlegt werden.

721 *Shavell*, Economic Analysis of Accident Law, S. 192 f.; *Wantzen*, S. 91.
722 *Ehrenzweig*, Yale L. J. 69 (1960), 794, 799.
723 *Trimarchi*, ZHR 136 (1972), 118, 123.
724 *Ehrenzweig*, Yale L. J. 69 (1960), 794, 799.
725 *Berger*, Am. U. L. Rev. 37 (1988), 285, 299.

(2) *Das Interesse an einer effektiven Versicherbarkeit aus Sicht der Rom II-Verordnung*

Fraglich ist jedoch, ob und ggf. warum aus Sicht der Rom II-Verordnung überhaupt ein Interesse an der effektiven Versicherbarkeit der Produkthaftung besteht. Wenn aus Sicht des Kollisionsrechts ein entsprechendes Bedürfnis nicht besteht, ist die Theorie *Ehrenzweigs* bereits aus diesem Grund hinfällig.

Der europäische Verordnungsgeber hat sich das Ziel gesetzt, Innovationsanreize zu setzen.[726] Insbesondere risikoaverse Hersteller haben ein gesteigertes Interesse daran, das Produkthaftungsrisiko zu angemessenen Preisen versichern zu können. Auf diesem Weg werden sie dazu ermutigt, innovative Produkte zu entwickeln und den Produktabsatz zu fördern, da sie die unmittelbaren Haftungskosten für fehlerhafte Produkte nicht selbst tragen müssen. Umgekehrt können unverhältnismäßig hohe bzw. ineffiziente Versicherungsprämien den Effekt haben, dass der Produktvertrieb oder Innovationen ausbleiben.[727] Erfahrungen in der US-amerikanischen Versicherungswirtschaft haben gezeigt, dass ineffektive Versicherungsprämien den Rückzug von Produkten von bestimmten Märkten begründen können.[728] Wenn Hersteller nicht bereit sind, die primären Kosten ihrer Aktivität selbst zu tragen und die sekundären Kosten in Form von Versicherungsprämien die wirtschaftliche Attraktivität der Unternehmung entfallen lassen, unterlassen sie gesamtwirtschaftlich sinnvolle Unternehmungen.[729]

Positive Effekte zeigen sich auch auf Seiten des Produktabsatzes: Die effiziente Berechnung der Versicherungsprämie gewährleistet den optimalen Einsatz der Ressourcen, die für die Versicherung des Haftungsfalls aufgewendet werden müssen. Dadurch wird die Wettbewerbsfähigkeit des Produkts gesteigert, was letztlich zu höheren Produktabsätzen führen sollte.[730] Zwar hat der europäische Verordnungsgeber die Steigerung des Produktabsatzes nicht ausdrücklich zum Regelungsziel erhoben, doch bezweckt die Regelung der Produkthaftung in Art. 5 Rom II-VO eine Erleichterung des Handels.[731] Mit der Erleichterung des

726 Siehe Erwägungsgrund 20 der Rom II-VO.

727 *Priest*, Yale L. J. 96 (1987), 1521 f.

728 *Priest*, Yale L. J. 96 (1987), 1521 f.; *Saravalle*, in: Malatesta, S. 107, 112.

729 Vgl. *Saravalle*, in: Malatesta, S. 107, 112.

730 Siehe zum Vorhergehenden *Priest*, Yale L. J. 96 (1987), 1521, 1548 f.

731 Siehe Erwägungsgrund 20 der Rom II-VO, der besagt, dass Art. 5 Rom II-VO „für eine gerechte Verteilung der Risiken einer modernen, hochtechnisierten Gesellschaft sorgen, die Gesundheit der Verbraucher schützen, Innovationsanreize geben, einen unverfälschten Wettbewerb gewährleisten und den Handel erleichtern [soll]."

Handels geht ein gesteigerter Produktabsatz einher. Die Steigerung des Produktabsatzes steht folglich mit den Regelungszielen des europäischen Verordnungsgebers in Einklang.

bb) *Die Versicherbarkeit der unvorhersehbaren Rechtsordnung*

Die Versicherungspraxis offenbart jedoch, dass die Vorhersehbarkeit des Haftungsstatuts keine notwendige Bedingung für die Versicherbarkeit des Produkthaftungsrisikos ist, wie dies von *Ehrenzweig* angenommen wurde[732]. Auch nicht genau bestimmbare Haftungsrisiken sind grundsätzlich versicherbar, solange eine ungefähre Schätzung des Haftungspotenzials möglich ist.[733] Risiken sind erst dann nicht mehr versicherbar, wenn ein Risiko in seinem Umfang wesentlich größer ist als aufgrund von statistischer Wahrscheinlichkeit zum Zeitpunkt des Vertragsschlusses angenommen wurde.[734] Gleiches gilt selbstverständlich auch, wenn ein Haftungsrisiko insgesamt nicht erkennbar war.[735]

Übertragen auf das Kollisionsrecht der Rom II-Verordnung bedeutet dies: Nur in Fällen, in denen das Inverkehrbringen des Produkts in einem Land statistisch nicht antizipiert werden kann, ist das Haftungsrisiko nicht versicherbar. Es ist jedoch davon auszugehen, dass Erfahrungswerte darüber bestehen, in welchem Umfang bestimmte Produkte auf den verschiedenen nationalen Märkten typischerweise in den Verkehr gebracht werden.[736] Auch die bestehende Versicherungspraxis belegt, dass die internationale Produkthaftung ohne die normierte Vorhersehbarkeit des anwendbaren Rechts oder andere einschränkende Elemente versichert werden kann.[737] Schließlich werden indirekte Exporte in der deutschen Versicherungspraxis regelmäßig versichert. Gerade bei einem indirekten Export ist das anwendbare Haftungsregime nicht in allen Fällen *ex ante* vorhersehbar. Folglich sollte die generelle Versicherbarkeit eines unvorhersehbaren Haftungsregimes nicht in Zweifel gezogen werden.[738]

---

732 *Ehrenzweig*, Yale L. J. 69 (1960), 794, 800.
733 *Berger*, Am. U. L. Rev. 37 (1988), 285, 303; *Duintjer Tebbens*, S. 133.
734 *Berger*, Am. U. L. Rev. 37 (1988), 285, 303.
735 *Berger*, Am. U. L. Rev. 37 (1988), 285, 310.
736 Vgl. *Wandt*, Rn. 602.
737 *Wandt*, Rn. 603 f.
738 So auch schon *Wandt*, Rn. 605 ff.; *Winkelmann*, S. 241.

cc) *Relevanz der Vorhersehbarkeit für die effektive Versicherbarkeit des internationalen Produkthaftungsrisikos*

Obwohl die Vorhersehbarkeit keine notwendige Bedingung für die generelle Versicherbarkeit des internationalen Produkthaftungsrisikos ist, könnte sie für die effiziente Versicherbarkeit sorgen.

(1) *Bedingungen für die Effizienz von Haftpflichtversicherungen*

(a) *Die Berechenbarkeit des Risikopotenzials*

Versicherungen sind immer dann effizient, wenn die Versicherungsprämie durch Staffelung genau den zu erwartenden Schäden des Versicherungssuchenden entspricht.[739] Versicherungsprämien werden auf Grundlage des erwarteten Verlusts zuzüglich anteiliger Verwaltungskosten und des einzubehaltenden Gewinns des Versicherers berechnet.[740] Die Berechnung der Versicherungsprämie erfordert ein *risk assessment*,[741] in dessen Rahmen das Schadenspotenzial des jeweiligen Versicherungssuchenden kalkulierbar sein muss. In Bezug auf die Verschuldenshaftung bedeutet dies beispielsweise, dass für die Berechnung der Versicherungsprämie das Sorgfaltsniveau des jeweilig Haftenden erkennbar ist.[742]

Die Risiken der einzelnen Versicherungsnehmer werden vom Versicherer gesammelt und in separate Risikopools eingeteilt, um die Wahrscheinlichkeit eines Gesamtverlustes zu verringern.[743] Innerhalb eines Risikopools werden Versicherungsprämien akkumuliert und entsprechend der Zahlungsverpflichtung im Versicherungsfall ausgezahlt.[744] Funktionsbedingung dieses Systems ist die Diversifikation der übernommenen Risiken und die Kalkulierbarkeit des kollektiven Schadensrisikos.[745] Die übernommenen Risiken müssen unabhängig von einander sein (im Sinne einer statistischen Unverbundenheit) und das gesamte Schadensrisiko muss für den Versicherer vorhersehbar sein. Das Risiko des Versicherers, dass die akkumulierten Prämien nicht ausreichen, um für die versicherten Risiken einzustehen, verringert sich, je genauer das eingegangene Risiko vorhergesagt werden kann und je unabhängiger die einzelnen Risiken von einander sind.[746]

739 Vgl. *Saravalle*, in: Malatesta, S. 107, 112; *Schäfer/Ott*, Ökonomische Analyse, S. 241.
740 *Priest*, Yale L. J. 96 (1987), 1521, 1539.
741 *Schäfer/Ott*, Ökonomische Analyse, S. 241.
742 *Schäfer/Ott*, Ökonomische Analyse, S. 241.
743 *Wantzen*, S. 91.
744 *Priest*, Yale L. J. 96 (1987), 1521, 1539.
745 *Wantzen*, S. 91.
746 *Priest*, Yale L. J. 96 (1987), 1521, 1540.

Die Effizienz von Versicherungen wird gesteigert, wenn die Versicherungsnehmer in Pools zusammengefasst werden, innerhalb derer möglichst geringe Unterschiede hinsichtlich des Risikopotenzials, d.h. der Höhe zu erwartender Schäden, bestehen. Die Versicherungsprämie innerhalb des Risikopools wird auf Grundlage des durchschnittlichen Risikos der Poolmitglieder kalkuliert.[747] Je größer die Unterschiede zwischen Poolmitgliedern mit hohem Risikopotenzial und Poolmitgliedern mit niedrigem Risikopotenzial sind, desto größer ist auch der Unterschied zwischen dem durchschnittlichen Risikopotenzial und dem Risikopotenzial der Mitglieder mit niedrigerer Schadensgeneigtheit.[748] Mitglieder mit niedrigerer Schadensgeneigtheit zahlen faktisch einen Aufschlag, weil die Höhe der Versicherungsprämie die Schadensgeneigtheit des konkreten Poolmitglieds übersteigt.[749] Im Extremfall kommt es zu einer Einheitsprämie, die das Problem der Negativauslese und der *moral hazard* begründet.[750] Hierauf wird sogleich eingegangen.

Volkswirtschaftlich hat die Einteilung in möglichst eng definierte Pools die Folge, dass die Verfügbarkeit von Versicherungen erhöht wird. Durch den Wettbewerb der Versicherer wird das Angebot an Versicherungen gesteigert. Jeder Versicherer versucht, dem Versicherungssuchenden die Versicherung anzubieten, die dem individuellen Risiko möglichst exakt entspricht. Indem der Abschluss der Versicherung attraktiver wird, insbesondere auch für Haftende mit niedrigem Risikopotenzial, steigt die Nachfrage nach Versicherungen, was seinerseits in einem höheren Angebot resultiert.[751]

(b) Relevanz der ex ante-Sicht

Der Einwand der Literatur, dass Erfahrungswerte für die Berechnung von Versicherungsprämien entscheidend sind, hat auf den ersten Blick einiges für sich. Die Erfahrungswerte sind eine feststehende Größe, die nicht von zukünftigen Ereignissen und Ungewissheiten abhängt. Sie weisen jedoch die Schwäche auf, dass Erfahrungswerte nicht zwingend für alle Versicherungssuchenden repräsentativ sind und künftige Entwicklungen nicht berücksichtigen. Um Erfahrungswerten Aussagekraft zu verleihen, werden in der Praxis häufig die Daten einer Gruppe von Versicherten herangezogen.[752] Im Bereich der Produkthaftung variiert das

747 Siehe bereits oben unter C.I.1 zu dem vergleichbaren Problem der Quersubventionierung im Rahmen der Preisbildung.

748 *Priest*, Yale L. J. 96 (1987), 1521, 1541.

749 *Priest*, Yale L. J. 96 (1987), 1521, 1541.

750 *Schäfer/Ott*, Ökonomische Analyse, S. 243.

751 Siehe zum Vorhergehenden *Priest*, Yale L. J. 96 (1987), 1521, 1545 f.

752 *Morris*, Yale L. J. 70 (1961), 554, 565.

Risikopotenzial verschiedener Versicherter jedoch so stark, dass die Erfahrungswerte für viele Versicherungssuchende nicht repräsentativ sind.[753] Ferner müssen vergangene Haftungsfälle nicht zwingend zukünftigen Haftungsfällen entsprechen. Um Anreize zur Schadensvermeidung zu setzen, sollte das individuelle Schadenspotenzial auf Grundlage der zu erwartenden Schadensfälle in den Blick genommen werden. So wird die Beitragsgerechtigkeit und damit auch die Effizienz von Versicherungen gesteigert. Der Zeitpunkt des Vertragsschlusses ist für die Kalkulation der zu erwartenden Schäden entscheidend.[754] Wenn der Versicherer das Risiko zu diesem Zeitpunkt, sprich aus der *ex ante*-Sicht, nicht angemessen vorhersehen kann, wird die effiziente Versicherbarkeit des Risikos wesentlich erschwert.[755] Eine reine *ex post*-Sicht begründet hingegen die Gefahr der *moral hazard* und der Negativauslese. Die Berechnung der Versicherungsprämien auf Grundlage der Erfahrungswerte kann also nur dann gerechtfertigt werden, wenn das künftige, individuelle Schadenspotenzial nicht mit hinreichender Sicherheit bestimmt werden kann. Vorzugswürdig ist die *ex ante*-Sicht.

(c) Das Problem der Negativauslese

Die Vorhersehbarkeit des Schadenspotenzials des jeweiligen Versicherungssuchenden ist unerlässlich, um dem Problem der *adverse selection*, der Negativauslese, zu begegnen.[756] Generell stellt es sich im Bereich von Versicherungen immer dann, wenn eine Korrelation zwischen der Nachfrage des Versicherungssuchenden nach Versicherungsschutz und dem Risikopotenzial des Versicherungssuchenden besteht, diese Korrelation aber nicht (hinreichend) bei der Berechnung der Versicherungsprämie berücksichtigt werden kann.[757]

Bereits oben ist der Gedanke angeklungen, dass die Effizienz von Versicherung gesteigert wird, wenn der Unterschied zwischen dem individuellen Risikopotenzial der verschiedenen Poolmitglieder möglichst gering ist. Wenn allerdings die Disparität zwischen der Höhe der Versicherungsprämie und dem Risiko, das durch das einzelne Mitglied in den Pool eingebracht wird, zu groß wird, kann es dazu kommen, dass Mitglieder mit niedrigerem Risikopotenzial aus dem Pool austreten, da andere Formen des Schutzes für sie kostengünstiger sind.[758] Wenngleich die meisten Individuen risikoavers sein mögen, sind diese nicht unbegrenzt

753 *Morris*, Yale L. J. 70 (1961), 554, 570.
754 *Berger*, Am. U. L. Rev. 37 (1988), 285, 311.
755 *Saravalle*, in: Malatesta, S. 107, 112.
756 *Priest*, Yale L. J. 96 (1987), 1521, 1540.
757 Vgl. http://en.wikipedia.org/wiki/Adverse_selection; zuletzt abgerufen am 08.06.2018.
758 *Priest*, Yale L. J. 96 (1987), 1521, 1541.

bereit, eine Versicherungsprämie zu zahlen, die ihre erwarteten Verluste übersteigt.[759] Gerade auf Produkthersteller, die ihr Handeln noch stärker als Individuen am effektiven Einsatz von Mitteln orientieren, wird dies zutreffen. Alternativen zum Abschluss einer Versicherung sind beispielsweise zusätzliche Investitionen in die Produktsicherheit oder der Übergang zu einem System der Selbstversicherung. Wenn Poolmitglieder mit geringerer Schadensgeneigtheit austreten, verbleiben in dem Pool Mitglieder mit höherer Schadensgeneigtheit. Entsprechend dem neuen höheren durchschnittlichen Risikopotenzial muss auch die Versicherungsprämie erhöht werden. Auf Mitglieder, die ein niedrigeres Schadenspotential als das durchschnittliche aufweisen, steigt nun der Druck, ebenfalls aus dem Pool auszutreten.[760] Letztlich kann es dazu kommen, dass sich nur noch Versicherungssuchende mit hohem Risikopotenzial für den Abschluss des Versicherungsvertrags entscheiden. Gleichzeitig entsteht auf Seiten der verbliebenen Poolmitglieder ein Anreiz, erhöhte Schadensrisiken in den Risikopool einzubringen, da die erhöhte Schadensgeneigtheit auf Kosten der anderen Mitglieder des Risikopools geht.[761] Die Versicherung zieht somit hohe Schadensrisiken an.[762] Ohne Berücksichtigung des individuellen Schadenspotenzials kommt es zu einer Negativauslese, welche die Versicherung nur mit sogenannten „schlechten Risiken“ zurücklässt.[763] Dem kann entgegengetreten werden: Je kleiner die Unterschiede in dem Risikopotenzial der Poolmitglieder sind, desto attraktiver ist der Abschluss des Versicherungsvertrags, da die Diskrepanz zwischen durchschnittlichem Risiko und erwarteten Verlusten minimiert wird. Die Anreize zum Austritt werden verkleinert und auf diesem Weg wird auch der Gefahr der Negativauslese begegnet.[764]

(d) Das moral hazard-Problem

Der Abschluss einer Haftpflichtversicherung kann dazu führen, dass die Verhaltenssteuerung nur noch unzureichend durchgesetzt wird. Wenn der potentiell Haftende nicht mehr selbst für die von ihm verursachten Schadensfälle aufkommen muss, weil eine Versicherung den Schaden trägt, kann die Schadensersatzpflicht ihre abschreckende Wirkung nicht mehr entfalten – der Anreiz, ein unerwünschtes Verhalten zu unterlassen, fällt weg.[765] Diskutiert wird dieses Problem unter dem Begriff der *moral hazard*.

---

759 *Priest*, Yale L. J. 96 (1987), 1521, 1541.
760 *Priest*, Yale L. J. 96 (1987), 1521, 1541.
761 *Wantzen*, S. 93 f.
762 *Wantzen*, S. 94, vgl. auch *Bishop*, J. Leg. Stud. 12 (1983), 241, 246.
763 *Schäfer/Ott*, Ökonomische Analyse, S. 243.
764 *Priest*, Yale L. J. 96 (1987), 1521, 1542.
765 In diese Richtung argumentierend *Esser/Weyers*, S. 137 f.

In dieser Absolutheit trifft die vorstehende Aussage jedoch nicht zu. Wenn die Anzahl der Schadensfälle zunimmt, erhöht sich für den Versicherer auch das künftig erwartete Haftungsrisiko. Die Erhöhung des Haftungsrisikos wird der Versicherer im Wege der Prämienerhöhung an den Versicherten weitergeben. Den Kritikern in diesem Bereich ist zwar zuzugestehen, dass Haftpflichtversicherungen die Präventionswirkung zu einem gewissen Maße neutralisieren können, etwa wenn die Haftpflichtversicherung im Vergleich zu den sonstigen Produkt- oder Tätigkeitskosten minimal sind,[766] die Präventionswirkung wird durch sie aber nicht gänzlich entwertet. Bedingung ist jedoch, dass die Prämienstruktur an dem tatsächlichen Risiko des Versicherten ausgerichtet ist.[767]

Die Verhaltenssteuerung kommt jedoch dann nicht mehr zum Tragen, wenn das individuelle Risikopotenzial des Versicherungssuchenden im Rahmen der Prämienhöhe nicht mehr berücksichtigt wird. Dieser Effekt tritt insbesondere im Fall der Einheitsprämie ein.[768] Hinsichtlich des Sorgfaltsniveaus hat die Einheitsprämie zur Folge, dass dem potentiell Haftenden der Anreiz genommen wird, Schadensvermeidungsaufwand zu betreiben. Dieser Befund ergibt sich aus einer vergleichenden Betrachtung der entstehenden Kosten. Die Kosten des Versicherungssuchenden setzen sich aus Schadensvermeidungsaufwand und Versicherungsprämien zusammen. Die Gesamtkosten sind im Fall von Einheitsprämien für denjenigen am niedrigsten, der gar keinen Schadensvermeidungsaufwand betreibt, weil die Versicherungsprämie für alle gleich ist.[769] In der Folge nimmt die Anzahl der Schäden zu.[770]

Eine unzureichende Prämiendifferenzierung wirkt sich auch auf das Aktivitätsniveaus des Haftenden aus. Soweit die Prämie nicht das Aktivitätsniveau des Versicherungssuchenden widerspiegelt, wird auf Seiten des Versicherten ein Anreiz geschaffen, die risikobehaftete Tätigkeit auszuweiten, weil er eine Prämienerhöhung nicht zu befürchten hat. Durch die Ausweitung der Aktivität entstehen externe Kosten zulasten der übrigen Versicherten. Externe Kosten treten ein, wenn die Kosten einer wirtschaftlichen Aktivität nicht vom Verursacher der Wirkungen getragen werden.[771]

---

766 *Esser/Weyers*, S. 138.
767 *Wantzen*, S. 94.
768 Vgl. *Wantzen*, S. 93.
769 *Schäfer/Ott*, Ökonomische Analyse, S. 242.
770 *Schäfer/Ott*, Ökonomische Analyse, S. 243.
771 *Cezanne*, S. 220.

Insgesamt gilt: Je ineffektiver die Prämien berechnet werden, desto schlechter kann das Haftungsrecht die Aufgabe der Verhaltenssteuerung wahrnehmen.[772] Damit der Funktion der Verhaltenssteuerung Ausdruck verliehen wird, muss das Sorgfalts- und Aktivitätsniveau bei der Prämienberechnung berücksichtigt werden. Nur dann wird der Versicherte einer Erhöhung der Versicherungsprämie entgegenwirken, indem er versucht, zusätzliche Schäden zu vermeiden.[773]

(2) *Folgen für das Kollisionsrecht*

Aus der vorhergehenden Analyse ergibt sich, dass das individuelle Risikopotenzial des Versicherungssuchenden möglichst exakt aus der *ex ante*-Sicht bestimmbar sein muss, um die effektive Versicherbarkeit des internationalen Produkthaftungsrisikos zu ermöglichen. Zu klären bleibt, welche Bedeutung dem anwendbaren Recht im Allgemeinen und der Vorhersehbarkeit im Besonderen für die effektive Versicherbarkeit des internationalen Produkthaftungsrisikos zukommt.

(a) Das anwendbare Recht als Risikoparameter

Selbst Kritiker der Theorie *Ehrenzweigs*, die annehmen, die Vorhersehbarkeit des anwendbaren Rechts sei nicht entscheidend für die risikogerechte Prämienberechnung, geben zu, dass es im Bereich der Produkthaftung Sonderfälle gibt, in denen das Haftungsregime zu einer besonderen Versicherungsprämie geführt hat. Beispielsweise erfordert die Versicherung der Produkthaftung auf dem US-amerikanischen Markt eine Sonderprämie für Körperverletzungen im Bundesstaat New York.[774]

Auch die deutsche Versicherungspraxis zeigt, dass ein Interesse an der Bestimmung des anwendbaren Haftungsstatuts besteht. Zwar wird nicht die Haftung nach einer bestimmten Rechtsordnung versichert, sondern das Schadensereignis in einem bestimmten Land wird vom Versicherungsschutz ausgeschlossen. Direkt hängt der Versicherungsschutz also nicht von der anwendbaren Rechtsordnung ab.[775] Dennoch spielt es für die zu erwartenden Schadenskosten eine entscheidende Rolle, welcher Rechtsordnung der Haftungsfall unterliegt. Jeder Art von Risiko muss für die Berechnung der Prämie auch ein Umfang zugeordnet werden, um die Haftungssumme zu antizipieren.[776] Das Haftungsrisiko wird

772 *Schäfer/Ott*, Ökonomische Analyse, S. 243.
773 *Kötz*, FS Steindorff, S. 643, 653 f.
774 *Morris*, Yale L. J. 70 (1961), 554, 566.
775 Vgl. *Duintjer Tebbens*, S. 133 f.
776 *Morris*, Yale L. J. 70 (1961), 554, 561; MüKoBGB-*Junker*, Art. 5 Rom II-VO Rn. 3.

vom Rechtsanwendungsrisiko bestimmt.[777] Das materielle Recht bestimmt zum Beispiel, in welchen Fällen überhaupt Schadensersatz gewährt wird, welche Voraussetzungen für die Haftung erfüllt sein müssen und welche Schäden in welcher Höhe ersatzfähig sind. Welches materielle Recht auf Produkthaftungsfälle Anwendung findet, regelt Art. 5 Rom II-VO. Die Frage des anwendbaren Rechts ist folglich ein nicht zu unterschätzender Risikoparameter, der in der Prämienkalkulation zu berücksichtigen ist.[778]

In diesem Sinne ist auch die besondere Prämie zu sehen, die für die Versicherung der Produkthaftpflicht in den USA erhoben wird. Die höheren Beitragssätze für die USA können zwar nicht monokausal auf das materielle Recht zurückgeführt werden, dennoch finden sich verschiedene Stimmen, die auf das gesteigerte Risiko hinweisen, das mit der Anwendbarkeit des dortigen Rechtssystems einhergeht,[779] beispielsweise durch *punitive damages*. Die besondere Anspruchsmentalität und die erwachsenden Prozesskosten können die besonderen Haftungsrisiken allein nicht erklären.[780]

Die Sichtweise, wonach lediglich Umsatz und Art des verkauften Produkts für die Prämienberechnung entscheidend wären, greift zu kurz. Wie oben gezeigt wurde, bedarf die Auslandsdeckung einer gesonderten Vereinbarung. Wenn es allein auf den Umsatz ankommen würde, wäre der Ort des Schadenseintritts irrelevant.

Aus Sicht der Versicherungspraxis ist die Anwendbarkeit ausländischen Rechts somit nicht alleiniger Risikofaktor bei der Versicherung von Auslandsschäden. Die Schwierigkeiten, die mit Schadensregulierung und Prozessführung im Ausland verbunden sind und die Anspruchsmentalität der Bevölkerung müssen zur Bewertung des Risikos ebenfalls in Betracht gezogen werden.[781] Dennoch besteht aus Sicht der Versicherungswirtschaft ein Interesse daran, das anwendbare Recht als Risikofaktor möglichst genau vorhersagen zu können. Daher hat auch Art. 5 Rom II-VO Bedeutung für die effiziente Versicherbarkeit internationaler Produkthaftungsfälle.

777 *Rudolf*, WBL 2009, 525, 530; *Thorn*, FS Schmidt, S. 1561, 1575.

778 Vgl. auch *Wandt*, Rn, 606, der trotz seiner Kritik anerkennt, dass das anwendbare Haftungsrecht ein Risikoparameter ist, der in die Prämienkalkulation einfließen kann; siehe ferner *Pester/v. Werder*, DB 1991, 112 ff. zu den länderspezifischen Risikoparametern in der Europäischen Gemeinschaft.

779 Siehe beispielsweise Graf von Westphalen^2-*Graf von Westphalen*, § 56 Rn. 6; *Nickel/Nickel-Fiedler*, Ziff. 5 PHB Rn. 13; *Späte*, § 4 Rn. 40.

780 In diese Richtung argumentierend *Czempiel*, Deliktsstatut, S. 129.

781 *Büsken*, S. 98; Schimikowski-*Harsdorf-Gebhardt*, Ziff. 7 AHB Rn. 325.

(b) Die Bedeutung der Vorhersehbarkeit für die Versicherbarkeit

Bedingung für die angemessene Versicherungsprämie ist, dass der Risikoparameter „anwendbares Recht" *ex ante* richtig bestimmt wird.[782] Die entscheidende Frage lautet also: Welchen Beitrag leistet die Vorhersehbarkeit im Rahmen der risikogerechten Berechnung der Versicherungsprämien?

Die vorgehende Analyse hat gezeigt, dass die Einteilung in möglichst genau unterteilte Risikogruppen die effektive Versicherbarkeit der Risiken positiv beeinflusst. Das Gebot der Differenzierung wird auch im Rahmen der internationalen Produkthaftung berücksichtigt. Art. 5 Rom II-VO enthält verschiedene Faktoren, anhand derer das individuelle Risikopotenzial des Herstellers festgelegt werden kann, so dass eine Differenzierung innerhalb der Gruppe der Hersteller aus der *ex ante*-Sicht möglich ist. Innerhalb des Art. 5 Rom II-VO ist das Inverkehrbringen das erste Differenzierungsmerkmal.[783] Es ist mit jeder Sprosse der Anknüpfungsleiter verbunden und erlaubt eine Differenzierung anhand des Gebiets des Inverkehrbringens. Ein weiteres Unterscheidungskriterium ist die Art des Produkts. Wenn ein gleichartiges Produkt im betreffenden Staat nicht in den Verkehr gebracht wurde, findet die jeweilige Rechtsordnung keine Anwendung. Eine Einschränkung der anwendbaren Rechtsordnung erfolgt ebenfalls über die Vorhersehbarkeit. Die Vorhersehbarkeit ermöglicht eine Unterscheidung aufgrund des subjektiven Erwartungshorizonts. Mit Hilfe der verschiedenen gerade genannten Faktoren muss das Rechtsanwendungsrisiko des Haftenden nicht nach allen Rechtsordnungen bestimmt werden, sondern nur anhand derjenigen, in denen das Produkt oder ein gleichartiges Produkt vorhersehbar in den Verkehr gebracht wurde. Insgesamt trägt die Vorhersehbarkeit zur effektiveren Versicherbarkeit der internationalen Produkthaftung bei. Jedoch wird dies durch verschiedene Merkmale erreicht. Die Vorhersehbarkeit ist hierfür nicht allein verantwortlich. Auch wenn das System des Art. 5 Rom II-VO nicht zwingend zu einer Haftungsbegrenzung führt – bei mangelndem Inverkehrbringen oder einem Fehlen der Vorhersehbarkeit haftet der Inanspruchgenommene immer noch nach dem Recht seines Sitzstaats – können Inverkehrbringen und Vorhersehbarkeit die effektive Versicherbarkeit des Haftungsrisikos positiv beeinflussen. Art. 17 Rom II-VO fördert die effiziente Versicherbarkeit nicht im gleichen Maße. Danach steht die Berücksichtigung der Sicherheits- und Verhaltensregeln nämlich im Ermessen des Gerichts.[784]

---

782 *Wandt*, Rn. 606, Fn. 113.

783 Vgl. insofern auch *Duintjer Tebbens*, S. 132, der darauf hinweist, dass das Vermarktungsgebiet ein relevanter Risikoparameter sein kann.

784 Siehe dazu noch unter E.IV.2.a).

dd) *Zwischenergebnis*

Folglich ist die Vorhersehbarkeit weder alleinige Bedingung für die generelle noch für die effiziente Versicherung des internationalen Produkthaftungsrisikos. Die generelle Versicherbarkeit ist auch im Fall der Unvorhersehbarkeit der anwendbaren Rechtsordnung gewahrt. Die effiziente Versicherbarkeit wird über die Merkmale des Inverkehrbringens, der Gleichartigkeit des Produkts und der Vorhersehbarkeit gemeinsam erzielt. Der Vorhersehbarkeitseinwand kann daher nicht ausschließlich mit versicherungswirtschaftlichen Erwägungen begründet werden. Der Ansatz *Ehrenzweigs* ist zur dogmatischen Begründung der Vorhersehbarkeit, wie sie in Art. 5 Abs. 1 Satz 2 Rom II-VO normiert ist, unzureichend. Dennoch ist nicht von der Hand zu weisen, dass sie einen Beitrag zur effizienten Versicherbarkeit des Produkthaftungsrisikos liefert.

2. Zurechenbarkeit

In der Literatur wurden verschiedene Versuche unternommen, die Vorhersehbarkeit mit Hilfe der Zurechenbarkeit zu begründen. Wenngleich die Ansätze in Bezug auf die Vorhersehbarkeit des Erfolgsorts formuliert wurden, sollen sie in diesem Zusammenhang erörtert werden.

a) *Adäquanztheorie*

Grußendorf zieht materiellrechtliche Zurechnungstheorien, konkret die Adäquanztheorie, heran, um das kollisionsrechtliche Rechtsanwendungsrisiko zu begrenzen.[785] Um die Anwendung zufälliger Rechtsordnungen auszuschließen, seien im Internationalen Deliktsrecht nur diejenigen Erfolgsorte relevant, „an denen nach allgemeiner Lebenserfahrung mit dem Eintritt des Erfolgs, der Rechtsverletzung, gerechnet werden mußte.“[786]

b) *Beherrschbarkeit des Geschehens*

Schmidt-Salzer und *Czempiel* stellen die Beherrschbarkeit des Geschehens in den Mittelpunkt ihres Ansatzes.

aa) *Zurechnung*

Schmidt-Salzer meint, dass der potentiell Haftende die Anforderungen einer fremden Rechtsordnung nur dann berücksichtigen muss, wenn ein Anhaltspunkt für

785 *Grußendorf*, S. 32.
786 *Grußendorf*, S. 32.

eine Zurechenbarkeit der jeweiligen Rechtsordnung besteht.[787] Um dem Genüge zu tun, müsse die Tatortregel um einen subjektiven Tatbestand auf Seiten des Haftenden erweitert werden.[788] Konkret sollten „der Warenhersteller sowie die übrigen an der Warenherstellung und am Warenvertrieb Beteiligten nur dann und nur soweit haften, wie bei objektiver Beurteilung aus ihrer Perspektive voraussehbar wäre, dass das Produkt in den örtlichen Geltungsbereich der jeweils anzuwendenden Rechtsordnung gelangen würde."[789] Erst dann könne der Hersteller sich um die Befolgung der für die einzelnen Tätigkeitsakte geltenden Rechtsordnungen kümmern.[790] Bereits hinsichtlich des Warenvertriebs komme es aufgrund der Arbeitsteilung zu einer Unterbrechung der Beherrschbarkeit des Geschehensablaufs, so dass es in diesem Bereich der besonderen Zurechenbarkeit bedürfe.[791] Andernfalls werde die individuelle Verantwortung - eine Grundvoraussetzung der Schadensersatzhaftung jedenfalls im Bereich der Verschuldenshaftung - umgangen.[792]

bb) *Bestimmbarkeit des anwendbaren Rechts*

Die Hauptforderung *Czempiels* lautet, es kann nur diejenige Rechtsordnung angewendet werden, die das handelnde Individuum selbst bestimmt hat.[793] Sein Konzept geht im Kern von den Erfordernissen der Selbstbestimmung und Selbstverantwortung aus und nimmt dabei die Perspektive des Haftenden in den Blick. Die anwendbare Rechtsordnung müsse auf das zurückgeführt werden, was der Einzelne selbst verantworte: eigenes Verhalten und eigener Geschäftskreis.[794] Dieses Erfordernis ergibt sich nach *Czempiel* aus dem Menschenbild des Grundgesetzes, den Interessen der Parteien und den Zurechnungsprinzipien des materiellen Zivilrechts. Gerade dieses Zurechnungsprinzip sei der Kollisionsnorm vorgegeben, um im Internationalen Deliktsrecht zu gerechten Lösungen zu kommen.[795] Folge einer solchen Betrachtung sei, dass die Vorhersehbarkeit

787 *Schmidt-Salzer*, Rn. 140; in diesem Sinne auch zur Rom II-Verordnung *Koziol/Thiede*, ZVglRWiss 106 (2007), 235, 242 ff.
788 *Schmidt-Salzer*, Rn. 140.
789 *Schmidt-Salzer*, Rn. 140.
790 *Schmidt-Salzer*, Rn. 140.
791 *Schmidt-Salzer*, Rn. 140.
792 *Schmidt-Salzer*, Rn. 140.
793 *Czempiel*, Deliktsstatut, S. 33.
794 *Czempiel*, Deliktsstatut, S. 33.
795 *Czempiel*, Deliktsstatut, S. 33.

nicht im Sinne eines kognitiven Erfordernisses interpretiert werden könne. Vielmehr sei die Zurechnung die Beziehung eines Geschehens zu dem Willen des Haftenden und nicht zu dessen Wissen.[796]

Bei widerstreitenden Interessen hinsichtlich der Anwendbarkeit einer Rechtsordnung müsse der Haftende bevorzugt werden.[797] Dies ergebe sich aus dem Satz *casum sentit dominus*: Soweit das Rechtsanwendungsrisiko nicht dem Haftenden zugerechnet werden könne, müsse es derjenige tragen, der auch sonst die Nachteile hinzunehmen habe, nämlich der Geschädigte.[798] Den kollisionsrechtlichen Interessen des Geschädigten komme keine Bedeutung zu, weil er nicht an kollisionsrechtlicher Antizipation, sondern lediglich am bestmöglichen materiellrechtlichen Ausgleich interessiert sei.[799]

c) *Stellungnahme*

Fraglich ist, ob die Vorhersehbarkeit Ausdruck der Zurechnung im Sinne der dargestellten Ansätze ist.

aa) *Ablehnung des Ansatzes Grußendorfs*

Die Bezugnahme auf die Adäquanzlehre, die *Grußendorf* vorgeschlagen hat, bereitet erhebliche Probleme.[800] Im materiellen Recht dient die Adäquanzlehre dazu, die naturwissenschaftliche Kausalkette durch normative Kriterien zu begrenzen. Ob aber ausgerechnet der allgemeinen Lebenserfahrung normative Kriterien entnommen werden können, erscheint zweifelhaft.[801] Der allgemeinen Lebenserfahrung entspricht es, dass Waren im internationalen Handel aufgrund der steigenden Mobilität von Gütern und Menschen überall auf der Welt zu einem Schaden führen können.[802] Damit wäre der Vorhersehbarkeit jegliche einschränkende Wirkung entzogen, die ihr aufgrund des Interesses des Haftenden an der Berechenbarkeit der anwendbaren Rechtsordnung beigemessen werden muss. Folglich kann dem Ansatz *Grußendorfs* kein sinnvolles Kriterium

---

796 *Czempiel*, Deliktsstatut, S. 35 unter Verweis auf *Larenz*, Zurechnung, S. 63.
797 *Czempiel*, Deliktsstatut, S. 45 f.
798 *Czempiel*, Deliktsstatut, S. 45 f.
799 *Czempiel*, Deliktsstatut, S. 135.
800 Vgl. *v. Hein*, Günstigkeitsprinzip, S. 196.
801 Vgl. *v. Hein*, Günstigkeitsprinzip, S. 196.
802 So hinsichtlich der Vorhersehbarkeit im Internationalen Produkthaftungsrecht *Kadner Graziano*, Gemeineuropäisches IPR, S. 292; *ders.*, RabelsZ 73 (2009), 1, 43.

zur Begrenzung des Rechtsanwendungsrisikos des Haftenden entnommen werden.[803]

bb) *Ablehnung des Ansatzes Schmidt-Salzers*

Die Beherrschbarkeit des Geschehensablaufs impliziert, dass der Haftende die Möglichkeit hatte, das schädigende Ereignis abzuwenden. Für das Internationale Produkthaftungsrecht bedeutet dies, dass er das Inverkehrbringen verhindern konnte. Wie bereits oben untersucht wurde, kann das Inverkehrbringen nicht dahingehend ausgelegt werden, dass der Haftende den Warenabsatz mit Hilfe dieses Kriteriums kontrollieren kann.[804]

cc) *Würdigung des Ansatzes Czempiels*

Der Gedanke der Selbstbestimmung trägt den von *Czempiel* formulierten Ansatz nicht. Wie *von Hein* bemerkt, lässt sich *Czempiel* „bei seiner Analyse typischer Distanzdelikte von der historischen Zufälligkeit blenden, daß Vorsatzdelikte zunächst im Vordergrund standen."[805] Bei Vorsatzdelikten wird der Haftende in der Regel sowohl den Handlungs- als auch den Erfolgsort kennen, so dass hier die kollisionsrechtliche Selbstbestimmung als zulässiges Kriterium durchaus herangezogen werden kann.[806] Die objektivierten, verkehrskreisbezogenen Verhaltensstandards und Verhaltenserwartungen, die das moderne Produkthaftungsrecht - nicht zuletzt in Form der produkthaftungsrechtlichen Gefährdungshaftung - prägen, stehen der Annahme eines selbstbestimmten Kollisionsrechts entgegen.[807] *Czempiel* verkennt, dass Privatpersonen nicht über dem Recht stehen und sich dieses aussuchen, sondern der jeweiligen Rechtsordnung unterworfen sind.[808] Die Selbstbestimmung würde hingegen eine einseitige Rechtswahlmöglichkeit zugunsten des Haftenden bedeuten.[809] Dass sich eine einseitige Rechtswahl im Internationalen Deliktsrecht nicht durchsetzen kann, erkennt selbst *Czempiel* an.[810]

---

803 In diesem Sinne bereits *v. Hein*, Günstigkeitsprinzip, S. 196 f.; vgl. auch *Stoll*, FS Kegel, S. 113, 129 f., der die Zurechenbarkeit für ein Element des materiellen Rechts hält, das für das Kollisionsrecht wenig geeignet sei.

804 Siehe oben unter C.II.5.

805 *v. Hein*, Günstigkeitsprinzip, S. 199.

806 *v. Hein*, Günstigkeitsprinzip, S. 199.

807 So allgemein *v. Bar*, DVBl. 1994, 175; *v. Hein*, Günstigkeitsprinzip, S. 199.

808 *v. Bar*, DVBl. 1994, 175.

809 *v. Hein*, Günstigkeitsprinzip, S. 200.

810 *Czempiel*, Deliktsstatut, S. 41.

Zudem kritisiert die Literatur *Czempiel* vor allem wegen der Betonung der Interessen des Haftenden.[811] Auch wenn es generell zweifelhaft sein mag, ob die Interessen einer Partei umfassend die Vorhersehbarkeit erklären können, hat der Rückgriff auf die Interessen des Haftenden zur Begründung der Vorhersehbarkeit in Art. 5 Abs. 1 Satz 2 Rom II-VO Berechtigung. Die Vorhersehbarkeit dient der kollisionsrechtlichen Umsetzung seines Interesses an der Berechenbarkeit der anwendbaren Rechtsordnung.[812]

Fraglich ist, ob die Vorhersehbarkeit im Anknüpfungssystem des Art. 5 Abs. 1 Rom II-VO als Ausdruck der Zurechnung verstanden werden kann. Soweit bereits das Inverkehrbringen die Zurechnung gewährleistet, bliebe kein Raum mehr, auch die Vorhersehbarkeit als Element der Zurechnung zu verstehen. *Von Hein* geht davon aus, dass der Handlungsort dem Haftenden kollisionsrechtlich immer zuzurechnen ist.[813] Der Ort des Inverkehrbringens ist der Handlungsort im Internationalen Produkthaftungsrecht der Rom II-VO. Nach dieser Betrachtung ist die Vorhersehbarkeit im Sinne der Zurechnung nicht mehr nötig. Bei Handlungen Dritter ist die Zurechnung jedoch nicht gewährleistet, weil keine unmittelbare Beziehung zu dem Verhalten des Haftenden besteht. Bereits *Larenz* hat untersucht, dass die Zurechnung im Bereich der Gefährdungshaftung erst aus der Herrschaft des Willens über die Sache oder den Betrieb der Sache jeweils gepaart mit der Vorhersehbarkeit der Gefährlichkeit des Unternehmens folgt.[814] Die Vorhersehbarkeit ist notwendig, um eine Haftung für Zufall zu vermeiden.[815] Im Internationalen Produkthaftungsrecht der Rom II-VO gilt: Das Inverkehrbringen (bzw. konkret die Übergabe in die Vertriebskette) eröffnet den Gefahrenbereich. Um bei Handlungen Dritter die zufällige Anwendbarkeit einer Rechtsordnung zu vermeiden, bedarf es der Vorhersehbarkeit des Inverkehrbringens, um für die Erkennbarkeit der Verhaltensgebote zu sorgen.

Wenn jedoch die Vorhersehbarkeit eine willensgetragene Auslegung fordert,[816] wäre die soeben vorgenommene Anwendung der Zurechnungslehre im Bereich des Art. 5 Rom II-VO nicht möglich. Jedoch kann die Zurechnung auch kognitiv verstanden werden: Die erforderliche Beziehung zum Willen des Haftenden folgt schon aus der Eröffnung des Gefahrenbereichs, der Übergabe in die

---

811 Siehe beispielsweise die berechtigte Kritik von *Bernhard*, RabelsZ 58 (1994), 347, 352; *v. Hein*, Günstigkeitsprinzip, S. 199.

812 Siehe insoweit schon die Analyse unter B.II.1.

813 *v. Hein*, Günstigkeitsprinzip, S. 204.

814 *Larenz*, Zurechnung, S. 105.

815 *Larenz*, Zurechnung, S. 105.

816 *Czempiel*, Deliktsstatut, S. 35; *Larenz*, Zurechnung, S. 63.

Vertriebskette, so dass die Vorsehbarkeit mit Hilfe des Wissens ausgelegt werden kann.

Im Ergebnis kann *Czempiel* insofern nicht gefolgt werden, dass das Prinzip der Selbstbestimmung die Zurechenbarkeit in Form der Vorhersehbarkeit erfordert. Vielmehr ist die Vorhersehbarkeit bei Handlungen Dritter Ausdruck der Zurechnung, weil in diesem Fall nicht bereits das eigene Verhalten die hinreichend enge Verbindung zum Ort des Inverkehrbringens herstellt.

3. Vertrauensschutz

Weiterhin wird der Vertrauensschutz als tragendes Rechtsprinzip hinter der Vorhersehbarkeit genannt. Auch hier gilt es zu beachten, dass die Schutzwürdigkeit des Vertrauens im Hinblick auf den Erfolgsort und nicht den Ort des Inverkehrbringens formuliert wird.

a) *Berechtigte Erwartungen des Haftenden*

Rheinstein meint, dass die gerechte Schadensverteilung nach dem Grundsatz *casum sentit dominus* vorzunehmen ist.[817] Grundsätzlich müsse der Geschädigte den Schaden selbst tragen, es sei denn, ein Dritter missachte die gesellschaftlichen Verhaltensstandards in einer Weise, dass es angemessen sei, ihm die Schadenslast aufzuerlegen.[818] Im Internationalen Deliktsrecht bedeute dies, der Haftende dürfe nur vorhersehbaren Rechtsordnungen unterworfen werden.[819] Insofern ergebe sich die Vorhersehbarkeit des Erfolgsorts einseitig aus den berechtigten Erwartungen des Haftenden.[820] Diese lägen der gesamten Rechtsordnung zugrunde. Der Haftende könne daher darauf vertrauen, dass nur solche Verhaltensstandards Anwendung fänden, die am Handlungsort sowie an vernünftigerweise vorhersehbaren Erfolgsorten gelten.[821]

Der Geschädigte hingegen habe keine schützenswerten Erwartungen.[822] Da die Erwartung, im Schadensfall Ausgleich verlangen zu können, das Verhalten

817 *Rheinstein*, Tul. L. Rev. 19 (1944), 4, 25.

818 *Rheinstein*, Tul. L. Rev. 19 (1944), 4, 25; vgl. dazu auch *v. Hein*, Günstigkeitsprinzip, S. 190.

819 *Rheinstein*, Tul. L. Rev. 19 (1944), 4, 26.

820 *Rheinstein*, Tul. L. Rev. 19 (1944), 4, 17 ff.; in diesem Sinne auch *Fawcett*, Rec. des Cours 238 (1993-I), 9, 123. Vgl. zur Ansicht *Rheinsteins* auch *v. Hein*, Günstigkeitsprinzip, S. 190 f.

821 *Rheinstein*, Tul. L. Rev. 19 (1944), 4, 26.

822 *Rheinstein*, Tul. L. Rev. 19 (1944), 4, 26 f.; vgl. dazu auch *v. Hein*, Günstigkeitsprinzip, S. 190.

des Geschädigten nicht beeinflusse, komme ihr auch keine kollisionsrechtliche Relevanz zu.[823] Im IPR seien Erwartungen nur dann berechtigt, wenn sie das Motiv für ein Verhalten darstellen, welches sozial nützlich oder zumindest sozial nicht missbilligt sei.[824] Menschen würden unabhängig von der Ausgleichspflicht versuchen, nicht von einem Auto überfahren zu werden; und sei es aus dem einfachen Grund, dass der fahrlässig handelnde Fahrer finanziell nicht in der Lage sein könnte, Ausgleich für den Schaden zu gewähren.[825] Erwartungen des Geschädigten seien nur dann relevant, wenn die Gesellschaft in Durchsetzung ihrer eigenen Wertvorstellungen dem potentiell Haftenden die Schadenlast auferlegen würde.[826]

b) *Kollisionsrechtlicher Vertrauensschutz*

Im Gegensatz zu *Rheinstein* basiert *Heinis* Verständnis des Vertrauensschutzes auf den berechtigten Erwartungen beider Parteien.[827] Kollisionsrechtlicher Vertrauensschutz lasse sich im Deliktsrecht auf folgende Kurzformel reduzieren: „Das anwendbare Recht ist in derjenigen Rechtsordnung zu suchen, die einerseits für den Schädiger voraussehbar und damit zumutbar ist und die andererseits zugleich im Erwartungsbereich des Geschädigten liegt."[828] Dieser Grundsatz finde seine Berechtigung „in der Verantwortung der im Rahmen der Privatautonomie (im weitesten Sinne) Handelnden für die von ihnen frei gesetzten Tat- und Rechtsakte."[829]

Insofern ähnelt die Theorie *Heinis* den Annahmen *Czempiels*[830]. Während *Czempiel* jedoch den Willen zum entscheidenden Merkmal erklärt, tendiert *Heini* grundsätzlich zu einem kognitiven Verständnis (im Sinne einer Zumutbarkeit oder Wahrscheinlichkeit der Anwendbarkeit einer bestimmten

823 *Rheinstein*, Tul. L. Rev. 19 (1944), 4, 26 f.; vgl. dazu auch *v. Hein*, Günstigkeitsprinzip, S. 190.

824 *Rheinstein*, Tul. L. Rev. 19 (1944), 4, 27.; vgl. dazu auch *v. Hein*, Günstigkeitsprinzip, S. 190 f.

825 *Rheinstein*, Tul. L. Rev. 19 (1944), 4, 27; vgl. dazu auch *v. Hein*, Günstigkeitsprinzip, S. 190 f.

826 *Rheinstein*, Tul. L. Rev. 19 (1944), 4, 28; vgl. dazu auch *v. Hein*, Günstigkeitsprinzip, S. 191.

827 *Heini*, FS Mann, S. 193, 196 ff.; zu diesem Schluss kommt bereits *v. Hein*, Günstigkeitsprinzip, S. 194.

828 *Heini*, FS Mann, S. 193, 197, Fn. 20; dem folgend *Riegl*, S. 177.

829 *Heini*, RabelsZ 40 (1976), 350, 352.

830 Siehe dazu bereits oben unter D.I.2.b)bb).

Rechtsordnung).[831] Interessanterweise vertritt er jedoch für die Produkthaftung in Anlehnung an Art. 7 Haager Übereinkommen einen voluntativen Ansatz. Für den Haftenden seien der Erwerbsort des Produkts und der gewöhnliche Aufenthalt des Geschädigten nur dann vorhersehbar und damit auch zumutbar, wenn „das Produkt bzw. ein Produkt gleicher Qualität in diesen Ländern mit seinem Einverständnis in den Handel gelangte."[832] In der Betonung des Gedankens der Selbstbestimmung unterscheiden sich die Theorien *Heinis* und *Czempiels* ebenfalls. *Czempiel* stellt auf die Selbstbestimmung des Haftenden ab, *Heini* hält die von beiden Seiten zum Ausdruck gebrachte Privatautonomie für entscheidend.[833]

c) *Rechtsstaatlicher Vertrauensschutz*

Von Hein geht davon aus, dass die Vorhersehbarkeit des Erfolgsorts eine spezifische Ausprägung des rechtstaatlichen Vertrauensschutzes ist.[834] Wenn das Deliktsrecht auch die Funktion der Verhaltenssteuerung erfüllen solle, müsse dem Haftenden die Möglichkeit gegeben werden, sich normgemäß zu verhalten, während dem Geschädigten die Möglichkeit gegeben werden müsse, normgemäßes Verhalten zu erwarten.[835] Das Postulat beruhe insofern nicht auf einer Übertragung materiellrechtlicher Wertungen auf das IPR, sondern sei vielmehr eine spezifische Ausprägung des Vertrauensgrundsatzes auf dem Gebiet des Kollisionsrechts. Auch das Kollisionsrecht sei von dem Grundsatz der Kalkulierbarkeit der Handlungsbedingungen durchdrungen.[836] Dogmatisch ordnet *von Hein* die Vorhersehbarkeit als „subjektiv-lokalisatorisches Element der engsten Verbindung" ein.[837]

Die Bedeutung der Vorhersehbarkeit im IPR werde auch durch die Rechtsprechung des EuGH zu Art. 5 EuGVÜ, die Vorgängernorm zu Art. 5 Brüssel I-VO und Art. 7 Brüssel Ia-VO, bestätigt.[838] Zu einem Produkthaftungsfall stellte der EuGH fest:

> „Im übrigen verlangt das Ziel des Rechtsschutzes der in der Gemeinschaft ansässigen Personen, das mit dem Übereinkommen u. a. verwirklicht werden soll, daß die

831 So bereits *v. Hein*, Günstigkeitsprinzip, S. 198.
832 *Heini*, FS Mann, S. 193, 202.
833 *Heini*, RabelsZ 40 (1976), 350, 352.
834 *v. Hein*, Günstigkeitsprinzip, S. 206 ff.
835 *v. Hein*, Günstigkeitsprinzip, S. 207.
836 *v. Hein*, Günstigkeitsprinzip, S. 207.
837 *v. Hein*, Günstigkeitsprinzip, S. 210.
838 *v. Hein*, Günstigkeitsprinzip, S. 207.

> Zuständigkeitsregeln, die von dem allgemeinen Grundsatz dieses Übereinkommens abweichen, so ausgelegt werden, daß ein normal informierter Beklagter vernünftigerweise vorhersehen kann, vor welchem anderen Gericht als dem des Staates, in dem er seinen Wohnsitz hat, er verklagt werden könnte."[839]

Die Forderung nach Rechtssicherheit in Form der Vorhersehbarkeit der Folgen der eigenen Handlungen binde sowohl das materielle Zivilrecht als auch das IPR.[840] Bezugspunkt des kollisionsrechtlichen Vertrauensschutzes sei die Erwartungsunsicherheit hinsichtlich des anwendbaren Rechts und nicht die materiellrechtliche Zurechnung.[841]

d) *Stellungnahme*

Da Vertrauensschutz der Schutz berechtigter Erwartungen ist,[842] muss zunächst geklärt werden, ob berechtigte Erwartungen des Haftenden im Internationalen Produkthaftungsrecht überhaupt bestehen. Im Anschluss ist auf die Frage einzugehen, ob die berechtigte Erwartung besteht, nur vorhersehbaren Rechtsordnungen unterworfen zu sein.

aa) *Die generelle Relevanz berechtigter Erwartungen im Internationalen Produkthaftungsrecht*

Einzelne Stimmen in der Literatur nehmen an, dass der potentiell Haftende im Internationalen Deliktsrecht die anwendbare Rechtsordnung nicht erwarten kann, weil sich der Schadensfall unerwartet ereignet und von ihm nicht geplant ist.[843] Zumindest für die Produkthaftung ist diese Annahme nicht überzeugend. Produkthersteller gehen einer planenden Tätigkeit nach, innerhalb derer sie mit Schäden durch ihre Produkte rechnen müssen. In Anbetracht dessen haben sie ein gesteigertes Interesse daran, die relevanten Verhaltensstandards schon vor der Schädigung erkennen zu können.[844]

---

839 EuGH vom 17.6.1992, Rs. C-26/91 – *Handte/TCMS*, Slg. 1992, I-3967, Rn. 18.

840 *v. Hein*, Günstigkeitsprinzip, S. 207.

841 *v. Hein*, Günstigkeitsprinzip, S. 208.

842 Vgl. zum Europarecht EuGH vom 11.3.1987, Rs. 265/85 – *Van den Bergh en Jurgens und Van Dijk Food Products (Lopik)/EWG*, Slg. 1987, 1155, Rn. 44; EuGH vom 15.7.2004, verb. Rs. C-37/02 und C-38/02 – *Di Lenardo und Dilexport*, Slg. 2004, I-6911, Rn. 70; EuGH vom 17.3.2011, Rs. C-221/09 – *AJD Tuna*, Slg. 2011, I-1655, Rn. 71; EuGH vom 24.3.2011, Rs. C- 369/09 – *ISD Polska*, Slg. 2011, I-2011, Rn. 111.

843 *Leflar*, Cal. L. Rev. 54 (1966), 1584, 1592 f.; *ders.*, N.Y.U. L. Rev. 41 (1966), 267, 310 f.; *Morris*, Harv. L. Rev. 64 (1951), 881, 895.

844 Siehe dazu bereits oben unter B.II.2.b).

Es bleibt jedoch zu beachten, dass im Rahmen der Vorhersehbarkeit nach Art. 5 Abs. 1 Satz 2 Rom II-VO nur die berechtigten Erwartungen des Haftenden relevant sein können. Die Vorhersehbarkeit schützt nur den Haftenden. Damit kommt es – entgegen einiger Stimmen in der Literatur[845] – nicht auf die Erwartungen des Geschädigten an.

Czempiel sieht in der Annahme, die Vorhersehbarkeit sei Ausdruck berechtigter Erwartungen im Hinblick auf die Anwendbarkeit einer Rechtsordnung, einen Zirkelschluss.[846] Berechtigte Erwartungen könnten erst durch die Aufstellung der Kollisionsnorm entstehen.[847] Zu Recht entgegnet die Literatur, dass *Czempiel* die faktisch-empirische Ebene (sein) mit der normativen Ebene (sollen) vermischt.[848] Die Aussage, man erwarte das Recht der Umwelt, wird erst durch die Aufstellung der Kollisionsnorm geschaffen. Die Aussage, man dürfe das Recht der Umwelt erwarten, kann der Anknüpfung vorgegeben sein.[849] Ob dies der Fall ist, wird im Folgenden analysiert.

bb) *Die Vorhersehbarkeit als berechtigte Erwartung?*

Eingangs wurde festgestellt, dass die Vorhersehbarkeit Ausdruck des Interesses des Haftenden an der Berechenbarkeit der anwendbaren Rechtsordnung ist.[850] Fraglich ist jedoch, ob sich dieses Interesse zu einer berechtigten Erwartung verdichtet, die durch die Vorhersehbarkeitsklausel umgesetzt wird. Damit das Interesse des Haftenden an der Berechenbarkeit den Rang einer berechtigten Erwartung einnehmen kann, bedarf es einer normativen Rechtfertigung.[851] Entsprechend sollen die vorgeschlagenen Begründungen kritisch hinterfragt werden.

(1) *Schutz der Erwartungen des Haftenden*

In der Literatur wurde die Theorie *Rheinsteins* stark dafür kritisiert, dass nur die Erwartungen des Haftenden als schützenswert eingestuft werden.[852] Jedoch gilt auch hier: Für die Bildung eines geschlossenen kollisionsrechtlichen Systems

---

845 *v. Hein*, Günstigkeitsprinzip, S. 207; *Heini*, FS Mann, S. 193, 196 ff.

846 *Czempiel*, Deliktsstatut, S. 29 ff.

847 *Czempiel*, Deliktsstatut, S. 30 f.

848 *Bernhard*, RabelsZ 58 (1994), 347, 351.

849 *Bernhard*, RabelsZ 58 (1994), 347, 351.

850 Siehe oben unter B.II.1.

851 Vgl. *Czempiel*, Deliktsstatut, S. 28.

852 *v. Hein*, Günstigkeitsprinzip, S, 191 ff.; *Heini*, RabelsZ 40 (1976), 350, 352; *Trutmann*, S. 87.

sind die Einwände berechtigt, im Rahmen des Art. 5 Abs. 1 Satz 2 Rom II-VO sind sie allerdings unerheblich, weil die Vorhersehbarkeit die Interessen des Haftenden schützt.

Fraglich ist jedoch, ob der Grundsatz *casum sentit dominus* die Vorhersehbarkeit rechtfertigt. Das Prinzip *casum sentit dominus* besagt, dass ein Schaden nur dann auf den Schädiger verlagert werden darf, wenn ein dem Schädiger zurechenbarer Grund dies rechtfertigt.[853] Zweifelhaft ist zunächst, ob dieser Grundsatz im Internationalen Deliktsrecht überhaupt gilt, weil das IPR keine Aussage darüber trifft, ob jemand für einen Schaden haftet. Zudem geht die Annahme *Rheinsteins*, der Grundsatz *casum sentit dominus* führe dazu, dass der Haftende nur vorhersehbaren Rechtsordnungen unterworfen sein dürfe, zu weit. Wenn der Grundsatz gilt, besagt er wohl, dass es der Zurechenbarkeit bedarf, um eine bestimmte Rechtsordnung anzuwenden. Folglich würde der Grundsatz nicht eine berechtigte Erwartung rechtfertigen, sondern das Bedürfnis nach einem Zurechnungsgrund unterstreichen. Weiterhin ist das Prinzip Ausdruck der Lastenverteilung.[854] Die Lastenverteilung kann aber abseits der Zurechenbarkeit nur schwerlich durch den Grundsatz *casum sentit dominus* vorgegeben sein, weil dann die gesetzgeberische Einschätzungsprärogative[855] verkannt würde.

(2) *Privatautonomie*

Das Vertrauensprinzip lässt sich nur schwer aus dem Grundsatz der Privatautonomie, welcher in Form der kollisionsrechtlichen Freiheit der Rechtswahl besser Parteiautonomie genannt werden sollte,[856] ableiten. Da vor dem Haftungsfall eine Rechtswahl regelmäßig nicht getroffen wurde,[857] kann eine parteiautonom bestimmte Rechtsordnung nur auf dem hypothetischen Parteiwillen beruhen.[858]

Jedoch gilt für die Rom II-Verordnung, dass ein hypothetischer Wille die Anwendbarkeit einer Rechtsordnung nicht begründen kann; es bedarf stets eines tatsächlichen Rechtswahlwillens.[859] Die Anknüpfung an den hypothetischen

---

853 *Looschelders*, Mitverantwortlichkeit, S. 122.

854 *Looschelders*, Mitverantwortlichkeit, S. 122; anders wohl *v. Hein*, Günstigkeitsprinzip, S. 191; *Wandt*, Rn. 590, die davon ausgehen, dass der Grundsatz nur das Ergebnis der Abwägung beschreibt.

855 Siehe unter B.I.4.

856 Zu den Begrifflichkeiten siehe *Kropholler*, S. 293.

857 Vgl. *Delachaux*, S. 110; *v. Hein*, Günstigkeitsprinzip, S. 195.

858 *v. Hein*, Günstigkeitsprinzip, S. 195.

859 *Fuchs*, GPR 2003/2004, 100, 104; MüKoBGB-*Junker*, Art. 14 Rom II-VO Rn. 32 f.; Rauscher-*Picht*, EuZPR/EuIPR, Art. 14 Rom II-VO Rn. 31.

Parteiwillen ist tatsächlich nicht mehr als eine Interessenabwägung, die ermitteln soll, auf welche Rechtsordnung der Schwerpunkt des Rechtsverhältnisses objektiv hinweist.[860] Die Vorhersehbarkeit ist seinerseits nicht Ausdruck des beiderseitigen Interessenausgleichs, weil dahinter das Interesse des Haftenden an der Berechenbarkeit der anwendbaren Rechtsordnung steht.[861]

(3) *Rechtsstaatlicher Vertrauensschutz*

Im Rahmen einer verordnungsautonomen Auslegung muss die Begründung eines rechtsstaatlichen Vertrauensprinzips auf Grundlage des europäischen Rechts erfolgen. Der Ansatz *von Heins*, der auf Grundlage des autonomen deutschen IPRs formulierte wurde, muss insbesondere mit der Rechtsprechung des EuGH übereinstimmen.

(a) *Rechtssicherheit und Vertrauensschutz in der Rechtsprechung des EuGH*

Der EuGH hat in mehreren Entscheidungen festgestellt, dass der Grundsatz der Rechtssicherheit, einer der allgemeinen Grundsätze des Gemeinschaftsrechts, fordert, dass nachteilige Regelungen klar und bestimmt sind, damit der Einzelne seine Rechte und Pflichte kennen und entsprechende Vorkehrungen treffen kann.[862] Dies ist eine Ausprägung der Rechtssicherheit in Form der

---

860 So zum Internationalen Vertragsrecht im autonomen deutschen IPR BGH vom 30.3.1955, BGHZ 17, 89, 92; BGH vom 22.11.1955, BGHZ 19, 110, 112 f.; BGH vom 22.9.1971, BGHZ 57, 72, 75 f.; BGH vom 19.9.1973, BGHZ 61, 221, 223; BGH vom 30.3.1976, NJW 1976, 1581, 1582; BGH vom 9.3.1977, NJW 1977, 1586; BGH vom 9.10.1986, JR 1987, 198; *Junker*, Internationales Arbeitsrecht, S. 60.

861 Siehe insofern oben unter B.II.1.

862 EuGH vom 9.7.1981, Rs. C-169/80 – *Gondrand Frères*, Slg. 1981, 1931, Rn. 17; EuGH vom 22.2.1989, verb. Rs. 92/87 und 93/87 – *Kommission/Frankreich und Vereinigtes Königreich*, Slg. 1989, 405, Rn. 22; EuGH vom 13.2.1996, Rs. C-143/93 – *Van Es Douane Agenten*, Slg. 1996, I-431, Rn. 27; EuGH vom 14.4.2005, Rs. C-110/03 – *Belgien/Kommission*, Slg. 2005, I-2801, Rn. 30; EuGH vom 26.10.2006, C-248/04 – *Koninklijke Coöperatie Cosun*, Slg. 2006, I-10211, Rn. 79; EuGH vom 28.1.2010, Rs. C-456/08 – *Kommission/Irland*, Slg. 2010, I-859, Rn. 61; Grabitz/Hilf/Nettesheim-*Mayer*, Nach Art. 6 EUV Rn. 394; Schwarze-*Bittner*, Art. 40 AEUV Rn. 74; vgl. auch EuGH vom 30.5.1991, Rs. C-361/88 – *Kommission/Deutschland*, Slg. 1991, I-2567, Rn. 24, EuGH vom 7.11.1996, Rs. C-221/94 – *Kommission/Luxemburg*, Slg. 1996, I-5669, Rn. 22; EuGH vom 1.10.1998, Rs. C-209/96 – *Vereinigtes Königreich/Kommission*, Slg. 1998, I-5655 Rn. 35.

Bestimmtheit.[863] Folglich ist auch die Kalkulierbarkeit der Handlungsbedingungen einer der tragenden Grundsätze der Rechtssicherheit.[864]

Von Hein setzt die Rechtssicherheit faktisch mit dem Vertrauensschutz gleich. Fraglich ist, ob diese Gleichsetzung im europäischen Kontext möglich ist. Grundsätzlich ist die Erkennbarkeit relevanter Verhaltensgebote Teil des Vertrauensschutzes.[865] Der allgemeine Grundsatz, dass Vertrauensschutz einen Vertrauenstatbestand erfordert, gilt jedoch auch im Europarecht.[866] So verlangt der gemeinschaftsrechtliche Vertrauensschutz (neben der Schutzwürdigkeit des Vertrauens und einer Interessenabwägung zwischen Individualinteressen und den Belangen der Gemeinschaft), dass eine Vertrauenslage besteht.[867] „Die Gemeinschaft [muss] selbst zuvor eine Situation geschaffen [haben], die ein berechtigtes Vertrauen erwecken kann."[868] Ein Vertrauenstatbestand kann durch gesicherte Rechtspositionen oder rechtserhebliche Erwartungen infolge unverbindlicher Rechtsakte oder schlichtem Verwaltungshandeln entstehen,[869] nicht aber durch das Gebot der Rechtssicherheit selbst. Vor Schaffung einer Kollisionsnorm und ohne vorherige Rechtsakte, die ein entsprechendes Vertrauen begründen können, kann von Vertrauensschutz nicht gesprochen wird. Die Grundlage der Erwartung, nur vorhersehbaren Rechtsordnungen zu unterliegen, ist folglich zumindest im Rahmen der Rechtsprechung des EuGH die Rechtssicherheit und nicht der Vertrauensschutz.

(b) *Vertrauensschutz im Kollisionsrecht*

Zu untersuchen bleibt, ob der kollisionsrechtliche Vertrauensschutz einen anderen Inhalt hat. Konkret stellt sich die Frage, ob der Vertrauensschutz im IPR von der vorherigen Schaffung einer Vertrauenslage abhängt oder ob ein abstraktes Vertrauen besteht, nur vorhersehbaren Rechtsordnungen unterworfen zu sein.

---

863 EuGH vom 9.7.1981, Rs. C-169/80 – *Gondrand Frères*, Slg. 1981, 1931, Rn. 17; Grabitz/Hilf/Nettesheim-*Mayer*, Nach Art. 6 EUV Rn. 394; vgl. auch Schwarze-*Bittner*, Art. 40 AEUV Rn. 74.

864 In diesem Sinne bereits zum autonomen deutschen IPR *v. Hein*, Günstigkeitsprinzip, S. 207.

865 Siehe beispielsweise EuGH vom 10.9.2009, Rs. C-201/08 – *Plantanol GmbH & Co. KG/Hauptzollamt Darmstadt*, Slg. 2009, I-8343, Rn. 46.

866 Schwarze-*Bittner*, Art. 40 AEUV Rn. 76.

867 Heselhaus/Nowak-*Bungenberg*, § 33 Rn. 11 ff.; vgl. u.a. aus der Rechtsprechung EuGH vom 10.1.1992, Rs. C-177/90 – *Kühn*, Slg. 1992, I-35, Rn. 14; EuGH vom 15.2.1996, Rs. C-63/93 – *Fintan Duff*, Slg. 1996, I-569, Rn. 20; EuGH vom 15.4.1997, Rs. C-22/94 – *Irish Farmers*, Slg. 1997, I-1809, Rn. 19.

868 EuGH vom15.2.1996, Rs. C-63/93 – *Fintan Duff*, Slg. 1996, I-569, Rn. 20.

869 Heselhaus/Nowak-*Bungenberg*, § 33 Rn. 11 ff. m.w.N.

Verschiedene Stimmen in der Literatur legen ein abstraktes Verständnis des Vertrauensschutzes nahe.[870] *Neuhaus* und (ihm folgend) *Kropholler* gehen davon aus, dass die Begriffe der Voraussehbarkeit, des Vertrauensschutzes oder der Berechenbarkeit der Entscheidung letztlich den gleichen Inhalt haben.[871] Um dem Vertrauensschutz gerecht zu werden, solle die Anknüpfung idealerweise auf Umstände abstellen, „die den Beteiligten schon bei Vornahme des streitigen Rechtsgeschäfts usw. bekannt waren",[872] weil die maßgebliche Rechtsordnung schon vorher aufgrund von Kriterien feststehen solle, „mit denen die Parteien rechnen durften oder mussten".[873] Da auch hinter der Vorhersehbarkeit das Interesse an der Berechenbarkeit der anwendbaren Rechtsordnung steht, liegt es nahe, den Vertrauensschutz in der Vorhersehbarkeit verwirklicht zu sehen. Nach *Czempiel* ist der Vertrauensschutz die subjektive, auf das Individuum bezogene Ausprägung der Rechtssicherheit.[874]

Die Annahme von *Neuhaus* und *Kropholler*, der Vertrauensschutz erfordere es, nur auf Kriterien zurückzugreifen, die *ex ante* erkennbar waren, kann letztlich nicht überzeugen. Dahinter verbirgt sich die Maxime, dass die maßgebende Rechtsordnung nicht erst durch den Richter bestimmt werden dürfe, sondern schon vorher aufgrund von Kriterien feststehen müsse, mit deren Maßgeblichkeit die Parteien rechnen durften oder mussten.[875] Dieser Grundsatz ist letztlich aber nichts anderes als das rechtsstaatliche Gebot der Rechtssicherheit in Form der Bestimmtheit,[876] so dass für den Vertrauensschutz kein Raum verbleibt.

Siehr hat den Vertrauensschutz im IPR umfassend untersucht.[877] Auch wenn er nicht allgemein darauf hinweist, dass Erwartungen im IPR nur dort geschützt werden können, wo ein Vertrauenstatbestand gegeben ist,[878] bestätigt seine

---

870 Vgl. *Bernhard*, RabelsZ 58 (1994), 347, 351; *Czempiel*, VersR 1987, 1069, 1074; *Firsching*, FS Zajtay, S. 143, 146; *Gonzenbach*, S. 5 ff.; *Mansel*, VersR 1984, 97, 103 f.; *R. Wagner*, S. 81.

871 *Kropholler*, S. 150; *Neuhaus*, Grundbegriffe, S. 162.

872 *Neuhaus*, Grundbegriffe, S. 162.

873 So explizit *Kropholler*, S. 151.

874 *Czempiel*, Deliktsstatut, S. 28, wenngleich er den Vertrauensschutz als Rechtfertigung für die Vorhersehbarkeit ablehnt; vgl. zu diesem Verständnis aus Sicht des deutschen Verfassungsrechts auch *Pieroth*, JZ 1984, 971, 977 f.

875 *Kropholler*, S. 150; *Neuhaus*, Grundbegriffe, S. 162.

876 So bereits *Czempiel*, Deliktsstatut, S. 27.

877 *Siehr*, FS Canaris II, S. 815 ff.

878 Zumindest implizit erkennt er dies an, indem er es für erforderlich hält, dass Vertrauenstatbestände im Rahmen von Ausweichklauseln, die auf die engere oder engste Verbindung abstellen, berücksichtigt werden; siehe *Siehr*, FS Canaris II, S. 815, 825.

Analyse dies. In den von *Siehr* diskutierten Fällen, wie etwa im Fall von wohlerworbenen familienrechtlichen Statusbeziehungen[879] oder wohlerworbenen Sachrechten[880], tritt der jeweilige Vertrauenstatbestand offen zutage. Der These, der Vertrauensschutz sei die subjektive Ausprägung der Rechtssicherheit, kann auch im IPR nicht gefolgt werden, denn Rechtssicherheit und Vertrauensschutz unterscheiden sich in mehr als der Gewährleistungsrichtung.

Auch die Rechtsprechung des EuGH zum deliktischen Gerichtsstand, die *von Hein* zur Begründung seines Ansatzes anführt,[881] deutet in keine andere Richtung. *Von Hein* ist insofern zuzustimmen, dass die Rechtsprechung des EuGH die generelle Bedeutung, die mit der Vorhersehbarkeit der Handlungsbedingungen einhergeht, belegt. Doch bezeichnenderweise wird dieses Erfordernis explizit mit dem Rechtsschutz und nicht dem Vertrauensschutz begründet.[882] Sicherlich könnte das rechtsstaatliche Gebot der Rechtssicherheit als Rechtfertigung dafür gesehen werden, das Interesse des Haftenden an der Berechenbarkeit der anwendbaren Rechtsordnung zu einer berechtigten Erwartung zu erheben, doch würde der graduelle Unterschied zwischen Vertrauensschutz und Rechtssicherheit verkannt. Die Berechtigung der Maxime, die kollisionsrechtliche Gerechtigkeit erfordere vorhersehbare Rechtsnormen, soll damit grundsätzlich nicht in Abrede stehen. Das Streben nach Rechtssicherheit kann das anknüpfungsleitende Interesse des Haftenden an der Berechenbarkeit der anwendbaren Rechtsordnung erklären.

Art. 5 Rom II-VO bezieht die Vorhersehbarkeit auf das Inverkehrbringen, den Handlungsort im Internationalen Produkthaftungsrecht der Rom II-Verordnung. Ein Vertrauen, ausschließlich vorhersehbaren Handlungsorten zu unterliegen, kann sich überhaupt nur bilden, wenn Dritte handeln, weil die Handlung dem Haftenden dann nicht direkt zurechenbar ist. Das Inverkehrbringen sichert aber auch in diesem Fall in objektiver Hinsicht eine hinreichend enge Verbindung zum Haftenden. Ein Bedürfnis, weitergehende Interessen des Haftenden zu einer berechtigten Erwartung zu erheben, besteht nicht.[883]

---

879 *Siehr*, FS Canaris II, S. 815, 818 ff.

880 *Siehr*, FS Canaris II, S. 815, 819 f.

881 EuGH vom 17.6.1992, Rs. C-26/91 – *Handte/TCMS*, Slg. 1992, I-3967, Rn. 18; bestätigt zur Brüssel I-VO durch EuGH vom 25.10.2011, verb. Rs. C-509/09 und C-161-10 – *eDate Advertising*, NJW 2012, 137, 140, Rn. 50; EuGH vom 19.4.2012, Rs. C-523/10 – *Wintersteiger*, JZ 2012, 1014, 1015, Rn. 23.

882 EuGH vom 17.6.1992, Rs. C-26/91 – *Handte/TCMS*, Slg. 1992, I-3967, Rn. 18.

883 So bereits *Koziol/Thiede*, ZVglRWiss 106 (2007), 235, 242; konkret in Bezug auf den Vertriebsort *Prager*, S. 305.

Im Ergebnis besteht kein Grund, auf eine besondere Ausprägung der Rechtssicherheit zurückzugreifen. Schon *Lüderitz* hat darauf hingewiesen, dass die Interessentheorie nur einen begrenzten Beitrag dazu liefern kann, die berechtigten Erwartungen im Kollisionsrecht zu bestimmen.[884] Das Vertrauen in die Verlässlichkeit der Rechtsordnung[885] geht nicht soweit, dass die Kollisionsnorm für die Produkthaftung nur an diejenigen Rechtsordnungen anknüpfen darf, die auf Seiten des Haftenden durch einen Vorhersehbarkeitseinwand abgesichert sind.

4. Umsetzung der haftungsrechtlichen Verhaltenssteuerung

In Äußerungen *Gerhard Wagners* klingt der Gedanke an, dass der Vorhersehbarkeitseinwand die Steuerungs- und Koordinationsfunktion des Haftungsrechts auch im Kollisionsrecht umsetzt.[886] In diese Richtung tendieren auch *Koziol/Thiede*, die jedoch die Vorhersehbarkeit nicht allein mit der haftungsrechtlichen Prävention, sondern auch mit der Zurechnung zum Haftenden erklären.[887] Wenn ein Hersteller unabhängig davon haften würde, ob er die Geltung anwendbarer Sicherheits- und Verhaltensregeln erkennen konnte, käme dem Haftungsrecht kein Steuerungseffekt, sondern ausschließlich ein Umverteilungseffekt zu.[888] So beeinflusse das US-amerikanische Produkthaftungsrecht beispielsweise die Konstruktion von Kraftfahrzeugen, die in die USA exportiert würden.[889]

Bereits oben wurde erörtert, dass die Vorhersehbarkeit gemeinsam mit dem Inverkehrbringen die Erkennbarkeit relevanter Verhaltensgebote gewährleistet. Dies ist jedoch nicht die einzige Bedingung für die Durchsetzung der Prävention. Daneben muss das relevante Geschehen beeinflussbar sein,[890] sprich die Rechtsfolge muss vermeidbar sein. Sicher vermieden wird eine Rechtsfolge nur, wenn ihr Eintritt vom Willen des Haftenden abhängt.[891] Eine willensbasierte Auslegung der Vorhersehbarkeit scheidet jedoch aus.[892] Daher verwirklicht die

884 *Lüderitz*, FS Uni Köln, S. 271, 280.
885 So Heselhaus/Nowak-*Bungenberg*, § 33 Rn. 3.
886 *G. Wagner*, IPRax 2006, 372, 374; *G. Wagner*, IPRax 2008, 1, 5, 7.
887 So allgemein und nicht nur in Bezug auf die Produkthaftung *Koziol/Thiede*, ZVglRWiss 106 (2007), 235, 242 ff.
888 *G. Wagner*, IPRax 2006, 372, 374.
889 *G. Wagner*, IPRax 2006, 372, 374.
890 *Trutmann*, S. 82.
891 So zur Fahrlässigkeit im deutschen Zivilrecht *Looschelders*, Schuldrecht, Rn. 474.
892 Siehe dazu noch unter D.IV.2.

Vorhersehbarkeit die Präventionsfunktion nur in Form der Erkennbarkeit, nicht aber in Form der Vermeidbarkeit.

5. Zwischenergebnis

In der Vorhersehbarkeit finden sich mehrere Erklärungsansätze wieder. Die effektive Versicherbarkeit des internationalen Produkthaftungsrisikos erfordert es, dass die anwendbare Rechtsordnung *ex ante* berechenbar ist, wozu die Vorhersehbarkeit gemeinsam mit anderen Merkmalen einen Beitrag leistet. Zudem kann die Vorhersehbarkeit aus dem Gebot der Rechtssicherheit in der speziellen Ausprägung der Bestimmtheit und der Prävention in Form der Erkennbarkeit einschlägiger Verhaltensgebote abgeleitet werden.[893] Gemeinsam können Inverkehrbringen und Vorhersehbarkeit auch als Ausdruck der Zurechnung verstanden werden.[894] Welches Prinzip der Vorhersehbarkeit genau zugrunde liegt, kann nicht bestimmt werden, was insbesondere an dem Kompromisscharakter des Art. 5 Rom II-VO liegen dürfte. Es ist den Stimmen in der Literatur zuzustimmen, denen zufolge die Vorhersehbarkeit eine bessere Risikoplanung ermöglicht.[895] Die Vorhersehbarkeit ist in subjektiver Hinsicht das Mittel, mit dem das Rechtsanwendungsrisiko des Haftenden eingeschränkt wird.[896]

In dieser Hinsicht bedient sich der Verordnungsgebers eines normativen Begriffs. Die Wertungsoffenheit wird zunächst durch den Begriff der Vorhersehbarkeit selbst eingeführt. Indem Art. 5 Abs. 1 Satz 2 Rom II-VO darüber hinaus fordert, das Inverkehrbringen in dem betreffenden Staat müsse *vernünftigerweise* vorhersehbar sein, besteht ein zweiter Ansatzpunkt für eine normative Einschränkung. Dies ist bei der Auslegung der Vorhersehbarkeit zu berücksichtigen.

II. Kritik an der Vorhersehbarkeit

In der Literatur wird die Vorhersehbarkeit aus verschiedenen Gründen kritisiert oder abgelehnt.

---

893 Vgl. in diesem Sinne bereits *Freitag*, S. 107.

894 Vgl. *Thorn*, FS Schmidt, S. 1561, 1576.

895 Palandt-*Thorn*, Art. 5 Rom II-VO Rn. 6; PWW-*Schaub*, Art. 5 Rom II-VO Rn. 7; Rauscher-*Unberath/Cziupka/Pabst*, EuZPR/EuIPR, Art. 5 Rom II-VO Rn. 96.

896 *Wandt*, Rn. 580.

1. Nutzen des Vertriebs auch bei mangelnder Vorhersehbarkeit

Einige Autoren weisen darauf hin, dass der Hersteller auch vom unvorhersehbaren Inverkehrbringen profitiert.[897] Er wälze die Kosten mangelnder Vorhersehbarkeit (direkt oder indirekt über die Berücksichtigung der Versicherungsprämien) auf den Erwerber des Produkts ab[898] oder könne im Fall der Verletzung von Vertriebsverboten beim absprachewidrig handelnden Zwischenhändler Rückgriff nehmen.[899]

Der Einwand ist jedoch nur *de lege ferenda* beachtlich. Das IPR der Rom II-Verordnung hat sich nicht für eine kollisionsrechtliche Haftung kraft *doing business* entschieden. Hinter dem Vorhersehbarkeitseinwand steht nicht die Annahme, dass mit dem wirtschaftlichen Profit auch die Haftung einhergehen muss, sondern dass die Berechenbarkeit der Handlungsbedingung und des Haftungsrisikos gewahrt wird.[900] Ferner bleibt zu beachten, dass Art. 5 Abs. 1 Satz 2 Rom II-VO nicht die Haftung entfallen lässt, sondern lediglich das anwendbare Haftungsregime austauscht. Der Vorwurf, mit dem Profit ginge keine Haftung einher, ist in der Form nicht richtig.

2. Die Vorhersehbarkeit als untaugliches Kriterium zur Begrenzung des Rechtsanwendungsrisikos

Kadner Graziano wertet die Vorhersehbarkeit als untaugliches Kriterium zur Begrenzung des Rechtsanwendungsrisikos, weil sie zu erheblichen Unsicherheiten führt.[901] Hinsichtlich der Produkthaftung ist er der Ansicht, dass angesichts des Zirkulierens der Produkte und internationaler Absatzketten heutzutage

897 *Fallon*, Les accidents de la consommation, S. 488 f.; *Fawcett*, Rec. des Cours 238 (1993-I), 9, 123; *Kadner Graziano*, RabelsZ 73 (2009), 1, 41; *Sack*, FS Ulmer, S. 495, 503 f., 506.

898 So allgemein *Fallon*, Les accidents de la consommation, S. 489.

899 *Sack*, FS Ulmer, S. 495, 503 f., 506.

900 Vgl. in diesem Sinne auch schon die Feststellung des *Supreme Court of the United States* zum IZVR in *World-Wide Volkswagen Corp. v. Woodson*, 444 U.S. 286, 298 (1980): „However, financial benefits accruing to the defendant from a collateral relation to the forum State will not support jurisdiction if they do not stem from constitutionally cognizable contact with that State."

901 *Kadner Graziano*, Gemeineuropäisches IPR, S. 225, es sei denn, ein zurechenbares Hinüberwirken ins Ausland würde gänzlich fehlen oder der Bezug zum Land des Schadenseintritts werde erst durch den Geschädigten selbst geschaffen. Eine ähnliche Kritik bringt auch *Kreuzer*, IPrax 1982, 1, 3 vor.

kaum noch etwas unvorhersehbar ist.[902] Entsprechend spiele der Vorhersehbarkeitseinwand praktisch kaum eine Rolle.[903] *Drobnig* hält ein subjektives Kriterium wie die Vorhersehbarkeit für ungeeignet, da es Prozesse oder Verhandlungen mit Unsicherheiten belastet und schwer zu handhaben ist.[904] Nach Ansicht von *Stoll* müssen die an dem Vertrieb eines Produkts beteiligten Personen stets damit rechnen, dass sich Fehler des Produkts an einem Ort auswirken würden, an dem das Produkt nicht vertrieben wird.[905] Dies sei ihr Risiko.[906]

Die Ansicht *Kadner Grazianos* und *Stolls* kann aus zwei Gründen nicht überzeugen: Zum einen erscheint die tatsächliche Basis der Annahme zweifelhaft.[907] Gerade bei mittelständischen Unternehmen, die keine globalen Vertriebskanäle nutzen, ist es naheliegend, dass die Produkte nur auf bestimmten Märkten vertrieben werden.[908] Zum anderen würde diese Ansicht das Vorhersehbarkeitserfordernis in eine unwiderlegbare Vermutung des globalen Inverkehrbringens verkehren.[909] Damit wäre die Vorhersehbarkeit ihres einschränkenden Zwecks beraubt.[910] Das gebotene normative Verständnis der Vorhersehbarkeit wäre hiermit unvereinbar. *Drobnigs* Einwand kann ebenfalls nicht durchgreifen: Mögliche Unsicherheiten in Prozess oder Verhandlung können durch die mit dem Vorhersehbarkeitseinwand verfolgten Ziele aufgewogen werden. Ferner können mögliche Unsicherheiten im Rahmen der Auslegung reduziert werden.

---

902 *Kadner Graziano*, Gemeineuropäisches IPR, S. 292; *ders.*, Rev. crit. dr. int. priv. 97 (2008), 446, 483; *ders.*, RabelsZ 73 (2009), 1, 43; in diesem Sinne auch *Lorenz*, RabelsZ 37 (1973), 317, 348.

903 *Kadner Graziano*, RabelsZ 73 (2009), 1, 43.

904 *Drobnig*, in: v. Caemmerer, S. 298, 325; der seinen Einwand jedoch in Bezug auf das Haager Übereinkommen formulierte.

905 *Stoll*, FS Kegel, S. 113, 130, dessen Einwand sich ebenfalls auf das Haager Übereinkommen bezieht.

906 *Stoll*, FS Kegel, S. 113, 130.

907 So schon *Huber/Illmer*, YbPIL 9 (2007), 31, 44; *Illmer*, RabelsZ 73 (2009), 269, 29; Rauscher-*Unberath/Cziupka/Pabst*, EuZPR/EuIPR, Art. 5 Rom II-VO Rn. 96; zweifelnd auch *Huber/Bach*, IPRax 2005, 73, 77.

908 In diesem Sinne bereits *Huber/Bach*, IPRax 2005, 73, 77.

909 *Huber/Illmer*, YbPIL 9 (2007), 31, 44; Huber-*Illmer*, Rome II Regulation, Art. 5 Rn. 38; *Illmer*, RabelsZ 73 (2009), 269, 299; Rauscher-*Unberath/Cziupka/Pabst*, EuZPR/EuIPR, Art. 5 Rom II-VO Rn. 96.

910 Palandt-*Thorn*, Art. 5 Rom II-VO Rn. 11; Rauscher-*Unberath/Cziupka/Pabst*, EuZPR/EuIPR, Art. 5 Rom II-VO Rn. 96; *Rudolf*, WBL 2009, 525, 530; *Thorn*, FS Schmidt, S. 1561, 1575 f.

3. Gefährdung des Ziels der Rechtssicherheit

Die Einführung des Vorhersehbarkeitseinwands wird teilweise als Mittel gesehen, das der Durchsetzung des Postulats der Rechtssicherheit entgegensteht.[911] Die Rechtssicherheit werde dadurch gefährdet, dass der Erwartungshorizont des Haftenden ein Abweichen von der Regelanknüpfung erlaube.[912]

Indes weist *Kropholler* berechtigterweise darauf hin, dass die Rechtssicherheit bei einem Ausschluss des Vorhersehbarkeitseinwands noch stärker gefährdet wird. Gerichte wären in diesem Fall geneigt, offensichtlich unbillige Ergebnisse mit Hilfe der Anpassung, des *ordre public* oder der Qualifikation zu vermeiden.[913] Ferner rechtfertigen die kollisionsrechtlichen Interessen des Haftenden eine abstrakte Gefährdung der Rechtssicherheit.[914] Unvorhersehbare Ergebnisse, die durch eine mechanische Anwendung der Anknüpfungsleiter entstehen würden, müssten durch eine die betroffenen Interessen wahrende Anknüpfung korrigiert werden. Im Übrigen tritt die vermeintliche Gefährdung der Rechtssicherheit nur in begrenzten Fällen ein, weil der Haftende die Beweislast für die mangelnde Vorhersehbarkeit des Inverkehrbringens trägt.[915]

Die vermeintliche Gefährdung der Rechtssicherheit steht dem vertretenen Ansatz, dass die Vorhersehbarkeit zur Gewährleistung der Rechtssicherheit auf Seiten des Geschädigten erforderlich ist, nicht entgegen. Die vorgebrachte Kritik beruht auf der Forderung nach objektiver, allgemeinheitsbezogener Rechtssicherheit. Die Vorhersehbarkeit gewährleistet hingegen subjektive, individualbezogene Rechtssicherheit auf Seiten des Haftenden. Die unterschiedlichen Ausdrucksformen der Rechtssicherheit werden hier deutlich.

4. Mangelnde Erforderlichkeit der Vorhersehbarkeit

Gegen die Kodifikation eines Vorhersehbarkeitseinwands wird vorgebracht, dass ein solcher nur der Korrektur einer unpräzisen Regelbildung dient und bei präziser Regelbildung überflüssig ist.[916] Wenn beispielsweise die Produkthaftung an den Ort, an dem der Hersteller seine Ware vertreiben lasse, anknüpfe, sei eine

911 Vgl. Bamberger/Roth-*Spickhoff*, Art. 5 Rom II-VO Rn. 1; *Hillgenberg*, S. 108; *Kreuzer*, in: Reichelt/Rechberger, S. 13, 35.

912 Vgl. *Hillgenberg*, S. 108.

913 *Kropholler*, S. 30; ihm folgend *v. Hein*, Günstigkeitsprinzip, S. 210.

914 *v. Hein*, Günstigkeitsprinzip, S. 210.

915 Vgl. zu dieser Korrelation zwischen der Verteilung der Rechtssicherheit und der Gefährdung der Rechtssicherheit *v. Hein*, Günstigkeitsprinzip, S. 210.

916 *Beitzke*, SchwJbIntR 35 (1979), 93, 110 f.

Sonderregelung zum Ausschluss von Zufallsergebnissen nicht erforderlich.[917] In einem ähnlichen Sinne könnte argumentiert werden, dass die Vorhersehbarkeit zur Durchsetzung des Postulats der Kalkulierbarkeit der Handlungsbedingungen nicht bedarf. Immerhin knüpft das Inverkehrbringen bereits an den Handlungsort an, dem allgemein die Funktion zugeschrieben wird, die Verhaltenssteuerung kollisionsrechtlich zu sichern.[918]

Überzeugen können diese Einwände nicht. Auch bei einer Anknüpfung an den Vertriebsort oder den Handlungsort kann es zu Zufallsergebnissen kommen, wenn beispielsweise das Produkt dort nicht vom Haftenden selbst vertrieben wurde.[919] Eine objektive Verbindung zwischen Sachverhalt und Rechtsordnung bedeutet nicht, dass hiermit auch subjektiv die Erkennbarkeit einhergeht. Folglich besteht auch in diesem Szenario ein Bedürfnis, den Erwartungshorizont des Haftenden in die kollisionsrechtliche Regelbildung miteinzubeziehen, um das Interesse an der Kalkulierbarkeit der Handlungsbedingungen durchzusetzen. Ob dies durch eine subjektive Auslegung von Anknüpfungspunkten oder durch die Kodifikation eines Vorhersehbarkeitseinwands geschieht, muss durch den Gesetzgeber beantwortet werden, der in dieser Hinsicht einen weiten Handlungsspielraum hat.[920] Entscheidend ist, dass die gebotene Kalkulierbarkeit der Handlungsbedingungen nur bei einer Erkennbarkeit der Verhaltensgebote gewahrt wird.

5. Unangemessene Benachteiligung des Geschädigten

In den Beratungen zum Haager Übereinkommen wurde der Vorschlag, eine Vorhersehbarkeitsklausel in das Abkommen zu integrieren, von der deutschen Delegation unter Hinweis auf die Interessen des Geschädigten abgelehnt, weil sie eine unangemessene Benachteiligung des Geschädigten bedeuten würden.[921] Allgemein geht auch *Duintjer Tebbens* hiervon aus.[922] Der Haftende müsse das Risiko einer unvorhersehbaren Rechtsordnung nicht zuletzt deshalb tragen, weil die Anwendung des Rechts seines gewöhnlichen Aufenthalts sowohl ein Zufallsgewinn als auch ein Unglück sein könne.[923]

---

917 *Beitzke*, SchwJbIntR 35 (1979), 93, 110 f.

918 Zu der Annahme, die Anknüpfung an den Handlungsort würde die Verhaltenssteuerung auf Ebene des IPR absichern, siehe die Nachweise in Fn. 49.

919 Siehe dazu noch ausführlich unter C.II.5.

920 So bereits *v. Hein*, Günstigkeitsprinzip, S. 209.

921 *Lorenz*, in: Conférence de La Haye, Actes et Documents 12. session, S. 165, 168 f.

922 *Duintjer Tebbens*, S. 385.

923 *Duintjer Tebbens*, S. 385.

Das hinter der Vorhersehbarkeit stehende Interesse an der Berechenbarkeit des anwendbaren Rechts kann nicht von vornherein als unberechtigt zurückgewiesen werden. Die kollisionsrechtliche Regelbildung verlangt nach einer Berücksichtigung der verschiedenen betroffenen Interessen. Hinsichtlich der notwendigen Interessenbewertung führt die Existenz des gesetzgeberischen Beurteilungsspielraums dazu, dass von einer unangemessenen Benachteiligung nicht gesprochen werden kann. *De lege ferenda* hat der Einwand Berechtigung (hier wurde er auch vorgebracht), *de lege lata* darf er nicht dazu führen, den Vorhersehbarkeitseinwand im Wege der Auslegung zu entwerten.

6. Verstoß gegen das Gleichbehandlungsgebot

Die Anwendbarkeit einer Rechtsordnung von der Vorhersehbarkeit abhängig zu machen, wertet *Werner Lorenz* als Verstoß gegen das Gleichbehandlungsgebot.[924] Der Schädiger, der aus der Distanz handele, müsse sich das Rechtsanwendungsrisiko zurechnen lassen, weil die den Rechtsgüterschutz gewährleistende Rechtsordnung aufgrund des Gleichheitssatzes nicht danach unterscheiden könne, ob die schadensstiftende Ursache innerhalb oder außerhalb ihres räumlichen Anwendungsbereichs gesetzt wurde.[925]

Der Vorwurf hält einer näheren Betrachtung nicht stand. Gleichbehandlung im Kollisionsrecht kann nur heißen, dass der Geschädigte der Rechtsordnung unterworfen wird, mit der der Sachverhalt die engste Verbindung aufweist.[926] Da Art. 5 Rom II-VO die Wertung des Verordnungsgebers zur engsten Verbindung im Internationalen Produkthaftungsrecht der Rom II-Verordnung enthält, droht kein Verstoß gegen das Gleichbehandlungsgebot. Daneben bleibt der Ansatz von *Werner Lorenz* den Nachweis schuldig, warum die vorhersehbare und die unvorhersehbare Rechtsverletzung kollisionsrechtlich gleichbehandelt werden müssen, was Bedingung für den Verstoß gegen den Gleichheitssatz ist.[927]

7. Einwände aus materieller Sicht

Beitzke wendet gegen die Vorhersehbarkeit Folgendes ein: Es sei wenig überzeugend, wenn der vorsätzlich handelnde Täter sich der Anwendung des Rechts des Erfolgsorts mit dem Einwand widersetzen könne, der Erfolg sei nicht an dem

---

924 *Lorenz*, in: v. Caemmerer, S. 97, 116.
925 *Lorenz*, in: v. Caemmerer, S. 97, 116.
926 So bereits zu Recht *v. Hein*, Günstigkeitsprinzip, S. 210; *Wandt*, Rn. 1139.
927 Vgl. insofern schon *v. Hein*, Günstigkeitsprinzip, S. 210.

vorgeplanten, sondern einem anderen Ort eingetreten.[928] Im Bereich der Gefährdungshaftung hält *Beitzke* Erwägungen über die Vorhersehbarkeit des Schadens an einem bestimmten Ort für unangebracht.[929]

Beitzkes Vorwurf ist in diesem Rahmen nicht berechtigt. Da die Vorhersehbarkeit stets erfüllt ist, wenn der Haftende vorsätzlich handelt,[930] besteht der von *Beitzke* aufgezeigte Widerspruch zwischen Vorsatz und Vorhersehbarkeit nicht. Dass die Vorhersehbarkeit auch im Rahmen der Gefährdungshaftung relevant ist,[931] wurde bereits oben gezeigt.[932] Insofern sei daran erinnert, dass das Niveau gefährlicher Aktivität nur dann reguliert wird, wenn die zu erwartenden Schadenskosten bei Vornahme der gefahrgeneigten Handlung erkennbar waren.

8. Berücksichtigung der Vorhersehbarkeit im Rahmen des Sachrechts

Verschiedene Autoren haben den Einwand vorgebracht, dass es der Vorhersehbarkeit im IPR nicht bedürfe, weil das Sachrecht die mangelnde Vorhersehbarkeit der anwendbaren Rechtsordnung berücksichtige.[933] Konkret wird vorgeschlagen, der mangelnden Vorhersehbarkeit im Rahmen des Verschuldens oder der Zurechenbarkeit Ausdruck zu verleihen.[934] Ferner wird der kollisionsrechtlichen Vorhersehbarkeit vorgeworfen, dass sie eine Leerformel darstellt.[935] Die Vorhersehbarkeit sei eine normative Frage, die nur mit Hilfe der materiellen Standards beantwortet werden könne.[936] Ohne die Definition der materiellen

---

928 *Beitzke*, SchwJbIntR 35 (1979), 93, 111.

929 *Beitzke*, SchwJbIntR 35 (1979), 93, 111.

930 Siehe dazu noch unter D.IV.2.a).

931 Zu diesem Ergebnis kommt auch *v. Hein*, Günstigkeitsprinzip, S. 212 hinsichtlich der Vorhersehbarkeit des Erfolgsorts.

932 Siehe oben unter B.II.2.b)bb).

933 *Beitzke*, SchwJbIntR 35 (1979), 93, 111; *ders.*, RabelsZ 43 (1979), 245, 271; *Hillgenberg*, S. 109; *Lorenz*, in: v. Caemmerer, S. 97, 117; *Wandt*, Rn. 611, 616, 816 ff., 935; so auch in Bezug auf Persönlichkeitsrechtsverletzungen durch Massenmedien Bamberger/Roth-*Spickhoff*, Art. 40 EGBGB Rn. 39; *Looschelders*, ZVglRWiss 95 (1996), 48, 71; MüKoBGB⁵-*Junker*, Art. 40 EGBGB Rn. 80; *Riegl*, S. 178 f.; Staudinger-*v. Hoffmann*, Art. 40 EGBGB Rn. 62.

934 *Lorenz*, in: v. Caemmerer, S. 97, 117; *Looschelders*, ZVglRWiss 95 (1996), 48, 73; MüKoBGB⁵-*Junker*, Art. 40 EGBGB Rn. 80.

935 *Looschelders*, ZVglRWiss 95 (1996), 48, 72.

936 *Looschelders*, ZVglRWiss 95 (1996), 48, 72.

Bedingungen, die eine Erkennbarkeit auf Seiten des Haftenden begründen, habe die Vorhersehbarkeit keinen Inhalt.[937]

Die Tatsache, dass die Vorhersehbarkeit einen normativen Begriff darstellt, bedeutet nicht, dass die Wertungsfrage auf Ebene des Sachrechts beantwortet werden muss.[938] Nach der Rechtsprechung des EuGH zum Internationalen Zivilverfahrensrecht muss die Vorhersehbarkeit der Zuständigkeitszuweisungen verordnungsautonom ausgelegt werden.[939] Ein normal informierter Beklagter muss in der Lage sein, vorherzusehen, vor welchen Gerichten Klage gegen ihn erhoben werden kann.[940] Die Rechtsprechung zum IZVR verdeutlicht, dass die Wertungsfrage der Vorhersehbarkeit auf übergeordneter Ebene zu beantworten ist.[941] Daneben kann die Vorhersehbarkeit aufgrund ihrer Wertungsoffenheit nicht als Leerformel bezeichnet werden, weil andernfalls jede Norm, die nicht ausschließlich deskriptive Tatbestandsmerkmale enthält, abzulehnen wäre.[942]

Die Kritik geht im Übrigen auf die These zurück, die Vorhersehbarkeit würde ausreichend im Rahmen lokaler Sicherheits- und Verhaltensregeln Berücksichtigung finden.[943] Im Anschluss an die Vorhersehbarkeit wird umfassend erläutert, warum Art. 17 Rom II-VO und der Vorhersehbarkeitseinwand nebeneinander berechtigt sind.[944]

Die Vorhersehbarkeit der Verhaltensgebote nur im Rahmen des Sachrechts zu beachten, etwa im Rahmen des Verschuldens, würde verkennen, dass auch die Höhe der Schadenskompensation final auf die Verhaltenssteuerung bezogen ist.[945] Schon die ökonomische Analyse des Haftungsrechts belegt dies: Eine Erhöhung des ersatzfähigen Schadens setzt im Rahmen der Verschuldenshaftung

---

937 *Looschelders*, ZVglRWiss 95 (1996), 48, 72.

938 *v. Hein*, Günstigkeitsprinzip, S. 214; dies erkennt auch *Looschelders*, ZVglRWiss 95 (1996), 48, 73 an, hält eine kollisionsrechtliche Lösung aber für unangemessen, da es die IPR-Frage „überfrachten“ würde.

939 EuGH vom 19.4.2012, Rs. C-523/10 – *Wintersteiger*, JZ 2012, 1014, 1015, Rn. 23; vgl. auch EuGH vom 25.10.2011, verb. Rs. C-509/09 und C-161/10 – *eDate Advertising*, NJW 2012, 137, 140, Rn. 38 m. w. N.

940 So zum EuGVÜ EuGH vom 17.6.1992, Rs. C-26/91 – *Handte/TCMS*, Slg. 1992, I-3967, Rn. 18.

941 *v. Hein*, Günstigkeitsprinzip, S. 214.

942 *Looschelders*, ZVglRWiss 95 (1996), 48, 72.

943 Vgl. *Duintjer Tebbens*, S. 385; *Looschelders*, ZVglRWiss 95 (1996), 48, 73; *Lorenz*, in: v. Caemmerer, S. 97, 117; MüKoBGB[5]-*Junker*, Art. 40 EGBGB Rn. 80; *Wandt*, Rn. 611.

944 Siehe dazu ausführlich unter E.V.1.

945 *v. Hein*, Günstigkeitsprinzip, S. 215.

Anreize, zusätzliche Sicherheitsvorkehrungen zu unternehmen, und im Rahmen der Gefährdungshaftung den Anreiz, das Niveau gefährlicher Aktivität zu reduzieren. Die Höhe des ersatzfähigen Schadens hängt wiederum von der anwendbaren Rechtsordnung ab.[946] Deshalb ist eine Lösung des Problems der Vorhersehbarkeit auf Ebene des Kollisionsrechts angemessen.

III. Lehren aus der Rechtsvergleichung

Aus rechtsvergleichender Sicht sieht bereits Art. 7 Haager Übereinkommen einen Vorhersehbarkeitseinwand im Internationalen Produkthaftungsrecht vor. Ferner hat die US-amerikanische Rechtsprechung zum Internationalen Zivilprozessrecht den Versuch unternommen, die Fälle zu formulieren, in denen der Haftende den Verkauf eines Produkts in einem bestimmten Bundesstaat erwarten muss.[947] Um eventuelle Rückschlüsse für die Auslegung von Art. 5 Rom II-VO zu ziehen, werden Haager Übereinkommen und die US-amerikanische Rechtsprechung vorab untersucht.

1. Art. 7 Haager Übereinkommen

Art. 7 Haager Übereinkommen diente dem Vorhersehbarkeitseinwand des Art. 5 Rom II-VO als Vorbild.[948] Eine Analyse dieser Vorschrift ist damit unerlässlich. Art. 7 des Haager Übereinkommens bestimmt:

> „Weder das Recht am Verletzungsort noch das Recht am gewöhnlichen Aufenthalt der geschädigten Person sind gemäß Art. 4, 5 und 6 anwendbar, wenn die in Anspruch genommene Person nachweist, dass sie vernünftigerweise nicht voraussehen konnte, dass das Produkt oder ihre eigenen Produkte der betreffenden Art in dem fraglichen Staat im Handel angeboten werden würden.“[949]

Der Maßstab des Art. 7 Haager Übereinkommen und des Art. 5 Rom II-VO ist die vernünftige Vorhersehbarkeit. Unterschiede bestehen hinsichtlich des Bezugspunkts. Während die Rom II-Verordnung auf das Inverkehrbringen

---

946 Siehe oben unter B.II.2.b)aa).

947 So der Grundsatz der US-amerikanischen Rechtsprechung, vgl. *World-Wide Volkswagen Corp. v. Woodson*, 444 U.S. 286, 298 (1980).

948 *Brière*, Clunet 135 (2008), 31, 46; *Schwartze*, NIPR 2008, 430, 432; vgl. auch *Dickinson*, Rome II, Rn. 5.36; *Garcimartín Alférez*, EuLF 2007, I-77, I-85; *v. Hein*, ZVglRWiss 102 (2003), 528, 552 f.; *ders.*, VersR 2007, 440, 446; *ders.*, Tul. L. Rev. 82 (2008), 1663, 1695; *Huber/Illmer*, YbPIL 9 (2007), 31, 45; *Junker*, RIW 2010, 257, 265.

949 So die Übersetzung des Übereinkommens in Staudinger-*v. Hoffmann*, Art. 40 EGBGB Rn. 80.

abstellt, muss im Rahmen des Haager Übereinkommens der Nachweis erbracht werden, der Haftende konnte nicht vorhersehen, dass das Produkt in dem fraglichen Staat im Handel angeboten werden würde. Da jedoch das Inverkehrbringen im Sinne eines öffentlichen Angebots zu verstehen ist,[950] können die Ansätze des Haager Übereinkommens bei der Auslegung des Art. 5 Rom II-VO Bedeutung haben.

Erstaunlicherweise sind in den Mitgliedstaaten des Haager Übereinkommens, soweit ersichtlich, keine Entscheidungen zu Art. 7 Haager Übereinkommen ergangen.[951] Daher muss sich die Analyse des Haager Übereinkommens auf die Literaturansichten beschränken.

a) *Funktion der Vorhersehbarkeit*

Ebenso wie Art. 5 Rom II-VO ist auch das Haager Übereinkommen von dem Grundgedanken getragen, über die Berücksichtigung verschiedener Anknüpfungspunkte einen Interessensausgleich herzustellen.[952] Art. 7 Haager Übereinkommen, der den Vorhersehbarkeitseinwand zugunsten des Haftenden enthält, und Art. 9 Haager Übereinkommen, der die Berücksichtigung von lokalen Sicherheits- und Verhaltensregeln erlaubt, würden den Interessen des Haftenden dienen.[953] Ausgeglichen werde dies durch die Wahlmöglichkeit, die dem Geschädigten im Rahmen des Art. 6 Haager Übereinkommen eingeräumt würde.[954] So soll der Zweck des Art. 7 Haager Übereinkommen darin bestehen, den Haftenden vor der Anwendbarkeit einer unvorhersehbaren Rechtsordnung[955] oder einer Rechtsordnung, die als Absatzmarkt ausgeschlossen werden sollte, zu schützen.[956] Daneben wurde dem Vorhersehbarkeitseinwand des Art. 7

950 Siehe dazu oben unter C.II.2.

951 Siehe insofern die wenigen Nachweise der Rechtsprechung zum Haager Übereinkommen bei *Lorenz*, Rabels 57 (1993), 175, 196; sowie bei *Sumampouw*, S. 318, die sich jedoch nicht mit Art. 7 Haager Übereinkommen beschäftigen. Auch die eigenen Recherchen des Verfassers haben keine Rechtsprechungshinweise zu Art. 7 Haager Übereinkommen hervorgebracht.

952 *Fallon*, Les accidents de la consommation, S. 257 f.; *Zabalo Escudero*, Rev. esp. der. int. 1991, 75, 96; vgl. auch *Cavin*, SchwJBIntR 1972, 44, 55; *Battifol*, Rev. crit. dr. int. priv. 62 (1973), 243, 258.

953 *Fallon*, Les accidents de la consommation, S. 258.

954 *Fallon*, Les accidents de la consommation, S. 260.

955 *Cavin*, SchwJbIntR 28 (1972), 44, 56; *Pryles*, Rec. des Cours 277 (1991-II), 9, 128; *Reese*, Am. J. Comp. L. 21 (1973), 149, 150.

956 *Cavin*, SchwJbIntR 28 (1972), 44, 56.

Haager Übereinkommen von Seiten der Verfasser die Funktion zugedacht, die Versicherbarkeit des internationalen Produkthaftungsrisikos zu ermöglichen.[957]

b) *Vertretene Ansätze zur Vorhersehbarkeit*

Die Frage, unter welchen Umständen der Haftende den Vorhersehbarkeitseinwand wirksam geltend machen kann, wird in der Literatur uneinheitlich beurteilt.

aa) *Intention des Vertriebs*

Erwogen wird es, die Vorhersehbarkeit dann anzunehmen, wenn der Haftende die Intention habe, seine Produkte in dem fraglichen Staat zu vertreiben.[958] In diesem Zusammenhang weist *Saunders* auf die Nähe zwischen der Vorhersehbarkeit in Art. 7 Haager Übereinkommen und der US-amerikanischen Rechtsprechung zur *long-arm jurisdiction* hin,[959] auf die erst im nächsten Schritt eingegangen wird.

bb) *Rechtsordnungen, mit denen der Haftende vernünftigerweise rechnen muss*

Teile der Literatur fassen unter den Vorhersehbarkeitseinwand die Rechtsordnungen, mit deren Anwendbarkeit der Haftende rechnen muss.[960] Der Haftende, der seine Produkte international vertreibe, müsse mit dem Vertrieb in jedem beliebigen Land rechnen.[961] Dies gelte insbesondere auch dann, wenn er sich keine Kenntnisse über das Vertriebsgebiet seiner Produkte verschafft habe.[962] Die Vorhersehbarkeit soll ausnahmsweise dann entfallen, „wenn gegen den Willen des Beklagten bestimmte Länder beliefert werden, obwohl er genaue Anweisungen über das zulässige Vertriebsgebiet gegeben und ausreichende Maßnahmen zur Einhaltung seiner Anweisungen getroffen hat."[963]

---

957 *Fallon*, Les accidents de la consommation, S. 489; *Lorenz*, FS Wahl, S. 185, 191.

958 *Fischer*, McGill L. J. 20 (1974), 44, 75; vgl. auch *Saunders*, Law & Policy Int. Bus. 4 (1972), 187, 199 f., dessen Ansicht sich allerdings auf einen Vorentwurf des Haager Übereinkommens bezieht. Der Vorentwurf enthielt anstelle der Vorhersehbarkeit den Einwand des Haftenden, er habe weder ausdrücklich noch implizit dem Angebot im Handel zugestimmt; siehe dazu *de Ment*, Cornell Int'l L. J. 5 (1972), 75, 89 f.

959 *Saunders*, Law & Policy Int. Bus. 4 (1972), 187, 216.

960 *Birk*, S. 104, *Bröcker*, S. 96 f.; 159 f.; *Ehrenzweig*, Yale L. J. 69 (1960), 794, 799; *Siehr*, AWD 1972, 373, 384 f.

961 *Sack*, FS Ulmer, S. 495, 504.

962 *Sack*, FS Ulmer, S. 495, 504.

963 *Sack*, FS Ulmer, S. 495, 504.

cc) *Differenzierung nach Herstellern*

Einige Autoren differenzieren bei der Vorhersehbarkeit zwischen großen und kleinen Herstellern.[964] Die Vorhersehbarkeitsklausel könne insbesondere für kleinere Unternehmen nützlich sein, die ihre Produkte nur auf bestimmten Märkten vertreiben.[965] Mit Hilfe des Einwands mangelnder Vorhersehbarkeit würden sie in die Lage versetzt, nur die Vorschriften des oder der Länder einzuhalten, für die ihre Produkte bestimmt seien.[966] Abhängig sei die Geltendmachung des Vorhersehbarkeitseinwands von den Umständen des Einzelfalls.[967] Bei großen Herstellern sei es hingegen durchaus fraglich, ob sie in der Lage dazu oder sogar willens seien, das Vertriebsgebiet einzuschränken.[968] Jedoch wird selbst von den Vertretern der Differenzierung zu Recht darauf hingewiesen, dass Kriterien fehlen, um große und kleine Hersteller von einander zu unterscheiden.[969] Entweder müsse die Vorhersehbarkeit mit Hilfe von Daten über den Vertrieb analysiert werden oder die Gerichte würden dazu eingeladen, ihre eigenen Gerechtigkeitsvorstellungen zugrunde zu legen.[970]

dd) *Vorbeugende Maßnahmen*

Im Rahmen der Vorhersehbarkeit wird nach teilweise vertretener Ansicht auch eine eventuelle Beschränkung des Vertriebsgebiets honoriert.[971] *Siehr* erachtet allein den Aufdruck auf dem Produkt, dieses nur in bestimmten Staaten zu vertreiben, als nicht ausreichend, um die Anwendbarkeit der in Frage stehenden Rechtsordnung abzulehnen.[972] Hinzukommen müsse der Nachweis, der Haftende habe die Ware selbst nicht exportiert und sei gegen einen abredewidrigen

---

964 *Cavin*, SchwJbIntR 28 (1972), 44, 56; *Fallon*, Les accidents de la consommation, S. 488; *Duintjer Tebbens*, S. 346 f., *de Nova*, Riv. dir. int. priv. proc. 1973, 297, 321; *Reese*, in: Conférence de La Haye, Actes et Documents 12. session, S. 165, 168; *Zabalo Escudero*, Rev. esp. der. int. 1991, 75, 96.

965 *Cavin*, SchwJbIntR 28 (1972), 44, 56; *Conférence de la Haye*, Actes et Documents 12. session, S. 165, 168; *Fallon*, Les accidents de la consommation, S. 488; *de Nova*, Riv. dir. int. priv. proc. 1973, 297, 321; *Zabalo Escudero*, Rev. esp. der. int. 1991, 75, 96.

966 *Cavin*, SchwJbIntR 28 (1972), 44, 56.

967 *Duintjer Tebbens*, S. 347.

968 *Duintjer Tebbens*, S. 346; in diesem Sinne auch *Fallon*, Les accidents de la consommation, S. 488.

969 *Duintjer Tebbens*, S. 347.

970 *Duintjer Tebbens*, S. 347.

971 Vgl. *Duintjer Tebbens*, S. 350; *Lorenz*, FS Wahl, S. 185, 191.

972 *Siehr*, AWD 1972, 373, 387.

Export seitens Dritter eingeschritten.[973] Zu beachten bleibt, dass diese Ansicht zu einem Vorentwurf des Haager Übereinkommens ergangen ist, der an Stelle der Vorhersehbarkeit noch die Zustimmung des Haftenden vorsah.

Bei großen Herstellern wird jedoch angezweifelt, ob die Berücksichtigung von Beschränkungen des Absatzgebiets angemessen ist: Auch wenn sie ihre Vertriebskanäle auf bestimmte Territorien begrenzen würden, könne ein Richter nur schwer davon überzeugt werden, den unautorisierten Vertrieb für unvorhersehbar zu halten.[974] *Lorenz* bezeichnet haftungsrechtlich motivierte Vertriebsverbote für einzelne Länder als unrealistisch.[975] *Drobnig* lehnt privatrechtliche Ausfuhrverbote ab, weil sie die Haftung des Produzenten mit schwierigen kartellrechtlichen Fragen belasten würden.[976]

ee) *Regelmäßige Lieferungen*

Wenn Produkte regelmäßig im betreffenden Staat vertrieben würden, sei die Vorhersehbarkeit jedenfalls erfüllt.[977] Hierbei wird auch dem europäischen Binnenmarkt Beachtung geschenkt: Die Zunahme des mitgliedstaatlichen Handels innerhalb der EU und die Einführung des Binnenmarkts bedeute, dass Produkte regelmäßig innerhalb der ganzen Union vermarktet würden.[978]

Ferner kommt die Frage auf, ob die Vorhersehbarkeit davon abhängt, dass Produkte im signifikanten Umfang in dem betreffenden Staat vertrieben werden.[979] *Siehr* spricht sich hierfür aus, weil nur bei einem signifikanten Vertrieb das Haftungsrisiko kalkuliert werden könne.[980] Entsprechend dürfe der unbedeutende Handel in einem Staat die Vorhersehbarkeit nicht auslösen.[981] *Prager* lehnt dies ab.[982] Seiner Ansicht nach stellt die Berücksichtigung der gelieferten Quantitäten eine beträchtliche Komplikation dar, die vermieden werden soll.[983]

Eine Begrenzung auf übliche Vertriebswege wird als unangemessen betrachtet.[984] Schließlich seien heimliche Verkäufe und Gebrauchtwarenhandel ein

973 *Siehr*, AWD 1972, 373, 387.
974 *Duintjer Tebbens*, S. 346.
975 *Lorenz*, RabelsZ 37 (1973), 317, 348.
976 *Drobnig*, in: v. Caemmerer, S. 298, 325.
977 *Durham*, Ga. J. Int'l & Comp. L. 4 (1974), 178, 186.
978 *Fawcett*, Rec. des Cours 238 (1993-I), 9, 143.
979 Dafür *Siehr*, AWD 1972, 373, 386; dagegen *Prager*, S. 292.
980 *Siehr*, AWD 1972, 373, 386.
981 *Siehr*, AWD 1972, 373, 386.
982 *Prager*, S. 292.
983 *Prager*, S. 292.
984 *Duintjer Tebbens*, S. 346.

bekanntes, wenn nicht sogar übliches Phänomen für große Hersteller.[985] Letztlich könne die Vorhersehbarkeit nur einen begrenzten Schutz gegen Haftungsansprüche aufgrund von Produkten, die auf nicht nachvollziehbaren Wegen in dem betreffenden Staat aufgetaucht sind, gewährleisten.[986]

c) *Schlussfolgerungen*

Da Art. 7 Haager Übereinkommen und Art. 5 Rom II-VO funktionell im Wesentlichen übereinstimmen, stellt die Auslegung des Haager Übereinkommens an sich eine sinnvolle Quelle für die Interpretation der Rom II-Verordnung dar. Mangels Rechtsprechung und einer herrschenden Meinung zum Inhalt des Vorhersehbarkeitseinwands ist die vorangehende Analyse jedoch nur von begrenztem Nutzen. Es zeigt sich, dass der willensgetragene Vertrieb für die Vorhersehbarkeit in jedem Fall hinreichend sein soll.[987] Verschiedene Autoren befürworten eine Differenzierung nach der Größe des Herstellers, ohne jedoch konkrete Anhaltspunkte für die Bestimmung der Größe und die Folgen der differenzierten Betrachtung zu liefern. Auch Vertriebsverbote sollen Berücksichtigung finden. Umstritten ist, welche Bedeutung der Quantität vertriebener Produkte zukommt.

2. US-amerikanische Rechtsprechung zur stream of commerce

Wie oben erwähnt, schlagen Stimmen in der Literatur vor, die US-amerikanische Rechtsprechung zur *stream of commerce* für die Auslegung des kollisionsrechtlichen Vorhersehbarkeitseinwands zu nutzen.[988] Die *stream of commerce* Rechtsprechung befasst sich mit der zwischenstaatlichen und internationalen Zuständigkeit der Gerichte eines Bundesstaats über einen forumsfremden Beklagten (sog. *long-arm jurisdiction*). Diskutiert wird in diesem Zusammenhang, in welchen Fällen *personal jurisdiction*, d.h. die Zuständigkeit über die Parteien,[989] aufgrund des Vertriebs oder der Benutzung eines Produkts gegeben ist.

985 *Duintjer Tebbens*, S. 346.
986 *Duintjer Tebbens*, S. 350.
987 *Fischer*, McGill L. J. 20 (1974), 44, 75; vgl. auch *Saunders*, Law & Policy Int. Bus. 4 (1972), 187, 199 f., dessen Ansicht sich allerdings auf einen Vorentwurf des Haager Übereinkommens bezieht. Der Vorentwurf enthielt anstelle der Vorhersehbarkeit den Einwand des Haftenden, er habe weder ausdrücklich noch implizit dem Angebot im Handel zugestimmt; siehe dazu *de Ment*, Cornell Int'l L. J. 5 (1972), 75, 89 f.
988 *van Calster*, S. 169; *Saunders*, Law & Policy Int. Bus. 4 (1972), 187, 216.
989 *Pfeiffer*, S. 303.

Die *due process clause* des *5th* und *14th Amendment* setzt der Gerichtsbarkeit über einen forumsfremden Beklagten Grenzen.[990] Für die Annahme der *personal jurisdiction* müssen aus verfassungsrechtlicher Sicht zwei Bedingungen erfüllt sein.[991] Zunächst muss der Beklagte absichtlich *minimum contacts* (Mindestkontakte[992]) mit dem Bundesstaat des jeweiligen Forums schaffen.[993] In einem zweiten Schritt müssen die *minimum contacts* im Lichte anderer Faktoren beurteilt werden, um festzustellen, ob die Annahme der Gerichtsbarkeit für den Beklagten mit traditionellen Auffassungen von Fairness und Gerechtigkeit vereinbar ist (der sog. *reasonableness-* oder *fairness*-Test[994]).[995] Die *stream of commerce*-Theorie ist eine Ausprägung der erforderlichen *minimum contacts*, die insbesondere im Bereich der Produkthaftung zur Anwendung kommt.[996]

In der Entscheidung *World-Wide Volkswagen v. Woodson* formulierte der *Supreme Court of the United States* den allgemeinen Grundsatz zur *stream of commerce*, der bis heute gilt:

> „The forum State does not exceed its powers under the Due Process Clause if it asserts personal jurisdiction over a corporation that delivers its products into the stream of

990 *World-Wide Volkswagen Corp. v. Woodson*, 444 U.S. 286, 298 (1980).

991 *World-Wide Volkswagen Corp. v. Woodson*, 444 U.S. 286, 291–292 (1980); *International Shoe Co. v. Washington*, 326 U.S. 310, 316 (1945). Daneben müssen die einzelstaatlichen Anforderungen an die *personal jurisdiction* erfüllt sein; vgl. *J. McIntyre Machinery, Ltd. v. Nicastro*, 131 S.Ct. 2780, 2800 (2011). Viele Bundesstaaten nehmen die Gerichtsbarkeit in den Fällen an, in denen die verfassungsrechtlichen Anforderungen gewahrt sind, formulieren jedoch zum Teil auch zusätzliche Anforderungen; vgl. die Übersicht bei *Wright/Miller/Kane/Marcus*, § 1068.

992 Siehe die Übersetzung des Begriffs *minimum contacts* von *Dorsel*, S. 26.

993 *World-Wide Volkswagen Corp. v. Woodson*, 444 U.S. 286, 291–292 (1980); *International Shoe Co. v. Washington*, 326 U.S. 310, 316 (1945).

994 So die Terminologie von *Dorsel*, S. 26.

995 *World-Wide Volkswagen Corp. v. Woodson*, 444 U.S. 286, 292 (1980); *International Shoe Co. v. Washington*, 326 U.S. 310, 316 (1945). Im Rahmen des reasonableness-Tests werden u.a. „the burden on the defendant", „the forum State's interest in adjudicating the dispute", „the plaintiff's interest in obtaining convenient and effective relief", „the interstate judicial system's interest in obtaining the most efficient resolution of controversies" und „the shared interest of the several States in furthering fundamental substantive social policies" berücksichtigt; siehe *World-Wide Volkswagen Corp. v. Woodson*, 444 U.S. 286, 292 (1980).

996 *Beverly Hills Fan Co. v. Royal Sovereign Corp.*, 21 F.3d 1558, 1566 (Fed. Cir. 1994); *Nicastro v. McIntyre Machinery America, Ltd.*, 987 A.2d 575, 594 (N.J. 2010).

commerce with the expectation that they will be purchased by consumers in the forum State."[997]

Dieser Grundsatz kombiniert die Handlung der Einführung in die Handelskette („*delivers its products into the stream of commerce*") mit der Erwartung des Verkaufs im Bundesstaat des jeweiligen Forums („*with the expectation that they will be purchased by consumers in the forum State*").[998]

Die US-amerikanische Rechtsprechung zur *stream of commerce*-Theorie und Art. 5 Abs. 1 Satz 2 Rom II-VO nehmen – nach hier vertretener Ansicht – gleichermaßen auf die Erwartungshaltung des Haftenden im Produktabsatz Bezug. Aus diesem Grund kann die US-amerikanische Rechtsprechung zur *stream of commerce* einen Beitrag für die Auslegung der Vorhersehbarkeit im europäischen Internationalen Produkthaftungsrecht liefern.

a) *Rechtsprechung des Supreme Court of the United States*

Die Rechtsprechung des *Supreme Court of the United States* zur *stream of commerce* erging im Wesentlichen in drei Urteilen.

aa) *World-Wide Volkswagen Corp. v. Woodson*

1980 entschied das höchste US-amerikanische Gericht die Rechtssache *World-Wide Volkswagen Corp. v. Woodson*[999].

(1) *Sachverhalt*

Die Kläger und Geschädigten im Ausgangsverfahren kauften 1976 ein Auto des deutschen Herstellers Audi bei Seaway, einem Einzelhändler aus dem Bundesstaat New York.[1000] Zu dieser Zeit waren die Kläger in New York ansässig.[1001] Als sie im darauffolgenden Jahr durch Oklahoma reisten, waren sie in einen Verkehrsunfall verwickelt, wodurch ein Feuer entfachte und die Insassen schwere Verbrennungen erlitten.[1002]

Vor den Gerichten von Oklahoma reichten die Geschädigten Klage auf Schadensersatz u.a. gegen den Einzelhändler Seaway, der ihnen das Auto verkauft hatte, und den Zwischenhändler World-Wide Volkswagen Corp., der

---

997 *World-Wide Volkswagen Corp. v. Woodson*, 444 U.S. 286, 298 (1980).

998 *Steinman*, S. C. L. Rev. 63 (2012), 481, 503.

999 444 U.S. 286 (1980).

1000 *World-Wide Volkswagen Corp. v. Woodson*, 444 U.S. 286, 288 (1980).

1001 *World-Wide Volkswagen Corp. v. Woodson*, 444 U.S. 286, 288 (1980).

1002 *World-Wide Volkswagen Corp. v. Woodson*, 444 U.S. 286, 288 (1980).

Einzelhändler in New York, New Jersey und Connecticut belieferte, ein.[1003] Die Geschädigten behaupteten, das Feuer sei durch ein falsch konzipiertes und fehlerhaft eingebautes Tank- und Kraftstoffsystem verursacht worden.[1004] Die beiden beklagten Gesellschaften waren nach den Gesetzen des Bundesstaats New York gegründet worden und hatten dort auch ihren Sitz.[1005] Beide trieben in Oklahoma weder Handel, noch verkauften oder lieferten sie Produkte dorthin. Auch hatten sie dort weder einen Zustellungsbevollmächtigten, noch warben sie in Medien, die Oklahoma erreichten.[1006] Sie machten unter Berufung auf die *due process clause* geltend, die Gerichte des Bundesstaats Oklahoma seien in persönlicher Hinsicht nicht zuständig.[1007]

Die höchste einzelstaatliche Instanz, der *Supreme Court of Oklahoma*, sah die Annahme der *personal jurisdiction* als gerechtfertigt an, weil die Benutzung von Autos in Oklahoma für die Beklagten vorhersehbar war und die Beklagten erhebliche Gewinne durch Verkäufe erzielten, die von Zeit zu Zeit auch in Oklahoma benutzt wurden.[1008]

(2) *Entscheidung*

Der *Supreme Court of the United States* verneinte hingegen die Zuständigkeit der Gerichte Oklahomas, da die *due process clause* dem entgegenstehe.[1009] Der Umstand, dass ein einzelnes Automobil, das in New York an New Yorker Kunden verkauft wurde, zufällig auf der Durchreise durch Oklahoma in einen Unfall verwickelt war, sei für die *personal jurisdiction* sowohl gegenüber dem New Yorker Zwischenhändler als auch gegenüber dem New Yorker Einzelhändler nicht hinreichend.[1010] Damit wies der *Supreme Court of the United States* die Annahme der Vorinstanz zurück, die bloße Vorhersehbarkeit, das Produkt könne den Forumsstaat erreichen und dort zu Schaden führen, sei ausreichend.[1011] Die

---

1003 *World-Wide Volkswagen Corp. v. Woodson*, 444 U.S. 286, 288–289 (1980). Der Hersteller des Automobils, die Audi NSU Auto Union AG, wehrte sich nicht gegen die Gerichtsbarkeit in Oklahoma, so dass sich der *Supreme Court of the United States* mit der Frage der *personal jurisdiction* gegenüber dem Hersteller nicht auseinandersetzte.

1004 *World-Wide Volkswagen Corp. v. Woodson*, 444 U.S. 286, 288 (1980).

1005 *World-Wide Volkswagen Corp. v. Woodson*, 444 U.S. 286, 289 (1980).

1006 *World-Wide Volkswagen Corp. v. Woodson*, 444 U.S. 286, 289 (1980).

1007 So auch die Zusammenfassung des Sachverhalts *Steinman*, S. C. L. Rev. 63 (2012), 481, 484.

1008 *WorldWide Volkswagen Corp. v. Woodson*, 585 P.2d 351, 354 (Okl. 1978).

1009 *World-Wide Volkswagen Corp. v. Woodson*, 444 U.S. 286, 299 (1980).

1010 *World-Wide Volkswagen Corp. v. Woodson*, 444 U.S. 286, 295 (1980).

1011 *World-Wide Volkswagen Corp. v. Woodson*, 444 U.S. 286, 295–296 (1980).

Vorhersehbarkeit sei erst dann erfüllt, wenn das Verhalten und die Verbindung des Beklagten zum Bundesstaat des betreffenden Forums so ausgestaltet seien, dass er vernünftigerweise damit rechnen müsse, sich dort vor Gericht verteidigen zu müssen.[1012] Die *due process clause* erfordere ein solches Maß an Berechenbarkeit hinsichtlich der Zuständigkeit einzelner Bundesstaaten, die es dem potentiell Haftenden erlaube, sein Verhalten an dieser Erwartung auszurichten.[1013] Wenn der Beklagte absichtlich Aktivitäten in dem Bundesstaat des Forums unternehme (*purposeful availment*), habe er Kenntnis von der Möglichkeit, dort verklagt zu werden, und könne das Prozessrisiko durch den Abschluss einer Versicherung, die Weitergabe der Kosten an den Konsumenten oder, soweit die Risiken zu groß sein sollten, durch Beendigung der Verbindung mit dem Forum verringern.[1014] Folglich sei es nicht unangemessen, den Hersteller oder Vertriebspartner der Gerichtsbarkeit der Staaten zu unterwerfen, in denen der Verkauf des Produkts auf die Bemühungen des Herstellers oder Vertriebspartners, den Markt des jeweiligen Bundesstaats direkt oder indirekt zu bedienen, zurückzuführen sei, sofern das vermeintlich fehlerhafte Produkt dort den Eigentümer oder andere schädige.[1015] Darauf beruhend entwickelte das Gericht den schon eingangs zitierten allgemeinen Grundsatz, wonach *personal jurisdiction* gegeben sei, wenn der Beklagte das Produkt mit der Erwartung, Konsumenten würden es im Staat des fraglichen Forums kaufen, der Vertriebskette übergebe.[1016]

Das Gericht ging davon aus, dass der Markt des New Yorker Einzelhändlers nur aus seinem heimischen Bundesstaat bestehe, während derjenige des New Yorker Zwischenhändlers zusätzlich New Jersey und Connecticut umfasse.[1017]

1012 *World-Wide Volkswagen Corp. v. Woodson*, 444 U.S. 286, 297 (1980).

1013 *World-Wide Volkswagen Corp. v. Woodson*, 444 U.S. 286, 297 (1980). A.A. *Justice Marshall* demzufolge es manchen Aktivitäten inne wohne, dass sie nicht in einer Weise ausgeführt werden könnten, welche die Gerichtsbarkeit an verschiedenen Orten verhindert; siehe *World-Wide Volkswagen Corp. v. Woodson*, 444 U.S. 286, 316 (1980).

1014 *World-Wide Volkswagen Corp. v. Woodson*, 444 U.S. 286, 297 (1980).

1015 *World-Wide Volkswagen Corp. v. Woodson*, 444 U.S. 286, 297 (1980): „[I]f the sale of a product of a manufacturer or distributor (...) arises from the efforts of the manufacturer or distributor to serve, directly or indirectly, the market for its product in other States, it is not unreasonable to subject it to suit in one of those States if its allegedly defective merchandise has there been the source of injury to its owner or to others."

1016 *World-Wide Volkswagen Corp. v. Woodson*, 444 U.S. 286, 298 (1980).

1017 *World-Wide Volkswagen Corp. v. Woodson*, 444 U.S. 286, 298 (1980). Anders *Justice Marshall*, der davon ausging, die Beklagten hätten sich freiwillig und bewusst dafür

Wenngleich es vorhersehbar sei, dass Abnehmer mit dem Auto nach Oklahoma fahren würden, könne der einseitige Akt des Anspruchstellers den notwendigen Kontakt zum Bundesstaat Oklahoma nicht herstellen.[1018] Auch das zweite Argument der Vorinstanz, die Beklagten würden aus dem Verkauf von Produkten profitieren, die von Zeit zu Zeit auch in Oklahoma benutzt würden, wies das Gericht zurück.[1019] Die geringfügigen Einkünfte, welche die Beklagten aufgrund der Möglichkeit, das Produkt auch in Oklahoma zu nutzen, erzielen würden, seien kein hinreichender Kontakt, um die *personal jurisdiction* zu begründen.[1020]

bb) *Asahi v. Superior Court of California*

1987 befasste sich der *Supreme Court of the United States* in der Entscheidung *Asahi v. Superior Court of California* wieder mit der *stream of commerce*-Theorie.[1021]

(1) *Sachverhalt*

Der Entscheidung lag ein Verkehrsunfall zugrunde, der sich bei der Fahrt auf einem kalifornischen Highway mit einem Motorrad ereignete. Während der Fahrt explodierte der Reifen des Motorrads. Der Kläger, ein Bürger des Bundesstaats Kalifornien, verletzte sich; seine Ehefrau verstarb.[1022] Der Geschädigte klagte vor den Gerichten Kaliforniens u.a. gegen Cheng Shin, den taiwanesischen Hersteller des Schlauchs im Reifen des Motorrads.[1023] Daraufhin machte Cheng Shin einen Freistellungsanspruch gegen den japanischen Hersteller des Ventils, Asahi, vor den Gerichten Kaliforniens geltend.[1024] Asahi hatte das Ventil in Japan hergestellt, dieses an Cheng Shin verkauft und von Japan nach Taiwan

---

entschieden, Teil eines nationalen Netzwerks der Vermarktung und des Kundendienstes zu werden. Infolgedessen müssten sie damit rechnen, dass ein beträchtlicher Anteil verkaufter Autos auch in entfernte Bundesstaaten gefahren würde, was wiederum einen hinreichenden Kontakt mit dem betreffenden Bundesstaat darstelle; siehe *World-Wide Volkswagen Corp. v. Woodson*, 444 U.S. 286, 313–316 (1980).

1018 *World-Wide Volkswagen Corp. v. Woodson*, 444 U.S. 286, 298 (1980). Anders *Justice Marshall,* dessen Ansicht nach *personal jurisdiction* auch am Ort des intendierten Gebrauchs angemessen ist; vgl. *World-Wide Volkswagen Corp. v. Woodson*, 444 U.S. 286, 298 (1980).

1019 *World-Wide Volkswagen Corp. v. Woodson*, 444 U.S. 286, 298–299 (1980).

1020 *World-Wide Volkswagen Corp. v. Woodson*, 444 U.S. 286, 299 (1980).

1021 480 U.S. 102 (1987).

1022 *Asahi v. Superior Court of California*, 480 U.S. 102, 106 (1987).

1023 *Asahi v. Superior Court of California*, 480 U.S. 102, 106 (1987).

1024 *Asahi v. Superior Court of California*, 480 U.S. 102, 106 (1987).

verschiffen lassen.[1025] Cheng Shin wiederum hatte das Ventil in Taiwan verarbeitet und die Reifen in der ganzen Welt verkauft.[1026] Der Kläger schloss letztlich einen Vergleich mit den Beklagten, der jedoch den Freistellungsanspruch von Cheng Shin gegen Asahi nicht umfasste.[1027] Daraufhin wehrte sich Asahi gegen die internationale Zuständigkeit kalifornischer Gerichte.[1028]

Der *Supreme Court of the State of California* nahm die Zuständigkeit kalifornischer Gericht an.[1029] Nach Ansicht des Gerichts ist die absichtliche Einführung des Produkts in die Handelskette (durch Lieferung an Cheng Shin) verbunden mit dem Bewusstsein, manche Produkte würden in Kalifornien verkauft, hinreichend, um die internationale Zuständigkeit der Gerichte Kaliforniens anzunehmen.[1030]

(2) *Entscheidung*

Der *Supreme Court of the United States* hob auch in diesem Fall die Entscheidung der Vorinstanz auf.[1031] Einig waren sich die Richter dahingehend, dass die *personal jurisdiction* in Kalifornien nicht gegeben sei, weil die Sachverhaltsumstände den Test der sog. *reasonableness* nicht erfüllen.[1032] In Anbetracht des internationalen Sachverhalts, der hohen Belastung des Beklagten sowie des geringen Interesses des Klägers und des betroffenen Bundesstaats Kalifornien, den Fall vor kalifornischen Gerichten zu entscheiden (ein taiwanesischer Kläger machte einen Anspruch gegen einen japanischen Beklagten geltend), sei die Zuständigkeit kalifornischer Gerichte unfair und unverhältnismäßig.[1033] Uneins waren sich die Richter in der Frage, welche Anforderungen an die *minimum contacts* im Bereich der *stream of commerce* zu stellen sind.[1034] Zu dieser Frage wurden drei Ansichten vertreten.

(a) *Stream of commerce plus-Test*

Ausgehend von der Prämisse, eine Handlung des Beklagten, die gezielt auf den Bundesstaat gerichtet sei, müsse die notwendige Verbindung zu dem betroffenen

---

1025 *Asahi v. Superior Court of California*, 480 U.S. 102, 106 (1987).

1026 *Asahi v. Superior Court of California*, 480 U.S. 102, 107 (1987).

1027 *Asahi v. Superior Court of California*, 480 U.S. 102, 106 (1987).

1028 So auch die Zusammenfassung des Sachverhalts von *Steinman*, S. C. L. Rev. 63 (2012), 481, 486.

1029 *Asahi Metal Industry Co., Ltd. v. Superior Court*, 39 Cal.3d 35 (Cal. 1985).

1030 *Asahi Metal Industry Co., Ltd. v. Superior Court*, 39 Cal.3d 35, 50 (Cal. 1985).

1031 *Asahi v. Superior Court of California*, 480 U.S. 102 (1987).

1032 *Asahi v. Superior Court of California*, 480 U.S. 102, 113–116 (1987).

1033 *Asahi v. Superior Court of California*, 480 U.S. 102, 114–116 (1987).

1034 *A. Uberti & C. v. Leonardo*, 892 P.2d 1354, 1359 (Ariz. 1995).

Bundesstaat schaffen, nahm *Justice O'Connor* (und ihr folgend drei weitere Richter) an, die bloße Einführung in die Vertriebskette, verbunden mit der Kenntnis des Verbreitungsgebiets, sei nicht ausreichend.[1035] Erforderlich sei ein zusätzliches Verhalten, welches den Willen oder den Zweck verdeutliche, den Markt des betreffenden Bundesstaats zu bedienen.[1036] Das Bewusstsein, dass das Produkt durch die Vertriebskette auf den Markt des in Frage stehenden Bundesstaats gelangen könnte, sei kein Akt, der auf den Bundesstaat abziele.[1037] Schließlich müssten die Mindestkontakte aus Handlungen hergeleitet werden, mit denen der Beklagte bewusst den Markt des Bundesstaats des jeweiligen Forums bediene (sog. *purposeful availment*).[1038] In späteren Entscheidungen wurde diese Ansicht als *stream of commerce plus*-Test bezeichnet[1039] und soll auch hier so genannt werden.

Beispiele für ein zusätzliches Verhalten, das den Willen, den Markt des Bundesstaats zu bedienen, dokumentiere, seien das Design des Produkts für den betreffenden Staat, Werbung in dem Staat, die Bereitstellung von Kundendienst innerhalb des Staats oder die Vermarktung durch einen Vertriebspartner, der sich bereit erklärt habe, als Handelsvertreter zu dienen.[1040] Ferner könnten Niederlassungen, Arbeitnehmer oder Immobiliareigentum in dem Bundesstaat oder die Initiierung oder Kontrolle des Vertriebsnetzwerks den entsprechenden Willen zum Ausdruck bringen.[1041]

Mangels zusätzlicher Handlungen waren – dieser Ansicht folgend – die Mindestkontakte mit Kalifornien nicht erfüllt.[1042] Asahi trieb keinen Handel in Kalifornien, besaß dort weder Büro noch Agenten, Angestellte oder Immobiliareigentum, machte dort keine Werbung für seine Produkte und hatte das Vertriebssystem, infolgedessen die Produkte in Kalifornien verkauft wurden, weder begründet noch kontrolliert oder genutzt.[1043]

(b) *Vorhersehbarkeitstest*

Justice Brennan, dem sich ebenfalls drei Richter anschlossen, vertrat hingegen einen liberaleren Ansatz.[1044] Danach sei für die Zuständigkeit das Bewusstsein

---

1035 *Asahi Metal Industry Co. v. Superior Court of California*, 480 U.S. 102, 112 (1987).
1036 *Asahi Metal Industry Co. v. Superior Court of California*, 480 U.S. 102, 112 (1987).
1037 *Asahi Metal Industry Co. v. Superior Court of California*, 480 U.S. 102, 112 (1987).
1038 *Asahi Metal Industry Co. v. Superior Court of California*, 480 U.S. 102, 109 (1987).
1039 Siehe beispielsweise *Nicastro v. McIntyre Machinery America, Ltd.*, 987 A.2d 575, 586 (N.J. 2010).
1040 *Asahi Metal Industry Co. v. Superior Court of California*, 480 U.S. 102, 112 (1987).
1041 *Asahi Metal Industry Co. v. Superior Court of California*, 480 U.S. 102, 112–13 (1987).
1042 *Asahi Metal Industry Co. v. Superior Court of California*, 480 U.S. 102, 112 (1987).
1043 *Asahi Metal Industry Co. v. Superior Court of California*, 480 U.S. 102, 112 (1987).
1044 *Asahi Metal Industry Co. v. Superior Court of California*, 480 U.S. 102, 116–121 (1987).

ausreichend, das Endprodukt werde in dem betreffenden Bundesstaat vermarktet.[1045] Die *stream of commerce*-Theorie beziehe sich nicht auf die unvorhersehbare Produktverbreitung, sondern auf die reguläre und erwartete Verbreitung des Produkts von der Herstellung bis zum Verkauf im Einzelhandel.[1046] In Analysen wird dieser Ansatz häufig als *stream of commerce*-Test[1047], vereinzelt jedoch auch als Vorhersehbarkeitstest[1048] bezeichnet. Da der zuletzt genannte Begriff den Unterschied zum *stream of commerce plus*-Test stärker hervorhebt, soll er auch hier verwendet werden.

Schon im Fall der Kenntnis der Vermarktung in dem betreffenden Bundesstaat sei es für den potentiell Haftenden hinnehmbar, dass in dem jeweiligen Bundesstaat ein Gerichtsstand eröffnet sei, weil der Vermarktung ein entsprechender (wirtschaftlicher) Vorteil gegenüber stünde.[1049] Die Vorteile aus dem Verkauf des Produkts würden unabhängig davon entstehen, ob der Beklagte direkt in dem betreffen Staat Geschäfte vollziehe oder zusätzliche Handlungen, die auf den Bundesstaat des Forums abzielen, vornehme.[1050]

Justice Brennan war der Ansicht, dass im vorliegenden Fall hinreichende Mindestkontakte mit Kalifornien bestanden.[1051] Obwohl Asahi das Vertriebssystem weder begründet noch kontrolliert habe, sei die Gesellschaft sich der Struktur des Vertriebssystems und des Profits vom Verkauf des Endprodukts bewusst gewesen.[1052] Asahis reguläre und umfangreiche Verkäufe von Teilen an ein weiterverarbeitendes Unternehmen, von dem Asahi wusste, es würde das Endprodukt in Kalifornien verkaufen, würden hinreichende Mindestkontakte mit Kalifornien begründen.[1053]

(c) *Berücksichtigung des Umfangs, Werts und der Gefährlichkeit des Produkts*

Justice Stevens vertrat eine dritte Ansicht: Da der *resonableness*-Test in jedem Fall nicht erfüllt sei, sah er keinen Grund dafür, einen allgemeinen Grundsatz der *minimum contacts* zu formulieren.[1054] Dem *stream of commerce plus*-Test warf er

1045 *Asahi Metal Industry Co. v. Superior Court of California*, 480 U.S. 102, 117 (1987).
1046 *Asahi Metal Industry Co. v. Superior Court of California*, 480 U.S. 102, 117 (1987).
1047 Siehe beispielsweise *Nicastro v. McIntyre Machinery America, Ltd.*, 987 A.2d 575, 587 (N.J. 2010).
1048 *AFTG-TG, LLC v. Nuvoton Technology Corp.*, 689 F.3d 1358, 1367 (Fed. Cir. 2012).
1049 *Asahi Metal Industry Co. v. Superior Court of California*, 480 U.S. 102, 117 (1987).
1050 *Asahi Metal Industry Co. v. Superior Court of California*, 480 U.S. 102, 117 (1987).
1051 *Asahi Metal Industry Co. v. Superior Court of California*, 480 U.S. 102, 121 (1987).
1052 *Asahi Metal Industry Co., Ltd. v. Superior Court*, 39 Cal.3d 35, 49 (Cal. 1985).
1053 *Asahi Metal Industry Co. v. Superior Court of California*, 480 U.S. 102, 121 (1987).
1054 *Asahi Metal Industry Co. v. Superior Court of California*, 480 U.S. 102, 121 (1987).

vor, eine eindeutige Trennung zwischen dem bloßen Bewusstsein, das Produkt würde seinen Weg in den Bundesstaat des jeweiligen Forums finden, und dem *purposeful availment* des Forums sei nicht immer möglich.[1055] Ihm zufolge muss die verfassungsrechtliche Betrachtung, ob ein bestimmtes Verhalten als *purposeful availment* eingeordnet werden kann, anhand des Umfangs, Werts und der Gefahrengeneigtheit des betreffenden Produkts erfolgen.[1056] Generell seien regelmäßige Lieferungen im Umfang von 100.000 Einheiten pro Jahr, die über mehrere Jahre vorgenommen werden, hinreichend.[1057]

cc) *J. McIntyre Machinery, Ltd. v. Nicastro*

2011 erging in der Rechtssache *J. McIntyre Machinery, Ltd. v. Nicastro*[1058] das jüngste relevante Urteil zur *stream of commerce.*

(1) *Sachverhalt*

Der Entscheidung lag folgender Sachverhalt zugrunde: Robert Nicastro, der Kläger im Ausgangsfall, erlitt schwere Verletzungen seiner Hand während er eine Maschine zur Verarbeitung von Eisenschrott bei seinem Arbeitgeber Curcio Scrap Metal, eine nach dem Recht des Bundesstaats New Jersey gegründete Gesellschaft, bediente.[1059] Daraufhin nahm Nicastro den britischen Hersteller der Maschine, J. McIntyre Machinery Ltd. (im Folgenden: McIntyre UK), auf Schadensersatz vor den Gerichten New Jerseys in Anspruch. Der Unfall ereignete sich zwar in New Jersey, die Maschine wurde aber in England hergestellt.[1060] McIntyre UK verkaufte die Maschinen weder selbst in den USA noch verschiffte sie die Maschinen selbst dorthin.[1061] Ein unabhängiger Händler mit Sitz in Ohio, McIntyre Machinery of America (im Folgenden: McIntyre America), vertrieb die Maschinen in den USA.[1062] Auch Nicastros Arbeitgeber hatte die schadensverursachende Maschine von McIntyre America erworben. Mitarbeiter des britischen Herstellers nahmen an jährlichen Messen in den USA teil, von denen jedoch

---

1055 *Asahi Metal Industry Co. v. Superior Court of California,* 480 U.S. 102, 122 (1987).
1056 *Asahi Metal Industry Co. v. Superior Court of California,* 480 U.S. 102, 122 (1987).
1057 *Asahi Metal Industry Co. v. Superior Court of California,* 480 U.S. 102, 122 (1987).
1058 131 S.Ct. 2780 (2011).
1059 *J. McIntyre Machinery, Ltd. v. Nicastro*, 131 S.Ct. 2780, 2786 (2011).
1060 *J. McIntyre Machinery, Ltd. v. Nicastro*, 131 S.Ct. 2780, 2786 (2011).
1061 *J. McIntyre Machinery, Ltd. v. Nicastro*, 131 S.Ct. 2780, 2786 (2011).
1062 *J. McIntyre Machinery, Ltd. v. Nicastro*, 131 S.Ct. 2780, 2786 (2011). Trotz gleichen Namens waren die beiden Gesellschaften unabhängig von einander; siehe *J. McIntyre Machinery, Ltd. v. Nicastro*, 131 S.Ct. 2780, 2797 (2011).

keine im Bundesstaat New Jersey stattfand.[1063] Im Verfahren konnte nicht geklärt werden, wie viele Maschinen von McIntyre UK New Jersey erreichten: Maximal vier Maschinen des britischen Herstellers, möglicherweise jedoch auch nur die schadensstiftende, fanden den Weg nach New Jersey.[1064]

Nach Ansicht des *Supreme Court of New Jersey* können die Gerichte des Bundesstaats ihre Gerichtsbarkeit über einen ausländischen Hersteller ausüben, solange dieser weiß oder wissen muss, dass seine Produkte durch ein nationales Vertriebssystem verbreitet werden, in Folge dessen die Produkte in jedem der 50 Bundesstaaten verkauft werden können.[1065] Da der Beklagte dies wusste und gleichwohl versäumt hatte, angemessene Maßnahmen gegen die Verbreitung des Produkts zu unternehmen, kam der *Supreme Court of New Jersey* zu dem Schluss, dass die Zuständigkeit der Gerichte New Jersey durch den Unfall innerhalb des Bundesstaats begründet wurde.[1066]

(2) *Entscheidung*

Der *Supreme Court of the United States* hob das Urteil der Vorinstanz wieder unter Verweis auf einen Verstoß gegen die *due process clause* auf. Auch in diesem Fall veröffentlichten die Richter drei unterschiedliche Ansichten: zwei, die das Mehrheitsergebnis mittrugen; eine, die vom Gegenteil überzeugt war. Uneins waren sich die zustimmenden und ablehnenden Richter insbesondere hinsichtlich der Frage, ob die Vereinigten Staaten als einheitlicher Markt oder als 50 verschiedene Märkte, die sich nach Bundesstaaten aufteilen, anzusehen sind.[1067] Doch selbst die Richter, die sich hinsichtlich des Ergebnisses einig waren, konnten sich auf eine einheitliche Begründung für die Ablehnung der Gerichtsbarkeit nicht einigen.

(a) *Mehrheitsvotum*

Justice Kennedy (und mit ihm drei weitere Richter) nahm an, dass jede Analyse der Gerichtsbarkeit eine getrennte Betrachtung der verschiedenen Foren bzw. der verschiedenen Hoheitsträger erfordere.[1068] Der Sachverhalt müsse ein Verhalten offenbaren, das auf die Gesellschaft oder Volkswirtschaft eines bestimmten Hoheitsträgers ausgerichtet sei.[1069] Insofern müsse der Wille, sich der Macht

---

1063 *J. McIntyre Machinery, Ltd. v. Nicastro*, 131 S.Ct. 2780, 2786 (2011).
1064 *J. McIntyre Machinery, Ltd. v. Nicastro*, 131 S.Ct. 2780, 2786 (2011).
1065 *Nicastro v. McIntyre Machinery America, Ltd.*, 987 A.2d 575, 592 (N.J. 2010).
1066 *Nicastro v. McIntyre Machinery America, Ltd.*, 987 A.2d 575, 592–594 (N.J. 2010).
1067 So auch die Analyse in *Gardner v. SPX Corp.*, 272 P.3d 175, 181 (Utah Ct. App. 2012).
1068 *J. McIntyre Machinery, Ltd. v. Nicastro*, 131 S.Ct. 2780, 2789 (2011).
1069 *J. McIntyre Machinery, Ltd. v. Nicastro*, 131 S.Ct. 2780, 2789 (2011).

eines bestimmten Hoheitsträgers zu unterwerfen,[1070] bzw. ein Abzielen auf den betreffenden Bundesstaat vorliegen.[1071] Diese Ansicht schloss sich (nach eigener Aussage) dem *stream of commerce plus*-Test an, weil es den Willen, den Markt des jeweiligen Forums zu bedienen, als entscheidendes Merkmal ansah.[1072] Auf dieser Grundlage kam die Mehrheitsansicht zu dem Ergebnis, dass der Sachverhalt zwar den Willen, den Gesamtmarkt USA zu bedienen, nicht aber den Willen, den Markt des Bundesstaats New Jersey in Anspruch zu nehmen, offenbart.[1073] Die getrennte Betrachtung der Hoheitsträger[1074] führe hier dazu, dass die Gerichte von New Jersey nicht zuständig seien.

(b) *Zustimmende Ansicht*

Justice Breyer und *Justice Alito* schlossen sich diesem Ergebnis an, rekurrierten jedoch ausschließlich auf Präzedenzfälle und sahen den Fall als ungeeignet an, um einen (neuen) allgemeinen Grundsatz der *stream of commerce* zu formulieren.[1075] Der einmalige Verkauf eines Produkts nach New Jersey biete auch dann keine hinreichende Grundlage für die Zuständigkeit der Gerichte von New Jersey, wenn der Beklagte positive Kenntnis von dem Verkauf habe und sich diesen erhoffe.[1076]

Ihrer Ansicht nach ist die Gerichtsbarkeit unter keiner der beiden *stream of commerce*-Tests hinreichend dargelegt worden. Schließlich würden die Umstände des Falls weder eine übliche Verbreitung von Produkten in New Jersey noch regelmäßige Verkäufe dort aufweisen, so dass nach dem Ansatz von *Justice Brennan* die Gerichtsbarkeit nicht gegeben sei.[1077] Ferner sei das Produkt weder an den Markt New Jerseys angepasst worden, noch sei das Produkt in New Jersey beworben oder vermarktet worden.[1078] Folglich sei auch nach dem *stream of commerce plus*-Test ein Gerichtsstand in New Jersey nicht gegeben.[1079] Nach Ansicht der Richter kann die Kenntnis bzw. das Kennenmüssen des Umstands, dass die Produkte durch ein nationales Vertriebssystem verkauft werden und infolge dessen die Produkte wiederum in jedem der 50 Bundesstaaten gekauft

---

1070 *J. McIntyre Machinery, Ltd. v. Nicastro*, 131 S.Ct. 2780, 2788 (2011).
1071 *J. McIntyre Machinery, Ltd. v. Nicastro*, 131 S.Ct. 2780, 2788 (2011).
1072 *J. McIntyre Machinery, Ltd. v. Nicastro*, 131 S.Ct. 2780, 2790 (2011).
1073 *J. McIntyre Machinery, Ltd. v. Nicastro*, 131 S.Ct. 2780, 2790 (2011).
1074 *J. McIntyre Machinery, Ltd. v. Nicastro*, 131 S.Ct. 2780, 2789 (2011).
1075 *J. McIntyre Machinery, Ltd. v. Nicastro*, 131 S.Ct. 2780, 2791 (2011).
1076 *J. McIntyre Machinery, Ltd. v. Nicastro*, 131 S.Ct. 2780, 2792 (2011).
1077 *J. McIntyre Machinery, Ltd. v. Nicastro*, 131 S.Ct. 2780, 2792 (2011).
1078 *J. McIntyre Machinery, Ltd. v. Nicastro*, 131 S.Ct. 2780, 2792 (2011).
1079 *J. McIntyre Machinery, Ltd. v. Nicastro*, 131 S.Ct. 2780, 2792 (2011).

werden *könnten*, einen Gerichtsstand in jedem Bundesstaat nicht begründen.[1080] Die Ansicht unterstützte damit die Annahme des Mehrheitsvotums, wonach eine getrennte Betrachtung der Märkte der 50 Bundesstaaten notwendig sei.[1081]

Justice Breyer und *Justice Alito* erwogen zudem eine Differenzierung nach Herstellern: Es sei in besonderem Maße ungerecht, den kleinen ägyptischen Hemdenhersteller oder den kenianischen Kaffee-Bauern, der seine Produkte durch international agierende Vertriebspartner verkaufen lasse, der Gerichtsbarkeit aller Bundesstaaten der USA zu unterwerfen.[1082] Aus diesem Grund dürfe die *personal jurisdiction* keinen absoluten Maßstab (wie sowohl vom Mehrheitsvotum als auch von der Vorinstanz befürwortet) anlegen.[1083] Wie ein flexibler Grundsatz auszugestalten wäre, ließ die Ansicht jedoch mangels hinreichender Informationen über die gegenwärtigen kommerziellen Umstände offen.[1084]

(c) *Abweichende Ansicht*

Drei Richter widersprachen der Schlussfolgerung der übrigen sechs. Zwar stimmten sie der Annahme zu, Gerichtsbarkeit müsse auf Grundlage des *purposeful availment* bestimmt werden,[1085] doch sei dieses Element im konkreten Fall hinsichtlich des einheitlichen US-amerikanischen Markts erfüllt:[1086] McIntyre UK habe den US-amerikanischen Händler, McIntyre America, zum exklusiven Vertriebspartner für den gesamten US-amerikanischen Markt ernannt.[1087] Typischerweise würden ausländische Hersteller auf US-amerikanische Vertriebspartner zurückgreifen, um ihre Produkte nicht in einem bestimmten Staat zu verbreiten und zu bewerben, sondern überall dort, wo der Vertriebspartner Kunden gewinnen könne.[1088] Auch die regelmäßige Teilnahme des britischen Herstellers an Messen in den USA sei ein absichtlicher Schritt gewesen, um Kunden in allen Bundesstaaten zu erreichen.[1089]

Insgesamt hält die abweichende Ansicht es für angemessen, *personal jurisdiction* an allen Orten zu begründen, an denen das Produkt verkauft wurde und zu

---

1080 *J. McIntyre Machinery, Ltd. v. Nicastro*, 131 S.Ct. 2780, 2792 (2011) (Hervorhebung dort).

1081 Vgl. *J. McIntyre Machinery, Ltd. v. Nicastro*, 131 S.Ct. 2780, 2791–2792 (2011).

1082 *J. McIntyre Machinery, Ltd. v. Nicastro*, 131 S.Ct. 2780, 2793 (2011).

1083 *J. McIntyre Machinery, Ltd. v. Nicastro*, 131 S.Ct. 2780, 2793 (2011).

1084 *J. McIntyre Machinery, Ltd. v. Nicastro*, 131 S.Ct. 2780, 2794 (2011).

1085 *Steinman*, S. C. L. Rev. 63 (2012), 481, 504.

1086 *J. McIntyre Machinery, Ltd. v. Nicastro*, 131 S.Ct. 2780, 2801 (2011).

1087 *J. McIntyre Machinery, Ltd. v. Nicastro*, 131 S.Ct. 2780, 2797 (2011).

1088 *J. McIntyre Machinery, Ltd. v. Nicastro*, 131 S.Ct. 2780, 2799 (2011).

1089 *J. McIntyre Machinery, Ltd. v. Nicastro*, 131 S.Ct. 2780, 2797 (2011).

Schaden führte, wenn der Geschädigte den Nachteil aufgrund der Aktivität eines Herstellers, der den Absatz seiner Produkte auf einem mehrere Staaten umfassenden oder globalen Markt anstrebe, erlitten habe.[1090] Anderes könne gelten, wenn die ökonomischen Aktivitäten des Beklagten hauptsächlich heimatbezogen seien; d.h. für Akteure, die ihr Verhalten nicht darauf ausrichten, wesentliche Gewinne aus Verkäufen auf entfernten Märkten zu erzielen.[1091] Dahinter steht der Gedanke, dass das Maß lokaler bzw. internationaler Aktivitäten des jeweiligen Beklagten im Rahmen der *personal jurisdiction* berücksichtigt werden müsse.[1092]

b) *Anwendung der vertretenen Ansätze*

Obwohl mit der Entscheidung *J. McIntyre Machinery Ltd. v. Nicastro* der Versuch unternommen wurde, Unsicherheiten in der Rechtsprechung des *Supreme Court of the United States* zu beseitigen,[1093] ist zweifelhaft, ob dieses Ziel erreicht wurde. Während das *United States Court of Appeals for the 4th Circuit* davon ausgeht, der *stream of commerce plus*-Test sei zum entscheidenden Maßstab erklärt worden,[1094] behauptet das *United States Court of Appeals for the Federal Circuit*, die Ansicht *Justice Breyers* formuliere den relevanten Standard. Letzteres bedeutet aber, dass die Rechtslage weiterhin ungeklärt ist.[1095]

Insgesamt ist die Reaktion auf die Rechtsprechung des *Supreme Court of the United States* (insbesondere vor dem Urteil *J. McIntyre Machinery Ltd. v. Nicastro*) geteilt. Einige Gerichte entschieden sich dafür, den restriktiveren Ansatz (*stream of commerce plus*) anzuwenden.[1096] Andere halten den weiteren Maßstab

---

1090 *J. McIntyre Machinery, Ltd. v. Nicastro*, 131 S.Ct. 2780, 2804 (2011).

1091 *J. McIntyre Machinery, Ltd. v. Nicastro*, 131 S.Ct. 2780, 2804 (2011).

1092 Siehe *J. McIntyre Machinery, Ltd. v. Nicastro*, 131 S.Ct. 2780, 2804, Fn. 18 (2011).

1093 *J. McIntyre Machinery, Ltd. v. Nicastro*, 131 S.Ct. 2780, 2785 (2011).

1094 *ESAB Group, Inc. v. Zurich Ins. PLC*, 685 F.3d 376, 392 (4th Cir. 2012).

1095 *AFTG-TG, LLC v. Nuvoton Technology Corp.*, 689 F.3d 1358, 1363 (Fed. Cir. 2012); vgl. auch *Ainsworth v. Cargotec USA, Inc.*, 2011 WL 6291812, 2 (S.D. Miss. 2011); *Dram Techs. LLC v. America II Group, Inc.*, 2011 WL 4591902, 2 (E.D. Tex. 2011).

1096 Siehe u.a. *Palnik v. Westlake Entertainment, Inc.*, 344 Fed. Appx. 249, 250–251 (6th Cir. 2009); *Fortis Corporate Insurance v. Viken Ship Management*, 450 F.3d 214, 220–222 (6th Cir. 2006); *Bridgeport Music, Inc. v. Still N The Water Pub.*, 327 F.3d 472, 479–480 (6th Cir. 2003); *Rodriguez v. Fullerton Tires Corp.*, 115 F.3d 81, 85 (1st Cir. 1997); *Lesnick v. Hollingsworth & Vose Co.*, 35 F.3d 939, 944–47 (4th Cir. 1994); *Boit v. Gar-Tec Products, Inc.*, 967 F.2d 671, 683 (1st Cir. 1992); *Madara v. Hall*, 916 F.2d 1510, 1519 (11th Cir. 1990); *Sorrells v. R & R Custom Coach Works, Inc.*, 636 So.2d 668, 674–75 (Miss. 1994); *Vermont Wholesale Bldg. Products, Inc. v. J.W. Jones Lumber*

(Vorhersehbarkeit) für maßgeblich.[1097] Wiederum andere Gerichte haben den Theorienstreit nicht entschieden und stattdessen im jeweiligen Fall untersucht, ob die Gerichtsbarkeit nach beiden Ansätzen gegeben sei,[1098] oder sich gar auf andere Rechtsgrundsätze berufen.[1099]

Für die Zwecke dieser Arbeit ist jedoch - unabhängig von einer gefestigten Rechtsprechung des *Supreme Court of the United States* - die amerikanische Entscheidungspraxis der Untergerichte für die Bildung von Fallgruppen von Interesse, in denen ein Gerichtsstand nach der jeweiligen zur *stream of commerce* vertretenen Ansicht vorliegt.

aa) *Stream of commerce plus-Test*

Zunächst wird auf den *stream of commerce plus*-Test eingegangen. Relevanz hat dieser Ansatz sowohl hinsichtlich des Bezugspunkts der Absicht, einen bestimmten Markt zu bedienen, als auch für die Frage, welches zusätzliche Verhalten erforderlich ist, damit die entsprechende Absicht hervortritt.

Co., Inc., 914 A.2d 818, 826 (N.H. 2006); *Moki Mac River Expeditions v. Drugg*, 221 S.W.3d 569, 577 (Tex. 2007).

1097 Siehe u.a. *Choice Healthcare, Inc. v. Kaiser Foundation Health Plan of Colo.*, 615 F.3d 364, 373 (5th Cir. 2010); *Seiferth v. Helicopteros Atuneros, Inc.*, 472 F.3d 266, 273 (5th Cir. 2006); *Paz v. Brush Engineered Materials, Inc.*, 445 F.3d 809, 813 (5th Cir. 2006); *Luv n' Care, Ltd. v. Insta-Mix, Inc.*, 438 F.3d 465, 470 (5th Cir. 2006); *Nuovo Pignone v. Storman Asia M/V*, 310 F.3d 374, 381 (5th Cir. 2002); *Vandelune v. 4B Elevator Components Unlimited*, 148 F.3d 943, 948 (8th Cir. 1998); *Barone v. Rich Bros. Interstate Display Fireworks Co.*, 25 F.3d 610, 614–615 (8th Cir. 1994); *Ruston Gas Turbines, Inc. v. Donaldson, Co. Inc.*, 9 F.3d 415, 410–420 (5th Cir. 1993); *Dehmlow v. Austin Fireworks*, 963 F.2d 941, 946–47 (7th Cir. 1992); *Irving v. Owens-Corning Fiberglas Corp.*, 864 F.2d 383, 386 (5th Cir. 1989); *Ex Parte DBI, Inc.*, 23 So.3d 635, 645–55 (Ala. 2009); *Nicastro v. McIntyre Machinery America, Ltd.*, 987 A.2d 575, 589 (N.J. 2010).

1098 Siehe u.a. *AFTG-TG, LLC v. Nuvoton Technology Corp.*, 689 F.3d 1358, 1365 (Fed. Cir. 2012); *Monge v. RG Petro-Machinery (Group) Co. Ltd.*, 701 F.3d 598, 620 (10th Cir. 2012); *Commissariat A L'Energie Atomique v. Chi Mei Optoelectronics Corp.*, 395 F.3d 1315, 1322, Fn. 7 (Fed. Cir. 2005); *Jennings v. AC Hydraulic A/S*, 383 F.3d 546, 551, Fn. 7 (7th Cir. 2004); *Kernan v. Kurz-Hastings, Inc.*, 175 F.3d 236, 243 (2nd Cir. 1999); *Pennzoil Products Co. v. Colelli & Associates, Inc.*, 149 F.3d 197, 204–206 (3rd Cir. 1998); *Viam Corp. v. Iowa Export-Import Trading Co.*, 84 F.3d 424, 428 (Fed. Cir. 1996); *Beverly Hills Fan Co. v. Royal Sovereign Corp.*, 21 F.3d 1558, 1566 (Fed. Cir. 1994); *Vermeulen v. Renault, U.S.A., Inc.*, 985 F.2d 1534, 1549 (11th Cir. 1993); *A. Uberti & C. v. Leonardo*, 892 P.2d 1354, 1359 (Ariz. 1995).

1099 Siehe u.a. *Lebel v. Everglades Marina, Inc.*, 558 A.2d 1252, 1253 (N.J. 1989).

(1) *Bezugspunkt der Absicht oder des Willens*

Die Mehrheit untergerichtlicher und einzelstaatlicher Gerichte geht davon aus, dass die Gerichte jedes Bundesstaats zuständig sind, wenn der Beklagte beabsichtigt, den Markt der gesamten USA zu bedienen.[1100] Der Wille, ein ganzes Gebiet zu beliefern, bedeute, dass auch alle innerhalb des Gebiets liegenden Bundesstaaten absichtlich bedient würden. Andernfalls könne kein Geschädigter in einem US-Bundesstaat Klage erheben, wenn die Marketingaktivitäten nicht genau auf diesen Bundesstaat abzielten.[1101] Dem Beklagten auf der anderen Seite sei es regelmäßig egal, in welchem konkreten Bundesstaat seine Produkte verkauft würden.[1102] In nicht hinzunehmender Weise würde der Einsatz eines nationalen Vertriebspartners – im Gegensatz zu verschiedenen regionalen Vertriebspartnern – den Beklagten vor der Eröffnung eines Gerichtsstands in den verschiedenen Einzelstaaten schützen.[1103]

(2) *Beispiele für zusätzliche Handlungen*

Wie bereits oben erwähnt, sind nach Ansicht des *Supreme Court of the United States* das Design des Produkts für den betreffenden Staat, Werbung in dem Staat, die Bereitstellung von Kundendienst innerhalb des Staats oder die Vermarktung durch einen Vertriebspartner, der sich bereit erklärt hat, als Handelsvertreter zu dienen, Beispiele für ein zusätzliches Verhalten, das den Willen offenbart, den Markt des jeweiligen Forums zu bedienen.[1104] In welchen Fällen die Rechtsprechung davon ausging, eine der vorgenannten Handlungen liege vor, wird im Folgenden dargestellt.

(a) *Design des Produkts*

Die US-amerikanische Rechtsprechung hat in unterschiedlichen Konstellationen angenommen, dass ein Produkt für einen bestimmten Markt entworfen wurde. Wenn beispielsweise ein Produkt dem jeweiligen nationalen Markt angepasst

---

1100 *Clune v. Alimak AB*, 233 F.3d 538, 544 (8th Cir. 2000); *Tobin v. Astra Pharmaceutical Products, Inc.*, 993 F.2d 528, 544 (6th Cir. 1993); *In re MTBE Products Liability Litigation*, 399 F.Supp.2d 325, 332 (S.D. N.Y. 2005); *A. Uberti & C. v. Leonardo*, 892 P.2d 1354, 1362–64 (Ariz. 1995); a.A. *Yates v. Motivation Industrial Equipment Ltd.*, 38 Fed. Appx. 174, 178 (4th Cir. 2002).

1101 *A. Uberti & C. v. Leonardo*, 892 P.2d 1354, 1362 (Ariz. 1995).

1102 *A. Uberti & C. v. Leonardo*, 892 P.2d 1354, 1362 (Ariz. 1995).

1103 *Tobin v. Astra Pharmaceutical Products, Inc.*, 993 F.2d 528, 544 (6th Cir. 1993).

1104 *Asahi Metal Industry Co. v. Superior Court of California*, 480 U.S. 102, 112 (1987).

werde, liege ein Design für den entsprechenden Markt vor.[1105] Dies sah der *United States Court of Appeals for the 11th Circuit* in einem Fall als gegeben an, in dem sich der französische Automobilhersteller Renault hinsichtlich notwendiger Modifikationen seiner Automobile für den US-amerikanischen Markt von seinem US-amerikanischen Vertriebspartner beraten ließ.[1106] Der *United States Court of Appeals for the 6th Circuit* erachtete auch die Ausstattung eines Schiffs in der Weise, dass es auf den Great Lakes fahren kann, als eine Anpassung des Produkts an den Markt des angrenzenden Bundesstaat Ohio.[1107] Der *Supreme Court of Arizona* nahm an, ein italienischer Revolver sei besonders für den US-Markt bestimmt gewesen, weil er exakt den Spezifikationen eines US-amerikanischen Revolvers aus dem Jahr 1873 entsprach und aufgrund dessen hauptsächlich nur in den USA abgesetzt wurde.[1108] Der *United States Court of Appeals for the 3rd Circuit* erachtete sogar die Versendung von Proben des Lösungsmittels, das im konkreten Fall Produkthaftungsansprüche auslöste, nach Pennsylvania als Dokumentation des Willens, ein Produkt für den Markt des Bundesstaats zu entwerfen.[1109]

Die Einhaltung der Vorschriften des jeweiligen Bundesstaats wird ebenfalls als Nachweis des Designs für den jeweiligen Markt gesehen.[1110] In einem Fall, in dem eine Frau während ihrer Schwangerschaft bei vorzeitigen Wehen mit dem Medikament eines niederländischen Herstellers behandelt wurde, waren nach Ansicht des Gerichts die Bemühungen des Herstellers, die FDA-Zulassung zu bekommen, ein Nachweis dafür, dass das Produkt für den US-amerikanischen Markt entworfen wurde.[1111]

(b) *Werbung*

Auch zur Frage, in welchen Fällen in dem betreffenden Bundesstaat geworben wird, finden sich verschiedene Beispiele. Werbung könne darin bestehen, dass Kataloge in den betreffenden Staat verschickt werden[1112] oder der Beklagte sich

1105 *Fortis Corporate Insurance v. Viken Ship Management*, 450 F.3d 214, 221–222 (6th Cir. 2006); *Vermeulen v. Renault, U.S.A., Inc.*, 985 F.2d 1534, 1549 (11th Cir. 1993); *A. Uberti & C. v. Leonardo*, 892 P.2d 1354, 1356, 1361 (Ariz. 1995).

1106 *Vermeulen v. Renault, U.S.A., Inc.*, 985 F.2d 1534, 1549 (11th Cir. 1993).

1107 *Fortis Corporate Insurance v. Viken Ship Management*, 450 F.3d 214, 221–222 (6th Cir. 2006).

1108 *A. Uberti & C. v. Leonardo*, 892 P.2d 1354, 1356, 1361 (Ariz. 1995).

1109 *Pennzoil Products Co. v. Colelli & Associates, Inc.*, 149 F.3d 197, 206 (3rd Cir. 1998).

1110 *Lesnick v. Hollingsworth & Vose Co.*, 35 F.3d 939, 947 (4th Cir. 1994); *Tobin v. Astra Pharmaceutical Products, Inc.*, 993 F.2d 528, 543 (6th Cir. 1993); vgl. *Showa Denko K.K. v. Pangle*, 414 S.E.2d 658, 662 (Ga. Ct. App. 1991).

1111 *Tobin v. Astra Pharmaceutical Products, Inc.*, 993 F.2d 528, 543 (6th Cir. 1993).

1112 *Welkener v. Kirkwood Drug Store Co.*, 734 S.W.2d 233, 239–40 (Mo. App. E.D. 1987).

auf andere Weise aktiv um Aufträge aus dem jeweiligen Bundesstaat bemühe.[1113] Nicht notwendig sei es, dass der Beklagte selbst für das betreffende Produkt werbe, solange dieser über ein gewisses Maß an Kontrolle verfüge (beispielsweise durch Schaltung der Werbung in Übereinstimmung mit dem Beklagten oder bei Einräumung eines Veto-Rechts).[1114] Ob die Werbung in national verfügbaren Publikationen ausreichend ist, wird unterschiedlich beurteilt.[1115] Parallel zu der Diskussion über den Bezugspunkt des Willens oder der Absicht wird auch hier teilweise gefordert, die Werbung müsse auf den fraglichen Bundesstaat abzielen.[1116]

(c) *Bereitstellung von Kundendienst*

Die Bereitstellung von Kundendienst in dem betreffenden Bundesstaat stellt ein weiteres Beispiel für ein zusätzliches Verhalten dar.[1117] Beachtenswert ist hier ein berufungsgerichtliches Urteil, wonach Kundendienst auch aus der Ferne erbracht werden könne. So seien Telefonate, in denen die Funktionsweise des Produkts erklärt wird, ein Nachweis dafür, dass der Beklagte Kundendienst im Aufenthaltsstaat des Abnehmers erbringt.[1118] Hinsichtlich der Bereitstellung von Kundendienst wird angenommen, dass der Beklagte zwar nicht das tägliche Geschäft des Servicepartners kontrollieren, zumindest aber die Bedingungen vorgeben muss, nach denen der Kundendienst erbracht wird.[1119] Daneben spreche eine aktive Rolle bei der Ausbildung des Service-Personals dafür, dass der Beklagte Kundendienst in dem jeweiligen Bundesstaat bereitstelle.[1120]

(d) *Vermarktung durch einen Vertriebspartner*

Wenn der Beklagte seine Produkte direkt in den betreffenden Bundesstaat liefert, liege der notwendige Wille, den Markt zu bedienen, in jedem Fall vor.[1121]

1113 *Dehmlow v. Austin Fireworks*, 963 F.2d 941, 947–48 (7th Cir. 1992).

1114 *Vermeulen v. Renault, U.S.A., Inc.*, 985 F.2d 1534, 1549 (11th Cir. 1993).

1115 Für die Annahme der *personal jurisdiction* in diesem Fall *Oreck Corp. v. U.S. Floor Systems, Inc.*, 803 F.2d 166, 169 (5th Cir. 1986); *Roberts v. Piper Aircraft Corp.*, 670 P.2d 974, 978–979 (N.M. Ct. App. 1983); dagegen *Yates v. Motivation Industrial Equipment Ltd.*, 38 Fed. Appx. 174, 178 (4th Cir. 2002).

1116 *Yates v. Motivation Industrial Equipment Ltd.*, 38 Fed. Appx. 174, 178 (4th Cir. 2002).

1117 *Asahi Metal Industry Co. v. Superior Court of California*, 480 U.S. 102, 112 (1987).

1118 *Pennzoil Products Co. v. Colelli & Associates, Inc.*, 149 F.3d 197, 206 (3rd Cir. 1998).

1119 *Vermeulen v. Renault, U.S.A., Inc.*, 985 F.2d 1534, 1549–50 (11th Cir. 1993).

1120 *Clune v. Alimak AB*, 233 F.3d 538, 543 (8th Cir. 2000); *Vermeulen v. Renault, U.S.A., Inc.*, 985 F.2d 1534, 1550 (11th Cir. 1993).

1121 *Vandelune v. 4B Elevator Components Unlimited*, 148 F.3d 943, 948 (8th Cir. 1998); *Dehmlow v. Austin Fireworks*, 963 F.2d 941, 947 (7th Cir. 1992); *Pennington Grain & Seed, Inc. v. Murrow Bros. Seed Co., Inc.*, 400 So.2d 157, 160 (Fla. Dist. Ct. App. 1981).

Nach Ansicht *Justice O'Connors* stellt jedoch auch die indirekte Vermarktung durch einen Vertriebspartner, der sich bereit erklärt hat, als Handelsvertreter zu dienen, eine hinreichende zusätzliche Handlung dar.[1122]

Ob der Beklagte den Vertriebspartner im Fall des indirekten Vertriebs kontrollieren muss, wird unterschiedlich beurteilt. In verschiedenen Urteilen wird der Abschluss des Vertriebsvertrags als hinreichend angesehen.[1123] Wenn ein Hersteller bewusst Vertriebsverträge für den US-Markt abschließe, ohne das Vertriebsgebiet auf bestimmte Bundesstaaten zu limitieren[1124] oder bewusst nur regionale Vertriebspartner einzusetzen[1125], offenbare er den hier erforderlichen Willen. Entscheidend sei, dass der Beklagte freiwillig und bewusst eine derartige Vertriebsbeziehung eingeht.[1126] Andernfalls könne sich ein Hersteller durch den bloßen Einsatz eines unabhängigen Dritten der Gerichtsbarkeit einzelner Bundesstaaten entziehen.[1127] Teilweise wird der Abschluss eines Vertriebsvertrags jedoch für sich genommen als nicht ausreichend gesehen: Zusätzlich müsse der Vertriebspartner in dem fraglichen Territorium auch aktiv werden.[1128]

Obwohl die höchstrichterliche Rechtsprechung in *World-Wide Volkswagen Corp. v. Woodson* und in *Asahi v. Superior Court of California* jeweils dafür spricht, dass die Kontrolle über das Vertriebsnetzwerk nicht notwendig ist,[1129]

1122 *Asahi Metal Industry Co. v. Superior Court of California*, 480 U.S. 102, 112 (1987).

1123 *Clune v. Alimak AB*, 233 F.3d 538, 543–544 (8th Cir. 2000); *Kernan v. Kurz-Hastings, Inc.*, 175 F.3d 236, 243 (2nd Cir. 1999); *Tobin v. Astra Pharmaceutical Products, Inc.*, 993 F.2d 528, 543–544 (6th Cir. 1993); *A. Uberti & C. v. Leonardo*, 892 P.2d 1354, 1361 (Ariz. 1995); *Moore v. Pulmosan Safety Equipment Corp.*, 278 S.W.3d 27, 37 (Tex. Ct. App. 2008).

1124 *Clune v. Alimak AB*, 233 F.3d 538, 544 (8th Cir. 2000).

1125 *Tobin v. Astra Pharmaceutical Products, Inc.*, 993 F.2d 528, 544 (6th Cir. 1993).

1126 *Tobin v. Astra Pharmaceutical Products, Inc.*, 993 F.2d 528, 543 (6th Cir. 1993); *A. Uberti & C. v. Leonardo*, 892 P.2d 1354, 1361 (Ariz. 1995).

1127 *Tobin v. Astra Pharmaceutical Products, Inc.*, 993 F.2d 528, 544 (6th Cir. 1993); *Poyner v. Erma Werke GmbH*, 618 F.2d 1186, 1190 (6th. Cir. 1980).

1128 *Yates v. Motivation Industrial Equipment Ltd.*, 38 Fed. Appx. 174, 177 (4th Cir. 2002).

1129 In *World-Wide Volkswagen Corp. v. Woodson* entschied der *Supreme Court of the United States*, dass die Zuständigkeit des Forums des jeweiligen Markt auch bei indirektem Vertrieb eröffnet sei, vgl. 444 U.S. 286, 297 (1980). In *Asahi Metal Industry Co. v. Superior Court of California* wurde die Vermarktung durch einen Vertriebspartner, der sich bereit erklärt hat, als Handelsvertreter zu dienen, als hinreichende zusätzliche Handlungen im Sinne des *stream of commerce plus*-Tests bezeichnet, vgl. 480 U.S. 102, 112 (1987).

finden sich gegenteilige Stimmen in der Rechtsprechung der Untergerichte.[1130] Der Kontrolle bedürfe es, weil die unabhängige Entscheidung eines Dritten, das Produkt in bestimmten Bundesstaaten zu vermarkten, keine Auswirkung auf die Begründung eines Gerichtsstands gegen den Beklagten haben dürfe.[1131] In die gleiche Richtung weisen Urteile, wonach der Vertriebsvertrag vorsehen müsse, dass die Produkte in dem betreffenden Bundesstaat vermarktet werden, weil nur dann die Absicht, Produkte auf dem jeweiligen Markt zu verkaufen, nachgewiesen sei.[1132] Ferner sei auch die Initiierung des Vertriebsnetzwerks in dieser Hinsicht ausreichend.[1133]

Die Kontrolle über das Vertriebsnetzwerks könne dadurch nachgewiesen werden, dass der Beklagte den Vertriebspartner in dem jeweiligen Bundesstaat finanziell unterstützt.[1134] In dem schon oben erwähnten Fall gegen Renault habe sich die Kontrolle über den Vertriebspartner dadurch manifestiert, dass Renault seinen US-amerikanischen Vertriebspartner mit Eigenkapital, der Erstattung von Marketing- und Markteinführungskosten und der Bereitstellung von Personal und Sachleistungen unterstützt habe.[1135] Durch die Unterstützungsleistungen sei ein Abhängigkeitsverhältnis entstanden, wodurch Renault den Vertriebspartner kontrollieren würde.[1136]

bb) *Vorhersehbarkeitstest*

In einem zweiten Schritt wird die Rechtsprechung analysiert, die sich dem Vorhersehbarkeitstest angeschlossen hat. Es haben sich drei Ansätze zu der Frage, wann das Bewusstsein, das Produkt werde in dem betreffenden Bundesstaat vermarktet, herausgebildet. Gerichte rekurrieren entweder auf die reguläre und

---

1130 *Stanton v. St. Jude Medical,* 340 F.3d 690, 694 (8th Cir. 2003); *Guinness Import Co. v. Mark VII Distributors, Inc.,*153 F.3d 607, 615 (8th Cir. 1998); *Pohlmann v. Bil-Jax, Inc.,* 954 S.W.2d 371, 373 (Mo. Ct. App. 1997); vgl. auch *Tobin v. Astra Pharmaceutical Products, Inc.,* 993 F.2d 528, 544 (6th Cir. 1993); *HealthMarkets, Inc. v. Superior Court,* 90 Cal.App.4th 1160 (Cal. Ct. App. 2009).

1131 *Stanton v. St. Jude Medical,* 340 F.3d 690, 694 (8th Cir. 2003); *Guinness Import Co. v. Mark VII Distributors, Inc.,* 153 F.3d 607, 615 (8th Cir. 1998); *Pohlmann v. Bil-Jax, Inc.,* 954 S.W.2d 371, 373 (Mo. Ct. App. 1997).

1132 *Bridgeport Music, Inc. v. Still N The Water Pub.,* 327 F.3d 472, 480, 484 (6th Cir. 2003).

1133 *Asahi Metal Industry Co. v. Superior Court of California,* 480 U.S. 102, 112 (1987).

1134 *Vermeulen v. Renault, U.S.A., Inc.,* 985 F.2d 1534, 1550 (11th Cir. 1993).

1135 *Vermeulen v. Renault, U.S.A., Inc.,* 985 F.2d 1534, 1550 (11th Cir. 1993).

1136 *Vermeulen v. Renault, U.S.A., Inc.,* 985 F.2d 1534, 1550 (11th Cir. 1993).

antizipierte Verbreitung des Produkts, das Wissen des Haftenden oder den vorhersehbaren Absatzmarkt des Produkts.

(1) *Reguläre und antizipierte Verbreitung des Produkts*

Nach Ansicht von *Justice Brennan* ist für die *stream of commerce*-Theorie die reguläre und antizipierte Verbreitung des Produkts zu verstehen, d.h. die Herstellung über den Vertrieb hin zum Einzelhandelsverkauf.[1137] Schon die Richter, die diese Ansicht vertraten, bezogen sich explizit auf die Entscheidung *World-Wide Volkswagen Corp. v. Woodson*,[1138] wonach einseitige Akte des Erwerbers, die das Produkt in einen anderen Bundesstaat verbringen, nicht die Gerichtsbarkeit am Erfolgsort begründen können.[1139] So mangelte es nach Ansicht des *United States Court of Appeals for the 10th Circuit* an der Gerichtsbarkeit des Bundesstaats Oklahoma in einem Fall, in dem der chinesische Hersteller die von ihm produzierten Bohranlagen zwar an eine Gesellschaft aus Oklahoma verkaufte, diese jedoch nach Kansas liefern ließ und diese daraufhin eigenständig von dem Käufer nach Oklahoma gebracht wurde, wo sie einen Schaden verursachte.[1140] Nach Ansicht des Gerichts bestimmt der vertraglich vereinbarte Lieferort das zu erwartende Vertriebsgebiet, worauf einseitige Akte des Erwerbers keinen Einfluss mehr haben.[1141]

Die Aussage, nur die reguläre und antizipierte Verbreitung des Produkts sei von der *stream of commerce* gedeckt, wird auch in der Weise interpretiert, dass der Beklagte nur mit dem ersten Erreichen der Marktgegenseite rechnen müsse.[1142] Die Verkaufskette von Hersteller an nationale Zwischenhändler, an regionale Vertriebspartner und schließlich an Endnutzer sei es, welche die *stream of commerce* auszeichne.[1143] Nicht erfasst sei hingegen die Vertriebstätigkeit Dritter.[1144]

1137 *Asahi v. Superior Court of California*, 480 U.S. 102, 117 (1987): „the regular and anticipated flow of products from manufacture to distribution to retail sale."

1138 *Asahi v. Superior Court of California*, 480 U.S. 102, 118 (1987).

1139 *World-Wide Volkswagen Corp. v. Woodson*, 444 U.S. 286, 295 (1980); so auch *Monge v. RG Petro-Machinery (Group) Co. Ltd.*, 701 F.3d 598, 620 (10th Cir. 2012); *Seiferth v. Helicopteros Atuneros, Inc.*, 472 F.3d 266, 273 (5th Cir. 2006); *Arguello v. Industrial Woodworking Mach. Co.*, 838 P.2d 1120, 1124 (Utah 1992).

1140 *Monge v. RG Petro-Machinery (Group) Co. Ltd.*, 701 F.3d 598, 602, 619–620 (10th Cir. 2012).

1141 Vgl. *Monge v. RG Petro-Machinery (Group) Co. Ltd.*, 701 F.3d 598, 619–620 (10th Cir. 2012).

1142 *D'Jamoos v. Pilatus Aircraft, Ltd.*, 566 F.3d 94, 105 (3rd Cir. 2009).

1143 *D'Jamoos v. Pilatus Aircraft, Ltd.*, 566 F.3d 94, 105–106 (3rd Cir. 2009).

1144 *D'Jamoos v. Pilatus Aircraft, Ltd.*, 566 F.3d 94, 106 (3rd Cir. 2009).

(2) *Kognitiver Ansatz*

Verschiedene Bundesgerichte und einzelstaatliche Gerichte legen der Vorhersehbarkeit des Verkaufs einen kognitiven Maßstab zugrunde.[1145] Dies wird als Ausdruck der Rechtsprechung in *World-Wide Volkswagen Corp. v. Woodson* verstanden,[1146] wonach die Erwartung des Verkaufs in dem betreffenden Bundesstaat die Zuständigkeit der Gerichte des Bundesstaats rechtfertigt.[1147] Die folgende Analyse geht auf den Bezugspunkt des Wissens, die Umstände, welche die Kenntnis oder pflichtwidrige Unkenntnis des Vertriebs begründen, die Pflicht zur Ergreifung vorbeugender Maßnahmen und andere beachtliche Umstände ein.

(a) *Bezugspunkt des Wissens*

Sowohl die Ansicht von *Justice Brennan* als auch verschiedene Untergerichte und einzelstaatliche Gerichte stellen auf das Wissen hinsichtlich der Vermarktung, dem Verkauf oder dem Vertrieb im jeweiligen Bundesstaat ab.[1148] Andere erachten die Kenntnis, das Produkt werde Konsumenten in dem betreffenden Staat durch die Vertriebskette erreichen, für ausreichend.[1149] Zur Bestimmung

---

1145 Siehe beispielsweise *Steinbusch v. Cutler*, 518 F.3d 580, 587–588 (8th Cir. 2008); *Barone v. Rich Bros. Interstate Display Fireworks Co.*, 25 F.3d 610, 613 (8th Cir. 1994); *Giotis v. Apollo of the Ozarks, Inc.*, 800 F.2d 660, 667–668 (7th Cir. 1986); *Nelson by Carson v. Park Industries, Inc.*, 717 F.2d 1120, 1126–1127 (7th Cir. 1983); *Ex Parte DBI, Inc.*, 23 So.3d 635, 654 (Ala. 2009); *Nicastro v. McIntyre Machinery America, Ltd.*, 987 A.2d 575, 591–592 (N.J. 2010); *Charles Gendler & Co., Inc. v. Telecom Equipment Corp.*, 102 N.J. 460, 480–481 (N.J. 1986).

1146 Siehe u.a. *Nelson by Carson v. Park Industries, Inc.*, 717 F.2d 1120, 1126–1127 (7th Cir. 1983); *United Linen Wholesale, LLC v. Northwest Co.*, 2007 WL 2156353 1, 3 (D. N.J. 2007); *Ensign-Bickford Co. v. ICI Explosives USA, Inc.*, 817 F.Supp. 1018, 1029 (D. Conn. 2003); *Ex Parte DBI, Inc.*, 23 So.3d 635, 654 (Ala. 2009); *Charles Gendler & Co., Inc. v. Telecom Equipment Corp.*, 102 N.J. 460, 480–481 (N.J. 1986).

1147 *World-Wide Volkswagen Corp. v. Woodson*, 444 U.S. 286, 298 (1980).

1148 Siehe u.a. *Asahi v. Superior Court of California*, 480 U.S. 102, 117 (1987); *Steinbusch v. Cutler*, 518 F.3d 580, 587–588 (8th Cir. 2008); *Barone v. Rich Bros. Interstate Display Fireworks Co.*, 25 F.3d 610, 613 (8th Cir. 1994); *Nelson by Carson v. Park Industries, Inc.*, 717 F.2d 1120, 1126–1127 (7th Cir. 1983); *United Linen Wholesale, LLC v. Northwest Co.*, 2007 WL 2156353 1, 3 (D. N.J. 2007); *Ensign-Bickford Co. v. ICI Explosives USA, Inc.*, 817 F.Supp. 1018, 1030 (D. Conn. 2003); *Ex Parte DBI, Inc.*, 23 So.3d 635, 654 (Ala. 2009); *Showa Denko K.K. v. Pangle*, 414 S.E.2d 658, 661 (Ga. Ct. App. 1991); *Nicastro v. McIntyre Machinery America, Ltd.*, 987 A.2d 575, 591–592 (N.J. 2010); *Charles Gendler & Co., Inc. v. Telecom Equipment Corp.*, 102 N.J. 460, 480–481 (N.J. 1986).

1149 Siehe u.a. *Luv n' Care, Ltd. v. Insta-Mix, Inc.*, 438 F.3d 465, 470 (5th Cir. 2006); *Ruston Gas Turbines, Inc. v. Donaldson, Co. Inc.*, 9 F.3d 415, 419 (5th Cir. 1993); *Dehmlow*

dessen wird jedoch regelmäßig auf die Verkäufe in dem jeweiligen Bundesstaat zurückgegriffen,[1150] so dass keine Unterschiede zu der erstgenannten Ansicht bestehen.[1151]

Innerhalb der Befürworter eines verkaufsbezogenen Wissens tendieren einige Gerichte dazu, im Fall des indirekten Vertriebs durch Hersteller und zwischenstaatlich tätige Vertriebsunternehmen den Bezugspunkt der Kenntnis vorzuverlegen. Danach beziehe sich das Wissen nicht auf den Vertrieb oder Verkauf selbst, sondern auf das Vertriebssystem.[1152] Während lokale Verkäufer nur einen begrenzten Markt bedienen würden und der Umfang des Profits entsprechend limitiert sei, seien Hersteller und zwischenstaatliche Vertriebsunternehmen, die am Anfang der Vertriebskette stünden, daran interessiert, auf einem breiteren Markt Profite zu ziehen.[1153] Indem Letztere sich bewusst für ein nationales

---

v. Austin Fireworks, 963 F.2d 941, 947 (7th Cir. 1992); *Oswalt v. Scripto, Inc.*, 616 F.2d 191, 198 (5th Cir. 1980); *Witbeck v. Bill Cody's Ranch Inn*, 411 N.W. 439, 448 (Mich. 1987).

1150 Vgl. *Luv n' Care, Ltd. v. Insta-Mix, Inc.*, 438 F.3d 465, 470–471 (5th Cir. 2006); *Oswalt v. Scripto, Inc.*, 616 F.2d 191, 198 (5th Cir. 1980); *Witbeck v. Bill Cody's Ranch Inn*, 411 N.W. 439, 449 (Mich. 1987).

1151 So im Ergebnis auch *Justice O'Connor* in *Asahi v. Superior Court of California*, 480 U.S. 102, 111 (1987).

1152 *Barone v. Rich Bros. Interstate Display Fireworks Co.*, 25 F.3d 610, 613 (8th Cir. 1994); *Giotis v. Apollo of the Ozarks, Inc.*, 800 F.2d 660, 667–668 (7th Cir. 1986); *Nelson by Carson v. Park Industries, Inc.*, 717 F.2d 1120, 1126 (7th Cir. 1983); *Oswalt v. Scripto*, 616 F.2d. 191, 199–200 (5th Cir. 1980); *Rockwell International Corp. v. Construzione Areonautiche*, 553 F.Supp. 328, 333 (E.D. Pa. 1982); *Nicastro v. McIntyre Machinery America, Ltd.*, 987 A.2d 575, 591–592 (N.J. 2010); *Charles Gendler & Co., Inc. v. Telecom Equipment Corp.*, 102 N.J. 460, 481 (N.J. 1986).

1153 *Barone v. Rich Bros. Interstate Display Fireworks Co.*, 25 F.3d 610, 613–614 (8th Cir. 1994); *Giotis v. Apollo of the Ozarks, Inc.*, 800 F.2d 660, 667 (7th Cir. 1986); *Bean Dredging Corp. v. Dredge Technology Corp.*, 744 F.2d 1081, 1085 (5th Cir. 1984); *Nelson by Carson v. Park Industries, Inc.*, 717 F.2d 1120, 1125–1126 (7th Cir. 1983); *DeJames v. Magnificence Carriers, Inc.*, 654 F.2d 280, 285 (3rd Cir. 1981); *Poyner v. Erma Werke GmbH*, 618 F.2d 1186, 1190–1191 (6th Cir. 1981); *Oswalt v. Scripto*, 616 F.2d. 191, 199–200 (5th Cir. 1980); *Mason v. Mooney Aircraft Corp.*, 2003 WL 21244160 1, 7 (W.D. Mo. 2003); *Rockwell International Corp. v. Construzione Areonautiche*, 553 F.Supp. 328, 331–332 (E.D. Pa. 1982); *Lichon v. Aceto Chemical Co., Ltd.*, 538 N.E.2d 613, 620 (Ill. App. Ct. 1989); *Nicastro v. McIntyre Machinery America, Ltd.*, 987 A.2d 575, 592 (N.J. 2010); *Charles Gendler & Co., Inc. v. Telecom Equipment Corp.*, 102 N.J. 460, 477–478 (N.J. 1986); vgl. dazu auch *World-Wide Volkswagen Corp. v. Woodson*, 444 U.S. 286, 297–298 (1980).

Vermarktungssystem entschieden, müssten sie auch mit dem Vertrieb in allen Bundesstaaten rechnen.[1154]

Diese Unterscheidung zwischen den verschiedenen Stufen der Vertriebskette wird jedoch nicht immer mechanisch durchgeführt. Hinter verschiedenen Urteilen steht die Annahme, dass unabhängig von der Stellung in der Vertriebskette die Kenntnis von der Struktur des Verkaufsnetzwerks entscheidend ist.[1155] So wurde in einem Fall vor einem Bundesbezirksgericht, in dem der Hersteller keine Kenntnis von dem anvisierten Vertriebsgebiet des Vertriebspartners hatte[1156], der Gerichtsstand im Bundesstaat Kansas verneint.[1157] Dass der Beklagte ein Hersteller und nicht ein regionaler Händler war, war in diesem Fall irrelevant.

(b) *Wissen bzw. Wissenmüssen des Vertriebs*

Die Kenntnis des Vertriebs kann sowohl durch positive Kenntnis als auch durch pflichtwidrige Unkenntnis[1158] begründet werden. Nach Ansicht der befürwortenden Gerichte liegt dem *stream of commerce*-Test die Zumutbarkeit und Fairness zugrunde; beide Elemente seien sowohl bei Kenntnis als auch bei pflichtwidriger Unkenntnis erfüllt.[1159] Ob der Beklagte den Vertrieb in einem Bundesstaat kannte oder kennen musste, ist im Einzelfall schwierig zu beurteilen.

1154 *Giotis v. Apollo of the Ozarks, Inc.*, 800 F.2d 660, 667 (7th Cir. 1986); *Rockwell International Corp. v. Construzione Areonautiche*, 553 F.Supp. 328, 333 (E.D. Pa. 1982).

1155 Vgl. *Luv n' Care, Ltd. v. Insta-Mix, Inc.*, 438 F.3d 465, 472, Fn. 13 (5th Cir. 2006); *Stabilisierungsfonds Fur Wein v. Kaiser*, 647 F.2d 200, 203–205 (Fed. Cir. 1981); *Midwest Elevator Systems, Inc. v. St Paul Fire and Marine Insurance Company*, 508 F.Supp. 578, 585 (D. Kan. 1981); *Violet v. Picillo*, 613 F.Supp. 1563, 1577–1578 (D. R.I. 1985); *Warzynski v. Empire Comfort Systems, Inc.*, 401 S.E.2d 801, 805 (N.C. Ct. App. 1991).

1156 Nach Aussage des Gerichts war der Vertriebspartner sehr verschwiegen hinsichtlich des Vertriebsgebiets *Midwest Elevator Systems, Inc. v. St Paul Fire and Marine Insurance Company*, 508 F.Supp. 578, 585 (D. Kan. 1981).

1157 *Midwest Elevator Systems, Inc. v. St Paul Fire and Marine Insurance Company*, 508 F.Supp. 578, 585 (D. Kan. 1981).

1158 Siehe u.a. *Oswalt v. Scripto*, 616 F.2d. 191, 200 (5th Cir. 1980); *Ray v. Ford Motor Co.*, 2008 WL 2756655 1, 6 (M.D. Ala. 2008); *United Linen Wholesale, LLC v. Northwest Co.*, 2007 WL 2156353 1, 3 (D. N.J. 2007); *Ensign-Bickford Co. v. ICI Explosives USA, Inc.*, 817 F.Supp. 1018, 1030 (D. Conn. 2003); *Violet v. Picillo*, 613 F.Supp. 1563, 1577 (D. R.I. 1985); *Midwest Elevator Systems, Inc. v. St. Paul Fire and Marine Ins. Co.*, 508 F.Supp. 578, 585 (D. Kan. 1981); vgl. in diesem Sinne auch *Nelson by Carson v. Park Industries, Inc.*, 717 F.2d 1120, 1126–1127 (7th Cir. 1983); *Noel v. S. S. Kresge Co.*, 669 F.2d 1150, 1155 (6th Cir. 1982); a.A. *Staple Cotton Coop. Assoc. v. D.G. and G.*, Inc., 631 F.Supp.2d 1168, 1173 (E.D. Mo. 2007).

1159 *Oswalt v. Scripto*, 616 F.2d. 191, 200 (5th Cir. 1980).

(aa) *Positive Kenntnis oder Wille des Vertriebs*
Einfach sind die Fälle zu beurteilen, in denen dem Beklagten positives Wissen hinsichtlich des Verkaufs, der Vermarktung[1160] oder der Lieferung[1161] im betreffenden Bundesstaat nachgewiesen werden kann. Gleiches gilt, wenn der Vertrieb nicht nur bekannt, sondern auch erwünscht ist.[1162] Infolge der Vorverlagerung des Bezugspunkts des Wissens wird auch die Kenntnis des Vertriebssystems für ausreichend erachtet.[1163]

(bb) *Kennenmüssen des Vertriebs*
Schwieriger zu beantworten ist die Frage, wann die mangelnde Kenntnis des Vertriebs pflichtwidrig ist. In dieser Hinsicht greift die US-amerikanische Rechtsprechung auf den Vertriebsvertrag, die Geschäftsbeziehung mit Vertriebspartnern, die Marktumstände und direkte Kontakte des Haftenden mit dem betreffenden Bundesstaat zurück.

(i) *Vertriebsvertrag*
Ein wichtiger Anhaltspunkt für die Kenntnis bzw. die pflichtwidrige Unkenntnis des Verkaufs oder der Vermarktung soll der Vertriebsvertrag sein.[1164] Insbesondere spreche die Einräumung eines exklusiven Vertriebsrechts für die USA dafür, dass der Hersteller von einem nationalen Vertrieb wissen müsse.[1165] Auch eine aktive Rolle bei der Vermarktung des Produkts rechtfertige die Erwartung des Vertriebs des Produkts im gesamten Absatzgebiet.[1166] Die Pflicht aus dem Vertriebsvertrag, den Beklagten auf monatlicher Basis über die Verkäufe des Produkts zu informieren, lege die Pflichtwidrigkeit einer Unkenntnis auf Seiten

---

1160 *Nelson by Carson v. Park Industries, Inc.*, 717 F.2d 1120, 1127 (7th Cir. 1983); *Santiago v. BRS, Inc.*, 528 F.Supp 755, 759 (D. P.R. 1981).

1161 *Ruston Gas Turbines, Inc. v. Donaldso Co., Inc.*, 9 F.3d 415, 420 (5th Cir. 1993).

1162 *Rockwell International Corp. v. Construzione Areonautiche*, 553 F.Supp. 328, 333 (E.D. Pa. 1982).

1163 *Giotis v. Apollo of the Ozarks, Inc.*, 800 F.2d 660, 668 (7th Cir. 1986); *Nelson by Carson v. Park Industries, Inc.*, 717 F.2d 1120, 1126 (7th Cir. 1983); *Oswalt v. Scripto*, 616 F.2d. 191, 199–200 (5th Cir. 1980); *Violet v. Picillo*, 613 F.Supp. 1563, 1576 (D. R.I. 1985); *Charles Gendler & Co., Inc. v. Telecom Equipment Corp.*, 102 N.J. 460, 481 (N.J. 1986).

1164 *Steinbusch v. Cutler*, 518 F.3d 580, 588 (8th Cir. 2008); *Barone v. Rich Bros. Interstate Display Fireworks Co.*, 25 F.3d 610, 614–15 (8th Cir. 1994); *Rockwell International Corp. v. Construzione Areonautiche*, 553 F.Supp. 328, 333 (E.D. Pa. 1982); *Charles Gendler & Co., Inc. v. Telecom Equipment Corp.*, 102 N.J. 460, 481 (N.J. 1986).

1165 *Oswalt v. Scripto*, 616 F.2d. 191, 198 (5th Cir. 1980); vgl. auch *Poyner v. Erma Werke GmbH*, 618 F.2d 1186, 1191 (6th Cir. 1980).

1166 *Steinbusch v. Cutler*, 518 F.3d 580, 588 (8th Cir. 2008).

des Beklagten ebenfalls nahe.[1167] Soweit Informationen über die Verkäufe in verschiedenen Bundesstaaten bereitgestellt würden, bestünde ein noch stärkeres Indiz für die Pflichtwidrigkeit.[1168]

(ii) *Geschäftsbeziehung mit Vertriebspartner*

Abseits des Vertriebsvertrags kann die sonstige geschäftliche Beziehung der Teilnehmer der Vertriebskette untereinander die pflichtwidrige Unkenntnis des Verkaufs in einem bestimmten Gebiet indizieren. Insbesondere wenn das Produkt in dem betreffenden Bundesstaat von einem Tochterunternehmen vertrieben werde, sei dies naheliegend.[1169] Außerdem spreche eine langjährige Geschäftsbeziehung, innerhalb derer mehrere Treffen zwischen den Vertriebspartnern stattgefunden haben, dafür, dass der Hersteller das Vertriebsgebiets des Produkts kennen musste.[1170]

(iii) *Marktumstände*

Ferner finden sich Beispiele in der Rechtsprechung, in denen die Kenntnis des Vertriebs aus der strategischen Position des Vertriebspartners oder den Umständen des jeweiligen Absatzmarkts abgeleitet wird.[1171] Wenn beispielsweise der Hersteller einen Vertriebspartner wähle, der aufgrund seiner Standorte einen bestimmten Markt besonders effektiv bedienen könne, liege ein starkes Indiz dafür vor, dass er den Vertrieb in diesem Markt auch kennen musste.[1172]

Ein Fall des *Supreme Court of Alabama*[1173] liefert ein interessantes Beispiel dafür, wie die Markteigenschaften eine pflichtwidrige Unkenntnis hinsichtlich der Verkaufsorte begründen können. In dem konkreten Fall wurde ein südkoreanischer Hersteller von Anschnallgurten vor den Gerichten Alabamas verklagt. Der Automobilhersteller Kia hatte die Anschnallgurte des Beklagten in Fahrzeuge eingebaut, die in allen Bundesstaaten der USA verkauft wurden.[1174] Der *Supreme Court of Alabama* machte die Zuständigkeit der Gerichte des Bundesstaats davon

---

1167 *Steinbusch v. Cutler*, 518 F.3d 580, 588 (8th Cir. 2008).

1168 *Steinbusch v. Cutler*, 518 F.3d 580, 588 (8th Cir. 2008).

1169 *Showa Denko K.K. v. Pangle*, 414 S.E.2d 658, 662 (Ga. Ct. App. 1991); *Charles Gendler & Co., Inc. v. Telecom Equipment Corp.*, 102 N.J. 460, 484 (N.J. 1986); *Coons v. Honda Motor Co.*, 424 A.2d 446, 449 (N.J. Super. Ct. App. Div. 1980).

1170 *Nelson by Carson v. Park Industries, Inc.*, 717 F.2d 1120, 1127 (7th Cir. 1983).

1171 *Violet v. Picillo*, 613 F.Supp. 1563, 1577 (D. R.I. 1985); *Ex Parte DBI, Inc.*, 23 So.3d 635, 655 (Ala. 2009).

1172 *Barone v. Rich Bros. Interstate Display Fireworks Co.*, 25 F.3d 610, 613–614 (8th Cir. 1994).

1173 *Ex Parte DBI, Inc.*, 23 So.3d 635 (Ala. 2009).

1174 *Ex Parte DBI, Inc.*, 23 So.3d 635, 654 (Ala. 2009).

abhängig, ob der Beklagte als Zulieferer wissen musste, dass Automobilhersteller ihre Produkte in den gesamten USA vertreiben. Nach Ansicht des Gerichts ist dies der Fall, weil generell bekannt sei, dass massenhaft produzierte Autos national vermarktet würden und kein Nischenprodukt für einen regional begrenzten Markt seien. Letzteres könne beispielsweise auf den Hersteller von Schneepflügen zutreffen.[1175] Nachdem der Zulieferer eine vertragliche Beziehung mit dem Automobilhersteller eingegangen sei, könne er sich anschließend nicht darauf berufen, die Gegebenheiten des Marktes nicht gekannt zu haben.[1176]

(iv) *Direkter Kontakt mit Bundesstaat des Forums*
Der direkte Kontakt mit einem Bundesstaat, der zum tatsächlichen Vertriebsgebiet gehört, stellt einen weiteren beachtlichen Anhaltspunkt für eine pflichtwidrige Unkenntnis dar. Beispielsweise wurde die pflichtwidrige Unkenntnis hinsichtlich des Vertriebs in New Jersey in einem Sachverhalt angenommen, in dem der Hersteller mit dem Geschädigten bei der Reparatur des Produkts im direkten Kontakt stand.[1177]

(cc) *Pflicht zur Ergreifung vorbeugender Maßnahmen*
Die bereits oben erwähnte Unterscheidung zwischen Herstellern und zwischenstaatlich tätigen Vertriebsunternehmen einerseits und regional tätigen Einzelhändlern andererseits soll auch für die Pflicht zur Ergreifung vorbeugender Maßnahmen in Form von vertraglichen Vertriebsverboten entscheidend sein.[1178] Hersteller und zwischenstaatlich tätige Vertriebsunternehmen seien in der Lage, das Gebiet, in denen ihre Produkte verkauft würden, zu begrenzen.[1179] Durch eine Strukturierung des primären Verhaltens könne ein Mindestmaß an Rechtssicherheit über mögliche Gerichtsstände erreicht werden.[1180] Entsprechend müssten Hersteller und zwischenstaatlich tätige Vertriebsunternehmen im Fall

---

1175 *Ex Parte DBI, Inc.*, 23 So.3d 635, 654–655 (Ala. 2009).

1176 *Ex Parte DBI, Inc.*, 23 So.3d 635, 655 (Ala. 2009).

1177 *Dave's Trash Removal v. Charm City Equipment Corp.*, 520 A.2d 415, 418 (N.J. Super. Ct. App. Div. 1987).

1178 *Nelson by Carson v. Park Industries, Inc.*, 717 F.2d 1120, 1126 (7th Cir. 1983); *Oswalt v. Scripto*, 616 F.2d. 191, 199–200 (5th Cir. 1980); *Rockwell International Corp. v. Construzione Areonautiche*, 553 F.Supp. 328, 333 (E.D. Pa. 1982); *Lichon v. Aceto Chemical Co., Ltd.*, 538 N.E.2d 613, 620 (Ill. App. Ct. 1989); *Charles Gendler & Co., Inc. v. Telecom Equipment Corp.*, 102 N.J. 460, 481 (N.J. 1986).

1179 *Oswalt v. Scripto*, 616 F.2d. 191, 200–201 (5th Cir. 1980); *Lichon v. Aceto Chemical Co., Ltd.*, 538 N.E.2d 613, 620 (Ill. App. Ct. 1989).

1180 *World-Wide Volkswagen v. Woodson*, 444 U.S. 286, 297 (1980); *Oswalt v. Scripto*, 616 F.2d. 191, 200 (5th Cir. 1980).

der Kenntnis oder der pflichtwidrigen Unkenntnis vom nationalen Vertrieb einzelne Bundesstaaten im Vertriebsvertrag vom Absatzgebiet ausschließen, um die Eröffnung von Gerichtsständen in diesen Bundesstaaten zu verhindern.[1181] Schon der Versuch, das Vertriebsgebiet zu begrenzen, wird in dieser Hinsicht von einigen Gerichten als hinreichend angesehen, weil der Hersteller oder Vertriebspartner dann vernünftigerweise mit einem Vertrieb nicht mehr rechnen müsse.[1182] Auch unabhängig von der Stellung in der Vertriebskette erkennen verschiedene Gerichte an, dass die Nutzung eines Verkaufsnetzwerks, das bekanntermaßen nationale Vertriebsmöglichkeiten bereit hält, die Pflicht zur Begrenzung des Vertriebsgebiets auslöst.[1183]

(dd) *Andere Umstände*

Im Rahmen des kognitiven Ansatzes wird darüber hinaus der Quantität vertriebener Produkte und dem Umfang wirtschaftlichen Profits Bedeutung zugemessen. Die Kontrolle über das Vertriebsnetzwerk, gesetzliche Vertriebsverbote und der Ort des Gefahr- oder Eigentumsübergangs sollen hingegen irrelevant sein.

(i) *Relevanz der Quantität vertriebener Produkte und des wirtschaftlichen Profits*

In verschiedenen Urteilen spielen die Quantität vertriebener Produkte und der Umfang wirtschaftlichen Profits eine Rolle für die Kenntnis des Vertriebs. Auf der einen Seite würden Verkäufe in großem Volumen die Kenntnis des tatsächlichen Vertriebsgebiets nahe legen.[1184] Gleiches gelte für die Erzielung eines relevanten Profits auf dem Markt des jeweiligen Forums.[1185] Auf der anderen Seite

---

1181 *Nelson by Carson v. Park Industries, Inc.*, 717 F.2d 1120, 1126 (7th Cir. 1983); *Oswalt v. Scripto*, 616 F.2d. 191, 199–200 (5th Cir. 1980); *Rockwell International Corp. v. Construzione Areonautiche*, 553 F.Supp. 328, 333 (E.D. Pa. 1982); *Lichon v. Aceto Chemical Co., Ltd.*, 538 N.E.2d 613, 620 (Ill. App. Ct. 1989); *Charles Gendler & Co., Inc. v. Telecom Equipment Corp.*, 102 N.J. 460, 481 (N.J. 1986).

1182 *Oswalt v. Scripto*, 616 F.2d. 191, 199–200 (5th Cir. 1980); *Rockwell International Corp. v. Construzione Areonautiche*, 553 F.Supp. 328, 333 (E.D. Pa. 1982); *Charles Gendler & Co., Inc. v. Telecom Equipment Corp.*, 102 N.J. 460, 481 (N.J. 1986).

1183 Vgl. *Luv n' Care, Ltd. v. Insta-Mix, Inc.*, 438 F.3d 465, 472, Fn. 13 (5th Cir. 2006); *Stabilisierungsfonds Fur Wein v. Kaiser*, 647 F.2d 200, 203–205 (Fed. Cir. 1981); *Midwest Elevator Systems, Inc. v. St Paul Fire and Marine Insurance Company*, 508 F.Supp. 578, 585 (D. Kan. 1981); *Violet v. Picillo*, 613 F.Supp. 1563, 1577–1578 (D. R.I. 1985); *Warzynski v. Empire Comfort Systems, Inc.*, 401 S.E.2d 801, 805 (N.C. Ct. App. 1991).

1184 *Oswalt v. Scripto*, 616 F.2d. 191, 198 (5th Cir. 1980); *Kawasaki Steel Corp. v. Middleton*, 699 S.W.2d 199, 201 (Tex. 1985).

1185 *Luv n' Care, Ltd. v. Insta-Mix, Inc.*, 438 F.3d 465, 471–72 (5th Cir. 2006).

spreche eine geringe Anzahl von Verkäufen in dem jeweiligen Bundesstaat gegen die Vorhersehbarkeit des Vertriebs im betreffenden Bundesstaat.[1186]

(ii) *Irrelevanz der Kontrolle*

Vereinzelt fordern Gerichte auch in diesem Zusammenhang, der Hersteller müsse den Vertrieb des Produkts kontrollieren, weil es sonst an einer freiwilligen Entscheidung, das Produkt in dem betreffenden Bundesstaat zu vermarkten, fehle.[1187] Nach überwiegender Ansicht kommt es darauf jedoch nicht an.[1188] Maßgeblich sei das tatsächliche Wissen bzw. die pflichtwidrige Unkenntnis des Vertriebs, nicht der Kontrolle dessen.[1189] Es dürfe keinen Unterschied machen, ob die Produkte durch Importeure oder Vertriebsunternehmen mit unabhängigen Verkaufs- und Marketingkanälen verkauft würden.[1190] Einem ausländischen Händler den Einwand zuzugestehen, ein Dritter habe das Produkt verbreitet, untergrabe die Gerechtigkeit und die ökonomische Realität.[1191] Wenn der Hersteller das Vertriebssystem initiiere oder kontrolliere, kenne der Hersteller das genutzte Vertriebssystem in jedem Fall.[1192]

1186 *Arguello v. Industrial Woodworking Mach. Co.*, 838 P.2d 1120, 1125 (Utah 1992); *Staple Cotton Coop. Assoc. v. D.G. and G.*, Inc., 631 F.Supp.2d 1168, 1172 (E.D. Mo. 2007).

1187 *Cascade Steel Rolling Mills, Inc. v. C. Itoh & Co. (America) Inc.*, 499 F.Supp. 829, 842–843 (D. Or. 1980); *Kenny v. Alexson Equip. Co.*, 432 A.2d 974, 983 (Pa. 1981).

1188 *Asahi Metal Industry Co. v. Superior Court of California*, 480 U.S. 102, 121 (1987); *Bean Dredging Corp. v. Dredge Technology Corp.*, 744 F.2d 1081, 1085 (5th Cir. 1984); *Nelson by Carson v. Park Industries, Inc.*, 717 F.2d 1120, 1126 (7th Cir. 1983); *DeJames v. Magnificence Carriers, Inc.*, 654 F.2d 280, 291 (3rd Cir. 1981); *Charles Gendler & Co., Inc. v. Telecom Equipment Corp.*, 102 N.J. 460, 480–481 (N.J. 1986); *Certisimo v. Heidelberg Cement Co.*, 298 A.2d 298, 304 (N.J. Super. Ct. Law Div. 1972); *Kawasaki Steel Corp. v. Middleton*, 699 S.W.2d 199, 201 (Tex. 1985).

1189 *Charles Gendler & Co. v. Telecom Equipment Corp.*, 102 N.J. 460, 481 (N.J. 1986); in diesem Sinne auch *Kawasaki Steel Corp. v. Middleton*, 699 S.W.2d 199, 201 (Tex. 1985).

1190 *DeJames v. Magnificence Carriers, Inc.*, 654 F.2d 280, 285 (3rd Cir. 1981); *Oswalt v. Scripto*, 616 F.2d 191, 197, Fn. 8 (5th Cir. 1980); *Poyner v. Erma Werke GmbH*, 618 F.2d 1186, 1190 (6th. Cir. 1980); *Rockwell International Corp. v. Construzione Areonautiche*, 553 F.Supp. 328, 334 (E.D. Pa. 1982); *Charles Gendler & Co., Inc. v. Telecom Equipment Corp.*, 102 N.J. 460, 479 (N.J. 1986); *Certisimo v. Heidelberg Cement Co.*, 298 A.2d 298, 304 (N.J. Super. Ct. Law Div. 1972).

1191 *Certisimo v. Heidelberg Cement Co.*, 298 A.2d 298, 304 (N.J. Super. Ct. Law Div. 1972).

1192 *Charles Gendler & Co., Inc. v. Telecom Equipment Corp.*, 102 N.J. 460, 481 (N.J. 1986).

(iii) *Irrelevanz der Legalität*

Ein Urteil des *United States Court of Appeals for the 7th Circuit* deutet darauf hin, dass auch der illegale Vertrieb einen Gerichtsstand begründen könne.[1193] Im konkreten Fall setzte sich der Vertriebspartner über ein gesetzliches Vertriebsverbot für Feuerwerkskörper im Bundesstaat Wisconsin hinweg.[1194] Solange das Vertriebsverbot nicht beachtet wurde, hielt das Gericht die Gerichtsbarkeit in Wisconsin für angemessen.[1195]

(3) *Vorhersehbarer Absatzmarkt*

Mehrfach wurde auf die Tendenz in der Rechtsprechung hingewiesen, zwischen Marktteilnehmern, die am Anfang der Vertriebskette stehen, und solchen, die am Ende stehen, zu differenzieren. Entscheidend im Rahmen der vorangegangenen Analyse ist u.a. die Wertung, dass die Gerichtsbarkeit schon aus der Kenntnis bzw. dem Kennenmüssen des Vertriebssystems abgeleitet wird.[1196] Das nachstehend dargestellte berufungsgerichtliche Urteil indiziert jedoch, dass das bloße Interesse, einen möglichst breiten Markt zu bedienen, auch ohne Kenntnis des Vertriebssystems die Erwartung begründen kann, dass das Produkt in dem betreffenden Bundesstaat verkauft wird.[1197] Herstellern und zwischenstaatlich tätigen Vertriebspartnern wird regelmäßig ein entsprechend breites Interesse zugesprochen.

Der Entscheidung *Bean Dredging Corp. v. Dredge Technology Corp.*[1198] des *United States Court of Appeals for the 5th Circuit* lag folgender Sachverhalt zugrunde: Rogers-Olympics, eine Gesellschaft mit Sitz im Bundesstaat Washington, stellte Stahlguss her, der nach Verkauf an die Abex Corp. in Kalifornien zu Zylindern weiterverarbeitet wurde. Eine andere Gesellschaft, Avondale Shipyard, baute die Zylinder in Louisiana in Bagger ein. Rogers-Olympics wusste nicht, in welchen Endprodukten der Stahlguss verwendet wurde oder dass der

---

1193 *Giotis v. Apollo of the Ozarks, Inc.*, 800 F.2d 660, 668 (7th Cir. 1986).

1194 *Giotis v. Apollo of the Ozarks, Inc.*, 800 F.2d 660, 668 (7th Cir. 1986).

1195 *Giotis v. Apollo of the Ozarks, Inc.*, 800 F.2d 660, 668 (7th Cir. 1986).

1196 *Barone v. Rich Bros. Interstate Display Fireworks Co.*, 25 F.3d 610, 613–614 (8th Cir. 1994); *Nelson by Carson v. Park Industries, Inc.*, 717 F.2d 1120, 1126–1127 (7th Cir. 1983); *Nelson by Carson v. Park Industries, Inc.*, 717 F.2d 1120, 1126–1127 (7th Cir. 1983); *Rockwell International Corp. v. Construzione Areonautiche*, 553 F.Supp. 328, 333 (E.D. Pa. 1982).

1197 *Bean Dredging Corp. v. Dredge Technology Corp.*, 744 F.2d 1081, 1085 (5th Cir. 1984); in diesem Sinne auch *Warzynski v. Empire Comfort Systems, Inc.*, 401 S.E.2d 801, 805 (N.C. Ct. App. 1991).

1198 744 F.2d 1081 (5th Cir. 1984).

Stahlguss Louisiana erreichen würde. Aufgrund einer Streitverkündung des Baggerherstellers musste sich Rogers-Olympics vor den Gerichten des Bundesstaats Louisiana wegen vermeintlich fehlerhafter Produkte verteidigen.[1199]

Der Beklagte verteidigte sich gegen die Klage u.a. mit dem Argument, die Gerichte Louisianas seien nicht zuständig.[1200] Dem widersprach das Gericht, weil – nach Ansicht des Gerichts – das Interesse, einen möglichst breiten Markt zu bedienen, der nicht durch vertragliche Abreden begrenzt ist, berechtigterweise zu der Erwartung des nationalen Verkaufs führt.[1201] Schließlich sei der vorhersehbare Markt eines Zulieferers entsprechend weit gefasst.[1202] Obwohl der Beklagte das Vertriebssystem weder initiiert noch kontrolliert habe, habe er das Produkt einer Vertriebskette übergeben, die dazu bestimmt gewesen sei, das Produkt (als Teil des Endprodukts) im Einzelhandel in allen Bundesstaaten zu verkaufen.[1203]

c) *Schlussfolgerungen*

Zu klären bleibt, welche Rückschlüsse aus der US-amerikanischen Rechtsprechung für das Internationale Produkthaftungsrecht der Rom II-VO gezogen werden können. Wie bereits eingangs bemerkt, ist die US-amerikanische Rechtsprechung aus zwei Gründen für die Auslegung des Vorhersehbarkeitseinwands von Interesse: Zum einen ist der Grundsatz der *stream of commerce*, wonach es auf die Erwartung ankommt, Konsumenten werden das Produkt im Staat des fraglichen Forums kaufen,[1204] zumindest vergleichbar mit dem Grundsatz des Art. 5 Abs. 1 Satz 2 Rom II-VO, wonach das Produkt in dem betreffenden Land vorhersehbar in Verkehr gebracht worden sein muss. Zum anderen bildet das rechtsstaatliche Interesse an Berechenbarkeit, das es potentiellen Beklagten erlaubt, ihr Verhalten mit einem Mindestmaß an Sicherheit hinsichtlich der Begründung einzelstaatlicher Gerichtsbarkeit zu strukturieren,[1205] den

---

1199 Vgl. zum Vorstehenden *Bean Dredging Corp. v. Dredge Technology Corp.*, 744 F.2d 1081, 1082 (5th Cir. 1984).

1200 *Bean Dredging Corp. v. Dredge Technology Corp.*, 744 F.2d 1081, 1086 (5th Cir. 1984).

1201 *Bean Dredging Corp. v. Dredge Technology Corp.*, 744 F.2d 1081, 1085 (5th Cir. 1984); in diesem Sinne auch *Warzynski v. Empire Comfort Systems, Inc.*, 401 S.E.2d 801, 805 (N.C. Ct. App. 1991).

1202 *Bean Dredging Corp. v. Dredge Technology Corp.*, 744 F.2d 1081, 1084 (5th Cir. 1984); unter Verweis auf *Nelson by Carson v. Park Industries, Inc.*, 717 F.2d 1120, 1125 (7th Cir. 1983).

1203 *Bean Dredging Corp. v. Dredge Technology Corp.*, 744 F.2d 1081, 1086 (5th Cir. 1984).

1204 *World-Wide Volkswagen Corp. v. Woodson*, 444 U.S. 286, 298 (1980).

1205 *World-Wide Volkswagen Corp. v. Woodson*, 444 U.S. 286, 297 (1980). A.A. *Justice Marshall* demzufolge es manchen Aktivitäten inne wohne, dass sie nicht in einer

Ausgangspunkt der Rechtsprechung des *Supreme Court of the United States*. Auch der produkthaftungsrechtliche Vorhersehbarkeitseinwand ist getragen von dem Interesse des Haftenden an Berechenbarkeit als Ausdruck des Rechtsstaatsgebots und der haftungsrechtlichen Prävention.[1206]

aa) *Stream of Commerce Plus-Test*

Indem die Vertreter des *stream of commerce plus*-Tests den Willen oder die Absicht, einen bestimmten Markt zu bedienen, in den Mittelpunkt stellen, legen sie einen voluntativen Ansatz zugrunde. Diese Auslegung widerspricht der Funktion des kollisionsrechtlichen Vorhersehbarkeitseinwands. Wie noch gezeigt wird,[1207] kommt es im Rahmen der Vorhersehbarkeit auf das Wissen des Haftenden an. Folglich kann die Rechtsprechung nicht direkt auf Art. 5 Abs. 1 Satz 2 Rom II-VO übertragen werden. Da dem weiteren Ansatz jedoch stets genüge getan ist, wenn der engere Ansatz erfüllt ist, führt der willensgetragene Vertrieb dazu, dass der Haftende das Inverkehrbringen in dem jeweiligen Staat auch vorhersehen konnte. Daher indizieren direkte Verkäufe,[1208] das Design des Produkts für den betreffenden Staat,[1209] Werbung in dem Staat,[1210] die Bereitstellung von Kundendienst innerhalb des Staats[1211] oder die Vermarktung durch einen Vertriebspartner, der sich bereit erklärt hat als Handelsvertreter zu dienen,[1212] die Vorhersehbarkeit des Inverkehrbringens. Gleiches gilt, wenn der Haftende Niederlassungen, Arbeitnehmer oder Immobiliareigentum in dem Bundesstaat besitzt oder das Vertriebsnetzwerk initiiert oder kontrolliert.[1213]

Weise ausgeführt werden könnten, welche die Gerichtsbarkeit an verschiedenen Orten verhindere; siehe *World-Wide Volkswagen Corp. v. Woodson*, 444 U.S. 286, 316 (1980).

1206 Siehe oben unter D.I.5.

1207 Siehe unten unter D.IV.2.

1208 *Vandelune v. 4B Elevator Components Unlimited*, 148 F.3d 943, 948 (8th Cir. 1998); *Dehmlow v. Austin Fireworks*, 963 F.2d 941, 947 (7th Cir. 1992); *Pennington Grain & Seed, Inc. v. Murrow Bros. Seed Co., Inc.*, 400 So.2d 157, 160 (Fla. Dist. Ct. App. 1981).

1209 *Asahi Metal Industry Co. v. Superior Court of California*, 480 U.S. 102, 112 (1987).

1210 *Asahi Metal Industry Co. v. Superior Court of California*, 480 U.S. 102, 112 (1987).

1211 *Asahi Metal Industry Co. v. Superior Court of California*, 480 U.S. 102, 112 (1987).

1212 *Asahi Metal Industry Co. v. Superior Court of California*, 480 U.S. 102, 112 (1987).

1213 *Asahi Metal Industry Co. v. Superior Court of California*, 480 U.S. 102, 112–13 (1987).

bb) *Vorhersehbarkeitstest*

Der zweite vertretene Ansatz ist für die Analyse des Vorhersehbarkeitseinwands des Art. 5 Abs. 1 Satz 2 Rom II-VO von besonderem Interesse. Er liefert wichtige Anhaltspunkte für die Auslegung.

(1) *Reguläre und antizipierte Verbreitung des Produkts*

Relativ klar bildet sich heraus, dass die Urteile, die die regulären und antizipierte Verbreitung des Produkts heranziehen,[1214] dem Grundgedanken folgen, dass die antizipierte Vertriebskette nur das erste Erreichen der Marktgegenseite erfasst. Sowohl die einseitige Verbringung des Produkts an einen anderen Ort[1215] als auch der Weiterverkauf durch Dritte[1216] soll die Gerichtsbarkeit nicht beeinflussen.

(2) *Kognitiver Ansatz*

Nach dem kognitiven Ansatz ist sowohl die Kenntnis als auch die pflichtwidrige Unkenntnis vom Verkauf, der Vermarktung oder dem Vertrieb in dem betreffenden Bundesstaat ausreichend.[1217] Bedeutsam ist insofern die Vorverlagerung des kognitiven Bezugspunkts: Bei Eingehung einer Vertriebsbeziehung soll die Kenntnis bzw. pflichtwidrige Unkenntnis des Vertriebssystems einen Gerichtsstand in den Bundesstaaten begründen, die innerhalb des Absatzgebiets

---

1214 *Asahi v. Superior Court of California*, 480 U.S. 102, 117 (1987); *Monge v. RG Petro-Machinery (Group) Co. Ltd.*, 701 F.3d 598, 620 (10th Cir. 2012); *D'Jamoos v. Pilatus Aircraft, Ltd.*, 566 F.3d 94, 105–106 (3rd Cir. 2009); *Seiferth v. Helicopteros Atuneros, Inc.*, 472 F.3d 266, 273 (5th Cir. 2006).

1215 Vgl. *World-Wide Volkswagen Corp. v. Woodson*, 444 U.S. 286, 295 (1980); so auch *Monge v. RG Petro-Machinery (Group) Co. Ltd.*, 701 F.3d 598, 620 (10th Cir. 2012); *Seiferth v. Helicopteros Atuneros, Inc.*, 472 F.3d 266, 273 (5th Cir. 2006).

1216 Vgl. *D'Jamoos v. Pilatus Aircraft, Ltd.*, 566 F.3d 94, 105–106 (3rd Cir. 2009).

1217 *Asahi v. Superior Court of California*, 480 U.S. 102, 117 (1987); *Steinbusch v. Cutler*, 518 F.3d 580, 587–588 (8th Cir. 2008); *Luv n' Care, Ltd. v. Insta-Mix, Inc.*, 438 F.3d 465, 470 (5th Cir. 2006); *Ruston Gas Turbines, Inc. v. Donaldson, Co. Inc.*, 9 F.3d 415, 419 (5th Cir. 1993); *Dehmlow v. Austin Fireworks*, 963 F.2d 941, 947 (7th Cir. 1992); *United Linen Wholesale, LLC v. Northwest Co.*, 2007 WL 2156353 1, 3 (D. N.J. 2007); *Ensign-Bickford Co. v. ICI Explosives USA, Inc.*, 817 F.Supp. 1018, 1030 (D. Conn. 2003); *Ex Parte DBI, Inc.*, 23 So.3d 635, 654 (Ala. 2009); *Showa Denko K.K. v. Pangle*, 414 S.E.2d 658, 661 (Ga. Ct. App. 1991).

liegen.[1218] Dies soll insbesondere, aber nicht ausschließlich für die Teilnehmer der Vertriebskette gelten, die an deren Anfang stehen.[1219]

Ferner sind die Umstände, welche eine pflichtwidrige Unkenntnis des Vertriebs nahe legen, für Art. 5 Abs. 1 Satz 2 Rom II-VO von Interesse.[1220] So können der Vertriebsvertrag,[1221] die sonstige Geschäftsbeziehung mit dem Vertriebspartner,[1222] die Marktumstände[1223] und der direkte Kontakt mit dem betreffenden Bundesstaat[1224] die Annahme einer pflichtwidrigen Unkenntnis des Vertriebs rechtfertigen. Innerhalb dessen wird häufig auch der Quantität vertriebener Produkte und dem Umfang erzielten Profits Bedeutung zugesprochen. Verkäufe in großem Umfang (und ein entsprechender wirtschaftlicher Profit) sprechen für die Kenntnis des Vertriebs;[1225] Verkäufe in kleinem Umfang sprechen

---

1218 *Barone v. Rich Bros. Interstate Display Fireworks Co.*, 25 F.3d 610, 613 (8th Cir. 1994); *Giotis v. Apollo of the Ozarks, Inc.*, 800 F.2d 660, 667–668 (7th Cir. 1986); *Nelson by Carson v. Park Industries, Inc.*, 717 F.2d 1120, 1126 (7th Cir. 1983); *Oswalt v. Scripto*, 616 F.2d. 191, 199–200 (5th Cir. 1980); *Rockwell International Corp. v. Construzione Areonautiche*, 553 F.Supp. 328, 333 (E.D. Pa. 1982); *Charles Gendler & Co., Inc. v. Telecom Equipment Corp.*, 102 N.J. 460, 481 (N.J. 1986).

1219 *Barone v. Rich Bros. Interstate Display Fireworks Co.*, 25 F.3d 610, 613–614 (8th Cir. 1994); *Giotis v. Apollo of the Ozarks, Inc.*, 800 F.2d 660, 667 (7th Cir. 1986); *Nelson by Carson v. Park Industries, Inc.*, 717 F.2d 1120, 1125–1126 (7th Cir. 1983); *DeJames v. Magnificence Carriers, Inc.*, 654 F.2d 280, 285 (3rd Cir. 1981); *Poyner v. Erma Werke GmbH*, 618 F.2d 1186, 1190–1191 (6th Cir. 1981); *Oswalt v. Scripto*, 616 F.2d. 191, 199–200 (5th Cir. 1980); *Charles Gendler & Co., Inc. v. Telecom Equipment Corp.*, 102 N.J. 460, 477–478 (N.J. 1986).

1220 Siehe unten unter D.IV.2.

1221 *Steinbusch v. Cutler*, 518 F.3d 580, 588 (8th Cir. 2008); *Barone v. Rich Bros. Interstate Display Fireworks Co.*, 25 F.3d 610, 614–15 (8th Cir. 1994); *Oswalt v. Scripto*, 616 F.2d. 191, 198 (5th Cir. 1980); *Rockwell International Corp. v. Construzione Areonautiche*, 553 F.Supp. 328, 333 (E.D. Pa. 1982); *Charles Gendler & Co., Inc. v. Telecom Equipment Corp.*, 102 N.J. 460, 481 (N.J. 1986).

1222 *Nelson by Carson v. Park Industries, Inc.*, 717 F.2d 1120, 1127 (7th Cir. 1983); *Showa Denko K.K. v. Pangle*, 414 S.E.2d 658, 662 (Ga. Ct. App. 1991); *Charles Gendler & Co., Inc. v. Telecom Equipment Corp.*, 102 N.J. 460, 484 (N.J. 1986); *Coons v. Honda Motor Co.*, 424 A.2d 446, 449 (N.J. Super. Ct. App. Div. 1980).

1223 *Violet v. Picillo*, 613 F.Supp. 1563, 1577 (D. R.I. 1985); *Ex Parte DBI, Inc.*, 23 So.3d 635, 655 (Ala. 2009).

1224 *Dave's Trash Removal v. Charm City Equipment Corp.*, 520 A.2d 415, 418 (N.J. Super. Ct. App. Div. 1987).

1225 *Luv n' Care, Ltd. v. Insta-Mix, Inc.*, 438 F.3d 465, 471–72 (5th Cir. 2006); *Oswalt v. Scripto*, 616 F.2d. 191, 198 (5th Cir. 1980); *Kawasaki Steel Corp. v. Middleton*, 699 S.W.2d 199, 201 (Tex. 1985).

dagegen.[1226] Die Kontrolle über das Vertriebsnetzwerk[1227] und die Illegalität des Vertriebs[1228] sollen regelmäßig keinen Einfluss auf den Vorhersehbarkeitstest haben. Bedeutung hat die Kontrolle oder Initiierung jedoch in anderer Weise: Wenn der Hersteller das Vertriebssystem initiiert oder kontrolliert, ist er sich des Vertriebssystems in jedem Fall bewusst.[1229]

Die Kenntnis des Vertriebssystems löst nach häufig vertretener Ansicht die Pflicht zur Begrenzung des Absatzgebiets aus, wenn die Gerichtsbarkeit einzelner Bundesstaaten, die innerhalb des Absatzgebiets liegen, vermieden werden soll.[1230] Insofern wird meist schon der Versuch der Begrenzung als hinreichend erachtet.[1231] Doch deutet eine berufungsgerichtliche Entscheidung, in der ein gesetzliches Vertriebsverbot ignoriert wurde, daraufhin, dass ein Vertriebsverbot – ob gesetzlicher oder vertraglicher Natur – die Gerichtsbarkeit nur dann ausschließt, wenn es auch beachtet wird.[1232]

(3) *Vorhersehbarer Absatzmarkt*

Die Entscheidung *Bean Dredging Corp. v. Dredge Technology Corp.*[1233] zeigt, dass das Interesse, einen möglichst breiten Markt zu bedienen, der nicht

---

1226 *Arguello v. Industrial Woodworking Mach. Co.*, 838 P.2d 1120, 1125 (Utah 1992); *Staple Cotton Coop. Assoc. v. D.G. and G.*, Inc., 631 F.Supp.2d 1168, 1172 (E.D.Mo. 2007).

1227 *Asahi Metal Industry Co. v. Superior Court of California*, 480 U.S. 102, 121 (1987); *Bean Dredging Corp. v. Dredge Technology Corp.*, 744 F.2d 1081, 1085 (5th Cir. 1984); *Nelson by Carson v. Park Industries, Inc.*, 717 F.2d 1120, 1126 (7th Cir. 1983); *DeJames v. Magnificence Carriers, Inc.*, 654 F.2d 280, 291 (3rd Cir. 1981); *Charles Gendler & Co., Inc. v. Telecom Equipment Corp.*, 102 N.J. 460, 480–481 (N.J. 1986); *Certisimo v. Heidelberg Cement Co.*, 298 A.2d 298, 304 (N.J. Super. Ct. Law Div. 1972); *Kawasaki Steel Corp. v. Middleton*, 699 S.W.2d 199, 201 (Tex. 1985).

1228 *Giotis v. Apollo of the Ozarks, Inc.*, 800 F.2d 660, 668 (7th Cir. 1986).

1229 *Charles Gendler & Co., Inc. v. Telecom Equipment Corp.*, 102 N.J. 460, 481 (N.J. 1986).

1230 *Luv n' Care, Ltd. v. Insta-Mix, Inc.*, 438 F.3d 465, 472, Fn. 13 (5th Cir. 2006); *Nelson by Carson v. Park Industries, Inc.*, 717 F.2d 1120, 1126 (7th Cir. 1983); *Stabilisierungsfonds Fur Wein v. Kaiser*, 647 F.2d 200, 203–205 (Fed. Cir. 1981); *Oswalt v. Scripto*, 616 F.2d. 191, 199–200 (5th Cir. 1980); *Violet v. Picillo*, 613 F.Supp. 1563, 1577–1578 (D. R.I. 1985); *Rockwell International Corp. v. Construzione Areonautiche*, 553 F.Supp. 328, 333 (E.D. Pa. 1982); *Midwest Elevator Systems, Inc. v. St Paul Fire and Marine Insurance Company*, 508 F.Supp. 578, 585 (D. Kan. 1981); *Charles Gendler & Co., Inc. v. Telecom Equipment Corp.*, 102 N.J. 460, 481 (N.J. 1986).

1231 *Oswalt v. Scripto*, 616 F.2d. 191, 199–200 (5th Cir. 1980); *Rockwell International Corp. v. Construzione Areonautiche*, 553 F.Supp. 328, 333 (E.D. Pa. 1982); *Charles Gendler & Co., Inc. v. Telecom Equipment Corp.*, 102 N.J. 460, 481 (N.J. 1986).

1232 *Giotis v. Apollo of the Ozarks, Inc.*, 800 F.2d 660, 668 (7th Cir. 1986).

1233 744 F.2d 1081 (5th Cir. 1984).

durch vertragliche Abreden begrenzt wird, zu der Erwartung des nationalen Verkaufs führen kann.[1234] Hinter der Entscheidung steht die Wertung, dass der vorhersehbare Markt durch das Interesse am Produktabsatz bestimmt wird.[1235]

In diesem Sinne beachtenswert sind auch die zustimmende und die abweichende Ansicht in *J. McIntyre Machinery, Ltd. v. Nicastro*[1236]. Auch wenn die beiden Ansichten sich nicht explizit dem Vorhersehbarkeitstest anschließen, zeigen sie eine deutliche Präferenz, das Maß lokaler oder internationaler Aktivität zu berücksichtigen. Die zustimmende Ansicht hält es für unangemessen, den kleinen ägyptischen Hemdenhersteller oder den kenianischen Kaffee-Bauern, der seine Produkte durch international agierende Vertriebspartner verkaufen lässt, der Gerichtsbarkeit aller Bundesstaaten der USA zu unterwerfen.[1237] Die abweichende Ansicht möchte die *personal jurisdiction* begrenzen, wenn die ökonomischen Aktivitäten des Beklagten hauptsächlich heimatbezogen sind.[1238] Das Verhalten der Marktakteure dürfe nicht darauf ausgerichtet sein, wesentliche Gewinne aus Verkäufen auf entfernten Märkten zu erzielen.[1239] Insgesamt tendiert die US-amerikanische Rechtsprechung dazu, den vorhersehbaren Markt aus dem Interesse am Produktabsatz, sowie dem Ausmaß internationaler Aktivität abzuleiten.

IV. Auslegung der Vorhersehbarkeit

Im nächsten Schritt ist die Vorhersehbarkeit auszulegen.

1. Überblick über das Meinungsbild

Auch an dieser Stelle wird zunächst ein Überblick über die vertretenen Ansätze gegeben.

1234 *Bean Dredging Corp. v. Dredge Technology Corp.*, 744 F.2d 1081, 1085 (5th Cir. 1984); in diesem Sinne auch *Warzynski v. Empire Comfort Systems, Inc.*, 401 S.E.2d 801, 805 (N.C. Ct. App. 1991).

1235 *Bean Dredging Corp. v. Dredge Technology Corp.*, 744 F.2d 1081, 1084 (5th Cir. 1984).

1236 131 S.Ct. 2780 (2011).

1237 *J. McIntyre Machinery, Ltd. v. Nicastro*, 131 S.Ct. 2780, 2793 (2011).

1238 *J. McIntyre Machinery, Ltd. v. Nicastro*, 131 S.Ct. 2780, 2804 (2011).

1239 *J. McIntyre Machinery, Ltd. v. Nicastro*, 131 S.Ct. 2780, 2804 (2011).

a) *Voluntativer Ansatz*

Teils zu den Vorentwürfen der Rom II-Verordnung, die noch den Zustimmungsvorbehalt enthielten,[1240] teils zu dem endgültigen Verordnungstext,[1241] wird ein voluntatives Verständnis der Vorhersehbarkeit vertreten. Schließlich müsse der Haftende geschützt werden, wenn die Produkte gegen seinen Willen in bestimmten Ländern vertrieben würden.[1242] Andere Stimmen in der Literatur bekennen sich zwar nicht ausdrücklich zu einer voluntativen Auslegung, gehen aber ebenfalls davon aus, dass die Vorhersehbarkeit insbesondere die Fälle erfasst, in denen das Produkt nachweislich ohne Zustimmung des Haftenden im betreffenden Land in Verkehr gebracht wurde.[1243]

b) *Zurechnungsgetragener Ansatz*

Thorn versteht die Vorhersehbarkeit als Ausdruck der Zurechnung und differenziert insofern nach der genutzten Vertriebskette. Während die Verbreitung des Produkts durch die eigene Absatzkette in jedem Fall zurechenbar sei,[1244] sei bei einer Verbreitung des Produkts außerhalb der eigenen Absatzkette die Zurechnung nur möglich, wenn die Verbreitung bekannt sei und der Haftende trotz einer entsprechenden Möglichkeit, nichts hiergegen unternehme.[1245] Die Einschränkung, dass der Haftende in der Lage sein müsse, die Verbreitung zu unterbinden, betreffe Fälle, in denen der Hersteller sich gegen den Vertrieb durch Zwischenhändler aus wettbewerbsrechtlichen Gründen nicht wehren könne.[1246]

1240 *Benecke*, RIW 2003, 830, 834, *Fricke*, VersR 2005, 726, 740.

1241 *Schwartze*, NIPR 2008, 430, 432, Fn. 42; vgl. in diesem Sinne auch *Kozyris*, Am. J. Comp. L. 56 (2008), 471, 489, demzufolge der Gesetzgeber sich für die Vorhersehbarkeit anstelle der Zustimmung entschied, um auch die implizite Zustimmung zum Inverkehrbringen zu erfassen.

1242 *Fricke*, VersR 2005, 726, 740.; in diesem Sinne auch *Benecke*, RIW 2003, 830, 834.

1243 Bamberger/Roth-*Spickhoff*, Art. 5 Rom II-VO Rn. 8; MüKoBGB-*Junker*, Art. 5 Rom II-VO Rn. 44; Spindler/Schuster-*Weller/Nordmeier*, Art. 5 Rom II-VO Rn. 7; *Spickhoff*, FS Kropholler, S. 671, 685.

1244 *Thorn*, FS Schmidt, S. 1561, 1576.

1245 *Thorn*, FS Schmidt, S. 1561, 1576.

1246 *Thorn*, FS Schmidt, S. 1561, 1576.

c) *Keine Kenntnis oder grob fahrlässige Unkenntnis vom Inverkehrbringen*

Die wohl überwiegende Ansicht in der Literatur geht davon aus, dass der Haftende die mangelnde Vorhersehbarkeit nur dann geltend machen kann, wenn er weder positive Kenntnis vom Inverkehrbringen im betreffenden Staat habe noch erkennbare Anhaltspunkte vorliegen, die ihn zu besonderen Nachforschungen veranlassen müssen.[1247] Insbesondere könne der Nachweis fehlender grober Fahrlässigkeit dann gelingen, wenn die Vermarktung von vornherein eingeschränkt worden sei.[1248] So reiche beispielsweise der Aufdruck auf dem Produkt, dieses nur in bestimmten Staaten zu vertrieben („*Not for sale in the US*"), im Normalfall aus, um die Unvorhersehbarkeit des Inverkehrbringens zu begründen.[1249] Ferner seien die Umstände des Einzelfalls entscheidend.[1250] Hierbei würden beispielsweise die technischen Spezifikationen eine Rolle spielen: Wenn ein Produkt nur mit 110 Volt Stromspannung funktioniere, sei der Vertrieb in Ländern, deren Stromnetz mit 220 Volt Stromspannung betrieben werde, nicht vorhersehbar.[1251]

d) *Rechtsordnung, mit welcher der Haftende rechnen muss*

In allgemeinen Analysen der Vorhersehbarkeit wird von verschiedenen Autoren die Auffassung vertreten, dass die Vorhersehbarkeit die Rechtsordnungen zur Anwendung bringt, mit denen der Haftende rechnen muss.[1252] Unter welchen Umständen dies der Fall sein soll, wird nicht bestimmt. Es finden sich lediglich

---

1247 Hk-BGB-*Dörner*, Art. 5 Rom II-VO Rn. 5; jurisPK-*Lund*, Art. 5 Rom II-VO Rn. 30; Palandt-*Thorn*, Art. 5 Rom II-VO Rn. 11; PWW-*Schaub*, Art. 5 Rom II-VO Rn. 7; Rauscher-*Unberath/Cziupka/Pabst*, EuZPR/EuIPR, Art. 5 Rom II-VO Rn. 97; *Rodiek*, S. 77; so auch zu dem Kommissionsentwurf aus dem Jahr 2003 *Huber/Bach*, IPRax 2005, 73, 77, der allerdings noch den Vorbehalt der Zustimmung zum Inverkehrbringen enthielt. Ähnlich *Garcimartín Alférez*, EuLF 2007, I-77, I-85; *Huber/Illmer*, YbPIL 9 (2007), 31, 45; *Leible/Lehmann*, RIW 2007, 721, 728; NK-*Lehmann*, Art. 5 Rom II-VO Rn. 103; *Rudolf*, WBL 2009, 525, 530.

1248 NK-*Lehmann*, Art. 5 Rom II-VO Rn. 103; PWW-*Schaub*, Art. 5 Rom II-VO Rn. 7; *Rudolf*, WBL 2009, 525, 530; a.A. Rauscher-*Unberath/Cziupka/Pabst*, EuZPR/EuIPR, Art. 5 Rom II-VO Rn. 98.

1249 jurisPK-*Lund*, Art. 5 Rom II-VO Rn. 30.

1250 jurisPK-*Lund*, Art. 5 Rom II-VO Rn. 30.

1251 jurisPK-*Lund*, Art. 5 Rom II-VO Rn. 30.

1252 *Birk*, S. 104, *Bröcker*, S. 96 f.; 159 f.; *Ehrenzweig*, Yale L. J. 69 (1960), 794, 799; *Koziol/Thiede*, ZVglRWiss 106 (2007), 235, 246; *Siehr*, AWD 1972, 373, 384 f.

vereinzelte Beispiele, die erläutern, womit der Haftende im internationalen Warenverkehr rechnen muss. Laut *Birk* muss der Haftende mit der Anwendbarkeit einer Rechtsordnung rechnen, wenn er das Produkt befugter Weise in den fraglichen Staat liefert.[1253] Nach *Kühne* müssen Hersteller grundsätzlich damit rechnen, dass ihre Produkte in der ganzen Welt Schaden stiften können. Etwas anderes gelte allenfalls für Hersteller, die nur lokale Märkte bedienen.[1254] *Bröcker* hält Abweichungen vom vorgesehenen Vertriebsgebiet für selten.[1255] Wer unbekümmert eine grenzüberschreitende Ursache setze, könne sich der Haftung nach einer ausländischen Rechtsordnung nicht entziehen.[1256] Wenn ein Unternehmer seine Produkte an einen Exporteur verkaufe, der die Produkte international vertreibe, sei die Auferlegung des ausländischen Rechtsanwendungsrisikos solange angemessen, wie der Unternehmer keine Bemühungen anstelle, bestimmte Märkte vom Absatzgebiet auszuschließen.[1257] Durch die Exportbemühungen werde der Wille zum internationalen Warenabsatz ausgedrückt, der die Anwendung des ausländischen Rechts rechtfertige.[1258] Etwas anderes gelte erst dann, wenn der Erwerber das Produkt an einen anderen Ort verbringe, an dem das Produkt einen Schaden verursache.[1259] Einen ähnlichen Ansatz vertritt *Hohloch*. Ihm zufolge können die weltweiten Warenströme grundsätzlich nicht begrenzt werden, so dass ein Markt von einer nicht zu kurzlebigen Ware so gut wie immer erreicht werden kann.[1260] Solange die Ware auf dem jeweiligen Markt aufgrund ihrer Eigenart verkehrsfähig sei, müsse der Haftende auch damit rechnen, dass das Produkt dort vertrieben werde.[1261] Vernünftigerweise sei das Inverkehrbringen nur dann nicht vorhersehbar, wenn die Einfuhr in einen Staat verbotswidrig und ohne Mitwirkung des Haftenden erfolgt sei.[1262]

e) *Beurteilung anhand der Umstände des Einzelfalls*

Andere Teile der Literatur legen die Umstände des Einzelfalls zugrunde.

1253 *Birk*, S. 106.
1254 *Kühne*, Cal. L. Rev. 60 (1972), 1, 31 f.
1255 *Bröcker*, S. 163.
1256 *Bröcker*, S. 96 f.
1257 *Bröcker*, S. 159.
1258 *Bröcker*, S. 160.
1259 *Bröcker*, S. 160.
1260 Erman-*Hohloch*, Art. 5 Rom II-VO Rn. 14.
1261 Erman-*Hohloch*, Art. 5 Rom II-VO Rn. 14.
1262 Erman-*Hohloch*, Art. 5 Rom II-VO Rn. 14.

aa) *Beachtliche Umstände des Einzelfalls nach Plender/Wilderspin*

Plender/Wilderspin stellen auf die folgenden Faktoren ab, um die Vorhersehbarkeit des Inverkehrbringens festzustellen: (1) die (implizite) Zustimmung zum Inverkehrbringen des Haftenden, (2) ob das Produkt recht- oder unrechtmäßig in Verkehr gebracht wurde, (3) die Größe und das Leistungsvermögen des Haftenden, (4) ob der Haftende mit Hilfe interner oder externer Maßnahmen das Inverkehrbringen kontrolliert hat, (5) Maßnahmen, die der Haftende unternommen hat, um das Inverkehrbringen zu verhindern, (6) die Art des Produkts und (7) die Art verfügbarer und genutzter Vermarktungsprozesse.[1263] Wenngleich sich die Kommission gegen eine widerlegbare Vermutung des gemeinschaftsweiten Inverkehrbringens ausgesprochen hat, halten die Autoren es für möglich, dass die Warenverkehrsfreiheit die Bedeutung des Vorhersehbarkeitseinwands erheblich einschränken könnte.[1264]

bb) *Beachtliche Umstände des Einzelfalls nach Illmer*

Illmer stellt vorrangig auf die objektive Nutzbarkeit des Produkts in dem betreffenden Land ab.[1265] Wenn das Produkt (aufgrund der technischen Eigenschaften oder Industriestandards) nur in bestimmten Ländern eingesetzt werden könne, müsse weder der Hersteller noch der Vertriebspartner vernünftigerweise mit dem Inverkehrbringen in anderen Ländern rechnen.[1266] Beispiele seien Stromstecker oder die Sprache der Bedienungsanleitung.[1267] In objektiver Hinsicht sei ferner der Vertrieb in Freihandelszonen, wie der EU, EFTA, NAFTA oder Mercosur relevant. Da die Schranken des zwischenstaatlichen Handels in diesen Fällen besonders niedrig seien, müsse der Haftende unter Umständen zusätzliche Maßnahmen zur Verhinderung des Inverkehrbringens unternehmen.[1268]

f) *Vorbeugende Maßnahmen*

Illmer schlägt zudem vor, die erfolgreiche Geltendmachung des Vorhersehbarkeitseinwands davon abhängig zu machen, ob der Haftende vorbeugende

---

1263 *Plender/Wilderspin*, European Private International Law, Rn. 19-109.

1264 *Plender/Wilderspin*, European Private International Law, Rn. 19-111; in diesem Sinne auch *Stone*, in: Ahern/Binchy, S. 175, 188, der eine solche Wirkung auch den WTO-Abkommen beimisst.

1265 Huber-*Illmer*, Rome II Regulation, Art. 5 Rn. 41; *ders.*, RabelsZ 73 (2009), 269, 300.

1266 Huber-*Illmer*, Rome II Regulation, Art. 5 Rn. 41.

1267 *Illmer*, RabelsZ 73 (2009), 269, 300.

1268 Huber-*Illmer*, Rome II Regulation, Art. 5 Rn. 41; *ders.*, RabelsZ 73 (2009), 269, 300.

Maßnahmen unternommen hat.[1269] Im Gegensatz zu anderen Teilen der Literatur[1270] misst *Illmer* vorbeugenden Maßnahmen eine eigenständige Bedeutung zu, ohne sie als Teil der beachtlichen Umstände des Einzelfalls zu begreifen. *Illmer* unterscheidet zwischen absoluten und relativen Maßnahmen.

aa) *Absolute Maßnahmen*

Absolute Maßnahmen seien physisch an das Produkt gebunden.[1271] Beispielsweise könne das Produkt selbst oder die Verpackung mit dem Aufdruck „*Not for sale in the US or Canada*" oder „ *For sale in the UK only*" versehen werden.[1272] Absolute Maßnahmen seien in der Regel ausreichend, um die Anwendbarkeit einer Rechtsordnung zu verhindern,[1273] weil Händler und Käufer die Begrenzung des Vertriebsgebiets kennen würden, so dass Verstöße zu ihren eigenen Lasten gehen müssten.[1274] Da sich die Vorhersehbarkeit auch auf gleichartige Produkte beziehe, müsse der Hersteller allerdings dieselben vorbeugenden Maßnahmen auch bei gleichartigen Produkten treffen.[1275] Insgesamt seien produktgebundene, vorbeugende Maßnahmen daher eher die Ausnahme und kämen nur in extremen Fällen zur Anwendung, in denen das Risiko der Haftung hoch sei, erhebliche Unterschiede in den nationalen Produkthaftungsrechten bestünden und potentiell hohe Schadensersatzforderungen drohen würden.[1276]

bb) *Relative Maßnahmen*

Relative Maßnahmen seien vertragliche Abreden in Vertriebs- oder Kaufverträgen, welche die weitere Verbreitung des Produkts auf bestimmte Länder begrenzen.[1277] Die Schwäche vertraglicher Maßnahmen bestehe darin, dass sie nur die Vertragspartei binden könnten.[1278] Freilich könne dies zu einem gewissen Maße dadurch

---

1269 Huber-*Illmer*, Rome II Regulation, Art. 5 Rn. 38; *ders.*, RabelsZ 73 (2009), 269, 300; ihm folgend Foerste/Graf von Westphalen-*Wilde*, § 100 Rn. 18; Kullmann/Pfister-*Pfister*, Produzentenhaftung, Nr. 4010, S. 20, Fn. 110; NK-*Lehmann*, Art. 5 Rom II-VO Rn. 103; *Rudolf*, WBL 2009, 525, 530.

1270 Siehe dazu unter D.IV.1.e)aa).

1271 Huber-*Illmer*, Rome II Regulation, Art. 5 Rn. 39; *ders.*, RabelsZ 73 (2009), 269, 299.

1272 Huber-*Illmer*, Rome II Regulation, Art. 5 Rn. 39; *ders.*, RabelsZ 73 (2009), 269, 299.

1273 *Illmer*, RabelsZ 73 (2009), 269, 299.

1274 Huber-*Illmer*, Rome II Regulation, Art. 5 Rn. 39.

1275 *Illmer*, RabelsZ 73 (2009), 269, 299; vgl. auch Huber-*ders.*, Rome II Regulation, Art. 5 Rn. 39.

1276 *Illmer*, RabelsZ 73 (2009), 269, 299.

1277 Huber-*Illmer*, Rome II Regulation, Art. 5 Rn. 40; *ders.*, RabelsZ 73 (2009), 269, 299.

1278 Huber-*Illmer*, Rome II Regulation, Art. 5 Rn. 40; *ders.*, RabelsZ 73 (2009), 269, 299.

ausgeglichen werden, dass der Hersteller seinen Vertragspartner dazu verpflichte, die Beschränkungen des Vertriebsgebiets an seine Vertragspartner weiterzugeben.[1279] Direkt könne er die nachfolgenden Händler jedoch nicht binden. Trotzdem werde eine vertragliche Abrede in der Regel ausreichen, um anzunehmen, das Inverkehrbringen sei in den vertraglich ausgenommenen Ländern *vernünftigerweise*[1280] nicht vorhersehbar.[1281] Da die Vorhersehbarkeit durch Angemessenheit begrenzt werde, müsse dies auch für vorbeugende Maßnahmen gelten.[1282] Der potentiell Haftende müsste nur die Maßnahmen unternehmen, die vernünftigerweise von ihm erwartet werden könnten.[1283] Vertragliche Begrenzungen verbunden mit einer Pflicht, auch nachfolgenden Teilnehmern der Vertriebskette die Begrenzung aufzuerlegen, seien in der Regel für Art. 5 Abs. 1 Satz 2 Rom II-VO ausreichend. Nur in besonderen Fällen könne vom Gegenteil ausgegangen werden.[1284]

cc) *Missachtung oder Unbeachtlichkeit vorbeugender Maßnahmen*

Wie mit Fällen umzugehen ist, in denen vorbeugende Maßnahmen missachtet werden oder unbeachtlich sind, wird unterschiedlich beurteilt. Da absolute Maßnahmen für jeden erkennbar sind, darf nach Ansicht *Illmers* eine eventuelle Missachtung dem Haftenden nicht zum Nachteil gereichen.[1285] Dies gelte auch dann, wenn der Haftende von der Missachtung wisse.[1286] Anders seien jedoch relative Maßnahmen zu beurteilen: Wenn der Haftende wisse oder ihm konkrete Hinweise vorlägen, dass sich die nachfolgenden Glieder der Vertriebskette über vertragliche Beschränkungen des Vertriebsgebiets hinwegsetzen würden, verhindere die relative Maßnahme die Anwendung einer Rechtsordnung nicht.[1287] Andere halten Verstöße gegen eventuelle Vertriebsbeschränkungen für vorhersehbar.[1288] Nach Ansicht von *Huber/Bach* ist ein erklärter Widerspruch

---

1279 *Illmer*, RabelsZ 73 (2009), 269, 299; vgl. auch Huber-*ders.*, Rome II Regulation, Art. 5 Rn. 40.

1280 Hervorhebung durch *Illmer*.

1281 *Illmer*, RabelsZ 73 (2009), 269, 299; vgl. auch Huber-*ders.*, Rome II Regulation, Art. 5 Rn. 40. In diesem Sinne auch zum autonomen österreichischen Recht *Posch*, in: *Schwind*, S. 247, 264.

1282 *Illmer*, RabelsZ 73 (2009), 269, 299.

1283 *Illmer*, RabelsZ 73 (2009), 269, 299 f.

1284 *Illmer*, RabelsZ 73 (2009), 269, 299 f.; Huber-*ders.*, Rome II Regulation, Art. 5 Rn. 40.

1285 Huber-*Illmer*, Rome II Regulation, Art. 5 Rn. 39.

1286 Huber-*Illmer*, Rome II Regulation, Art. 5 Rn. 39.

1287 Huber-*Illmer*, Rome II Regulation, Art. 5 Rn. 40.

1288 Foerste/Graf von Westphalen-*Wilde*, § 100 Rn. 18; *Wandt*, Rn. 580.

unbeachtlich: Wenn der Haftende von der Missachtung wisse, liege eine *protestatio facto contrario* vor, die wegen Rechtsmissbrauch unbeachtlich sei.[1289]

Ein ähnliches Problem tritt auf, wenn der Haftende von dem Inverkehrbringen weiß, aber dieses nicht verhindern kann, beispielsweise weil das Kartellrecht vertragliche Beschränkungen des Absatzgebiets nicht zulässt.[1290] *Kozyris* und *Lund* befürworten in diesem Fall einen Vorrang der kartellrechtlichen Wertung.[1291] Nach *Kozyris* hat der Wechsel von der Zustimmung hin zur Vorhersehbarkeit genau den Zweck gehabt, Widersprüche mit dem Kartellrecht zu vermeiden.[1292]

2. Stellungnahme zur Vorhersehbarkeit

Die dargestellten Literaturansichten können auf zwei grundlegende Perspektiven reduziert werden. Voluntative Ansätze fragen danach, ob das Inverkehrbringen mit dem Willen des Haftenden in Einklang steht.[1293] Bei einem kognitiven Verständnis ist die Kenntnis oder pflichtwidrige Unkenntnis des Inverkehrbringens entscheidend.[1294]

Ausgehend von Wortlaut, Gesetzgebungsgeschichte und Zweck der Vorhersehbarkeit ist – der überwiegenden Literaturansicht folgend[1295] – die Vorhersehbarkeit kognitiv und gerade nicht voluntativ auszulegen. Der Wortlaut des Art. 5 Abs. 1 Satz 2 Rom II-VO, der von Vorhersehbarkeit und nicht etwa von Zustimmung oder Beherrschbarkeit des Inverkehrbringens spricht, deutet auf ein wissensgetragenes Verständnis hin. Dies belegt auch das Verordnungsgebungsverfahren: Der ursprüngliche Kommissionsentwurf enthielt anstelle der Vorhersehbarkeit den Einwand, das Produkt sei ohne die Zustimmung des

---

1289 So zu dem Einwand mangelnder Zustimmung wie er im Kommissionsentwurf aus dem Jahr 2003 enthalten war *Huber/Bach*, IPRax 2005, 73, 77.

1290 Palandt-*Thorn*, Art. 5 Rom II-VO Rn. 11.

1291 jurisPK-*Lund*, Art. 5 Rom II-VO Rn. 30; *Kozyris*, Am. J. Comp. L. 56 (2008), 471, 489.

1292 *Kozyris*, Am. J. Comp. L. 56 (2008), 471, 489.

1293 Siehe oben unter D.IV.1.a),

1294 Siehe oben unter D.IV.1.c).

1295 Hk-BGB-*Dörner*, Art. 5 Rom II-VO Rn. 5; jurisPK-*Lund*, Art. 5 Rom II-VO Rn. 30; Palandt-*Thorn*, Art. 5 Rom II-VO Rn. 11; PWW-*Schaub*, Art. 5 Rom II-VO Rn. 7; Rauscher-*Unberath/Cziupka/Pabst*, EuZPR/EuIPR, Art. 5 Rom II-VO Rn. 97; so auch zu dem Kommissionsentwurf aus dem Jahr 2003 *Huber/Bach*, IPRax 2005, 73, 77, der allerdings noch den Vorbehalt der Zustimmung zum Inverkehrbringen enthielt. Ähnlich *Garcimartín Alférez*, EuLF 2007, I-77, I-85; *Huber/Illmer*, YbPIL 9 (2007), 31, 45; *Leible/Lehmann*, RIW 2007, 721, 728; NK-*Lehmann*, Art. 5 Rom II-VO Rn. 101 ff.; *Rudolf*, WBL 2009, 525, 530.

Haftenden in dem Land, in dem der Geschädigte seinen gewöhnlichen Aufenthalt hat, in Verkehr gebracht worden.[1296] Die Zustimmung, die den Willen des Haftenden manifestiert, setzte sich im Verordnungsgebungsverfahren nicht durch. Der Zweck der Vorhersehbarkeit besteht darin, gemeinsam mit dem Inverkehrbringen sowie Art. 17 Rom II-VO das Interesse des Haftenden an der Berechenbarkeit der anwendbaren Rechtsordnung zu sichern. So werden Verhaltensgebote im internationalen Rechtsverkehr erkennbar. Im produkthaftungsrechtlichen Kollisionsrecht der Rom II-Verordnung sind Verhaltensgebote immer dann erkennbar, wenn der potentiell Haftende von dem Inverkehrbringen des Produkts oder eines gleichartigen Produkts in dem jeweiligen Land weiß oder wissen muss. Im Fall der Kenntnis oder der pflichtwidrigen Unkenntnis ist das Inverkehrbringen in dem betreffenden Staat folglich vorhersehbar.

Diese Ansicht steht mit einem zurechnungsgetragenen Verständnis der Vorhersehbarkeit[1297] im Einklang. Wie bereits oben dargestellt wurde,[1298] führt die Tatsache, dass sich die Vorhersehbarkeit mit Hilfe der Zurechenbarkeit rechtfertigen lässt, nicht zu einer willensgetragenen Auslegung. Bei Handlungen Dritter ist die Anwendbarkeit einer Rechtsordnung dem Haftenden schließlich immer dann zurechenbar, wenn er von dem Inverkehrbringen in dem jeweiligen Staat weiß oder pflichtwidrig nicht weiß. Damit fordert auch die Zurechnung im System des Art. 5 Abs. 1 Rom II-VO ein kognitives Verständnis der Vorhersehbarkeit. Die vorgeschlagene Differenzierung nach der genutzten Vertriebskette[1299] sollte bei der pflichtwidrigen Unkenntnis berücksichtigt werden.[1300]

a) *Kenntnis oder Wille des Inverkehrbringens*

Die positive Kenntnis vom Inverkehrbringen begründet stets die Vorhersehbarkeit. Insbesondere direkte Kontakte mit einem Absatzmarkt werden häufig dazu führen, dass der Haftende von dem Inverkehrbringen in dem jeweiligen Staat weiß.[1301]

Teils wird davon ausgegangen, dass das Inverkehrbringen erst vorhersehbar ist, wenn das Produkt mit dem Willen des Haftenden vertrieben wird.[1302] Der

---

1296 Siehe Art. 4 des Kommissionsentwurfs vom 22.7.2003, KOM (2003) 427 endgültig.

1297 *Thorn*, FS Schmidt, S. 1561, 1576.

1298 Siehe oben unter D.I.2.c)cc).

1299 *Thorn*, FS Schmidt, S. 1561, 1576.

1300 *Thorn*, FS Schmidt, S. 1561, 1576. Siehe dazu unten unter D.IV.2.b)bb)(3).

1301 Vgl. *Siehr*, AWD 1972, 373, 387 zum Haager Übereinkommen.

1302 In diesem Sinne auch *Plender/Wilderspin*, European Private International Law³, Rn. 19-114. Anders Rauscher-*Unberath/Cziupka/Pabst*, EuZPR/EuIPR, Art. 5 Rom

subjektive Tatbestand ist zwar der richtige Ort für die Frage, ob das Produkt getragen vom Willen des Haftenden das Werkstor passiert hat, jedoch ist die Vorhersehbarkeit gerade kein voluntatives Kriterium.[1303] Damit kann es nicht darauf ankommen, ob der Haftende dem Inverkehrbringen generell zugestimmt hat. Entscheidend bleibt, ob der Haftende von dem Inverkehrbringen weiß oder wissen muss.

Ein kognitives Verständnis der Vorhersehbarkeit bedeutet jedoch nicht, dass das vorsätzliche Inverkehrbringen für die Vorhersehbarkeit bedeutungslos ist. Das vorsätzliche Inverkehrbringen des Produkts ist zwar keine notwendige, wohl aber eine hinreichende Bedingung für die Vorhersehbarkeit, da das Wissen gegenüber dem Willen ein Weniger ist.[1304] Wenn der Haftende ausdrücklich oder implizit zugestimmt hat, dass das Produkt in dem jeweiligen Land in Verkehr gebracht wird, weiß er jedenfalls davon.[1305] In der widerspruchslosen Duldung des bekannten Vertriebs kann wiederum die implizite Zustimmung gesehen werden.[1306]

Zur Bestimmung des Vorsatzes kann auf das Ausrichtungskriterium, wie es in Art. 15 Abs. 1 lit. c Brüssel I-VO bzw. Art. 17 Abs. 1 lit. c Brüssel Ia-VO und Art. 6 Abs. 1 lit. b Rom I-VO normiert ist, verwiesen werden. Wenn der Haftende seine unternehmerische Tätigkeit auf den Aufenthaltsstaat des Geschädigten ausrichtet, liegt es nahe, dass er das Produkt in dem betreffenden Staat auch vertreiben will.[1307] Der EuGH hat festgestellt, dass Art. 15 Abs. 1 lit. c Brüssel I-VO[1308] den Willen des Gewerbetreibenden voraussetzt, Geschäftsbeziehungen zu Verbrauchern aus dem Mitgliedstaat, in dem Klage erhoben werden soll, aufzubauen.[1309] Wenn der Haftende willentlich Geschäftsbeziehungen zu Kunden aus einem Mitgliedstaat aufbaut, intendiert er regelmäßig auch den dortigen

---

II-VO Rn. 77, die die generelle Zustimmung zum Inverkehrbringen bereits im Rahmen des Inverkehrbringens fordern.

1303 Siehe oben unter D.I.2.c)cc).

1304 Vgl. *Illmer*, RabelsZ 73 (2009), 269, 289, der davon ausgeht, dass mit dem Wechsel von der Zustimmung hin zur Vorhersehbarkeit die Fälle, in denen dieses einschränkende Merkmal vorliegt, erweitert würden.

1305 In diese Richtung tendierend auch *Plender/Wilderspin*, European Private International Law, Rn. 19-109.

1306 *Huber/Bach*, IPRax 2005, 73, 77.

1307 So zum IZVR Rauscher-*Staudinger*, EuZPR/EuIPR, Art. 17 Brüssel Ia-VO Rn. 13; *ders.*, AnwBl 2011, 327, 328.

1308 Mittlerweile Art. 7 Nr. 2 Brüssel Ia-VO.

1309 EuGH vom 7.12.2010, verb. Rs. C-585/08 und C-144/09 – *Pammer*, NJW 2011, 505, Rn. 75; *Staudinger*, AnwBl 2011, 327, 328.

Vertrieb des Produkts. Dies ist insbesondere der Fall, wenn der Haftende in dem betreffenden Mitgliedstaat in irgendeiner Form wirbt.[1310] Jedoch bleibt zu beachten, dass der genaue Inhalt des Ausrichtungskriteriums ebenfalls umstritten ist.[1311] Gleichzeitig bietet es sich an, die Kriterien der US-amerikanischen Rechtsprechung, die den *stream of commerce plus*-Test begründen sollen, heranzuziehen. Indizwirkung kommt danach direkten Verkäufen, dem Design des Produkts für den betreffenden Staat oder der Bereitstellung von Kundendienst innerhalb des Staats zu.[1312]

b) *Pflichtwidrige Unkenntnis*

Eine rein kognitive Auslegung der Vorhersehbarkeit kann jedoch ihren doppelt normativen Gehalt nicht wahren. Wie bereits dargestellt,[1313] wird der wertende Charakter einerseits durch die Vorhersehbarkeit selbst, anderseits durch das Erfordernis, das Inverkehrbringen in dem betreffenden Staat müsse *vernünftigerweise* vorhersehbar sein, begründet. Im Sinne eines normativen Verständnisses kommt es auf die Zumutbarkeit an, einer bestimmten Rechtsordnung unterworfen zu sein.[1314] Da die positive Kenntnis stets die Vorhersehbarkeit begründet, muss sich der wertende Charakter in der Auslegung des Kennenmüssens manifestieren.

Um den normativen Gehalt der Vorhersehbarkeit zu wahren, ist eine eventuelle Unkenntnis erst dann pflichtwidrig, wenn erkennbare Anhaltspunkte vorliegen, die den Haftenden zu besonderen Nachforschungen hätten veranlassen müssen.[1315] Insofern ist ein abstrakter Maßstab anzuwenden,[1316] der einer wertenden Betrachtung aller Umstände des Einzelfalls bedarf.[1317] Die Umstände des Einzelfalls bilden – wie von einigen vorgeschlagen[1318] – keinen allgemeinen

1310 Musielak/Voit-*Stadler*, Art. 17 Brüssel Ia-VO Rn. 8; Rauscher-*Staudinger*, EuZPR/EuIPR, Art. 17 Brüssel Ia-VO Rn. 13.

1311 Vgl. die Übersicht bei Rauscher-*Staudinger*, EuZPR/EuIPR, Art. 17 Brüssel Ia-VO Rn. 13 ff.

1312 Vgl. dazu bereits oben unter D.III.2.b)aa)(2).

1313 Siehe dazu unter D.I.5.

1314 *Wandt*, Rn. 581; vgl. in diesem Sinne auch *Heini*, FS Mann, S. 193, 197, Fn. 20.

1315 *Huber/Bach*, IPRax 2005, 73, 77.

1316 Rauscher-*Unberath/Cziupka/Pabst*, EuZPR/EuIPR, Art. 5 Rom II-VO Rn. 96.

1317 So bereits jurisPK-*Lund*, Art. 5 Rom II-VO Rn. 30; NK-*Lehmann*, Art. 5 Rom II-VO Rn. 103.

1318 Huber-*Illmer*, Rome II Regulation, Art. 5 Rn. 41; *ders.*, RabelsZ 73 (2009), 269, 300; *Plender/Wilderspin*, European Private International Law, Rn. 19-109.

Maßstab zur Bestimmung der Vorhersehbarkeit, sondern sind im Rahmen der pflichtwidrigen Unkenntnis zu berücksichtigen.[1319]

aa) *Keine allgemeine Produktverfolgungspflicht*

Da konkrete Anhaltspunkte vorliegen müssen, um die Pflicht zu Nachforschungen zu begründen, sind allgemeine Produktverfolgungspflichten nicht erforderlich.[1320] Produktverfolgungspflichten wären zum einem mit der normativen Begrenzung der pflichtwidrigen Unkenntnis unvereinbar: Der Haftende wird sein Risiko nur dann angemessen abschätzen können, wenn er die Produkte nicht weltweit verfolgen muss. Zum anderen würden ineffiziente Anreize zur Informationsgewinnung entstehen, was zu steigenden Informationskosten führen würde.[1321] Im Falle einer Produktverfolgungspflicht müsste der Haftende Warenströme in alle Länder der Welt verfolgen und potentiell Informationen über alle nationalen Rechtsordnungen einholen. Um unverhältnismäßige Kosten zu vermeiden, ist eine Produktverfolgungspflicht auch aus diesem Grund abzulehnen.

bb) *Relevante Umstände des Einzelfalls*

Die Frage, ob der Haftende das Inverkehrbringen in einem bestimmten Staat kennen muss, ist stets anhand einer wertenden Betrachtung *aller* Umstände des Einzelfalls zu beantworten. Da die möglichen Sachverhalte vielfältig sind, lassen sich die relevanten Umstände nicht abschließend darstellen. Dennoch können zumindest fünf Kategorien aufgezeigt werden, denen eine besondere Bedeutung im Rahmen der Vorhersehbarkeit zukommt. Relevant sind direkte Kontakte mit einem Staat, die Art des Produkts, der genutzte Vertriebsweg, die Anzahl verkaufter Produkte und die Größe und Leistungsvermögen des Haftenden.

(1) *Direkte Kontakte mit einem Staat*

Bereits oben wurde darauf hingewiesen, dass direkte Kontakte mit einem Staat, in dem das Produkt in Verkehr gebracht wurde, häufig die positive Kenntnis des

---

1319 jurisPK-*Lund*, Art. 5 Rom II-VO Rn. 30.

1320 So allgemein *Schmidt-Salzer*, Rn. 340; im Ergebnis auch Palandt-*Thorn*, Art. 5 Rom II-VO Rn. 11; Spindler/Schuster-*Weller/Nordmeier*, Art. 5 Rom II-VO Rn. 7.

1321 Informationskosten sind diejenigen Kosten, die durch die Gewinnung von Informationen als Grundlage für Entscheidungen anfallen. Siehe Definition in *Gabler Wirtschaftslexikon*, Stichwort: Informationskosten, siehe https://wirtschaftslexikon.gabler.de/definition/informationskosten-40632/version-264012; zuletzt abgerufen am 29.05.2018.

Inverkehrbringens begründen. Soweit dies nicht der Fall ist, sollten direkte Kontakte den Haftenden jedoch regelmäßig zu Nachforschungen veranlassen. Das Unterlassen der Nachforschungen führt zur Pflichtwidrigkeit der Unkenntnis. Direkte Kontakte können beispielsweise Serviceanfragen oder auch bloße Konsumentenbeschwerden sein.[1322] Zudem hat die Analyse der US-amerikanischen Rechtsprechung gezeigt, dass der Vertriebsvertrag[1323], die sonstige geschäftliche Beziehung mit dem Vertragspartner[1324] und die Marktumstände Anlass für Nachforschungen geben können.

(2) *Differenzierung nach der Art des Produkts*

Die Art des Produkts kann sowohl für als auch gegen die Vorhersehbarkeit des Inverkehrbringens sprechen.[1325] Wenn ein Produkt an die Bedürfnisse eines bestimmten Markts angepasst oder marktkonform entworfen wird, sieht die US-amerikanische Rechtsprechung hierin ein Indiz für den Willen, den Markt des betreffenden Landes zu bedienen.[1326] Dies überzeugt, weil sich ein entsprechender Wille in Produktmodifikationen objektiv manifestiert. Selbst wenn man dem nicht folgt, sollte zumindest davon ausgegangen werden, dass Produktmodifikationen die Vorhersehbarkeit regelmäßig begründen, weil der Hersteller nicht die Augen vor den eigenen Bemühungen verschließen darf.

Wenn das Produkt in einem Land objektiv nicht nutzbar ist, sollte hingegen davon ausgegangen werden, dass das Produkt dort nicht vorhersehbar in Verkehr gebracht wird.[1327] Wenn man das Produkt in dem betreffenden Staat nicht oder – etwa aufgrund der Stromspannung oder des Stromsteckers[1328] – nur mit Zusatzgeräten, wie etwa einem Adapter, nutzen kann, ist die Nachfrage nach dem Produkt in der Regel gering. In diesem Fall besteht für den Haftenden kein Grund für die Annahme, dass das Produkt dort auf kommerziellen Wegen in Verkehr gebracht wird. An der objektiven Nutzbarkeit kann es auch dann fehlen,

---

1322 Vgl. aus der US-amerikanischen Rechtsprechung *Dave's Trash Removal v. Charm City Equipment Corp.*, 520 A.2d 415, 418 (N.J. Super. Ct. App. Div. 1987).

1323 Siehe dazu oben unter D.III.2.b)bb)(2)(a)(bb)(i).

1324 Siehe dazu oben unter D.III.2.b)bb)(2)(a)(bb)(ii).

1325 Auch Huber-*Illmer*, Rome II Regulation, Art. 5 Rn. 41; *ders.*, RabelsZ 73 (2009), 269, 300; *Plender/Wilderspin*, European Private International Law, Rn. 19-109 halten eine Differenzierung nach der Art des Produkts für angemessen.

1326 Siehe bereits oben unter D.III.2.b)aa)(2)(a).

1327 So bereits Huber-*Illmer*, Rome II Regulation, Art. 5 Rn. 41; *Illmer*, RabelsZ 73 (2009), 269, 300.

1328 *Illmer*, RabelsZ 73 (2009), 269, 300.

wenn das Produkt die Installation durch den Hersteller erfordert. Insbesondere bei komplexen Maschinen kommt dies in Betracht.

Illmer misst auch der Sprache der Bedienungsanleitung Bedeutung zu. Ob das Produkt in dem jeweiligen Staat genutzt werden kann, wird jedoch nur dann von der Sprache der Bedienungsanleitung abhängen, wenn das Produkt so komplex ist, dass es ohne Verständnis der Bedienungsanleitung nicht verwendbar wäre. Im Übrigen kann die Sprache der Bedienungsanleitung nur als Indiz dafür dienen, dass das Produkt nicht für den jeweiligen Markt bestimmt war. Eine englische Bedienungsanleitung lässt beispielsweise keine Rückschlüsse auf den Absatzmarkt zu.

Nach *Hohloch* muss der Haftende mit dem Vertrieb in dem jeweiligen Staat rechnen, wenn das Produkt dort objektiv verkehrsfähig ist.[1329] Dies überzeugt nicht, weil die Vorhersehbarkeit auf diesem Weg ihre einschränkende Wirkung verlieren würde.

(3) *Differenzierung nach genutztem Vertriebsweg*

Plender/Wilderspin schlagen eine Differenzierung nach dem genutzten und verfügbaren Vertriebsweg vor.[1330] Verfügbare Vermarktungskanäle sollten die Vorhersehbarkeit nicht beeinflussen, denn die Anwendbarkeit einer Rechtsordnung darf nicht davon abhängen, ob das Produkt in dem jeweiligen Staat auch auf anderen Wegen hätte verkauft werden können. Entscheidend ist hingegen der genutzte Vertriebsweg.

(a) *Kontrolle über das Vertriebsnetzwerk oder Mitwirkung an Vermarktung*

Wenn der Haftende das Produkt in dem jeweiligen Staat selbst vertreibt, ist das dortige Inverkehrbringen vorhersehbar.[1331] Gleiches gilt für die zurechenbare eigene Vertriebskette,[1332] etwa im Fall des Vertriebs durch Tochtergesellschaften oder Vertragshändler.[1333] Der Haftende kann nämlich nicht die Augen vor dem eigenen Handeln bzw. der eigenen Sphäre verschließen. Dies ergibt aus dem zurechnungsgetragenen Verständnis der Vorhersehbarkeit. Neben dem Vertrieb

---

1329 Erman-*Hohloch*, Art. 5 Rom II-VO Rn. 14.

1330 *Plender/Wilderspin*, European Private International Law, Rn. 19-109.

1331 *Kozyris*, Am. J. Comp. L. 56 (2008), 471, 489.

1332 *Kozyris*, Am. J. Comp. L. 56 (2008), 471, 489; *Thorn*, FS Schmidt, S. 1561, 1576; vgl. auch *Plender/Wilderspin*, European Private International Law, Rn. 19-109. So auch der *Supreme Court of New Jersey* zur *personal jurisdiction* in *Charles Gendler & Co., Inc. v. Telecom Equipment Corp.*, 102 N.J. 460, 481 (N.J. 1986).

1333 Vgl. *Kozyris*, Am. J. Comp. L. 56 (2008), 471, 489.

durch die eigene Vertriebskette wird die Vorhersehbarkeit regelmäßig vorliegen, wenn der Haftende das Vertriebsnetzwerk, durch welches das Produkt in dem betreffenden Land verkauft wurde, initiiert hat oder in dieses eng eingebunden ist. Wenn der Haftende in den Vermarktungsprozess eingebunden ist, hat er Anlass, sich über das Absatzgebiet[1334] zu informieren. Dies wäre beispielsweise der Fall, wenn alle Marketing- und Verkaufsaktivitäten mit dem Haftenden abgestimmt werden müssen.[1335]

Die mangelnde Mitwirkung an dem Vertrieb in dem betreffenden Land oder dessen mangelnde Kontrolle führt hingegen nicht dazu, dass die Vorhersehbarkeit regelmäßig entfällt, weil mit der Vorhersehbarkeit keine Form der kollisionsrechtlichen Vermeidbarkeit einhergeht. Der Mangel an Mitwirkung oder Kontrolle steht der Vorhersehbarkeit nicht im Weg. Dies wird insbesondere relevant, wenn das Produkt gebraucht gehandelt wird, wobei nur der kommerzielle Vertrieb das Inverkehrbringen erfüllt. Da die fehlende Mitwirkung selbst noch keine Aussage über die Vorhersehbarkeit des Inverkehringens trifft, wird es in diesem Zusammenhang entscheidend auf die Anzahl der verkauften Produkte ankommen.[1336]

(b) *Rechtmäßigkeit des Inverkehrbringens*

Wenn das Produkt entgegen gesetzlicher Vertriebsverbote, d.h. als Schmuggelware, in dem jeweiligen Gebiet vertrieben wird, muss der Haftende vernünftigerweise nicht mit dem dortigen Vertrieb rechnen.[1337] Grundsätzlich können sich die Marktakteure darauf verlassen, dass gesetzliche Verbote auch eingehalten werden. Freilich gilt etwas anderes, wenn er selbst für den gesetzeswidrigen Verkauf verantwortlich ist oder Kenntnis von der Missachtung hat. Umgekehrt ist das Inverkehrbringen nicht schon bloß aus dem Grund vorsehbar, dass der Vertrieb in dem betreffenden Staat legal ist. Wiederum droht die Entwertung der Vorhersehbarkeit.

(c) *Vorhersehbares Absatzgebiet*

Das antizipierte Absatzgebiet des genutzten Vertriebsnetzwerks liefert ferner wichtige Hinweise, ob der Vertrieb in einem bestimmten Staat vorhersehbar war. Die Stellung des Haftenden in der Vertriebskette, die Wahl der Vertriebspartner und die Marktumstände bieten sich in dieser Hinsicht als Kriterien an.

1334 Vgl. zur *long-arm-jurisdiction Steinbusch v. Cutler*, 518 F.3d 580, 588 (8th Cir. 2008).

1335 So der Sachverhalt in *Steinbusch v. Cutler*, 518 F.3d 580, 588 (8th Cir. 2008).

1336 Siehe dazu unten unter D.IV.2.b)bb)(4).

1337 *Rodiek*, S. 77 f. So *G. Wagner*, IPRax 2006, 372, 383 hinsichtlich des Zustimmungserfordernisses. Anders *Giotis v. Apollo of the Ozarks, Inc.*, 800 F.2d 660, 668 (7th Cir. 1986) in Bezug auf die *personal jurisdiction*.

(aa) *Stellung in der Vertriebskette*

In Anlehnung an die US-amerikanische Rechtsprechung zur *long-arm jurisdiction* sollte zwischen den verschiedenen Stufen der Vertriebskette unterschieden werden. Das Interesse an der Reichweite des Vertriebs hängt typischerweise von der Stellung in der Vertriebskette ab. Während Einzelhändler häufig einen regional begrenzten Markt bedienen, sind Hersteller und zwischenstaatliche Vertriebsunternehmen, die am Anfang der Vertriebskette stehen, daran interessiert, aus einem breiteren Markt Profite zu ziehen.[1338] Entscheidend ist, ob ausgehend von der Stellung in der Vertriebskette das Produkt bzw. gleichartige Produkte innerhalb oder außerhalb des Zielgebiets vertrieben werden.

Die Unterscheidung anhand der Stellung in der Vertriebskette sollte nicht schematisch vorgenommen werden. Vielmehr wird der vorhersehbare Absatzmarkt durch den Umfang des Interesses am Vertrieb in bestimmten Ländern nur indiziert, weil die Stellung in der Vertriebskette ein Mittel der Typisierung ist.[1339] Auch ein Hersteller kann bewusst nur auf einem regional begrenzten Markt tätig sein, während ein Onlinehändler einen wesentlich weiteren Markt bedient. Folglich liefert die Stellung in der Vertriebskette ein Indiz, aber kein abschließendes Kriterium für die Frage, mit welchem Absatzgebiet der Haftende rechnen muss.

(bb) *Wahl des Vertriebspartners*

Die US-amerikanische Rechtsprechung zur *stream of commerce*-Theorie verdeutlicht zudem, dass aus der Wahl eines bestimmten Vertriebspartners Rückschlüsse auf die Pflichtwidrigkeit der Unkenntnis gezogen werden können.[1340]

1338 *Barone v. Rich Bros. Interstate Display Fireworks Co.*, 25 F.3d 610, 613–614 (8th Cir. 1994); *Giotis v. Apollo of the Ozarks, Inc.*, 800 F.2d 660, 667 (7th Cir. 1986); *Bean Dredging Corp. v. Dredge Technology Corp.*, 744 F.2d 1081, 1085 (5th Cir. 1984); *Nelson by Carson v. Park Industries, Inc.*, 717 F.2d 1120, 1125–1126 (7th Cir. 1983); *DeJames v. Magnificence Carriers, Inc.*, 654 F.2d 280, 285 (3rd Cir. 1981); *Poyner v. Erma Werke GmbH*, 618 F.2d 1186, 1190–1191 (6th Cir. 1981); *Oswalt v. Scripto*, 616 F.2d. 191, 199–200 (5th Cir. 1980); *Mason v. Mooney Aircraft Corp.*, 2003 WL 21244160 1, 7 (W.D. Mo. 2003); *Rockwell International Corp. v. Construzione Areonautiche*, 553 F.Supp. 328, 331–332 (E.D. Pa. 1982); *Lichon v. Aceto Chemical Co., Ltd.*, 538 N.E.2d 613, 620 (Ill. App. Ct. 1989); *Nicastro v. McIntyre Machinery America, Ltd.*, 987 A.2d 575, 592 (N.J. 2010); *Charles Gendler & Co., Inc. v. Telecom Equipment Corp.*, 102 N.J. 460, 477–478 (N.J. 1986); vgl. dazu auch *World-Wide Volkswagen Corp. v. Woodson*, 444 U.S. 286, 297–298 (1980). In diesem Sinne auch *Birk*, S. 109, demzufolge Hersteller regelmäßig an einem internationalen Absatz ihrer Produkte interessiert seien.

1339 Vgl. *Wandt*, Rn. 861 nach dessen Ansicht ohnehin nur lokale Händler schutzwürdig seien.

1340 Siehe dazu oben unter D.III.2.b)bb)(2)(b)(bb)(iii).

Die Wahl eines Vertriebspartners, der aufgrund seiner Standorte einen bestimmten Markt besonders effektiv bedienen kann, rechtfertigt die Annahme, dass der Haftende den Produktabsatz auf dem verfügbaren Markt kennen muss.[1341] Teile der US-amerikanischen Rechtsprechung haben zudem den Rechtssatz gebildet, wonach derjenige, der sich bewusst für einen national agierenden Vertriebspartner entscheidet, mit der Verbreitung in allen Bundesstaaten der USA rechnen muss.[1342] Dieser Annahme ist zuzustimmen, weil sich der Haftende andernfalls der Anwendbarkeit einer Rechtsordnung durch den Einsatz eines Absatzmittlers entziehen könnte.[1343] In Bezug auf den internationalen Warenverkehr ist der Rechtssatz jedoch wie folgt umzuformulieren: Wer bewusst einen international tätigen Vertriebspartner mit der Vermarktung des Produkts betraut, ohne das Vertriebsgebiet zu begrenzen[1344], für den ist die internationale Verbreitung des Produkts vorhersehbar. Hierfür sind insbesondere der Vertriebsvertrag und die sonstige geschäftliche Beziehung zwischen den Vertragsparteien bedeutsam.

(cc) *Marktumstände: insbesondere der Vertrieb in Freihandelszonen*

Die Wahl eines bestimmten Vertriebswegs hat jedoch auch schon unterhalb der Ebene der bewussten Entscheidung für einen bestimmten Vertriebspartner Bedeutung. Eine Entscheidung des *Supreme Court of Alabama* hebt die Bedeutung der Marktumstände hervor. In dem Fall wurde ein Autozulieferer der Gerichtsbarkeit Alabamas unterworfen, weil er nach Ansicht des Gerichts wissen muss, dass massenhaft produzierte Autos national vermarktet werden und kein Nischenprodukt für einen regional begrenzten Markt sind.[1345] Daraus lässt sich die allgemeine Aussage ableiten, dass den Haftenden zwar keine Pflicht trifft, das Vertriebsgebiet zu überwachen, doch können die Gegebenheiten des Markts Anlass für Nachforschungen liefern.

Eine wichtige Marktgegebenheit ist der Vertrieb in Freihandelszonen. Nach teilweise vertretener Literaturansicht muss der Haftende regelmäßig mit dem Inverkehrbringen in allen Staaten, die Teil der Freihandelszone sind, rechnen, wenn es in nur einem Staat der Freihandelszone vertrieben wird.[1346] Diese

1341 *Barone v. Rich Bros. Interstate Display Fireworks Co.*, 25 F.3d 610, 613–614 (8th Cir. 1994).

1342 *Giotis v. Apollo of the Ozarks, Inc.*, 800 F.2d 660, 667 (7th Cir. 1986); *Rockwell International Corp. v. Construzione Areonautiche*, 553 F.Supp. 328, 333 (E.D. Pa. 1982).

1343 *Certisimo v. Heidelberg Cement Co.*, 298 A.2d 298, 304 (N.J. Super. Ct. Law Div. 1972).

1344 Siehe zu dieser Einschränkung noch ausführlich unter D.IV.2.b)cc).

1345 *Ex Parte DBI, Inc.*, 23 So.3d 635, 654–655 (Ala. 2009).

1346 Huber-*Illmer*, Rome II Regulation, Art. 5 Rn. 41; *Illmer*, RabelsZ 73 (2009), 269, 300; *Plender/Wilderspin*, European Private International Law, Rn. 19–111; *Stone*, in: Ahern/Binchy, S. 175, 188.

Ansicht hat insoweit Berechtigung, als dass in Freihandelszonen die Schranken des zwischenstaatlichen Handels besonders niedrig sind.[1347] Dies folgt schon aus dem Zweck von Freihandelszonen: Freihandelszonen sollen interne Handelsbarrieren beseitigen, um eine bessere Warenverteilung zwischen den Mitgliedstaaten zu gewährleisten.[1348] Im europäischen Binnenmarkt übernimmt die Warenverkehrsfreiheit diese Funktion. Auch wenn die Warenverkehrsfreiheit keine unmittelbare Drittwirkung hat[1349] und damit privatrechtliche Verhältnisse nicht direkt beeinflusst, bezweckt sie den Abbau mitgliedstaatlicher Handelsbarrieren.[1350] Die kollisionsrechtliche Beurteilung der Vorhersehbarkeit sollte diesen Effekt sowohl im Konkreten hinsichtlich des europäischen Binnenmarkts als auch im Allgemeinen hinsichtlich der Marktumstände in Freihandelszonen anerkennen. Diese Annahme steht jedoch in gewissem Widerspruch zur Gesetzgebungsgeschichte: Der Verordnungsgeber hat sich gegen die Vermutung des unionsweiten Inverkehrbringens entschieden, wenn das Produkt in einem Mitgliedstaat verkauft wurde.[1351] Dennoch kann und sollte der Vertrieb in einer Freihandelszone ein Indiz dafür sein, dass der Haftende von dem Inverkehrbringen des Produkts in allen Staaten, die Teil der Freihandelszone sind, wissen muss, wenn es in nur einem Mitgliedstaat vertrieben wird.[1352] Dies folgt aus dem Zweck von Freihandelszonen und deren Wirkungen. Vor diesen darf der Haftende nicht die Augen verschließen.

1347 Huber-*Illmer*, Rome II Regulation, Art. 5 Rn. 41; *Illmer*, RabelsZ 73 (2009), 269, 300.

1348 Vgl. die Definition der Freihandelszone in Art. XXIV Abs. 8 lit. b) GATT; sowie *Dolzer*, in: Vitzthum/Proeßl, 6. Abschnitt Rn. 94.

1349 EuGH vom 1.10.1987, Rs. 311/85 – *VVR/Sociale Dienst van de Plaatselijke en Gewestelijke Overheidsdiensten*, Slg. 1987, 3801, Rn. 30; EuGH vom 27.9.1988, Rs. 65/86 – *Bayer u.a./Süllhöfer*, Slg. 1988, 5249, Rn. 11; Calliess/Ruffert[4]-*Kingreen*, Art. 36 AEUV Rn. 222; Grabitz/Hilf/Nettesheim-*Leible/Streinz*, Art. 34 AEUV Rn. 40; *Freitag*, S. 255 ff.; a.A. *Körber*, S. 713 ff. Jedoch werden Beschränkungen des Wettbewerbs durch Private von Art. 101 ff. AEUV erfasst; siehe dazu unten unter D.IV.2.b)cc)(3)(a).

1350 EuGH vom 9.12.1997, Rs. C-265/95 – *Kommission/Frankreich*, Slg. 1997, I-6959, Rn. 24 ff.; Calliess/Ruffert[4]-*Kingreen*, Art. 36 AEUV Rn. 219; Grabitz/Hilf/Nettesheim-*Leible/Streinz*, Art. 34 AEUV Rn. 16.

1351 Siehe Ratsdokument 6161/06 vom 10.2.2006, S. 2; Ratsdokument 7432/06 vom 16.3.2006, S. 6 f.

1352 In diesem Sinne bereits Huber-*Illmer*, Rome II Regulation, Art. 5 Rn. 41; *Illmer*, RabelsZ 73 (2009), 269, 300; *Plender/Wilderspin*, European Private International Law, Rn. 19-111; *Stone*, in: Ahern/Binchy, S. 175, 188, ohne dem Vertrieb jedoch nur indizielle Wirkung beizumessen.

Dieses Indiz gilt jedoch nicht unabhängig von der Art des vertriebenen Produkts. Nur bei Produkten, die auch in allen Staaten der Freihandelszone einen potentiellen Absatzmarkt haben, ist die Annahme berechtigt. Ein prägnantes Beispiel ist der Vertrieb von Softdrinks. Da Softdrinks europaweit konsumiert werden, muss der Hersteller von Softdrinks regelmäßig damit rechnen, dass seine Produkte in allen Mitgliedstaaten vertrieben werden. Ein gegenteiliges Beispiel ist der Vertrieb von Schneefräsen in Schweden. In diesem Fall muss der Hersteller nicht vorhersehen, dass das Produkt beispielsweise auch in Spanien vertrieben wird. Aufgrund der klimatischen Bedigungen ist dort regelmäßig kein Absatzmarkt. Die Art des Produkts ist eine Rückausnahme zu der indiziellen Wirkung, die mit dem Vertrieb in einer Freihandelszone einhergeht.

Abseits von Freihandelszonen ist Vorsicht geboten, aus den allgemeinen Marktumständen den Schluss zu ziehen, der Haftende müsse wissen, das Produkt werde in dem betreffenden Staat in Verkehr gebracht. Eine solche Wertung gerät in die Nähe der Behauptung, in Zeiten der Globalisierung müssten Marktakteure mit dem internationalen Vertrieb von Produkten rechnen.[1353] Um die Vorhersehbarkeit nicht zu entwerten, wurde genau diese Annahme zurückgewiesen.[1354] Das normative Verständnis der Vorhersehbarkeit gebietet es, die Marktumstände nur in besonderen Fällen heranzuziehen, um die pflichtwidrige Unkenntnis des Vertriebs zu begründen.

(4) *Differenzierung nach Anzahl verkaufter Produkte*

Die Anzahl verkaufter Produkte in dem jeweiligen Staat hat ebenfalls indizielle Bedeutung für die Vorhersehbarkeit. Die Rechtsprechung US-amerikanischer Gerichte zum Internationalen Zivilprozessrecht tendiert dahin, bei Verkäufen in großem Volumen[1355] oder der Erzielung eines relevanten Profits auf dem jeweiligen Markt[1356] die Kenntnis der tatsächlichen Verkaufsorte zu bejahen. Verkäufe in geringem Umfang sollen hingegen gegen die Vorhersehbarkeit des Vertriebs

---

1353 Vgl. *Kadner Graziano*, Gemeineuropäisches IPR, S. 292; *ders.*, Rev. crit. dr. int. priv. 97 (2008), 446, 483; *ders.*, RabelsZ 73 (2009), 1, 43; *Lorenz*, RabelsZ 37 (1973), 317, 348.

1354 So bereits *Huber/Illmer*, YbPIL 9 (2007), 31, 44; Huber-*Illmer*, Rome II Regulation, Art. 5 Rn. 38; *Illmer*, RabelsZ 73 (2009), 269, 299; Rauscher-*Unberath/Cziupka/Pabst*, EuZPR/EuIPR, Art. 5 Rom II-VO Rn. 96; siehe ausführlich dazu oben unter D.II.2.

1355 *Oswalt v. Scripto*, 616 F.2d. 191, 198 (5th Cir. 1980); *Kawasaki Steel Corp. v. Middleton*, 699 S.W.2d 199, 201 (Tex. 1985).

1356 *Luv n' Care, Ltd. v. Insta-Mix, Inc.*, 438 F.3d 465, 471–72 (5th Cir. 2006).

im betreffenden Bundesstaat sprechen.[1357] Ein Bundesbezirksgericht lehnte die Zuständigkeit der Gerichte von Missouri ab, weil die betreffende Entkörnungsmaschine für Baumwolle durch einen Vertriebspartner in 14 US-Bundesstaaten vertrieben wurde, Missouri jedoch weniger als fünf Prozent des Baumwollmarkts einnahm.[1358] Die Relevanz der Quantität verkaufter Produkte sollte auch auf Ebene der Rom II-Verordnung, wenngleich nur mit Indizwirkung, gelten. Schließlich gibt der regelmäßige Vertrieb, der durch ein hohes Absatzvolumen gekennzeichnet ist, im Gegensatz zu gelegentlichen Verkäufen Anlass zu Nachforschungen.

(5) *Differenzierung nach Größe und Leistungsvermögen des Haftenden*

Plender/Wilderspin zählen auch die Größe und das Leistungsvermögen des Haftenden zu den beachtlichen Umständen des Einzelfalls.[1359] Auch hier geht es um die Konkretisierung des Wissenmüssens von dem Inverkehrbringen und damit um die Frage, welche Sorgfaltsanforderungen an den jeweils Haftenden gestellt werden. Ebenso wie die Anzahl verkaufter Produkte, kann auch die Größe des Haftenden den Sorgfaltsmaßstab mitbestimmen. Von einem kleinen Hersteller, wie der kenianischen Kaffee Co-Op, kann nicht erwartet werden, dass er die Absatzmärkte in gleichem Maße im Blick behält wie der Weltmarktführer im Kaffee-Handel. Es ist angemessen, den Erwartungsbereich des Haftenden von der Größe abhängig zu machen, weil der jeweils Haftende zu Nachforschungen verpflichtet wäre, die im Missverhältnis zu seiner wirtschaftlichen Aktivität stehen. Die wirtschaftliche Aktivität hängt wiederum von der Größe des Marktteilnehmers ab. Die Größe des Haftenden sollte daher die gleiche Indizwirkung wie die Anzahl verkaufter Produkte haben.

Dies steht in – zumindest scheinbarem – Widerspruch zu der Differenzierung nach dem genutzten Vertriebsweg. Fraglich ist, ob ein kleiner Hersteller noch geschützt wird, wenn er sich internationaler Absatzwege bedient. Da der anzulegende Sorgfaltsmaßstab von den Umständen des Einzelfalls abhängt, verbietet sich jedoch eine schematische Betrachtung. Vielmehr fließt sowohl der genutzte

---

1357 *Arguello v. Industrial Woodworking Mach. Co.*, 838 P.2d 1120, 1125 (Utah 1992); *Staple Cotton Coop. Assoc. v. D.G. and G.*, Inc., 631 F.Supp.2d 1168, 1172 (E.D. Mo. 2007).

1358 *Staple Cotton Coop. Assoc. v. D.G. and G.*, Inc., 631 F.Supp.2d 1168, 1172 (E.D. Mo. 2007).

1359 *Plender/Wilderspin*, European Private International Law, Rn. 19-109.

Vertriebsweg als auch die Größe des Haftenden in die notwendige wertende Betrachtung des Wissensmüssens vom Inverkehrbringen ein.

cc) *Vorbeugende Maßnahmen*

Zu klären bleibt die Bedeutung vorbeugender Maßnahmen, die verhindern sollen, dass das Produkt in bestimmten Staaten in Verkehr gebracht wird.[1360] Eine generelle Pflicht, vorbeugende Maßnahmen zu ergreifen, besteht nicht. Nur wenn der Haftende das Verbreitungsgebiet seiner Produkte erkennen kann, kann er angemessene Vorsorgemaßnahmen treffen.[1361] Die Pflicht, vorbeugende Maßnahmen stets zu ergreifen, wäre gleichbedeutend mit der Vermutung, dass Marktakteure grundsätzlich mit dem weltweiten Vertrieb von Produkten rechnen müssten. Diese Annahme wurde sowohl aus tatsächlicher als auch aus funktionaler Sicht zurückgewiesen.[1362] Im Übrigen würde eine solche Pflicht in die Nähe einer Produktverfolgungspflicht rücken. Vorbeugende Maßnahmen müssen erst dann ergriffen werden, wenn der Haftende von dem Inverkehrbringen des Produkts wissen muss.[1363] Insbesondere beim Vertrieb in Freihandelszonen liegt es nahe, dass das Produkt in allen Mitgliedstaaten in Verkehr gebracht wird, wobei dies freilich von dem jeweiligen Produkt abhängt.[1364] Entsprechend muss der potentiell Haftende beim Vertrieb in Freihandelszonen vorbeugende Maßnahmen ergreifen.

1360 Huber-*Illmer*, Rome II Regulation, Art. 5 Rn. 38; *Illmer*, RabelsZ 73 (2009), 269, 300; ihm folgend *Rudolf*, WBL 2009, 525, 530; Kullmann/Pfister-*Pfister*, Produzentenhaftung, Nr. 4010, S. 20, Fn. 110.

1361 Vgl. auch die bereits oben zitierte Rechtsprechung des EuGH, wonach der Adressat von Verhaltensgeboten nur dann Vorkehrungen gegen den Vertrieb treffen konnte, wenn er diese erkennen konnte; siehe EuGH vom 9.7.1981, Rs. C-169/80 – *Gondrand Frères*, Slg. 1981, 1931, Rn. 17; EuGH vom 22.2.1989, verb. Rs. 92/87 und 93/87 – *Kommission/Frankreich und Vereinigtes Königreich*, Slg. 1989, 405, Rn. 22; EuGH vom 13.2.1996, Rs. C-143/93 – *Van Es Douane Agenten*, Slg. 1996, I-431, Rn. 27; EuGH vom 14.4.2005, Rs. C-110/03 – *Belgien/Kommission*, Slg. 2005, I-2801, Rn. 30; EuGH vom 26.10.2006, C-248/04 – *Koninklijke Coöperatie Cosun*, Slg. 2006, I-10211, Rn. 79.

1362 Siehe dazu oben unter D.II.2.

1363 So bereits die US-amerikanische Rechtsprechung zur *personal jurisdiction Nelson by Carson v. Park Industries, Inc.*, 717 F.2d 1120, 1126 (7th Cir. 1983); *Oswalt v. Scripto*, 616 F.2d. 191, 199–200 (5th Cir. 1980); *Rockwell International Corp. v. Construzione Areonautiche*, 553 F.Supp. 328, 333 (E.D. Pa. 1982); *Lichon v. Aceto Chemical Co., Ltd.*, 538 N.E.2d 613, 620 (Ill. App. Ct. 1989); *Charles Gendler & Co., Inc. v. Telecom Equipment Corp.*, 102 N.J. 460, 481 (N.J. 1986).

1364 Siehe dazu oben unter D.IV.2.b)bb)(3)(c)(cc).

Unberath/Cziupka/Pabst sind der Ansicht, mögliche Begrenzungen des Vertriebsgebiets seien unbeachtlich, weil die Abkehr von der Zustimmung hin zur Vorhersehbarkeit die Intention des Verordnungsgebers verdeutliche, dem Willen des Haftenden keine Beachtung zu schenken.[1365] Doch können vorbeugende Maßnahmen nicht allein voluntativ verstanden werden. Vielmehr können sie einen kognitiven Ansatz normativ begrenzen. Ein willensgetragenes Verständnis würde nämlich nur dann vorliegen, wenn sich vorbeugende Maßnahmen auch im Fall positiven Wissens von dem Vertrieb durchsetzen würden, was letztlich nicht der Fall ist.[1366]

Zu den relevanten vorbeugenden Maßnahmen ist der Ansatz *Illmers* hervorzuheben, der die Kategorien der absoluten und relativen Maßnahmen in die Diskussion eingebracht hat.[1367]

(1) *Absolute Maßnahmen*

Absolute Maßnahmen sind physisch an das Produkt gebunden, wozu insbesondere der Aufdruck „*Not for sale in the US*" zählt.[1368] Fraglich ist, ob absolute Maßnahmen auch absolute Wirkung (also gegenüber jedermann) haben.[1369] Der Aufdruck „*Not for Sale in the US*" kommt der Aussage „Keine Haftung nach US-amerikanischen Recht" gleich. Diese Aussage könnte daher auch als einseitige (negative) Rechtswahl oder *disclaimer* gewertet werden. Derartige einseitige Ausschlüsse anwendbarer Rechtsordnungen können sich in der Rom II-Verordnung nicht durchsetzen.[1370] Daher kann ein entsprechender Aufdruck nur ein Indiz dafür sein, dass der Haftende dem Vertrieb in dem betreffenden Staat entgegengetreten ist. Es kommt nicht darauf an, ob Käufer aufgrund einer absoluten Maßnahme erkennen kann, dass das Produkt in dem jeweiligen Staat nicht in Verkehr gebracht werden sollte. Die Vorhersehbarkeit ist allein auf Seiten des Haftenden relevant. Durchsetzen können sich absolute Maßnahmen im Fall der Missachtung nicht.

1365 Rauscher-*Unberath/Cziupka/Pabst*, EuZPR/EuIPR, Art. 5 Rom II-VO Rn. 98.

1366 Siehe unten unter D.IV.2.b)cc)(3)(c).

1367 *Illmer*, RabelsZ 73 (2009), 269, 299 f.

1368 Huber-*Illmer*, Rome II Regulation, Art. 5 Rn. 39; *Illmer*, RabelsZ 73 (2009), 269, 299.

1369 So *Illmer*, RabelsZ 73 (2009), 269, 299.

1370 Art. 14 Rom II-VO sieht nur die Möglichkeit einer zweiseitigen Rechtswahl vor; siehe zu den Anforderungen an die Rechtswahl MüKoBGB-*Junker*, Art. 14 Rom II-VO Rn. 27 ff. Eine Ausnahme sieht lediglich Art. 7 Rom II-VO vor, die durch das Ubiquitätsprinzip eine gewisse Möglichkeit zur einseitigen Rechtswahl schafft; siehe *Rüppell*, S. 83.

(2) *Relative Maßnahmen*

Relative Maßnahmen sind vertragliche Abreden zwischen Mitgliedern der Vertriebskette, welche die Verbreitung des Produkts auf bestimmte Länder begrenzen.[1371] Die Bedeutung dieser Maßnahme ist ebenfalls kritisch zu würdigen. Auch wenn die Relevanz vertraglicher Maßnahmen als Ausdruck des Willens des Haftenden gesehen werden kann, der sich im Gesetzgebungsverfahren nicht durchgesetzt hat,[1372] erweisen sich relative Maßnahmen auch bei einer kognitiven Auslegung als geeignetes Mittel für die Annahme fehlender Vorhersehbarkeit. Mit einer vertraglichen Abrede über das zulässige Absatzgebiet geht die Erwartung vertragsgemäßen Verhaltens einher. Dies folgt aus dem Grundsatz *pacta sunt servanda.*

Illmer selbst hat die Schwäche relativer Maßnahmen aufgezeigt: Der Haftende kann außer seinem Vertragspartner die nachfolgenden Teilnehmer der Vertriebskette nicht binden.[1373] Das Problem der relativen Wirkung vertraglicher Abreden kann dadurch entschärft werden, dass das Vertriebsverbot mit der Pflicht, die Restriktionen des Absatzgebiets auch an nachfolgende Teilnehmer der Vertriebskette weiterzugeben, oder Vertragsstrafen[1374] verbunden wird. Dennoch sollten relative Maßnahmen im Regelfall ausreichen, weil auch nur *vernünftige* vorbeugende Maßnahmen ergriffen werden müssen.[1375] Wenn der potentiell Haftende von einer Missachtung der Vertriebsverbote weiß, muss er allerdings gegen das vertragswidrige Verhalten einschreiten.[1376]

(3) *Bedeutung der mangelnden Einflussmöglichkeit (Kartellrecht)*

Thorn hat darauf hingewiesen, dass in diesem Zusammenhang die berechtigte Frage aufkommt, ob der Haftende erfolgreich den Vorhersehbarkeitseinwand geltend machen kann, wenn er zwar Kenntnis vom Inverkehrbringen hat, dieses aber (endgültig) nicht verhindern kann.[1377] Insbesondere tritt dieses Problem auf, wenn das Kartellrecht etwaigen Begrenzungen des Vertriebsgebiets entgegensteht.[1378]

1371 Huber-*Illmer*, Rome II Regulation, Art. 5 Rn. 40; *Illmer*, RabelsZ 73 (2009), 269, 299.
1372 Rauscher-*Unberath/Cziupka/Pabst*, EuZPR/EuIPR, Art. 5 Rom II-VO Rn. 98.
1373 *Illmer*, RabelsZ 73 (2009), 269, 299.
1374 So Foerste/Graf von Westphalen-*Wilde*, § 100 Rn. 18.
1375 *Illmer*, RabelsZ 73 (2009), 269, 299.
1376 So zum Haager Übereinkommen *Siehr*, AWD 1972, 373, 387.
1377 Palandt-*Thorn*, Art. 5 Rom II-VO Rn. 11.
1378 Palandt-*Thorn*, Art. 5 Rom II-VO Rn. 11.

(a) *Exkurs: Kartellrechtliche Grenzen der vertraglichen Begrenzung des Vertriebsgebiets*

Fraglich ist, ob relative Maßnahmen in Form von vertraglichen Abreden zwischen den Teilnehmern der Vertriebskette, die zu „weißen Flecken“[1379] im Absatzgebiet führen, unter Geltung des Kartellrechts möglich sind. Auf europäischer Ebene ist dies primär an Art. 101 AEUV und der Gruppenfreistellungsverordnung für vertikale Vereinbarungen (nachfolgend „Vertikal-GVO“) zu messen. Nach Art. 101 Abs. 2 AEUV sind verbotene kartellrechtswidrige Vereinbarungen oder Beschlüsse nichtig. Zusätzlich kann die Kommission Bußgelder auf Grundlage des Art. 23 VO 1/2003 verhängen.[1380]

(aa) *Kartellverbot nach Art. 101 Abs. 1 AEUV*

Art. 101 Abs. 1 AEUV verbietet Vereinbarungen zwischen Unternehmen, Beschlüsse von Unternehmensvereinigungen und aufeinander abgestimmte Verhaltensweisen, die geeignet sind, den Handel zwischen Mitgliedstaaten zu beeinträchtigen, und eine Verhinderung, Einschränkung oder Verfälschung des Wettbewerbs innerhalb des Binnenmarkts bezwecken oder bewirken. Insbesondere soll der freie Waren- und Güterverkehr zwischen den Mitgliedstaaten nicht durch privatrechtliche Beschränkungen beeinträchtigt werden.[1381]

(i) *Vereinbarung*

Vertragliche Abreden über das Vertriebsgebiet stellen eine Vereinbarung im Sinne des Art. 101 Abs. 1 AEUV dar, weil die beteiligten Unternehmen einen gemeinsamen Willen zum Ausdruck bringen, sich auf dem Markt in einer bestimmten Weise zu verhalten.[1382] Da die Absprache zwischen Unternehmen auf verschiedenen Wirtschaftsstufen, d. h. auf unterschiedlichen Ebenen der Produktions- oder Vertriebskette,[1383] getroffen wird, liegt eine vertikale Vereinbarung vor, die nach der Rechtsprechung des EuGH von Art. 101 Abs. 1 AEUV erfasst wird.[1384]

(ii) *Wettbewerbsbeschränkung*

Daneben muss die fragliche Verhaltensweise eine Verhinderung, Einschränkung oder Verfälschung des Wettbewerbs innerhalb des Binnenmarkts bezwecken

---

1379 So der Begriff von *Semler/Bauer*, DB 2000, 193, 198 zur kartellrechtlichen Problematik.

1380 Siehe dazu ausführlich Immenga/Mestmäcker-*Dannecker/Biermann*, Art. 23 VO (EG) 1/2003 Rn. 1 ff.

1381 Liebscher/Flohr/Petsche-*Saria*, § 1 Rn. 8.

1382 So die Definition der Vereinbarung in Liebscher/Flohr/Petsche-*Saria*, § 1 Rn. 59.

1383 So Wiedemann-*Seeliger*, §11 Rn. 64 unter Verweis auf Art. 1 Abs. 1 lit. a Vertikal-GVO.

1384 EuGH vom 13.7.1966, verb. Rs. 56/64 und 58/64 – *Grundig und Consten/Kommission*, Slg. 1966, 321, 390.

oder bewirken.[1385] Schutzobjekt des Art. 101 AEUV ist der unverfälschte Wettbewerb mit Produkten oder Dienstleistungen, der insbesondere die Verwirklichung des Binnenmarkts und die Öffnung nationaler Märkte gewährleistet.[1386] Die Begriffe der Verhinderung, Einschränkung oder Verfälschung des Wettbewerbs umschreiben die Notwendigkeit einer Wettbewerbsbeschränkung, die nach dem Wortlaut des Art. 101 Abs. 1 AEUV bezweckt oder bewirkt werden muss.[1387]

Der Begriff der Wettbewerbsbeschränkung ist nicht eindeutig bestimmt.[1388] Der EuGH rekurriert in der Praxis entweder auf die Vergleichbarkeit der beanstandeten Maßnahme mit den ausdrücklichen Verbotstatbeständen in Art. 101 Abs. 1 lit. a bis e AEUV oder untersucht die möglichen negativen Auswirkungen auf den Wettbewerb auf Grundlage des Wesens und der Tragweite der beanstandeten Maßnahme.[1389] Hinsichtlich der hier relevanten „weißen Flecken" im Vertriebsgebiet ist entscheidend, dass das Kartellrecht die Fähigkeit zur autonomen Bestimmung des Marktverhaltens schützt.[1390] In den hier angedachten Fällen wird die Handlungsfreiheit des Abnehmers eingeschränkt, so dass grundsätzlich eine Wettbewerbsbeschränkung vorliegt.

Bei der kartellrechtlichen Beurteilung von Verboten, das Produkt in bestimmten Gebieten zu verkaufen, unterscheidet die Praxis und die Vertikal-GVO grundsätzlich zwischen Beschränkungen von Aktiv- und Passivverkäufen. Aktive Verkäufe zeichnen sich dadurch aus, dass einzelne Kunden gezielt angesprochen werden.[1391] Passive Verkäufe sind auf die Initiative des Kunden (sog. Komm-Kunde)[1392] oder allgemeine Werbe oder Verkaufsförderungsmaßnahmen zurückzuführen.[1393]

Beschränkungen des Rechts zum Passivverkauf stellen eine bezweckte Wettbewerbsbeschränkung dar, weil sie die Handlungsfreiheit der Händler und die Auswahlfreiheit der Marktgegenseite beschneiden.[1394] Sie bezwecken eine

1385 Callies/Ruffert-*Weiß*, Art. 101 AEUV Rn. 103; Grabitz/Hilf/Nettesheim-*Schroeder*, Art. 101 AEUV Rn. 489; Liebscher/Flohr/Petsche-*Saria*, § 1 Rn. 63.

1386 Grabitz/Hilf/Nettesheim-*Stockenhuber*, Art. 101 AEUV Rn. 116; Liebscher/Flohr/Petsche-*Saria*, § 1 Rn. 63.

1387 Liebscher/Flohr/Petsche-*Saria*, § 1 Rn. 63; vgl. dazu auch Callies/Ruffert-*Weiß*, Art. 101 AEUV Rn. 83.

1388 Callies/Ruffert-*Weiß*, Art. 101 AEUV Rn. 83.

1389 Callies/Ruffert-*Weiß*, Art. 101 AEUV Rn. 83 m. w. N.

1390 Calliess/Ruffert-*Weiß*, Art. 101 AEUV Rn. 83.

1391 Kommission, Leitlinien für vertikale Beschränkungen, Rn. 51; *Eckard*, S. 514; Liebscher/Flohr/Petsche-*Petsche/Lager*, § 7 Rn. 106.

1392 Liebscher/Flohr/Petsche-*Petsche/Lager*, § 7 Rn. 106.

1393 Kommission, Leitlinien für vertikale Beschränkungen, Rn. 51; *Eckard*, S. 515; Immenga/Mestmäcker-*Ellger*, Art. 4 Vertikal-GVO Rn. 50.

1394 *Eckard*, S. 515.

Abschottung nationaler Märkte, was mit Art. 101 Abs. 1 AEUV unvereinbar ist.[1395] Jedoch haben auch Verbote des aktiven Verkaufs wettbewerbsbeschränkende Wirkung, da die Konsumenten in den betroffenen Gebieten auf ihre eigene Initiative angewiesen sind.[1396] Im ausgenommenen Gebiet wird das Angebot verkürzt.[1397] Dem Verbot des aktiven Verkaufs wohnt ebenfalls eine wettbewerbsbeschränkende Tendenz inne, die regelmäßig mitbezweckt wird.[1398] Dieses Ergebnis wird auch durch die Vertikal-GVO gestützt. Wie im Folgenden gezeigt wird, stellen Beschränkungen des Vertriebsgebiets Kernbeschränkungen im Sinne der Vertikal-GVO dar. Nach Ansicht der Kommission tragen Kernbeschränkungen einer Gruppenfreistellungsverordnung *per se* eine wettbewerbsbeschränkende Tendenz in sich.[1399] Folglich sind sowohl Beschränkungen des aktiven als auch des passiven Verkaufs grundsätzlich bezweckte Wettbewerbsbeschränkungen. Unterschiede bestehen hinsichtlich der Freistellungsmöglichkeit: Während Beschränkungen des passiven Verkaufs generell nicht vom Kartellverbot freigestellt sind, ist eine Freistellung bei Beschränkungen des aktiven Verkaufs unter bestimmten Umständen möglich.[1400]

Erforderlich ist zudem die Spürbarkeit der Wettbewerbsbeschränkung.[1401] Nach den Leitlinien der Kommission für vertikale Beschränkungen sind „weiße Flecken" regelmäßig auch spürbar, weil sie Kernbeschränkungen darstellen.[1402]

(iii) *Beeinträchtigung des mitgliedstaatlichen Handels*

Nach der sog. Zwischenstaatlichkeitsklausel muss die Maßnahme ferner geeignet sein, den Handel zwischen den Mitgliedstaaten zu beeinträchtigen.[1403] Da

---

1395 Kommission, Entscheidung vom 21.12.1976 – *Junghans*, ABl. EG 1977 Nr. L 30, S. 10, Rn. 17.

1396 Kommission, Entscheidung vom 21.12.1976 – *Junghans*, ABl. EG 1977 Nr. L 30, S. 10, Rn. 29.

1397 Langen/Bunte-*Nolte*, Nach Art. 101 AEUV Rn. 485.

1398 Vgl. auch Kommission, Entscheidung vom 13.12.1985 – *Whisky und Gin*, ABl. EG 1985 Nr. L 369, S. 19, Rn. 10.

1399 Mitteilung der Kommission, Leitlinien zur Anwendung von Artikel 81 Absatz 3 EG-Vertrag, ABl. EU 2004 Nr. C 101, S. 97 Rn. 23; Immenga/Mestmäcker-*Emmerich*, Art. 101 AEUV Rn. 174.

1400 Langen/Bunte-*Nolte*, Nach Art. 101 AEUV Rn. 485 ff.

1401 Callies/Ruffert-*Weiß*, Art. 101 AEUV Rn. 85; Grabitz/Hilf/Nettesheim-*Stockenhuber*, Art. 101 AEUV Rn. 217.

1402 Kommission, Leitlinien für vertikale Beschränkungen, Rn. 10.

1403 Callies/Ruffert-*Weiß*, Art. 101 AEUV Rn. 124; Grabitz/Hilf/Nettesheim-*Stockenhuber*, Art. 101 AEUV Rn. 206; Liebscher/Flohr/Petsche-*Saria*, § 1 Rn. 61.

das Verbot, Waren in bestimmten Staaten zu vertreiben, den Handel zwischen verschiedenen Mitgliedstaaten zum Gegenstand hat, wird der zwischenstaatliche Handel regelmäßig beeinträchtigt.[1404]

An der Beeinträchtigung des zwischenstaatlichen Handels fehlt es häufig, wenn Vertriebsverbote Gebiete außerhalb der EU betreffen.[1405] Nach Ansicht des EuGH stellt die Verpflichtung eines Händlers gegenüber dem Hersteller, Erzeugnisse nur außerhalb der Gemeinschaft zu vertreiben, keine spürbare Beeinträchtigung des gemeinschaftlichen Handels dar,[1406] weil eine eventuelle Marktaufteilung nur die Märkte von Drittstaaten betrifft und sich grundsätzlich nicht auf den Handel zwischen den Mitgliedstaaten auswirkt.[1407] Entsprechend nahe liegt es, dass Verbote, das Produkt in bestimmten Drittstaaten zu verkaufen, den zwischenstaatlichen Handel ebenfalls nicht beeinträchtigen.

(iv) *Ausnahme bei objektiv notwendigen und angemessenen Wettbewerbsbeschränkungen*

Ausnahmsweise können Wettbewerbsbeschränkungen für eine bestimmte Art oder Beschaffenheit von Vereinbarung objektiv notwendig und angemessen sein.[1408] In diesem Fall fällt die beanstandete Vereinbarung nicht unter Art. 101 Abs. 1 AEUV.[1409] So sind passive Vertriebsbeschränkungen in den ersten zwei Jahren, in denen ein neuer Markt erschlossen oder eine neue Marke verkauft wird, zulässig, wenn der Händler beträchtliche Aufwendungen hatte, die durch Beschränkungen des passiven Verkaufs kompensiert werden müssen.[1410] Bei einem echten Markteinführungstest und der gestaffelten Einführung eines neuen Produkts darf gegenüber den beteiligten Vertragshändlern der aktive

---

1404 Vgl. in diesem Sinne EuGH vom 13.7.1966, verb. Rs. 56/64 und 58/64 – *Grundig und Consten/Kommission*, Slg. 1966, 321, 389 f.; EuGH vom 25.10.2001, Rs. C-475/99 – *Ambulanz Glöckner*, Slg. 2001, I-8089, Rn. 48 f.; Kommission, Entscheidung vom 21.12.1976 – *Junghans*, ABl. EG 1977 Nr. L 30, S. 10, Rn. 29.

1405 EuGH vom 21.2.1984, Rs. 86/82 – *Hasselblad/Kommission*, Slg. 1984, 883, Rn. 46; EuGH vom 28.4.1998, Rs. C 306/96 – *Javico/Yves Saint Laurent Parfums*, Slg. 1998, I-1983, Rn. 13; *Eckard*, S. 333.

1406 EuGH vom 28.4.1998, Rs. C 306/96 – *Javico/Yves Saint Laurent Parfums*, Slg. 1998, I-1983, Rn. 19 f.; *Eckard*, S. 333.

1407 Calliess/Ruffert-*Weiß*, Art. 101 AEUV Rn. 126.

1408 Liebscher/Flohr/Petsche-*Petsche/Lager*, § 7 Rn. 92.

1409 Kommission, Leitlinien für vertikale Beschränkungen, Rn. 60; Liebscher/Flohr/Petsche-*Petsche/Lager*, § 7 Rn. 92.

1410 Kommission, Leitlinien für vertikale Beschränkungen, Rn. 61; *Schultze/Pautke/Wagener*, Rn. 620.

Verkauf des Produkts außerhalb des Testgebiets für den erforderlichen Zeitraum beschränkt werden, ohne dass Art. 101 Abs. 1 AEUV eingreift.[1411]

(bb) *Freistellung nach Art. 101 Abs. 3 AEUV*

Damit ergibt sich, dass die in Rede stehende Abrede regelmäßig unter das Kartellverbot des Art. 101 Abs. 1 AEUV fällt. An sich verbotene Wettbewerbsbeschränkungen können jedoch nach Art. 101 Abs. 3 AEUV freigestellt sein. Eine Freistellung führt dazu, dass die Rechtsfolgen des Verstoßes gegen Art. 101 Abs. 1 AEUV ausbleiben.[1412] Im System der Legalausnahme sind Maßnahmen, die die Voraussetzungen des Art. 101 Abs. 3 AEUV erfüllen, automatisch, d.h. ohne vorherige Entscheidung, freigestellt.[1413] Betroffene Unternehmen müssen ihr Verhalten selbst beurteilen und in die Kategorien des Kartellverbots und der Freistellung einstufen.[1414] Freistellungen vom Kartellverbot können in Form von Einzelfreistellungen oder Gruppenfreistellungen (auf Grundlage verschiedener Gruppenfreistellungsverordnungen) bestehen.[1415] Gruppenfreistellungsverordnungen konkretisieren in generell-abstrakter Form Art. 101 Abs. 3 AEUV.[1416]

(i) *Gruppenfreistellungsverordnung für vertikale Vereinbarungen*

Die negativen Auswirkungen von Vereinbarungen zwischen Mitgliedern verschiedener Stufen der Vertriebskette werden vornehmlich auf Grundlage der Vertikal-GVO beurteilt.[1417]

Nach Art. 3 Vertikal-GVO sind Vereinbarungen und abgestimmte Verhaltensweisen vom Kartellverbot des Art. 101 Abs. 1 AEUV freigestellt, wenn sowohl der Anteil des Anbieters an dem relevanten Markt, auf dem er die Waren anbietet, als auch der Anteil des Abnehmers an dem relevanten Markt, auf dem er die Waren bezieht, jeweils nicht mehr als 30 % beträgt. Nur innerhalb der

---

1411 Kommission, Leitlinien für vertikale Beschränkungen, Rn. 62; *Schultze/Pautke/Wagener*, Rn. 621.

1412 Liebscher/Flohr/Petsche-*Saria*, § 1 Rn. 80; vgl. auch Callies/Ruffert-*Weiß*, Art. 101 AEUV Rn. 153.

1413 *Eckard*, S. 84 f.

1414 So Liebscher/Flohr/Petsche-*Petsche/Lager*, § 7 Rn. 1; siehe ausführlich zum System der Legalausnahme *Eckard*, S. 63 ff.

1415 Calliess/Ruffert-*Weiß*, Art. 101 AEUV Rn. 153; Grabitz/Hilf/Nettesheim-*Schroeder*, Art. 101 AEUV Rn. 574.

1416 Calliess/Ruffert-*Weiß*, Art. 101 AEUV Rn. 153; Liebscher/Flohr/Petsche-*Saria*, § 1 Rn. 85.

1417 Calliess/Ruffert-*Weiß*, Art. 101 AEUV Rn. 168; *Emmerich/Hoffmann*, in: Dauses, § 2 – Art. 101 AEUV Rn. 260; Liebscher/Flohr/Petsche-*Petsche/Lager*, § 7 Rn. 1.

Marktanteilsschwellen ist die Verordnung anwendbar und führt zur Freistellung.[1418] Andernfalls ist eine Überprüfung im Einzelfall notwendig.[1419]

Die Vereinbarung oder abgestimmte Verhaltensweise darf keine Kernbeschränkung im Sinne des Art. 4 Vertikal-GVO enthalten. Soweit eine vertikale Vereinbarung auch nur eine dieser Kernbeschränkungen enthält, ist die Vereinbarung in Gänze nicht nach der Gruppenfreistellungsverordnung freigestellt.[1420] In diesem Fall besteht die Vermutung, dass das Kartellverbot des Art. 101 Abs. 1 AEUV eingreift und keine Freistellung nach Art. 101 Abs. 3 AEUV vorliegt.[1421] Die Vertikal-GVO sieht fünf Kernbeschränkungen vor: Preisbindungen, Gebiets- und Kundenbeschränkungen, Verkaufsbeschränkungen und Beschränkungen von Querlieferungen im Fall des selektiven Vertriebs sowie bestimmte Verkaufsbeschränkungen für Lieferanten.[1422]

Für diese Analyse sind Gebiets- und Kundenbeschränkungen relevant, die nach Art. 4 lit. b Vertikal-GVO eine Kernbeschränkung darstellen. Danach sind grundsätzlich alle Beschränkungen des Gebiets oder des Abnehmerkreises, in das oder an die Vertragswaren verkauft werden dürfen, unzulässig.[1423] Auf diesem Weg soll eine Aufteilung von Märkten verhindert werden.[1424] Der Abnehmer soll die Möglichkeit haben, an alle potentiellen Kunden innerhalb der EU bzw. des EWR zu verkaufen.[1425] Zulässig sind Beschränkungen der Art und Weise des Weiterverkaufs. Während das „Ob" des Verkaufs nicht beschränkt werden darf, kann das „Wie" des Verkaufs geregelt werden.[1426] Das vertraglich vereinbarte Verbot, das Produkt in bestimmten Gebieten zu vertreiben, ist ein typischer Fall

1418 Immenga/Mestmäcker-*Ellger*, Art. 3 VO (EU) 330/2010 Rn. 5; Liebscher/Flohr/Petsche-*Petsche/Lager*, § 7 Rn. 71.

1419 Liebscher/Flohr/Petsche-*Petsche/Lager*, § 7 Rn. 71; vgl. allgemein Immenga/Mestmäcker-*Ellger*, Art. 101 AEUV Rn. 341.

1420 Immenga/Mestmäcker-*Ellger*, Art. 4 VO (EU) 330/2010 Rn. 1; Liebscher/Flohr/Petsche-*Petsche/Lager*, § 7 Rn. 92.

1421 Kommission, Leitlinien für vertikale Beschränkungen, Rn. 47.

1422 Siehe Art. 4 Vertikal-GVO; in diesem Sinne bereits Liebscher/Flohr/Petsche-*Petsche/Lager*, § 7 Rn. 92.

1423 Kommission, Leitlinien für vertikale Beschränkungen, Rn. 50; *Schultze/Pautke/Wagener*, Rn. 591.

1424 Kommission, Leitlinien für vertikale Beschränkungen, Rn. 50; *Schultze/Pautke/Wagener*, Rn. 591.

1425 *Schultze/Pautke/Wagener*, Rn. 596; danach bestehe jedoch eine Ausnahme für Anbieter, die ihre Produkte ausschließlich im Direktvertrieb verkaufen.

1426 *Schultze/Pautke/Wagener*, Rn. 596 f.

der unmittelbaren Gebietsbeschränkung.[1427] Unzulässig sind nach Art. 4 lit. b a.E. Vertikal-GVO ferner Beschränkungen des Verkaufs durch die Kunden des Abnehmers.[1428] Folglich darf im Fall von mehrstufigen Vertriebssystemen die aktive Verkaufspolitik nur auf einer Vertriebsstufe verboten werden, so dass insbesondere durchlaufende Vertriebsbindungen nicht freigestellt sind.[1429]

Art. 4 lit. b Vertikal-GVO sieht vier Ausnahmen von dem Verbot der Gebiets- oder Kundenbeschränkung vor. In diesen Fällen greift die Freistellungswirkung der Vertikal-GVO.[1430] Art. 4 lit. b (i) Vertikal-GVO enthält die wichtigste Ausnahme.[1431] Danach darf der Anbieter den aktiven Verkauf in Gebieten oder an Kundengruppen beschränken, „die der Anbieter sich selbst vorbehalten oder ausschließlich einem anderen Abnehmer zugewiesen hat, sofern dadurch der Verkauf durch die Kunden des Abnehmers nicht beschränkt wird.“ Folglich sind Beschränkungen des passiven Verkaufs (außer im Fall von selektiven Vertriebssystemen) unzulässig.[1432] Aktive Verkäufe dürfen nach dem Wortlaut der Ausnahmeregelung eingeschränkt werden, wenn der Lieferant das Gebiet einem Händler exklusiv zugewiesen oder es sich selbst vorbehalten hat. Eine ausschließliche Zuweisung liegt vor, wenn die Verpflichtung von Seiten des Herstellers besteht, nur an einen Händler zu verkaufen und der Alleinvertriebshändler vor aktiven Verkäufen in seinem Vertriebsgebiet oder an seine Kundengruppe geschützt wird.[1433] Aus kollisionsrechtlicher Sicht ist jedoch geboten, dass das Gebiet von keinem Händler bedient wird. Es kommt folglich nur ein Selbstvorbehalt durch den Anbieter in Betracht. Ungeklärt ist, unter welchen Bedingungen ein Selbstvorbehalt wirksam geltend gemacht werden kann.[1434] Wenngleich keine höchstrichterliche Rechtsprechung zu dieser Frage besteht, tendiert die überwiegende Auffassung in der Literatur dazu, ein bloßes Reservieren des Gebiets nicht zuzulassen.[1435] Nach dieser Ansicht muss der Anbieter das Gebiet

---

1427 *Schultze/Pautke/Wagener*, Rn. 599.

1428 Immenga/Mestmäcker-*Ellger*, Art. 4 Vertikal-GVO Rn. 64.

1429 Immenga/Mestmäcker-*Ellger*, Art. 4 Vertikal-GVO Rn. 64.

1430 *Schultze/Pautke/Wagener*, Rn. 626.

1431 Liebscher/Flohr/Petsche-*Petsche/Lager*, § 7 Rn. 102; *Schultze/Pautke/Wagener*, Rn. 627.

1432 Immenga/Mestmäcker-*Ellger*, Art. 4 Vertikal-GVO Rn. 52.

1433 Liebscher/Flohr/Petsche-*Petsche/Lager*, § 7 Rn. 102.

1434 Liebscher/Flohr/Petsche-*Petsche/Lager*, § 7 Rn. 102; *Schultze/Pautke/Wagener*, Rn. 646; *Semler/Bauer*, DB 2000, 193, 197 f.

1435 Liebscher/Flohr/Petsche-*Petsche/Lager*, § 7 Rn. 102;*Mestmäcker/Schweitzer*, § 14 Rn. 37; *Pautke/Schultze*, BB 2001, 317, 320; *Schultze/Pautke/Wagener*, Rn. 649; vgl. auch *Liebscher/Petsche*, EuZW 2000, 400, 403.

bei Vertragsschluss zwar nicht schon beliefern, jedoch ist ein unsubstantiierter Generalvorbehalt nicht möglich.[1436] Schließlich sei der Zweck der Exklusivitätszuweisung nicht der Schutz des Lieferanten, sondern der Schutz des Händlers, der ein Gebiet oder Kundenkreis exklusiv beliefern dürfe.[1437] Wenn hingegen der Vorbehalt Teil einer Strategie sei, das Gebiet mittelfristig zu beliefern, könne das Gebiet reserviert werden.[1438] Die Absicht, den Markt des in Frage stehenden Mitgliedsstaats aufgrund des strengen Produkthaftungsregimes generell nicht zu bedienen, wird also wohl nicht ausreichen. Verbote, das Produkt aktiv in freien Gebieten zu verkaufen, sind unzulässig.[1439] Auch nach den übrigen Ausnahmen können „weiße Flecken" im Absatzgebiet nicht geschaffen werden und führen damit nicht zur Freistellung nach der Vertikal-GVO.

Unter Geltung der Vertikal-GVO stellt sich die Zulässigkeit „weißer Flecken" im Vertriebsgebiet als sehr problematisch dar.

(ii) *(Einzel-)Freistellungen nach Art. 101 Abs. 3 AEUV*

Vereinbarungen, die nicht nach der Vertikal-GVO freigestellt sind (sei es, weil die Marktanteilsschwelle überschritten wird oder eine Kernbeschränkung vorliegt), sind nicht zwingend rechtswidrig; für sie gilt die gruppenweise Freistellung nicht.[1440] Es kommt eine Einzelfreistellung nach Art. 101 Abs. 3 AEUV in Betracht.

Nach Art. 101 Abs. 3 AEUV sind wettbewerbsbeschränkende Vereinbarungen freigestellt, wenn sie unter angemessener Beteiligung der Verbraucher an dem entstehenden Gewinn zur Verbesserung der Warenerzeugung oder -verteilung oder zur Förderung des technischen oder wirtschaftlichen Fortschritts beitragen, ohne dass (1) den beteiligten Unternehmen Beschränkungen auferlegt werden, die für die Verwirklichung dieser Ziele nicht unerlässlich sind, oder (2) Möglichkeiten eröffnet werden, für einen wesentlichen Teil der betreffenden Waren den Wettbewerb auszuschalten.

Jedoch werden Kernbeschränkungen grundsätzlich kritisch beurteilt.[1441] Kernbeschränkungen begründen nach Ansicht der Kommission die Vermutung, dass das Kartellverbot eingreift und eine Freistellung nicht vorliegt.[1442] Im

---

1436 Langen/Bunte-*Nolte*, Nach Art. 101 AEUV Rn. 498; Liebscher/Flohr/Petsche-*Petsche/Lager*, § 7 Rn. 102; *Schultze/Pautke/Wagener*, Rn. 647 ff.

1437 *Pautke/Schultze*, BB 2001, 317, 320; *Schultze/Pautke/Wagener*, Rn. 649.

1438 Immenga/Mestmäcker-*Ellger*, Art. 4 Vertikal-GVO Rn. 60; Liebscher/Flohr/Petsche-*Petsche/Lager*, § 7 Rn. 102; *Schultze/Pautke/Wagener*, Rn. 650.

1439 Langen/Bunte-*Nolte*, Nach Art. 101 AEUV Rn. 501.

1440 Liebscher/Flohr/Petsche-*Petsche/Lager*, § 7 Rn. 69.

1441 Martinek-*Habermeier*, § 36 Rn. 60.

1442 Kommission, Leitlinien für vertikale Beschränkungen, Rn. 47.

Übrigen setzt der Tatbestand des Art. 101 Abs. 3 AEUV voraus, dass die Verbraucher angemessen am Gewinn beteiligt werden, um eine Verbesserung der Warenerzeugung oder -verteilung zu erreichen. Dies wird bei kollisionsrechtlich motivierten Vertriebsverboten häufig nicht der Fall sein. Regelmäßig wirken sich diese negativ auf die Position des Abnehmers aus: Bei einer Beschränkung des passiven Verkaufs ist das Produkt in seinem Staat nicht mehr verfügbar, bei einer Beschränkung des aktiven Verkaufs ist der Endverbraucher auf seine eigene Initiative angewiesen. In der Kommissionspraxis sind Verbote des aktiven Verkaufs vom Kartellverbot im Einzelfall freigestellt, wenn sie eine Verbesserung der Warenverteilung erzielen.[1443] Im Gegensatz zu den von der Kommission entschiedenen Fällen, in denen es zu einer Rationalisierung und Intensivierung der Vermarktung in den jeweils ausschließlich zugeordneten Gebieten kam,[1444] würden die hier angedachten Vertriebs- oder Werbeverbote dazu führen, dass die Verfügbarkeit der Waren in dem jeweiligen Mitgliedstaat ausgeschlossen oder verringert wird. Bei Vertriebsverboten wird im Regelfall also auch eine Freistellung nach Art. 101 Abs. 3 AEUV nicht vorliegen.

(cc) *Schlussfolgerungen*

Obwohl die endgültige kartellrechtliche Beurteilung von den Umständen des Einzelfalls abhängt, sind kollisionsrechtlich motivierte Verbote, das Produkt in bestimmten Gebieten zu vertreiben, aus Sicht des europäischen Kartellrechts insgesamt kritisch zu beurteilen.[1445] Im Regelfall erfüllen sowohl Beschränkungen des aktiven wie auch des passiven Verkaufs den Tatbestand der Wettbewerbsbeschränkung und eine Freistellung kommt nicht in Betracht. Praktisch kann der Hersteller bestimmte nationale Märkte zwar selbst bedienen und versuchen, die Haftungskosten oder Versicherungsprämien im Produktpreis zu repräsentieren. Allerdings kann er nicht generell verhindern, dass Produkte im jeweiligen Staat überhaupt in Verkehr gebracht werden.

Wichtige Ausnahmen bestehen bei Markterschließungen, echten Markteinführungstests und der gestaffelten Einführung eines Produkts. Zumindest in Frühphasen des Produktvertriebs, in denen nur begrenzte Erfahrungswerte über

1443 Kommission, Entscheidung vom 21.12.1976 – *Junghans*, ABl. EG 1977 Nr. L 30, S. 10, Rn. 33; vgl. auch Kommission, Entscheidung vom 13.12.1985 – *Whisky und Gin*, ABl. EG 1985 Nr. L 369, S. 19, Rn. 29.

1444 Kommission, Entscheidung vom 21.12.1976 – *Junghans*, ABl. EG 1977 Nr. L 30, S. 10, Rn. 33; Kommission, Entscheidung vom 13.12.1985 – *Whisky und Gin*, ABl. EG 1985 Nr. L 369, S. 19, Rn. 29.

1445 So im Ergebnis auch jurisPK-*Lund*, Art. 5 Rom II-VO Rn. 30.

die Gefahren des jeweiligen Produkts vorhanden sind, kann das Absatzgebiet folglich unter gewissen Umständen begrenzt werden.[1446] Zudem steht das europäische Kartellrecht Vertriebsverboten, die Gebiete außerhalb der EU betreffen, nicht im Wege.

(b) *Kollisionsrechtliche Bedeutung kartellrechtswidriger Abreden*

Offen bleibt die Frage, wie sich die kartellrechtliche Wertung auf die Vorhersehbarkeit auswirkt. In der Literatur wird davon ausgegangen, dass kartellrechtswidrige Vereinbarungen kollisionsrechtlich nicht beachtet werden dürfen.[1447] So wird vorgetragen, die Abkehr von der Zustimmung hin zur Vorhersehbarkeit habe den Zweck gehabt, Widersprüche zu dem Kartellrecht zu vermeiden.[1448] Die Verordnungsgebungsmaterialien enthalten jedoch keinen Hinweis hierzu.

Der Schlussfolgerung der Literatur ist zuzustimmen. Wenn kartellrechtswidrige Vereinbarungen die Anwendbarkeit einer Rechtsordnung ausschließen würden, läge faktisch wiederum eine unzulässige Rechtswahl zulasten eines Dritten vor. Die Teilnehmer der Vertriebskette könnten den Kreis anwendbarer Rechtsordnungen gegenüber dem Geschädigten, der an der Vereinbarung nicht mitwirkt, beschränken. Durch die Vorhersehbarkeit würde eine eigenständige Form der kollisionsrechtlichen Vermeidbarkeit geschaffen, die die Gebote des Primärrechts ignoriert. Zudem wird die Nichtigkeit unzulässiger Wettbewerbsbeschränkungen durch den AEUV angeordnet. Bei verschiedenen möglichen Auslegungsvarianten muss ein Akt des Sekundärrechts so ausgelegt werden, dass er mit den Geboten des Primärrechts im Einklang steht.[1449]

(c) *Behandlung der Fälle abseits des Kartellrechts*

Auch wenn der Haftende aus anderen Gründen das Inverkehrbringen nicht verhindern kann, beispielsweise weil Vertriebsverbote für Gebiete außerhalb der EU nicht beachtet werden, ist davon auszugehen, dass das Inverkehrbringen in diesen Fällen vorhersehbar ist. Nur wenn die Vorhersehbarkeit Ausdruck des Willen des Haftenden wäre, wäre es möglich, die Einflussmöglichkeit auf das Inverkehrbringen für die Vorhersehbarkeit vorauszusetzen.[1450] Funktional stellt die Vorhersehbarkeit jedoch kein Mittel der Vermeidbarkeit dar: Sie gebietet ein

1446 Siehe dazu oben unter D.IV.2.b)cc)(3)(a)(aa)(iv).

1447 jurisPK-*Lund*, Art. 5 Rom II-VO Rn. 30; *Kozyris*, Am. J. Comp. L. 56 (2008), 471, 489; *Rodiek*, S. 101 f.; anders MüKoBGB-*Junker*, Art. 5 Rom II-VO Rn. 44.

1448 *Kozyris*, Am. J. Comp. L. 56 (2008), 471, 489.

1449 Vgl. Riesenhuber-*Leible/Domröse*, § 8 Rn. 7.

1450 Dies zeigt *Thorn*, FS Schmidt, S. 1561, 1576 für ein zurechnungsgetragenes Verständnis auf.

kognitives Verständnis. Der normative Gehalt der Vorhersehbarkeit geht nicht so weit, dass sich das Interesse an Vermeidbarkeit gegen das Wissen durchsetzt. *Huber/Bach* haben zu Recht darauf hingewiesen, dass der erklärte Widerspruch im Fall der Kenntnis der Nichtbeachtung als *protestatio facto contrario* wegen Rechtsmissbrauch unbeachtlich sein sollte.[1451] Wenn der Haftende weiß oder wissen muss, dass vorbeugende Maßnahmen unbeachtlich sind, kann er den Vorhersehbarkeitseinwand nicht wirksam geltend machen.

3. Zwischenergebnis

Das Inverkehrbringen in einem Staat ist vorhersehbar, wenn der Haftende das Inverkehrbringen des Produkts oder eines gleichartigen Produkts kannte oder pflichtwidrig nicht kannte. Da der Vorsatz gegenüber dem Wissen ein engerer Maßstab ist, ist das Inverkehrbringen für den Haftenden jeweils dann vorhersehbar, wenn er ihm zugestimmt hat oder er es auf andere Weise wollte. Dies kann in Anlehnung an Art. 15 Abs. 1 lit. c Brüssel I-VO und Art. 6 Abs. 1 lit. b Rom I-VO bestimmt werden. Für die pflichtwidrige Unkenntnis kommt es darauf an, ob erkennbare Anhaltspunkte vorliegen, die den Haftenden zu besonderen Nachforschungen hätten veranlassen müssen. Die Sorgfaltsanforderungen, die an den jeweils Haftenden gestellt werden, sind hier zu definieren.

Die Pflichtwidrigkeit der Unkenntnis hängt von einer wertenden Betrachtung aller Umstände des Einzelfalls ab. Zunächst sind direkte Kontakte mit dem Absatzmarkt maßgeblich. Weiterhin ist nach der Art des Produkts zu differenzieren. Wenn ein Produkt an die Bedürfnisse eines bestimmten Markts angepasst wird, ist das Inverkehrbringen auf dem jeweiligen Markt in der Regel vorhersehbar. Wenn das Produkt in einem Staat objektiv nicht nutzbar ist, ist das Inverkehrbringen grundsätzlich nicht vorhersehbar. Zum anderen ist nach dem genutzten Vertriebsweg zu unterscheiden. Kriterien für die Annahme der Vorhersehbarkeit sind der indirekte und direkte Eigenvertrieb, die Kontrolle über den Vertriebsweg sowie die Initiierung des Vertriebswegs. Der rechtswidrige Vertrieb ist hingegen regelmäßig nicht vorhersehbar. Zudem ist auch das vorhersehbare Absatzgebiet ein maßgeblicher Faktor. Die Stellung in der Vertriebskette, die Wahl der Vertriebspartner und die Marktumstände geben Auskunft über das vorhersehbare Absatzgebiet. Während Einzelhändler typischerweise einen regionalen Markt bedienen, zielen Hersteller und zwischenstaatlich tätige Vertriebsunternehmen auf einen breiteren Markt ab. Der Vertrieb in Freihandelszonen ist

1451 So zu dem Einwand mangelnder Zustimmung wie er im Kommissionsentwurf aus dem Jahr 2003 enthalten war *Huber/Bach*, IPRax 2005, 73, 77.

ein Indiz dafür, dass der Vertrieb in allen dazugehörigen Staaten vorhersehbar ist, wobei dies von der Art des Produkts abhängt. Die Größe des Haftenden und die Anzahl verkaufter Produkte haben ebenfalls indizielle Bedeutung für die Vorhersehbarkeit.

Erst wenn der Haftende von dem Inverkehrbringen des Produkts in einem Staat wissen muss, ist er verpflichtet, vorbeugende Maßnahmen im Hinblick auf den jeweiligen Staat zu ergreifen. Relative Maßnahmen, d.h. vertragliche Abreden über das Absatzgebiet des Produkts, erweisen sich hier als das richtige Mittel, weil der Haftende grundsätzlich mit deren Einhaltung rechnen darf. Dies gilt vor allem dann, wenn sie mit der Pflicht zur Weitergabe oder Vertragsstrafen verbunden werden. Bei einer Missachtung des Verbots muss der Haftende einschreiten. Die mangelnde Wirksamkeit oder Durchsetzbarkeit vertraglicher Abreden, insbesondere aufgrund kartellrechtlicher Grenzen, geht zu seinen Lasten.

V. Relevanter Zeitpunkt

Da sich die Vorhersehbarkeit in räumlicher Hinsicht auf das Inverkehrbringen bezieht, sollte dies auch in zeitlicher Hinsicht gelten. Entsprechend des relevanten Zeitpunkts für das Inverkehrbringen kommt es grundsätzlich auch für die Vorhersehbarkeit auf den Zeitpunkt des Schadenseintritts an.[1452]

Bereits im Rahmen des Inverkehrbringens wurde die Frage aufgeworfen, ob das Angebotsende nach einer gewissen Zeit dazu führt, dass das Inverkehrbringen nicht mehr vorhersehbar ist. Zu dem Haager Übereinkommen vertritt *Reese* die Ansicht, dass die Umstände des Einzelfalls die Vorhersehbarkeit entfallen lassen können.[1453] Wenn die Produkte noch vor Kurzem in dem Staat in Verkehr gebracht wurden und sich eine beträchtliche Anzahl von Produkten zum Zeitpunkt des Schadenseintritts im Umlauf befinden würden, könne die Vorhersehbarkeit regelmäßig angenommen werden. Andererseits müsse die Vorhersehbarkeit entfallen, wenn die Produkte vor so langer Zeit in dem Land vertrieben wurden, dass sich keines der Produkte zum Zeitpunkt des Schadenseintritts noch dort befindet.[1454] Dies sollte auch für die Rom II-Verordnung gelten. Für die Frage, ob sich das jeweilige Produkt üblicherweise noch im Umlauf befindet, sollte insbesondere dem Lebenszyklus, d.h. der üblichen Haltbarkeit des Produkts, Beachtung geschenkt werden.

1452 Siehe bereits oben unter C.IV zum relevanten Zeitpunkt für das Inverkehrbringen.
1453 *Reese*, in: Conférence de La Haye, Actes et Documents 12. session, S. 252, 264.
1454 *Reese*, in: Conférence de La Haye, Actes et Documents 12. session, S. 252, 264.

VI. Verteilung der Beweislast

Die Darlegungs- und Beweislast für die mangelnde Vorhersehbarkeit trägt der Haftende.[1455] Dies belegt schon die negative Formulierung des Vorhersehbarkeitseinwands. Art. 7 Haager Übereinkommen ist noch deutlicher in dieser Hinsicht.[1456] Der Wortlaut des Art. 5 Abs. 1 Satz 2 Rom II-VO lässt offen, ob das Gericht in einem Prozess die Vorhersehbarkeit *ex officio* prüfen kann.[1457] Richtigerweise steht es dem Haftenden jedoch frei, den Vorhersehbarkeitseinwand geltend zu machen, weil dieser ihn schützt.[1458] Dies wird auch durch den ursprünglichen Kommissionsentwurf belegt.[1459] Danach kam es darauf an, ob der Haftende den *Nachweis erbrachte*, dass das Produkt ohne seine Zustimmung im betreffenden Staat in Verkehr gebracht wurde.[1460]

VII. Rechtsfolge

Wenn der Vorhersehbarkeitseinwand erfolgreich geltend gemacht wird, ist nach Art. 5 Abs. 1 Satz 2 Rom II-VO das Recht des gewöhnlichen Aufenthalts des Haftenden anzuwenden, wobei der gewöhnliche Aufenthalt nach Art. 23 Rom II-VO ermittelt wird. Umstritten ist, welche Rechtsfolge die erfolgreiche

---

1455 So auch die herrschende Literatur: Bamberger/Roth-*Spickhoff*, Art. 5 Rom II-VO Rn. 11; Calliess-*Schmid/Pinkel*, Rome Regulations, Art. 5 Rome II Rn. 40; *Heiss/Loacker*, JBl 2007, 613, 627, Fn. 274; jurisPK-*Lund*, Art. 5 Rom II-VO Rn. 29; Kullmann/Pfister-*Pfister*, Produzentenhaftung, Nr. 4010, S. 20, Fn. 110; *Plender/Wilderspin*, European Private International Law^3, Rn. 19-115; PWW-*Schaub*, Art. 5 Rom II-VO Rn. 7; Rauscher-*Unberath/Cziupka/Pabst*, EuZPR/EuIPR, Art. 5 Rom II-VO Rn. 94; *Schwartze*, NIPR 2008, 430, 432; Spindler/Schuster-*Weller/Nordmeier*, Art. 5 Rom II-VO Rn. 6.

1456 So *Plender/Wilderspin*, European Private International Law^3, Rn. 19-115. Art. 7 Haager Übereinkommen besagt: „Neither the law of the State of the place of injury nor the law of the State of the habitual residence of the person directly suffering damage shall be applicable by virtue of Articles 4, 5 and 6 *if the person claimed to be liable establishes* that he could not reasonably have foreseen that the product or his own products of the same type would be made available in that State through commercial channels." (Hervorhebung durch den Verfasser).

1457 *Plender/Wilderspin*, European Private International Law, Rn. 19-112.

1458 *Huber/Illmer*, YbPIL 9 (2007), 31, 45; Rauscher-*Unberath/Cziupka/Pabst*, EuZPR/EuIPR, Art. 5 Rom II-VO Rn. 94.

1459 So bereits *Huber/Illmer*, YbPIL 9 (2007), 31, 45.

1460 Siehe Art. 4 des Kommissionsentwurfs vom 22.7.2003, KOM (2003) 427 endgültig, S. 38.

Geltendmachung des Vorhersehbarkeitseinwands auslöst, wenn sie sich nur auf eine Sprosse der Anknüpfungsleiter bezieht. Dies wäre beispielweise der Fall, wenn der Haftende zwar das Inverkehrbringen am gewöhnlichen Aufenthalt des Geschädigten (Art. 5 Abs. 1 Satz 1 lit. a Rom II-VO) nicht vorhersehen konnte, wohl aber dasjenige am Erwerbsort (Art. 5 Abs. 1 Satz 1 lit. b Rom II-VO). Auf Grundlage des Wortlauts des Art. 5 Abs. 1 Satz 2 Rom II-VO kommt es stets zu einer Anwendung des Rechts des gewöhnlichen Aufenthalts des Haftenden.[1461]

Eine Literaturansicht geht auf Grundlage des Wortlauts des Art. 5 Abs. 1 Satz 2 Rom II-VO davon aus, dass bei mangelnder Vorhersehbarkeit auf einer Stufe der Anknüpfungsleiter stets den Interessen des Haftenden der Vorrang eingeräumt wird, indem das Recht seines gewöhnlichen Aufenthalts angewandt wird.[1462] Nach abweichender Ansicht wird das Recht seines gewöhnlichen Aufenthalts nur als *ultima ratio* berufen.[1463] Da auf den ersten beiden Stufen der Anknüpfungsleiter davon die Rede ist, dass die nächste Stufe der Anknüpfungsleiter nur „andernfalls" zur Anwendung komme, werde deutlich, dass es nicht ausreichend sein könne, nur hinsichtlich einer Stufe der Anknüpfungsleiter den Vorhersehbarkeitseinwand erfolgreich geltend zu machen.[1464] Entsprechend führe der erfolgreiche Nachweis, das Inverkehrbringen des Produkts sei in dem Staat, dessen Recht nach Art. 5 Abs. 1 Satz 1 lit. a bis c Rom II-VO an sich anwendbar wäre, nicht vorhersehbar gewesen, zur Anwendbarkeit der nächsten Stufe der Anknüpfungsleiter, es sei denn der Vorhersehbarkeitseinwand greife auch

---

1461 So Erman-*Hohloch*, Art. 5 Rom II-VO Rn. 13; *v. Hein*, VersR 2007, 440, 447; *Heiss/Loacker*, JBl 2007, 613, 627; Huber-*Illmer*, Rome II Regulation, Art. 5 Rn. 37; *Kozyris*, Am. J. Comp. L. 56 (2008), 471, 486; Kullmann/Pfister-*Pfister*, Produzentenhaftung, Nr. 4010, S. 20; MüKoBGB-*Junker*, Art. 5 Rom II-VO Rn. 45; *Rushworth/Scott*, LMCLQ 2008, 274, 284; *Spickhoff*, FS Kropholler, S. 671, 685; Spindler/Schuster-*Weller/Nordmeier*, Art. 5 Rom II-VO Rn. 6; *Staudinger/Czaplinski*, JA 2008, 401, 408; *Sujecki*, EWS 2009, 310, 315; *Symeonides*, Am. J. Comp. L. 56 (2008), 173, 206; *G. Wagner*, IPRax 2008, 1, 6.

1462 MüKoBGB-*Junker*, Art. 5 Rom II-VO Rn. 45; vgl. auch *Spickhoff*, FS Kropholler, S. 671, 685.

1463 Calliess-*Schmid/Pinkel*, Rome Regulations, Art. 5 Rome II Rn. 40; *Dickinson*, Rome II, Rn. 5.44; *Garcimartín Alférez*, EuLF 2007, I-77, I-85; *v. Hein*, Tul. L. Rev. 82 (2008), 1663, 1696 f.; Hk-BGB-*Dörner*, Art. 5 Rom II-VO Rn. 10; NK-*Lehmann*, Art. 5 Rom II-VO Rn. 99; *Plender/Wilderspin*, European Private International Law, Rn. 19-107 f.; vgl. auch *Sonnentag*, ZVglRWiss 105 (2006), 256, 281. So auch *de lege ferenda Kadner Graziano*, VersR 2004, 1205, 1210; *G. Wagner*, IPRax 2006, 372, 382.

1464 *Dickinson*, Rome II, Rn. 5.44; *Garcimartín Alférez*, EuLF 2007, I-77, I-85.

hinsichtlich dieser Rechtsordnung durch.[1465] Andernfalls entfalle der Zweck der Anknüpfungsleiter.[1466] Gleichzeitig werde die Bedeutung des Erwerbsorts untermauert, so dass die Wettbewerbsgleichheit und die Steuerungsfunktion des Haftungsrechts gewährleistet und das Vertrauen in die Geltung des Marktortrechts gestärkt werde.[1467]

Fraglich ist, welche Ansicht vorzugswürdig ist. Nach dem Wortlaut des Art. 5 Abs. 1 Satz 2 Rom II-VO hängt die Anwendung des Rechts des gewöhnlichen Aufenthalts des Haftenden nicht davon ab, dass die mangelnde Vorhersehbarkeit hinsichtlich aller Sprossen der Anknüpfungsleiter nachgewiesen wird. Vielmehr bezieht sich die Vorhersehbarkeit nur auf die jeweils in Frage stehende Sprosse und stützt damit die erstgenannte Ansicht.[1468] Doch verkürzt diese Auslegung die Struktur des Art. 5 Rom II-VO.[1469] Der Zweck einer Anknüpfungsleiter besteht darin, die Reihenfolge maßgeblicher Anknüpfungsmomente festzulegen.[1470] Die automatische Anwendung des Aufenthaltsrechts des Haftenden im Fall mangelnder Vorhersehbarkeit würde die festgelegte Reihenfolge missachten, indem einzelne Sprossen der Anknüpfungsleiter übersprungen werden könnten.

Ferner wird in der Literatur zu Recht darauf hingewiesen, dass die Anwendung des Rechts des gewöhnlichen Aufenthalts des Haftenden für den Geschädigten regelmäßig überraschend ist.[1471] Dem Geschädigten ist häufig weder die mangelnde Vorhersehbarkeit noch der gewöhnliche Aufenthalt des Haftenden bekannt.[1472] Soweit die erfolgreiche Geltendmachung des Vorhersehbarkeitseinwands nicht automatisch zur Anwendung des Rechts des gewöhnlichen

---

1465 Calliess-*Schmid/Pinkel*, Rome Regulations, Art. 5 Rome II Rn. 40; *Garcimartín Alférez*, EuLF 2007, I-77, I-85; *Plender/Wilderspin*, European Private International Law, Rn. 19-108.

1466 Calliess-*Schmid/Pinkel*, Rome Regulations, Art. 5 Rome II Rn. 40.

1467 So *de lege ferenda G. Wagner*, IPRax 2006, 372, 382; in diesem Sinne zum Vertrauen des Erwerbers in die Geltung des Rechts des Marktorts *Sack*, FS Ulmer, S. 495, 503.

1468 Siehe den Wortlaut des Art. 5 Abs. 1 Satz 2 Rom II-VO: „(…) wenn sie das Inverkehrbringen des Produkts oder eines gleichartigen Produkts in dem Staat, dessen Recht nach den Buchstaben a, b oder c anzuwenden ist, vernünftigerweise nicht voraussehen konnte."

1469 In diesem Sinne bereits Calliess-*Schmid/Pinkel*, Rome Regulations, Art. 5 Rome II Rn. 40.

1470 Vgl. *v. Hoffmann/Thorn*, IPR, § 2 Rn. 118; *Kropholler*, S. 143; *Rauscher*, IPR, Rn. 315cc.

1471 *Kadner Graziano*, VersR 2004, 1205, 1210.

1472 So in Bezug auf den Kommissionsvorschlag aus dem Jahr 2003 *Kadner Graziano*, VersR 2004, 1205, 1210, der allerdings anstelle der Vorhersehbarkeit noch die Zustimmung des Haftenden enthielt.

Aufenthalts des Haftenden führt, sondern lediglich die nächste Anknüpfungsleiter beruft, wird der Geschädigte in weniger Fällen durch eine unbekannte Rechtsordnung überrascht.

Wenn ein Hersteller bewusst Produkte für den Export herstellt, wird auch er ggf. an einer eingeschränkten Anwendung des Rechts seines gewöhnlichen Aufenthalts interessiert sein: Im Einzelfall kann die Rechtsordnung des gewöhnlichen Aufenthalts des Herstellers strenger sein als diejenige des Erwerbsorts, was den Hersteller zur Exporttätigkeit veranlasst haben mag. Auch wenn das Recht des gewöhnlichen Aufenthalts des Herstellers günstiger ist als das an sich anwendbare Haftungsstatut, widerfährt ihm kein Unrecht, wenn die Stufen der Anknüpfungsleiter beachtet werden. Schließlich hat er die Möglichkeit, auch in Hinblick auf die nächste Stufe der Anknüpfungsleiter die mangelnde Vorhersehbarkeit nachzuweisen.

Folglich setzen sich systematische Erwägungen und die Interessenlage der Parteien gegen den Wortlaut des Vorhersehbarkeitseinwands durch. Erst wenn das Inverkehrbringen weder am gewöhnlichen Aufenthalt des Geschädigten noch am Erwerbsort oder am Erfolgsort vorhersehbar war, wird das Recht des gewöhnlichen Aufenthalts des Haftenden angewendet.

VIII. Ergebnis zur Vorhersehbarkeit

Sowohl die effektive Versicherbarkeit der internationalen Produkthaftung, die Zurechenbarkeit, das Gebot der Rechtssicherheit in der speziellen Ausprägung der Bestimmtheit und der haftungsrechtliche Präventionsgedanke rechtfertigen die Existenz des Vorhersehbarkeitseinwands. Für die Vorhersehbarkeit kommt es auf die Erkennbarkeit des anwendbaren Rechts an, so dass ein kognitives Verständnis geboten ist. Wenn der Haftende das Produkt in einem Staat willentlich in Verkehr bringt, ist die Vorhersehbarkeit stets gegeben. Im Übrigen ist es ausreichend, dass der Haftende von dem Inverkehrbringen in dem jeweiligen Staat weiß oder wissen muss. Während die Kenntnis des Inverkehrbringens stets zur Vorhersehbarkeit führt, ist das Kennenmüssen normativ einzuschränken, so dass konkrete Anhaltspunkte erforderlich sind. Es besteht keine allgemeine Produktverfolgungspflicht. Die pflichtwidrige Unkenntnis ist anhand einer wertenden Betrachtung der Umstände des Einzelfalls zu bestimmen. In diesem Rahmen sind direkte Kontakte mit einem Staat beachtlich und es ist insbesondere nach der Art des Produkts, dem genutzten Vertriebsweg, der Anzahl verkaufter Produkte und der Größe und dem Leistungsvermögen des Haftenden zu differenzieren.

Vorbeugende Maßnahmen müssen erst dann ergriffen werden, wenn der Haftende von dem Inverkehrbringen des Produkts wissen muss. Vertragliche Beschränkungen des Vertriebsgebiets können den Vertrieb des Produkts in einem bestimmten Staat verhindern. Das europäische Kartellrecht lässt jedoch Vertriebsverbote für den Binnenmarkt in den meisten Fällen nicht zu. Wichtige Ausnahmen bestehen nur in Frühphasen des Vertriebs und bei Vertriebsverboten, die nicht den Binnenmarkt zum Gegenstand haben. Gegen die positive Kenntnis des Inverkehrbringens können sich vorbeugende Maßnahmen letztlich nicht durchsetzen.

Ferner ist eine restriktive Anwendung des Rechts des gewöhnlichen Aufenthalts des Haftenden geboten. Dieses ist nur anwendbar, wenn der Haftende die mangelnde Vorhersehbarkeit auf allen Stufen der Anknüpfungsleiter des Art. 5 Abs. 1 Satz 1 Rom II-VO nachweist.

E. Berücksichtigung von Sicherheits- und Verhaltensregeln nach Art. 17 Rom II-VO

Neben Inverkehrbringen und dessen Vorhersehbarkeit kommt Art. 17 Rom II-VO als Verteidigungsmechanismus für den Haftenden in Betracht. Nach Art. 17 Rom II-VO sind bei der Beurteilung des Verhaltens der Person, deren Haftung geltend gemacht wird, faktisch und soweit angemessen die Sicherheits- und Verhaltensregeln zu berücksichtigen, die an dem Ort und zu dem Zeitpunkt des haftungsbegründenden Ereignisses in Kraft sind.

Wie eingangs dargestellt,[1473] besteht der Zweck des Art. 17 Rom II-VO darin, einen angemessenen Interessenausgleich zu gewährleisten.[1474] Einerseits soll Art. 17 Rom II-VO die Unvorhersehbarkeit des anwendbaren Rechts auf Seiten des potentiell Haftenden verhindern.[1475] Wenn der potentiell Haftende die Sicherheits- und Verhaltensregeln des Orts und Zeitpunkts der maßgeblichen Handlung einhält, wird er regelmäßig erwarten, dass das in Frage stehende Verhalten rechtlich keine Nachteile mit sich bringt.[1476] So wird auf seiner Seite Rechtssicherheit geschaffen.[1477] Indem der Haftende leicht den Inhalt relevanter Verhaltensregeln erkennen kann, werden zusätzlich die Transaktionskosten für die Informationsgewinnung reduziert.[1478] Andererseits wahrt Art. 17 Rom II-VO die Interessen des Geschädigten,[1479] denn der Produkter-

---

1473 Siehe oben unter B.II.

1474 Siehe Erwägungsgrund 34 der Rom II-Verordnung: sowie Bamberger/Roth-*Spickhoff*, Art. 17 Rom II-VO Rn. 1; Calliess-*v. Hein*, Rome Regulations, Art. 17 Rome II Rn. 2; *ders.*, FS v. Hoffmann, S. 139, 140; *Plender/Wilderspin*, European Private International Law, Rn. 19-137; *Rüppell*, S. 87 f.; *G. Wagner*, IPrax 2008, 1, 5.

1475 Calliess-*v. Hein*, Rome Regulations, Art. 17 Rome II Rn. 1; *ders.*, FS v. Hoffmann, S. 139. *Leible/Lehmann*, RIW 2007, 721, 725; *G. Wagner*, IPRax 2008, 1, 5, 7.

1476 *De Boer*, NILR 2009, 285, 315; Calliess-*v. Hein*, Rome Regulations, Art. 17 Rome II Rn. 2; *v. Hein*, FS v. Hoffmann, S. 139, 140; Rauscher-*Jakob/Picht*, EuZPR/EuIPR, Art. 17 Rom II-VO Rn. 1; *G. Wagner*, IPRax 2008, 1, 5; so allgemein auch *Riegl*, S. 175.

1477 *Rüppell*, S. 88; vgl. auch *Dornis*, EuLF 2007, I-152, I-157.

1478 Calliess-*v. Hein*, Rome Regulations, Art. 17 Rome II Rn. 2; *ders.*, FS v. Hoffmann, S. 139, 140; vgl. zu entstehenden Informationskosten bereits oben unter D.IV.2.b) aa).

1479 So zu Art. 9 Haager Übereinkommen *Cavers*, ICLQ 26 (1977), 703, 725; *Durham*, Ga. J. Int'l L. 4 (1974), 178, 187 f.; *Fallon*, Les accidents de la consommation, S. 261; *Lorenz*, RabelsZ 57 (1993), 175, 205; *Sack*, FS Ulmer, S. 495, 503; vgl. in

werber rechnet ebenfalls mit der Anwendung des Rechts, „auf dessen Markt er kauft."[1480]

I. Ort des haftungsbegründen Ereignisses

Nach Art. 17 Rom II-VO gelten die Sicherheits- und Verhaltensregeln, die am Ort des haftungsbegründenden Ereignisses in Kraft sind.

1. Ort des Inverkehrbringens

Nach herrschender[1481] und richtiger Ansicht ist der Ort des haftungsbegründenden Ereignisses der Handlungsort. Dies ergibt sich bereits aus einem Vergleich mit dem Wortlaut des Art. 4 Abs. 1 Rom II-VO, der vom schadensbegründenden Ereignis (und eben nicht vom haftungsbegründenden Ereignis) spricht.[1482] In gleichem Sinne bezieht sich Erwägungsgrund 34 explizit auf „die Sicherheits- und Verhaltensregeln des Staates, in dem die schädigende Handlung begangen wurde."[1483] Das Telos der Vorschrift, für den potentiell Haftenden die Vorhersehbarkeit maßgeblicher Verhaltensstandards abzusichern, wird insbesondere dann erreicht, wenn die Verhaltensgebote des Handlungsorts herangezogen

---

diesem Sinne zu Art. 17 Rom II-VO *Dickinson*, Rome II, Rn. 15.34; *v. Hein*, FS v. Hoffmann, S. 139, 140, 152; *Muir Watt*, in: Corneloup/Joubert, S. 129, 140; *Plender/Wilderspin*, European Private International Law, Rn. 19-137; *Symeonides*, FS Jayme, S. 935, 944; *ders.*, Am. J. Comp. L. 56 (2008), 173, 214 f., sowie den Kommissionsentwurf vom 22.7.2003, KOM (2003) 427 endgültig, S. 28, wonach der Haftende die lokalen Sicherheits- und Verhaltensregeln beachten muss. Anders Huber-*Bach*, Rome II Regulation, Art. 17 Rn. 10; *G. Wagner*, IPrax 2008, 1, 6, wonach Art. 17 allein den Haftenden schütze; siehe dazu noch ausführlich unter E.IV.2.

1480 *Sack*, FS Ulmer, S. 495, 503.

1481 Calliess-*v. Hein*, Rome Regulations, Art. 17 Rome II Rn. 21; *ders.*, FS v. Hoffmann, S. 139, 147 f.; jurisPK-*Engel*, Art. 17 Rom II-VO Rn. 8; vgl. auch Bamberger/Roth-*Spickhoff*, Art. 17 Rom II-VO Rn. 1; Huber-*Bach*, Rome II Regulation, Art. 17 Rn. 18; MüKoBGB-*Junker*, Art. 17 Rom II-VO Rn. 18; Palandt-*Thorn*, Art. 17 Rom II-VO Rn. 3; PWW-*Remien/Schaub*, Art. 17 Rom II-VO Rn. 1; Rauscher-*Jakob/Picht*, EuZPR/EuIPR, Art. 17 Rom II-VO Rn. 7.

1482 Rauscher-*Jakob/Picht*, EuZPR/EuIPR, Art. 17 Rom II-VO Rn. 7; *Rüppell*, S. 89.

1483 So bereits Calliess-*v. Hein*, Rome Regulations, Art. 17 Rome II Rn. 21; *ders.*, FS v. Hoffmann, S. 139, 147; PWW-*Remien/Schaub*, Art. 17 Rom II-VO Rn. 2; Rauscher-*Jakob/Picht*, EuZPR/EuIPR, Art. 17 Rom II-VO Rn. 4.

werden.[1484] Im Internationalen Produkthaftungsrecht ist der Handlungsort, wie bereits erörtert, der Ort des Inverkehrbringens.[1485]

2. Inverkehrbringen des Produkts oder gleichartiger Produkte?

In Anbetracht des Wortlauts des Art. 5 Abs. 1 Satz 2 Rom II-VO ist jedoch fraglich, ob Art. 17 Rom II-VO auf den Ort des Inverkehrbringens des schadensstiftenden Produkts oder auch das Inverkehrbringen gleichartiger Produkte Bezug nimmt. Da gleichartige Produkte nach dem hier vertretenen Ansatz die gleichen Sicherheitsmerkmale aufweisen,[1486] ist die Frage nicht in allen Fällen erheblich, sollte aber für verbleibende Zweifelsfälle dennoch geklärt werden.

In der Literatur wird das Problem, soweit ersichtlich, nicht diskutiert. Ohne nähere Erläuterung stellen einzelne Autoren auf das Inverkehrbringen des schadensstiftenden Produkts ab.[1487] Die Vorschrift geht u.a. auf Art. 9 Haager Übereinkommen zurück,[1488] so dass die hierzu vertretenen Ansichten als Auslegungshilfe herangezogen werden können.[1489] Art. 9 Haager Übereinkommen offenbart ein gleichgelagertes Problem. Danach sind die Sicherheits- und Verhaltensregeln des Staats, „in dem das Produkt in Verkehr gebracht wurde“[1490], zu berücksichtigen. Unterschiedliche Ansichten werden zu der Frage vertreten, wie der Produktbegriff auszulegen ist. Verschiedene Stimmen in der Literatur halten die Vermarktung des konkret schadensstiftenden Produkts für maßgeblich.[1491]

1484 Calliess-*v. Hein*, Rome Regulations, Art. 17 Rome II Rn. 21; *ders.*, FS v. Hoffmann, S. 139, 147 f.; vgl. auch MüKoBGB-*Junker*, Art. 17 Rom II-VO Rn. 18; Palandt-*Thorn*, Art. 17 Rom II-VO Rn. 3; PWW-*Remien/Schaub*, Art. 17 Rom II-VO Rn. 1.

1485 Siehe dazu schon ausführlich unter C.I.2.

1486 Siehe dazu C.VI.2.

1487 MüKoBGB-*Junker*, Art. 5 Rom II-VO Rn. 54; *Plender/Wilderspin*, European Private International Law, Rn. 19-128.

1488 Kommissionsentwurf vom 22.7.2003, KOM (2003) 427 endgültig, S. 27; *Dickinson*, Rome II, Rn. 15.27; *Dornis*, EuLF 2007, I-152, 156; *Garcimartín Alférez*, EuLF 2007, I-77, I-90; *v. Hein*, FS v. Hoffmann, S. 139, 142; Huber-*Bach*, Rome II Regulation, Art. 17 Rn. 4; jurisPK-*Engel*, Art. 17 Rom II-VO Rn. 2; Rauscher-*Jakob/Picht*, EuZPR/EuIPR, Art. 17 Rom II-VO Rn. 1; *Symeonides*, FS Jayme, S. 935, 941; *ders.*, Am. J. Comp. L. 56 (2008), 173, 211.

1489 *v. Hein*, FS v. Hoffmann, S. 139, 142.

1490 So die Übersetzung des Übereinkommens in Staudinger-*v. Hoffmann*, Art. 40 EGBGB Rn. 80.

1491 *Cavin*, SchwJbIntR 28 (1972), 44, 56; *Drobnig*, in: v. Caemmerer, S. 298; 337; *Dutoit*, NILR 1973, 109, 120; *Lorenz*, RabelsZ 37 (1973), 317, 351; *Reese*, Int'l L. 8 (1974), 606, 611; *Sack*, FS Ulmer, S. 495, 499 f.

Vereinzelt wird aber auch vertreten, dass die Vermarktung gleichartiger Produkte[1492] oder das gesamte Gebiet, in dem das Produkt im Handel angeboten wird, den Ausschlag geben kann.[1493]

Die Wahrung systematischer Kohärenz mit Art. 5 Abs. 1 Satz 2 Rom II-VO spricht zwar dafür, gleichartige Produkte miteinzubeziehen, doch überzeugt eine entsprechend weite Auslegung aus verschiedenen Gründen nicht. Zunächst sprechen die beiderseitigen Parteiinteressen dafür, das schadensstiftende Produkt heranzuziehen. Die Erwartungen des Erwerbers werden durch den Kauf des konkreten Produkts begründet. Obwohl sich der Haftende auch durch gleichartige Produkte hinsichtlich beachtlicher Verhaltensstandards leiten lassen kann, wird diese Funktion effektiver durch eine Bezugnahme auf das konkrete Produkt durchgesetzt.[1494] Ferner ist unklar, welche Verhaltensstandards das Gericht berücksichtigen soll, wenn gleichartige Produkte in mehreren Staaten in Verkehr gebracht werden.[1495]

Im Gegensatz zum Deliktsstatut, das anhand betroffener Parteiinteressen die engste Verbindung bestimmt, sind öffentliche Belange für den räumlichen Geltungsbereich der Sicherheits- und Verhaltensregeln zumindest mitentscheidend.[1496] Staaten sind regelmäßig daran interessiert, nur die Produkte den lokalen Sicherheitsstandards zu unterwerfen, die im Inland vertrieben werden.[1497] Entsprechend ist beispielsweise auch das deutsche Produktsicherheitsgesetz räumlich nur dann anwendbar, wenn ein Produkt in Deutschland in Verkehr gebracht, bereit- oder ausgestellt oder erstmalig verwendet wird;[1498] d.h. der Empfänger des Produkts muss in Deutschland sein.[1499] Gewahrt wird das öffentliche Interesse dann, wenn das schadensstiftende Produkt entscheidend ist. Nur wenn sich Art. 17 Rom II-VO auf das konkret schadensstiftende Produkt bezieht,

---

1492 *Fallon*, J. T. 89 (1974), 73, 78.

1493 *Fallon*, Les accidents de la consommation, S. 417 f.; *Zabalo Escudero*, Rev. esp. der. int. 1991, 75, 98 f.

1494 *Lorenz*, RabelsZ 37 (1973), 317, 350.

1495 So zu Art. 9 Haager Übereinkommen *Duintjer Tebbens*, S. 352.

1496 *Stoll*, in: v. Caemmerer, S. 160, 176.

1497 *Plender/Wilderspin*, European Private International Law, Rn. 19-128; Staudinger-*v. Hoffmann*, Art. 40 EGBGB Rn. 103; *Zabalo Escudero*, Rev. esp. der. int. 1991, 75, 97; in diesem Sinne auch allgemein *Bogdan*, in: Ahern/Binchy, S. 219, 227; *Stoll*, in: v. Caemmerer, S. 160, 176.

1498 *Wilrich*, Rn. 151, 164, 195, 220; so auch zu Vorgängervorschriften BVerwG vom 24.2.1976, DB 1976, 717; BGH vom 13.5.1981, NJW 1981, 2640, 2641.

1499 *Wiebauer*, EuZW 2012, 14, 18; *Wilrich*, Rn. 164; so auch zum GenTG OLG Frankfurt a.M. vom 6.2.2009, 2 U 128/07 – zitiert nach juris, Rn. 87.

wird auch die Wettbewerbsgleichheit gefördert. In diesem Fall sind alle Produkte, die auf dem jeweiligen Markt angeboten werden, denselben Sicherheitsvorschriften unterworfen.[1500] Aus den verschiedenen genannten Gründen muss eine weite Auslegung, nach der gleichartige Produkte für Art. 17 Rom II-VO relevant wären, außen vor bleiben.

II. Zeitpunkt des haftungsbegründen Ereignisses

Das haftungsbegründende Ereignis ist auch in zeitlicher Hinsicht entscheidend. Teilweise kritisiert die Literatur dies: Es bestehe die Gefahr, dass der Hersteller für Haftungsverschärfungen eintreten müsse, die nach dem Inverkehrbringen des Produkts erlassen würden.[1501] Schließlich lege auch Art. 9 Haager Übereinkommen den Anknüpfungszeitpunkt nicht fest.[1502] Soweit jedoch das Inverkehrbringen als haftungsbegründendes Ereignis angesehen wird,[1503] ist die Kritik unbegründet.[1504]

III. Sicherheits- und Verhaltensregeln

Die herrschende Meinung in der Literatur vertritt ein weites Verständnis hinsichtlich beachtlicher Sicherheits- und Verhaltensregeln.[1505] Danach kommt jede verhaltensleitende Norm in Betracht, die ein bestimmtes Verhalten fordert,

---

1500 So zu Art. 9 Haager Übereinkommen *Sack*, FS Ulmer, S. 495, 500.

1501 So die Befürchtung von *Heiss/Loacker*, JBl 2007, 613, 637; *Kreuzer*, in: Reichelt/Rechberger, S. 13, 49; *Leible/Engel*, EuZW 2004, 7, 16; vgl. auch die Stellungnahme der 2. Kommission des Deutschen Rates für Internationales Privatrecht vom 1.9.2002 zum Vorentwurf eines Vorschlags der Europäischen Kommission für eine Verordnung des Rates äber das auf außervertragliche Schuldverhältnisse anzuwendende Recht, S. 51 f.

1502 *Kreuzer*, in: Reichelt/Rechberger, S. 13, 49.

1503 Bamberger/Roth-*Spickhoff*, Art. 17 Rom II-VO Rn. 7; Huber-*Bach*, Rome II Regulation, Art. 17 Rn. 18; MüKoBGB-*Junker*, Art. 17 Rom II-VO Rn. 31; *Rudolf*, WBL 2009, 525, 533; so auch zu Art. 9 Haager Übereinkommen *Dutoit*, NILR 1973, 109, 120; *Lorenz*, RabelsZ 37 (1973), 317, 351.

1504 MüKoBGB-*Junker*, Art. 17 Rom II-VO Rn. 31.

1505 *Dickinson*, Rome II, Rn. 15.32; Huber-*Bach*, Rome II Regulation, Art. 17 Rn. 13; *Ofner*, ZfRV 2008, 13, 16 f.; Palandt-*Thorn*, Art. 17 Rom II-VO Rn. 1; PWW-*Remien/Schaub*, Art. 17 Rom II-VO Rn. 2; Rauscher-*Jakob/Picht*, EuZPR/EuIPR, Art. 17 Rom II-VO Rn. 4; *Rüppell*, S. 89; *G. Wagner*, IPrax 2008, 1, 5; siehe insbesondere auch Erwägungsgrund 34 der Rom II-VO, demzufolge alle „alle Vorschriften (...), die in Zusammenhang mit Sicherheit und Verhalten stehen" relevant sind.

erlaubt oder verbietet.[1506] Allgemeine Sorgfaltsmaßstäbe, wie sie beispielsweise § 276 Abs. 2 BGB niederlegt, und Verkehrspflichten sind zu beachten.[1507] Auch Richterrecht, eine kommunale Rechtsverordnung oder eine Anordnung lokaler Behörden ist im Rahmen des Art. 17 Rom II-VO beachtlich.[1508] Irrelevant ist, ob die in Frage stehende Sicherheits- und Verhaltensregel öffentlich-rechtlicher oder privatrechtlicher Natur ist.[1509]

Im Bereich der Produkthaftung kommen vor allem Vorschriften über die Produktsicherheit in Betracht.[1510] So befreit die Produkthaftungsrichtlinie in Art. 7 lit. d den Hersteller von der Haftung, wenn er nachweist, „dass der Fehler darauf zurückzuführen ist, daß das Produkt verbindlichen hoheitlich erlassenen Normen entspricht." Zu den von der Gemeinschaft im Bereich der Produktsicherheit erlassenen Vorschriften zählt insbesondere die Produktsicherheitsrichtlinie,[1511] die in Deutschland durch das ProdSG umgesetzt wird. Die weite Definition der Sicherheits- und Verhaltensregeln führt dazu, dass grundsätzlich alle Vorschriften, die mit der Herstellung, Inspektion und Reparatur oder der Sicherheitsausstattung des Produkts in Verbindung stehen, in Betracht kommen,[1512] soweit sie zumindest auch der Produktsicherheit dienen.[1513] Ausgenommen sollten Regelungen zum Produktionsprozess sein, die primär die beteiligten Mitarbeiter schützen sollen (beispielsweise Regelungen zur zulässigen täglichen

1506 *de Lima Pinheiro*, Riv. dir. int. priv. proc. 2008, 5, 32 f.; Rauscher-*Jakob/Picht*, EuZPR/EuIPR, Art. 17 Rom II-VO Rn. 4.

1507 *Dickinson*, Rome II, Rn. 15.32; *Ofner*, ZfRV 2008, 13, 17; Palandt-*Thorn*, Art. 17 Rom II-VO Rn. 1; PWW-*Remien/Schaub*, Art. 17 Rom II-VO Rn. 2; Rauscher-*Jakob/Picht*, EuZPR/EuIPR, Art. 17 Rom II-VO Rn. 5; *Rüppell*, S. 89; *G. Wagner*, IPrax 2008, 1, 5; a.A. hinsichtlich allgemeiner Sorgfaltsmaßstäbe MüKoBGB-*Junker*, Art. 17 Rom II-VO Rn. 16.

1508 Calliess-*v. Hein*, Rome Regulations, Art. 17 Rome II Rn. 19; *v. Hein*, FS v. Hoffmann, S. 139, 147; Huber-*Bach*, Rome II Regulation, Art. 17 Rn. 13; jurisPK-*Engel*, Art. 17 Rom II-VO Rn. 5; Palandt-*Thorn*, Art. 17 Rom II-VO Rn. 1; *Plender/Wilderspin*, European Private International Law, Rn. 19-124; *Rüppell*, S. 89.

1509 MüKoBGB-*Junker*, Art. 17 Rom II-VO Rn. 10; so auch zum autonomen deutschen Recht *Stoll*, in: v. Caemmerer, S. 160, 173.

1510 Palandt-*Thorn*, Art. 17 Rom II-VO Rn. 4; PWW-*Remien/Schaub*, Art. 17 Rom II-VO Rn. 2; *Rüppell*, S. 89.

1511 Auf die Bedeutung der Produktsicherheitsrichtlinie weisen bereits *Plender/Wilderspin*, European Private International Law, Rn. 19-123 hin.

1512 *Plender/Wilderspin*, European Private International Law, Rn. 19-123.

1513 So zu Art. 9 Haager Übereinkommen *Reese*, in: Conférence de La Haye, Actes et Documents 12. session, S. 252, 269.

Arbeitszeit), da sie nur für das Land der Produktion und nicht dasjenige des Inverkehrbringens relevant sind.[1514]

IV. Rechtsfolge: Faktische und angemessene Berücksichtigung

Nach Art. 17 Rom II-VO sind die Sicherheits- und Verhaltensregeln faktisch und soweit angemessen zu berücksichtigen.

1. Faktische Berücksichtigung

Art. 17 Rom II-VO führt nicht zu einer Aufspaltung des anwendbaren Rechts in einen verhaltensregelnden und einen kompensatorischen Teil.[1515] Der Datumstheorie[1516] folgend, berücksichtigen Gerichte die Sicherheits- und Verhaltensregeln auf der Ebene des Sachrechts als ausländische Tatbestandselemente und wenden sie nicht als Rechtsnormen an.[1517] In der Terminologie des Art. 17 Rom II-VO ist dies die faktische Berücksichtigung.[1518] Das bedeutet, dass das

---

1514 So zu Art. 9 Haager Übereinkommen *Duintjer Tebbens*, S. 351; in diesem Sinne auch zur Rom II-VO *Plender/Wilderspin*, European Private International Law, Rn. 19-128. Anders *Reese*, in: Conférence de La Haye, Actes et Documents 12. session, S. 252, 269, der auch die Regelungen zur zulässigen täglichen Arbeitszeit berücksichtigen möchte.

1515 Bamberger/Roth-*Spickhoff*, Art. 17 Rom II-VO Rn. 1; Calliess-*v. Hein*, Rome Regulations, Art. 17 Rome II Rn. 3; *ders.*, FS v. Hoffmann, S. 139, 140.

1516 Die Datumstheorie wurde insbesondere von *Ehrenzweig*, Buff. L. Rev. 16 (1966), 55 ff.; *Kay*, Calif. L. Rev. 53 (1965), 47 ff.; *Jayme*, GS Ehrenzweig, S. 35 ff. und *Stoll*, FS Lipstein, S. 259 ff. vorgeschlagen. Vgl. hierzu Calliess-*v. Hein*, Rome Regulations, Art. 17 Rome II Rn. 3.

1517 Kommissionsentwurf vom 22.7.2003, KOM (2003) 427 endgültig, S. 27; Bamberger/Roth-*Spickhoff*, Art. 17 Rom II-VO Rn. 5; Calliess-*v. Hein*, Rome Regulations, Art. 17 Rome II Rn. 3; *Dickinson*, Rome II, Rn. 15.33; *Dornis*, EuLF 2007, I-152, I-156; Erman-*Hohloch*, Art. 17 Rom II-VO Rn. 1; *v. Hein*, VersR 2007, 440, 446; *ders.*, FS v. Hoffmann, S. 139, 141; *Hohloch*, YbPIL 9 (2007), 1, 17; Huber-*Bach*, Rome II Regulation, Art. 17 Rn. 6; jurisPK-*Engel*, Art. 17 Rom II-VO Rn. 11; *Leible/Lehmann*, RIW 2007, 721, 725; MüKoBGB-*Junker*, Art. 17 Rom II-VO Rn. 2; *Muir Watt*, in: Corneloup/Joubert, S. 129, 139 f.; Palandt-*Thorn*, Art. 17 Rom II-VO Rn. 2; PWW-*Remien/Schaub*, Art. 17 Rom II-VO Rn. 3; *Rüppell*, S. 90; *Symeonides*, Am. J. Comp. L. 56 (2008), 173, 211 ff.; so allgemein *Stoll*, in: v. Caemmerer, S. 160, 174 f. Anders *Stoll*, FS Reischauer, S. 389, 408 f.; *Symeonides*, FS Jayme, S. 935, 943, die soweit gehen, eine Anwendung der Sicherheits- und Verhaltensregeln zu fordern.

1518 MüKoBGB-*Junker*, Art. 17 Rom II-VO Rn. 22; Rauscher-*Jakob/Picht*, EuZPR/EuIPR, Art. 17 Rom II-VO Rn. 10.

ausländische Recht wie ein Sachverhaltsumstand bewiesen werden muss,[1519] prozessual ist es jedoch als Anwendung ausländischen Rechts zu behandeln.[1520] Die Sicherheits- und Verhaltensregeln können die Rechtswidrigkeit, das Verschulden, einen Verstoß gegen ein Schutzgesetz oder das Vorliegens eines Produktfehlers beeinflussen.[1521]

2. Angemessene Berücksichtigung

Der Wortlaut des Art. 17 Rom II-VO gibt vor, dass die Sicherheits- und Verhaltensregeln des haftungsbegründenden Ereignisses „soweit angemessen" zu berücksichtigen sind.

a) *Ermessen des Gerichts*

Zu klären ist, welche Rechtsordnungen das Gericht berücksichtigen darf und wie es zwischen relevanten Rechtsordnungen auszuwählen hat. Im Rahmen des Haager Übereinkommens ist umstritten, welche Sicherheits- und Verhaltensregeln überhaupt berücksichtigt werden können.[1522] Zum Teil werden die Verhaltensgebote des Marktstaats für allein entscheidend gehalten.[1523] Die überwiegende Ansicht berücksichtigt sie nur neben den Verhaltensgeboten des Haftungsstatuts.[1524] Nach Ansicht *Stolls* können über Art. 9 Haager Übereinkommen sogar Verhaltensgebote Beachtung finden, die weder der Rechtsordnung des Marktstaats noch der *lex causae* entstammen.[1525] Diese Ansicht wird auch

---

1519 Huber-*Bach*, Rome II Regulation, Art. 17 Rn. 7.

1520 Bamberger/Roth-*Spickhoff*, Art. 17 Rom II-VO Rn. 5; *v. Hein*, VersR 2007, 440, 446; *ders.*, FS v. Hoffmann, S. 139, 153; Palandt-*Thorn*, Art. 17 Rom II-VO Rn. 2; PWW-*Remien/Schaub*, Art. 17 Rom II-VO Rn. 3.

1521 MüKoBGB-*Junker*, Art. 17 Rom II-VO Rn. 24; Palandt-*Thorn*, Art. 17 Rom II-VO Rn. 1; Rauscher-*Jakob/Picht*, EuZPR/EuIPR, Art. 17 Rom II-VO Rn. 8; *Stoll*, FS Reischauer, S. 389, 404; siehe zu Art. 9 Haager Übereinkommen *Cavin*, SchwJbIntR 28 (1972), 44, 56; *Duintjer Tebbens*, S. 350; *Fallon*, Les accidents de la consommation, S. 250.

1522 *Wandt*, Rn. 49.

1523 *Lorenz*, RabelsZ 37 (1973), 317, 350.

1524 *Drobnig*, in: v. Caemmerer, S. 298, 336 f.; *Duintjer Tebbens*, S. 350; *Dutoit*, NILR 1973, 109, 120; *Durham*, Ga J. Int'l L.& Comp. L. 4 (1974), 178, 188; *Fallon*, Les accidents de la consommation, S. 249; *Lorenz*, RabelsZ 57 (1993), 175, 205; *Reese*, in: Conférence de La Haye, Actes et Documents 12. session, S. 252, 268; *ders.*, Int'l L. 8 (1974), 606, 611; *Sack*, FS Ulmer, S. 499, 501; *Zabalo Escudero*, Rev. esp. der. int. 1991, 75, 99.

1525 *Stoll*, in: v. Caemmerer, S. 160, 170.

zu Art. 17 Rom II-VO vertreten. Art. 17 Rom II-VO erlaube es, auch die Sicherheits- und Verhaltensregeln des Herstellungsorts zu berücksichtigen, weil der Hersteller mit dessen Geltung stets rechnen müsse.[1526]

Eine Berücksichtigung von Sicherheits- und Verhaltensregeln, die weder durch die *lex causae* noch das Recht des Handlungsorts formuliert werden, sollte ausscheiden, weil schon der Wortlaut des Art. 17 Rom II-VO hierfür keinen Anhaltspunkt bietet. Durchgesetzt wird die Verhaltenssteuerung am besten, wenn die Verhaltensgebote von der Rechtsordnung vorgegeben werden, die der Haftende bei der Vornahme der haftungsrelevanten Handlung, d.h. dem Inverkehrbringen, vor Augen hatte. Dann führt die *lex causae* nicht zu einer Verschärfung des Verhaltensmaßstabs, beispielsweise durch eine Pflichtenkollision.[1527]

Um Wettbewerbsverzerrungen - d.h. die Geltung unterschiedlicher Sicherheitsvorgaben für konkurrierende Marktteilnehmer - konsequent zu vermeiden, wäre es ebenfalls erforderlich, die Sicherheitsvorschriften des Orts des Inverkehrbringens nicht nur fakultativ, sondern zwingend zu berücksichtigen.[1528] Diese Auslegung verkennt jedoch Wortlaut und die Entstehungsgeschichte des Art. 17 Rom II-VO.[1529] Der Wortlaut des Art. 17 Rom II-VO enthält die einschränkende Bedingung, das Gericht muss die Sicherheits- und Verhaltensregeln nur „soweit angemessen" berücksichtigen.[1530] Die Formulierung war im ursprünglichen Kommissionsentwurf nicht zu finden[1531] und wurde aufgenommen, um das Ermessen des Gerichts zum Ausdruck zu bringen.[1532] Beispielsweise können

---

1526 Foerste/Graf von Westphalen-*Wilde*, § 100 Rn. 30.

1527 *Wandt*, Rn. 764, Fn. 335; vgl. auch *v. Bar*, JZ 1985, 961, 968; *Sack*, FS Ulmer, S. 495, 505.

1528 *Sack*, FS Ulmer, S. 499, 501.

1529 Vgl. *Symeonides*, Am. J. Comp. L. 56 (2008), 173, 212, Fn. 173.

1530 Calliess-*v. Hein*, Rome Regulations, Art. 17 Rome II Rn. 18, 30; *de Lima Pinheiro*, Riv. dir. int. priv. proc. 2008, 5, 33; *Dickinson*, Rome II, Rn. 15.33; *v. Hein*, FS v. Hoffmann, S. 139, 142, 146, 153; Rauscher-*Jakob/Picht*, EuZPR/EuIPR, Art. 17 Rom II-VO Rn. 11; *Rüppell*, S. 90; *Symeonides*, Am. J. Comp. L. 56 (2008), 173, 212.

1531 Siehe Art. 13 des Kommissionsentwurfs vom 22.7.2003, KOM (2003) 427 endgültig, S. 41: „Unabhängig vom anzuwendenden Recht sind bei der Feststellung der Haftung die Sicherheits- und Verhaltensregeln am Ort und zum Zeitpunkt des Eintritts des schädigenden Ereignisses zu berücksichtigen."

1532 Geänderter Kommissionsvorschlag vom 21.2.2006, KOM (2006) 83 endgültig, S. 4; Gemeinsamer Standpunkt (EG) Nr. 22/2006 vom Rat festgelegt am 25.9.2006 im Hinblick auf die Annahme der Verordnung (EG) Nr. /.../2006 des Europäischen Parlaments und des Rates vom ... über das auf außervertragliche Schuldverhältnisse anzuwendende Recht („ROM II"), ABl. EU Nr. C 289E, S. 68, 78. So auch zu Art. 17 Rom II-VO Calliess-*v. Hein*, Rome Regulations, Art. 17 Rome II Rn. 18, 30; *de Lima*

die Art des Verhaltens, die übrigen Umstände und der Inhalt des Haftungsstatuts sich auf die Ermessensausübung auswirken.[1533] Entsprechend kann das Gericht zu dem Ergebnis kommen, dass die Sicherheits- und Verhaltensregeln der *lex causae* angemessen sind,[1534] was beispielsweise im Fall der Gefährdungshaftung möglich ist.[1535] Andererseits kann Art. 17 Rom II-VO auch dazu führen, dass ein nach der *lex causae* möglicher Anspruch nicht besteht, weil die Verhaltensregeln des Orts des Inverkehrbringens eingehalten wurden.[1536] Nicht möglich ist es hingegen, die Rechtsfolgen der berufenen Rechtsordnung durch das materielle Recht des Handlungsorts zu ersetzen.[1537] Voraussetzungen und Rechtsfolgen der Anspruchsgrundlage werden stets von der *lex causae* vorgegeben.[1538] Zu einer Sonderanknüpfung kommt es nicht.

b) *Keine Begrenzung auf Vorschriften, die den Haftenden begünstigen*

Ein Teil der Literatur meint, der Schutzzweck des Art. 17 Rom II-VO erfordere es, keine den Haftenden benachteiligenden Regelungen zu berücksichtigen.[1539] Andere Teile der Literatur widersprechen dem zu Recht.[1540] Der angestrebte Schutz des Haftenden darf nicht mit einer materiellen Begünstigung seiner Person verwechselt werden: Schließlich steht das Kollisionsrecht dem materiellen Recht neutral gegenüber.[1541] Im Rahmen des Art. 17 Rom II-VO dürfen auch

---

Pinheiro, Riv. dir. int. priv. proc. 2008, 5, 33; *Dickinson*, Rome II, Rn. 15.33; Foerste/Graf von Westphalen-*Wilde*, § 100 Rn. 30; *v. Hein*, FS v. Hoffmann, S. 139, 142, 146, 153; Rauscher-*Jakob/Picht*, EuZPR/EuIPR, Art. 17 Rom II-VO Rn. 11; *Rüppell*, S. 90; *Symeonides*, Am. J. Comp. L. 56 (2008), 173, 212.

1533 *Dickinson*, Rome II, Rn. 15.33.

1534 Calliess-*v. Hein*, Rome Regulations, Art. 17 Rome II Rn. 30; *ders.*, FS v. Hoffmann, S. 139, 153.

1535 *Dickinson*, Rome II, Rn. 15.33.

1536 So allgemein Calliess-*v. Hein*, Rome Regulations, Art. 17 Rome II Rn. 30.

1537 *v. Hein*, FS v. Hoffmann, S. 139, 153.

1538 MüKoBGB-*Junker*, Art. 17 Rom II-VO Rn. 17; Rauscher-*Jakob/Picht*, EuZPR/EuIPR, Art. 17 Rom II-VO Rn. 10.

1539 Huber-*Bach*, Rome II Regulation, Art. 17 Rn. 10; jurisPK-*Engel*, Art. 17 Rom II-VO Rn. 8; *G. Wagner*, IPrax 2008, 1, 6.

1540 Calliess-*v. Hein*, Rome Regulations, Art. 17 Rome II Rn. 28; *Dickinson*, Rome II, Rn. 15.34; *v. Hein*, FS v. Hoffmann, S. 139, 152; *Muir Watt*, in: Corneloup/Joubert, S. 129, 140; *Plender/Wilderspin*, European Private International Law, Rn. 19-128; *Symeonides*, FS Jayme, S. 935, 944; *ders.*, Am. J. Comp. L. 56 (2008), 173, 214 f.

1541 Calliess-*v. Hein*, Rome Regulations, Art. 17 Rome II Rn. 28; *ders.*, FS v. Hoffmann, S. 139; 152.

solche Vorschriften, die am Ort des Inverkehrbringens gelten, berücksichtigt werden, die strenger sind als diejenigen der *lex causae*.[1542]

Ebenso wenig darf die angemessene Berücksichtigung ausländischer Sicherheits- und Verhaltensregeln in dem Sinne verstanden werden, dass ein Günstigkeitsvergleich mit der *lex causae* stattfindet.[1543] Das Interesse des potentiell Haftenden, an den Normen des Handlungsorts gemessen zu werden, würde in diesem Fall enttäuscht werden.[1544] Erwägungsgrund 34 erklärt nicht den Opferschutz, sondern den angemessenen Interessenausgleich zum Ziel der Regelung.[1545]

V. Bedeutung für die Produkthaftung

Zu klären bleibt, welche Bedeutung Art. 17 Rom II-VO neben Art. 5 Rom II-VO hat.

1. Verhältnis von Art. 5 Abs. 1 Rom II-VO und Art. 17 Rom II-VO

Das Verhältnis zwischen Art. 5 Abs. 1 Rom II-VO und Art. 17 Rom II-VO wird unterschiedlich beurteilt. *Spickhoff* meint, dass Art. 5 Abs. 1 Satz 2 Rom II-VO *lex specialis* gegenüber Art. 17 Rom II-VO ist.[1546] *Gerhard Wagner* geht sogar noch einen Schritt weiter. Seiner Meinung nach hat Art. 17 Rom II-VO nur außerhalb des sachlichen Anwendungsbereichs des Art. 5 Rom II-VO Bedeutung.[1547] Die Funktion, die Härten einer unvorhersehbaren Rechtsordnung auszugleichen, werde im Internationalen Produkthaftungsrecht durch den Vorhersehbarkeitseinwand in Art. 5 Abs. 1 Satz 2 Rom II-VO gewahrt.[1548] Entsprechend könnten den Haftenden Sicherheits- und Verhaltensregeln des Handlungsorts auch nur dann entlasten, wenn er die Anwendbarkeit strengerer Sorgfaltsstandards vernünftigerweise nicht voraussehen konnte.[1549] In ähnlicher Weise wird in der

---

1542 Calliess-*v. Hein*, Rome Regulations, Art. 17 Rome II Rn. 26; *Symeonides*, Am. J. Comp. L. 56 (2008), 173, 214 f.

1543 MüKoBGB-*Junker*, Art. 17 Rom II-VO Rn. 26; Rauscher-*Jakob/Picht*, EuZPR/EuIPR, Art. 17 Rom II-VO Rn. 11; so aber *Symeonides*, FS Jayme, S. 935, 943.

1544 Rauscher-*Jakob/Picht*, EuZPR/EuIPR, Art. 17 Rom II-VO Rn. 11.

1545 MüKoBGB-*Junker*, Art. 17 Rom II-VO Rn. 26.

1546 Bamberger/Roth-*Spickhoff*, Art. 17 Rom II-VO Rn. 2; so auch zu Art. 9 Haager Übereinkommen *Fallon*, J. T. 89 (1974), 73, 78.

1547 *G. Wagner*, IPrax 2008, 1, 5.

1548 *G. Wagner*, IPrax 2008, 1, 5.

1549 *G. Wagner*, IPrax 2008, 1, 5.

Literatur von einigen Stimmen allgemein gefordert, dass der Haftende sich nicht auf die Sicherheits- und Verhaltensregeln des Handlungsorts verlassen kann, wenn er den Schadenseintritt in einem anderen Staat vorhersehen kann.[1550] Für Art. 5 Abs. 1 Rom II-VO würde dies bedeuten, dass Art. 17 Rom II-VO nur im Rahmen des Auffangtatbestands Bedeutung zukäme, weil Art. 5 Abs. 1 Satz 2 Rom II-VO die Vorhersehbarkeit des Orts des Inverkehrbringens voraussetze. Jedoch finden sich auch Gegenstimmen, die Art. 17 Rom II-VO auch innerhalb des Art. 5 Abs. 1 Rom II-VO beachten.[1551]

Auf den ersten Blick hat die aufgeworfene Frage nur im Fall der erfolgreichen Geltendmachung des Vorhersehbarkeitseinwands Bedeutung; sprich, wenn das Recht des gewöhnlichen Aufenthalts des Haftenden maßgeblich ist. Schließlich verweisen sowohl Art. 17 als auch Art. 5 Abs. 1 Satz 1 Rom II-VO auf das Recht des Orts des Inverkehrbringens.[1552] Zu einer Divergenz zwischen Haftungsstatut und lokalen Sicherheits- und Verhaltensregeln kommt es aber auch im Rahmen des Art. 5 Abs. 1 Satz 1 Rom II-VO, wenn nicht das konkrete Produkt, sondern nur gleichartige Produkte in dem betreffenden Staat in Verkehr gebracht wurden.

Fraglich ist, ob Art. 5 Abs. 1 Satz 2 Rom II-VO *lex specialis* gegenüber Art. 17 Rom II-VO ist. Der Grundsatz *lex specialis derogat legi generali* gilt, wenn sich der Anwendungsbereich der konkurrierenden Vorschriften deckt und die Vorschriften Rechtsfolgen anordnen, die im Ausschließlichkeitsverhältnis zueinander stehen.[1553] Jedoch unterscheiden sich Art. 5 Abs. 1 Satz 2 und Art. 17 Rom II-VO in der Rechtsfolge: Während der Vorhersehbarkeitseinwand eine echte Kollisionsnorm enthält, wird nach Art. 17 Rom II-VO die jeweilige Rechtsordnung nur als Sachverhaltsumstand berücksichtigt.[1554] Damit sind die unterschiedlichen

---

1550 Bamberger/Roth-*Spickhoff*, Art. 17 Rom II-VO Rn. 5; Huber-*Bach*, Rome II Regulation, Art. 17 Rn. 11; jurisPK-*Engel*, Art. 17 Rom II-VO Rn. 8; *Kozyris*, Am. J. Comp. L. 56 (2008), 471, 495 f.; Palandt-*Thorn*, Art. 17 Rom II-VO Rn. 3; PWW-*Remien/Schaub*, Art. 17 Rom II-VO Rn. 3; Rauscher-*Jakob/Picht*, EuZPR/EuIPR, Art. 17 Rom II-VO Rn. 12; *Symeonides*, FS Jayme, S. 935, 943; *ders.*, Am. J. Comp. L. 56 (2008), 173, 213 f.; *G. Wagner*, IPrax 2008, 1, 5; in diese Richtung tendierend auch *Rüppell*, S. 90.

1551 Calliess-*v. Hein*, Rome Regulations, Art. 17 Rome II Rn. 9; *ders.*, FS v. Hoffmann, S. 139, 154 f.; MüKoBGB-*Junker*, Art. 17 Rom II-VO Rn. 9, 31.

1552 *v. Hein*, FS v. Hoffmann, S. 139, 155; Rauscher-*Unberath/Cziupka/Pabst*, EuZPR/EuIPR, Art. 5 Rom II-VO Rn. 51.

1553 So allgemein *Larenz/Canaris*, Methodenlehre, S. 87.

1554 Calliess-*v. Hein*, Rome Regulations, Art. 17 Rome II Rn. 9; *ders.*, FS v. Hoffmann, S. 139, 155.

Rechtsfolgen miteinander verträglich und können grundsätzlich nebeneinander angewendet werden.[1555] Für die Spezialität kommt es daher darauf an, ob auf Grundlage der gesetzgeberischen Regelungsabsicht die Rechtsfolgen der spezielleren Vorschrift, in diesem Fall Art. 5 Abs. 1 Satz 2 Rom II-VO, diejenigen der allgemeineren Vorschrift, in diesem Fall Art. 17 Rom II-VO, ergänzen, modifizieren oder ersetzen.[1556] Hierfür sind systematische und teleologische Auslegung maßgeblich.[1557]

Das Haager Übereinkommen legt es nahe, dass der Vorhersehbarkeitseinwand und die Vorschrift über die Berücksichtigung lokaler Sicherheits- und Verhaltensregeln nebeneinander anzuwenden sind.[1558] Obwohl auf der Haager Konferenz umstritten war, ob beide Vorschriften erforderlich sind,[1559] sind sie im Übereinkommen zu finden.[1560] Dies verdeutlicht die funktionale Verschiedenheit der Vorschriften auch im speziellen Anwendungsbereich der Produkthaftung.[1561] Die systematische Stellung des Art. 17 Rom II-VO im Allgemeinen Teil der Verordnung spricht ebenfalls dafür, dass die Vorschrift auch für die Produkthaftung maßgeblich ist.[1562] Ferner bleibt zu beachten, dass im Gesetzgebungsprozess zwar diskutiert wurde, Art. 17 Rom II-VO auf bestimmte Regelungsbereiche nicht anzuwenden (namentlich Ehrverletzungen und den unlauteren Wettbewerb),[1563] dies aber für die Produkthaftung nicht in Frage gestellt wurde.

1555 Siehe dazu oben unter E.IV.1.

1556 So allgemein zum Grundsatz *lex specialis derogat legi generali Larenz/Canaris*, Methodenlehre, S. 88.

1557 *Larenz/Canaris*, Methodenlehre, S. 88; vgl. auch *Zippelius*, S. 32.

1558 Calliess-*v. Hein*, Rome Regulations, Art. 17 Rome II Rn. 9; *ders.*, FS v. Hoffmann, S. 139, 154.

1559 *Duintjer Tebbens*, S. 350; *Dutoit*, NILR 1973, 109, 120; *Lorenz*, RabelsZ 37 (1973), 317, 349 f.; *Wandt*, Rn. 48.

1560 Siehe Art. 7 und 9 Haager Übereinkommen. So bereits *v. Hein*, FS v. Hoffmann, S. 139, 154.

1561 Calliess-*v. Hein*, Rome Regulations, Art. 17 Rome II Rn. 9; *ders.*, FS v. Hoffmann, S. 139, 154.

1562 Calliess-*v. Hein*, Rome Regulations, Art. 17 Rome II Rn. 9; *ders.*, FS v. Hoffmann, S. 139, 155.

1563 Geänderter Kommissionsvorschlag vom 21.2.2006, KOM (2006) 83 endgültig, S. 4; Gemeinsamer Standpunkt (EG) Nr. 22/2006 vom Rat festgelegt am 25.9.2006 im Hinblick auf die Annahme der Verordnung (EG) Nr. /.../2006 des Europäischen Parlaments und des Rates vom ... über das auf außervertragliche Schuldverhältnisse anzuwendende Recht („ROM II“), ABl. EU Nr. C 289E, S. 68, 78.

Werner Lorenz hat zum Haager Übereinkommen berechtigterweise darauf hingewiesen, dass der Hersteller, auch wenn das Recht des Inverkehrbringens nach dem Haftungsstatut maßgeblich ist, daran interessiert ist, lokale Sicherheits- und Verhaltensregeln zu berücksichtigen.[1564] Erst diese Vorschrift erlaubt es, sich genau auf die Verhaltensgebote des Bestimmungslandes des konkreten Produkts einzustellen, weil der Vorhersehbarkeitseinwand auch Produkte gleicher Art in die Betrachtung miteinbezieht.[1565] Dagegen lässt sich einwenden, dass der Haftende im Fall der Vorhersehbarkeit anderer Verhaltensmaßstäbe nicht schutzwürdig ist.[1566]

Der Haftende kann auch bei erfolgreicher Geltendmachung des Vorhersehbarkeitseinwands (Art. 5 Abs. 1 Satz 2 Rom II-VO) daran interessiert sein, die Verhaltens- und Sicherheitsvorschriften, die am Ort des Inverkehrbringens gelten, zu berücksichtigen.[1567] Wenn der Haftende seine Produkte bestimmungsgemäß ausschließlich in Länder geliefert hat, die geringere Sicherheitsanforderungen als seine Heimatrechtsordnung vorsehen, kann es ihm nicht zugemutet werden, mit den Sicherheitsanforderungen seines Heimatlandes konfrontiert zu werden.[1568] So hat beispielsweise ein Hersteller, der seinen gewöhnlichen Aufenthalt in den USA hat und seine Produkte bewusst nur in Mexiko vertreibt, ein gesteigertes Interesse daran, dass die mexikanischen Sicherheits- und Verhaltensregeln berücksichtigt werden, weil die Vorschriften des US-amerikanischen Rechts häufig strenger sind als diejenigen der Exportländer.[1569] Der gemeinsame Zweck des Art. 5 Abs. 1 Satz 2 und des Art. 17 Rom II-VO, den Haftenden

1564 *Lorenz*, RabelsZ 37 (1973), 317, 350.

1565 *Lorenz*, RabelsZ 37 (1973), 317, 350.

1566 Palandt-*Thorn*, Art. 17 Rom II-VO Rn. 3; vgl. ferner Bamberger/Roth-*Spickhoff*, Art. 17 Rom II-VO Rn. 5; Huber-*Bach*, Rome II Regulation, Art. 17 Rn. 11; jurisPK-*Engel*, Art. 17 Rom II-VO Rn. 8; *Kozyris*, Am. J. Comp. L. 56 (2008), 471, 495 f.; PWW-*Remien/Schaub*, Art. 17 Rom II-VO Rn. 3; Rauscher-*Jakob/Picht*, EuZPR/EuIPR, Art. 17 Rom II-VO Rn. 12; *Symeonides*, FS Jayme, S. 935, 943; *ders.*, Am. J. Comp. L. 56 (2008), 173, 213 f.; *G. Wagner*, IPrax 2008, 1, 5; in diese Richtung tendierend auch *Rüppell*, S. 90.

1567 Vgl. in diesem Sinne zu Art. 9 Haager Übereinkommen *Sack*, FS Ulmer, S. 495, 499.

1568 *v. Hein*, FS v. Hoffmann, S. 139, 155; so zum Haager Übereinkommen *Durham*, Ga. J. Int'l L. 4 (1974), 178, 188; *Sack*, FS Ulmer, S. 495, 499; vgl. auch *Lorenz*, RabelsZ 37 (1973), 317, 350.

1569 Zum Interesse an der Anwendung ausländischen Rechts aus US-amerikanischer Sicht *Reese*, Int'l. L. 8 (1974), 606, 607.

vor bestimmten Rechtsordnungen zu schützen, kann hier nur über Art. 17 Rom II-VO erreicht werden.[1570]

Der Schutzzweck des Vorhersehbarkeitseinwands kann jedoch auch anders interpretiert werden. Da Art. 5 Abs. 1 Satz 2 Rom II-VO die Maßgeblichkeit des Inverkehrbringens unter die Bedingung der Vorhersehbarkeit stellt, könnten die Sicherheits- und Verhaltensregeln des Orts des Inverkehrbringens eben nur im Fall der Vorhersehbarkeit gelten;[1571] also gerade nicht, wenn Art. 5 Abs. 1 Satz 2 Rom II-VO eingreift. Bei Geltung des Aufenthaltsrechts des Haftenden muss diese Rechtsordnung auch die beachtlichen Sicherheits- und Verhaltensregeln vorgeben.[1572] Schließlich hat der Haftende durch die Geltendmachung des Vorhersehbarkeitseinwands bereits deutlich gemacht, dass die Anwendbarkeit des Rechts, das am Ort des Inverkehrbringens in Kraft ist, für ihn ungünstig ist. Aufgrund dessen ergibt sich aus Sicht der legitimen Vorhersehbarkeitsinteressen des Haftenden kein eindeutiges Ergebnis zu der Frage, ob Art. 5 Abs. 1 Satz 2 Rom II-VO einen Schutzmechanismus darstellt, der gegenüber Art. 17 Rom II-VO spezieller ist.

Wie eingangs erwähnt, schützt Art. 17 Rom II-VO – im Gegensatz zu Inverkehrbringen und Vorhersehbarkeit – nicht ausschließlich die Interessen des Haftenden: Auch der Geschädigte kann die Berücksichtigung der Sicherheits- und Verhaltensregeln geltend machen.[1573] Schließlich rechnet der Erwerber regelmäßig damit, dass die für ihn erkennbare Markttransaktion auch die für den Hersteller beachtlichen Verhaltensgebote zumindest mitbestimmt.[1574] Aus seiner Sicht sollte sich der potentiell Haftende der Geltung der Sicherheits- und Verhaltensregeln, die am Ort des Inverkehrbringens gelten, nie entledigen können,[1575] was vor allem bei erfolgreicher Geltendmachung des Art. 5 Abs. 1 Satz 2 Rom II-VO der Fall wäre. Somit sprechen die Interessen des Erwerbers für die Anwendung des Art. 17 Rom II-VO auf Art. 5 Abs. 1 Rom II-VO. Das staatliche Interesse, die Produktsicherheit zu gewährleisten, wenn Produkte auf seinem Territorium in Verkehr gebracht werden, besteht ebenfalls unabhängig davon,

1570 Calliess-*v. Hein*, Rome Regulations, Art. 17 Rome II Rn. 11; *ders.*, FS v. Hoffmann, S. 139, 155.

1571 jurisPK-*Lund*, Art. 5 Rom II-VO Rn. 39.

1572 jurisPK-*Lund*, Art. 5 Rom II-VO Rn. 39.

1573 *Fallon*, Les accidents de la consommation, S. 261.

1574 Vgl. *Sack*, FS Ulmer, S. 495, 503.

1575 So zu Art. 9 Haager Übereinkommen *Cavin*, SchwJbIntR 28 (1972), 44, 57; *Fallon*, Les accidents de la consommation, S. 261; *Zabalo Escudero*, Rev. esp. der. int. 1991, 75, 97.

ob der potentiell Haftende die Geltung der Sicherheits- und Verhaltensregeln vorhersehen konnte.

Sowohl systematische als auch teleologische Erwägungen sprechen letztlich dafür, Art. 17 Rom II-VO auch auf Art. 5 Abs. 1 Rom II-VO anzuwenden. Den Vorhersehbarkeitseinwand in Art. 5 Abs. 1 Satz 2 Rom II-VO als *lex specialis* gegenüber Art. 17 Rom II-VO anzusehen, würde ein zu enges Verständnis beachtlicher Interessen bedeuten. Da dem Gericht Ermessen in der Frage zusteht, inwiefern die Sicherheits- und Verhaltensregeln des Orts des Inverkehrbringens berücksichtigt werden, kann die Vorhersehbarkeit anderer Verhaltensgebote bei der gerichtlichen Angemessenheitskontrolle im jeweiligen Einzelfall gewürdigt werden.[1576]

2. Sonstige Bedeutung von Art. 17 Rom II-VO

Relevanz hat Art. 17 Rom II-VO ferner im Fall der Anknüpfung an den gemeinsamen gewöhnlichen Aufenthalt der Parteien oder im Fall der Anwendung der Ausweichklausel des Art. 5 Abs. 2 Rom II-VO, die beispielsweise zur akzessorischen Anknüpfung an ein bestehendes Vertragsverhältnis führen kann.[1577] Auch durch Rechtswahl können die Sicherheits- und Verhaltensregeln des Handlungsorts nicht abbedungen werden.[1578] Vielmehr urteilt die *lex causae* über die Frage der einverständlichen Abweichung von bestimmten Regeln (beispielsweise als Haftungsausschluss).[1579]

Da über Art. 17 Rom II-VO die Sicherheits- und Verhaltensregeln des Orts des Inverkehrbringens auch gegenüber Dritten gelten (*bystander*),[1580] wird die Berücksichtigung einer Rechtsordnung, auf die sich der Haftende grundsätzlich einstellen kann, auch in den Fällen, in denen an den Erfolgsort anzuknüpfen ist,[1581] sichergestellt.

1576 So auch Calliess-*v. Hein*, Rome Regulations, Art. 17 Rome II Rn. 27; MüKoBGB-*Junker*, Art. 17 Rom II-VO Rn. 27.

1577 Calliess-*v. Hein*, Rome Regulations, Art. 17 Rome II Rn. 9; *ders.*, FS v. Hoffmann, S. 139, 155; Erman-*Hohloch*, Art. 17 Rom II-VO Rn. 1; PWW-*Remien/Schaub*, Art. 17 Rom II-VO Rn. 1.

1578 *v. Hein*, FS v. Hoffmann, S. 139, 144; Huber-*Bach*, Rome II Regulation, Art. 17 Rn. 7; jurisPK-*Engel*, Art. 17 Rom II-VO Rn. 12; Palandt-*Thorn*, Art. 17 Rom II-VO Rn. 2.

1579 Huber-*Bach*, Rome II Regulation, Art. 17 Rn. 7; Palandt-*Thorn*, Art. 17 Rom II-VO Rn. 2.

1580 Palandt-*Thorn*, Art. 5 Rom II-VO Rn. 14; so zum autonomen deutschen Recht Staudinger-*v. Hoffmann*, Art. 40 EGBGB Rn. 103.

1581 Siehe dazu oben unter C.III.2.

VI. Ergebnis zu Art. 17 Rom II-VO

Art. 17 Rom II-VO steht in Einklang mit den Zielen von Inverkehrbringen und Vorhersehbarkeit. Mit Hilfe der Berücksichtigung lokaler Sicherheits- und Verhaltensregeln soll die mangelnde Vorhersehbarkeit des anwendbaren Rechts verhindert und die Wahrung des Interesses an der Berechenbarkeit des anwendbaren Rechts gefördert werden. Umgesetzt wird dies nicht über die Berufung einer bestimmten Rechtsordnung, sondern darüber, dass die Sicherheits- und Verhaltensregeln des Orts des Inverkehrbringens im Rahmen der *lex causae* berücksichtigt werden. Auch wenn Vorhersehbarkeit und Inverkehrbringen den gleichen Zweck verfolgen, ist Art. 17 Rom II-VO auch im Anwendungsbereich des Vorhersehbarkeitseinwands nicht obsolet. Art. 17 Rom II-VO kommt zum einen die Funktion zu, dass der Haftende sich auf die Verhaltensgebote einstellen kann, für die das konkrete Produkt bestimmt ist; der Vorhersehbarkeitseinwand ist weiter gefasst und erfasst auch gleichartige Produkte. Zum anderen kann mit Hilfe des Art. 17 Rom II-VO beachtet werden, dass ein Hersteller ein reines Exportprodukt produziert und mit der Anwendung seines Aufenthaltsrechts nicht rechnet. Ferner können über Art. 17 Rom II-VO die Sicherheits- und Verhaltensregeln auch gegenüber unbeteiligten Dritten (*bystander*) beachtet werden. Das Schutzniveau, das Art. 17 Rom II-VO dem Haftenden gewährt, bleibt hinter demjenigen von Inverkehrbringen und Vorhersehbarkeit zurück. Das Gericht ist nicht dazu verpflichtet, die Sicherheits- und Verhaltensregeln, die am Ort und zur Zeit des Inverkehrbringens gelten, zu berücksichtigen. Vielmehr steht dem Gericht Ermessen in dieser Frage zu.

Allerdings ist Art. 17 Rom II-VO im Gegensatz zum Inverkehrbringen und zur Vorhersehbarkeit nicht allein auf den Schutz des Haftenden bedacht. Der Geschädigte ist daran interessiert, dass der Haftende sich den Verhaltensgeboten des Orts des Inverkehrbringens nie entziehen kann, insbesondere nicht im Fall mangelnder Vorhersehbarkeit des Inverkehrbringens (Art. 5 Abs. 1 Satz 2 Rom II-VO). Daneben kann über Art. 17 Rom II-VO auch das Interesse des Staates durchgesetzt werden, dass alle Produkte, die auf dem inländischen Markt in Verkehr gebracht werden, auch den örtlichen Sicherheits- und Verhaltensregeln entsprechen.

F. Zusammenfassung und Ausblick

I. Zusammenfassung in Thesen

Folgende Ergebnisse können in Thesenform festgehalten werden:

1. Inverkehrbringen

a) Das Interesse an der Berechenbarkeit des anwendbaren Rechts wird objektiv durch die Anknüpfung an den Handlungsort, der im Internationalen Produkthaftungsrecht der Ort des Inverkehrbringens ist, verwirklicht. Als handlungsbezogenes Element gewährleistet das Inverkehrbringen zumindest bei eigenen Handlungen des Haftenden auch die Zurechenbarkeit zum Haftenden.

b) In räumlicher Hinsicht ist für das Inverkehrbringen der Angebots- oder Vertriebsort maßgeblich. Das Produkt wird in einem Staat in Verkehr gebracht, wenn es dort öffentlich angeboten wird, d.h. es muss potentiell dorthin geliefert werden. Das Produkt muss kommerziell an Endabnehmer vertrieben werden, wobei es nicht nur auf den Erstvertrieb ankommt. Auch wenn der Haftende das Produkt nicht selbst in Verkehr gebracht haben muss, sind nur die eigenen Produkte anknüpfungsrelevant. Konkurrenzprodukte oder Plagiate können das Inverkehrbringen nicht erfüllen.

c) Das Inverkehrbringen hängt weder von der Zustimmung des Haftenden, seinen berechtigten Erwartungen oder der Rechtmäßigkeit des Inverkehrbringens ab.

d) Seine einschränkende Wirkung entfaltet das Inverkehrbringen gegenüber allen Produkterwerbern (unabhängig von ihrem Rang in der Erwerbskette), Produktnutzern und Personen aus dem Näheverhältnis des Erwerbers. Auf Ansprüche unbeteiligter Dritter (*bystander*) findet das Inverkehrbringen (und folglich auch die Vorhersehbarkeit) keine Anwendung.

e) In zeitlicher Hinsicht muss das Produkt vor oder zeitgleich mit dem Schadenseintritt in dem betreffenden Staat in Verkehr gebracht worden sein.

f) Die Beweislast für das Inverkehrbringen trifft stets den Geschädigten. Dies gilt auch, wenn der Haftende eine negative Feststellungsklage initiiert oder sich auf eine nachrangige Stufe der Anknüpfungsleiter beruft und Umstände vorträgt, die die Anwendbarkeit einer vorrangigen Stufe begründen.

g) Trotz des entgegenstehenden Wortlauts reicht es aus, wenn gleichartige Produkte in dem betreffenden Staat in Verkehr gebracht werden. Produkte sind gleichartig, wenn sie hinsichtlich des Zwecks, der physischen Beschaffenheit, der Sicherheitsausstattung und der verwendeten Technologie (wenn sie sich auf die Beschaffenheit oder die Sicherheitsmerkmale auswirkt) sowie (im Falle besonders schutzbedürftiger Kunden) hinsichtlich des Zielmarkts und der sicherheitsrelevanten Verpackung im Wesentlichen übereinstimmen. Entscheidend ist das konkret schadensverursachende Produktmerkmal.

h) Wenn das Produkt weder im Land des gewöhnlichen Aufenthalts des Geschädigten, des Erwerbsorts noch des Erfolgsorts in Verkehr gebracht wurde, kommt in Analogie zu Art. 5 Abs. 1 Satz 2 Rom II-VO das Recht des gewöhnlichen Aufenthalts des Haftenden zur Anwendung.

2. Vorhersehbarkeit

i) Hinter der Vorhersehbarkeit stehen verschiedene Erklärungsansätze. Gemeinsam mit dem Inverkehrbringen und der Gleichartigkeit trägt sie durch die *ex ante* Erkennbarkeit relevanter Verhaltensgebote zur effizienten Versicherbarkeit des internationalen Produkthaftungsrisikos bei. Bei Handlungen Dritter gewährleistet die Vorhersehbarkeit die Zurechnung zum Haftenden. Die Vorhersehbarkeit ist auch aus dem rechtsstaatlichen Gebot der Rechtssicherheit, insbesondere der Bestimmtheit, und der Prävention durch die Erkennbarkeit einschlägiger Verhaltensgebote abzuleiten. Mit Hilfe der Vorhersehbarkeit kann die Anwendbarkeit einzelner Rechtsordnungen nicht vermieden werden.

j) Die Vorhersehbarkeit ist gegeben, wenn der Haftende das Inverkehrbringen des Produkts oder eines gleichartigen Produkts kannte oder pflichtwidrig nicht kannte. Der Vorsatz ist gegenüber dem Wissen ein engerer Maßstab. Deshalb ist das Inverkehrbringen für den Haftenden vorhersehbar, wenn er ihm zugestimmt hat oder er es auf andere Weise wollte. Der Vorsatz, das Produkt in einem Staat zu vertreiben, kann in Anlehnung an Art. 15 Abs. 1 lit. c Brüssel I-VO und Art. 6 Abs. 1 lit. b Rom I-VO bestimmt werden. Auch die US-amerikanische Rechtsprechung zum sog. *stream of commerce plus*-Test ist in dieser Hinsicht hilfreich.

k) Pflichtwidrig ist die Unkenntnis, wenn erkennbare Anhaltspunkte vorliegen, die den Haftenden zu besonderen Nachforschungen hätten veranlassen müssen. Es bedarf einer wertenden Betrachtung aller Umstände des Einzelfalls.

l) Im Rahmen der pflichtwidrigen Unkenntnis sind zunächst direkte Kontakte mit dem Absatzmarkt relevant. Zudem kommt es auf die Art des Produkts an. Wenn ein Produkt an die Bedürfnisse eines bestimmten Markts angepasst wird, ist das Inverkehrbringen auf dem jeweiligen Markt in der Regel vorhersehbar. Umgekehrt ist das Inverkehrbringen grundsätzlich nicht vorhersehbar, soweit das Produkt in dem jeweiligen Land objektiv nicht nutzbar ist. Zum anderen ist nach dem genutzten Vertriebsweg zu differenzieren. Der indirekte und direkte Eigenvertrieb oder die Kontrolle über den Vertriebsweg bzw. die Initiierung des Vertriebswegs führt zur Vorhersehbarkeit des Inverkehrbringens. Der rechtswidrige Vertrieb ist hingegen regelmäßig nicht vorhersehbar. Wichtige Anhaltspunkte liefert auch das vorhersehbare Absatzgebiet. Die Stellung in der Vertriebskette, die Wahl der Vertriebspartner und die Marktumstände sind insofern beachtliche Kriterien. Ausgehend von der Stellung in der Vertriebskette kann der Zielmarkt des Haftenden typisiert, aber nicht schematisch bestimmt werden. Einzelhändler bedienen häufig einen regionalen Markt, Hersteller und zwischenstaatlich tätige Vertriebsunternehmen zielen hingegen auf einen breiteren Markt ab. Wer seine Produkte bewusst durch einen international agierenden Vertriebspartner in Verkehr bringen lässt, ohne das Vertriebsgebiet zu begrenzen, für den ist das Inverkehrbringen innerhalb des Gebiets vorhersehbar. Auch die Marktumstände können die Kenntnis des Inverkehrbringens in einem Staat begründen. Der Vertrieb in Freihandelszonen ist ein Indiz dafür, dass der Vertrieb in allen dazugehörigen Staaten vorhersehbar ist, wobei dies von der Art des Produkts abhängt. Die Größe des Haftenden und die Anzahl verkaufter Produkte haben indizielle Bedeutung für die Vorhersehbarkeit. Bei einem hohen Absatzvolumen in dem betreffenden Staat besteht eher Anlass für die Annahme der Kenntnis des Inverkehrbringens als bei Verkäufen in geringem Umfang. In die Betrachtung des erforderlichen Sorgfaltsmaßstabs müssen diese Faktoren einfließen.

m) Eine Pflicht, vorbeugende Maßnahmen zu ergreifen, besteht nur, wenn der Haftende von dem Inverkehrbringen des Produkts wissen muss. Absoluten Maßnahmen, die physisch an das Produkt gebunden sind, kommt nur geringe Bedeutung zu. Relative Maßnahmen, d.h. vertragliche Abreden über das Absatzgebiet des Produkts, sind das adäquate Mittel, um der Anwendbarkeit einer Rechtsordnung entgegenzutreten. Der Haftende darf grundsätzlich mit der Einhaltung vertraglicher Abreden rechnen. Dies gilt vor allem dann, wenn sie mit der Pflicht zur Weitergabe oder Vertragsstrafen verbunden werden. Bei einer Missachtung des Verbots muss der Haftende einschreiten. Die mangelnde Wirksamkeit oder Durchsetzbarkeit vertraglicher Abreden geht zu seinen Lasten. Die positive Kenntnis des Inverkehrbringens führt stets zur Vorhersehbarkeit. Das europäische Kartellrecht lässt Vertriebsverbote, welche die Mitgliedstaaten betreffen, nur in eng begrenzten Ausnahmefällen zu, so dass solch relative Maßnahmen nur außerhalb des Geltungsbereichs des AEUV wirksam sind.

n) Die Vorhersehbarkeit bezieht sich zeitlich ebenfalls auf das Inverkehrbringen. Entsprechend ist es ausreichend, wenn der Haftende das Inverkehrbringen zum Zeitpunkt des Schadenseintritts vorhersehen konnte. Etwas anderes gilt, wenn die Produkte vor so langer Zeit in dem Land vertrieben wurden, dass keines zum Zeitpunkt des Schadenseintritts noch dort in Gebrauch sein sollte.

o) Grundsätzlich bringt die mangelnde Vorhersehbarkeit des Inverkehrbringens in einem Staat nur die nächste Stufe der Anknüpfungsleiter zur Anwendung. Das Recht des gewöhnlichen Aufenthalts des Haftenden gilt entgegen dem Wortlaut des Art. 5 Abs. 1 Satz 2 Rom II-VO erst, wenn der Haftende das Inverkehrbringen weder am gewöhnlichen Aufenthalt, am Erwerbsort noch am Erfolgsort vorhersehen konnte.

3. Berücksichtigung von Sicherheits- und Verhaltensregeln

p) Art. 17 Rom II-VO soll ebenfalls die Unvorhersehbarkeit des anwendbaren Rechts auf Seiten des Haftenden verhindern, indem der Haftende sich auf die Geltung der Sicherheits- und Verhaltensregeln, die am Ort des Inverkehrbringens gelten, verlassen kann. Gleichzeitig werden die Interessen des Geschädigten geschützt, der ebenfalls mit der Anwendbarkeit der Verhaltensregeln des Orts des Inverkehrbringens rechnet. Daneben berücksichtigt Art. 17 Rom II-VO das staatliche Interesse, dass alle Produkte, die auf dem heimischen Markt in Verkehr gebracht werden, lokalen Sicherheits- und Verhaltensvorschriften entsprechen.

q) Im Gegensatz zum Vorhersehbarkeitseinwand ist für Art. 17 Rom II-VO das Inverkehrbringen des konkret schadensstiftenden Produkts maßgeblich. Nach Art. 17 Rom II-VO können alle Sicherheits- und Verhaltensregeln, die mit der Herstellung, Inspektion und Reparatur oder der Sicherheitsausstattung des Produkts in Verbindung stehen, berücksichtigt werden, wenn sie zumindest auch der Produktsicherheit dienen. Das Gericht berücksichtigt Sicherheits- und Verhaltensregeln faktisch, d.h. als ausländische Sachverhaltselemente im Rahmen des Sachrechts, und soweit angemessen, wodurch dem Gericht Ermessen eingeräumt wird. Eine Pflicht zur Anwendung der Sicherheits- und Verhaltensregeln des Orts des Inverkehrbringens besteht nicht. Dadurch bleibt Art. 17 Rom II-VO hinter dem Schutzniveau von Inverkehrbringen und Vorhersehbarkeit zurück.

r) Art. 17 Rom II-VO ist neben dem Vorhersehbarkeitseinwand anzuwenden, weil kein Spezialitätsverhältnis zwischen den Vorschriften besteht. Mit Hilfe des Art. 17 Rom II-VO kann der Haftende sich auf die Verhaltensgebote des Staats einstellen, in dem das konkret schadensstiftende Produkt in Verkehr gebracht wurde. Bei einer reinen Exporttätigkeit des Haftenden ermöglicht Art. 17 Rom II-VO auch im Fall der Anwendbarkeit des Aufenthaltsrechts des Haftenden nach Art. 5 Abs. 1 Satz 2 Rom II-VO die Berücksichtigung des Rechts des Orts des Inverkehrbringens. Auch der Geschädigte geht regelmäßig davon aus, dass der Haftende sich der Geltung der Sicherheits- und Verhaltensregeln des Orts des Inverkehrbringens nicht entziehen kann. Über Art. 17 Rom II-VO kann auch bei der Anwendung einer anderen Rechtsordnung, beispielsweise des Rechts des Erfolgsorts bei einer Schädigung unbeteiligter Dritter (*bystander*), den Verhaltensgeboten, die am Ort des Inverkehrbringens gelten, Beachtung geschenkt werden.

II. Funktionszusammenhang und Wirkungsgrad der Verteidigungsmechanismen

Inverkehrbringen und Vorhersehbarkeit sind einander direkt flankierende Maßnahmen. In unterschiedlicher Gewährleistungsrichtung sorgen sie dafür, dass eine hinreichend enge Verbindung zu dem Haftenden besteht und seinem Interesse an der Berechenbarkeit des anwendbaren Rechts Ausdruck verliehen wird. Während das Inverkehrbringen in objektiver Hinsicht eine hinreichend enge Verbindung zum potentiell Haftenden gewährleistet, wird dies in subjektiver Hinsicht durch den Vorhersehbarkeitseinwand sichergestellt. Ergänzt wird der Schutz durch Art. 17 Rom II-VO. Das Streben nach Rechtssicherheit auf Seiten des Haftenden steht hinter dem anknüpfungsleitenden Interesse an der Berechenbarkeit der anwendbaren Rechtsordnung.

Die Verhaltenssteuerung und die effiziente Versicherbarkeit der internationalen Produkthaftung würden noch besser durchgesetzt werden, wenn der Haftende die Anwendbarkeit einzelner Rechtsordnungen ausschließen könnte. Jedoch wird dies weder mit Hilfe des Inverkehrbringens, der Vorhersehbarkeit noch des Art. 17 Rom II-VO erreicht. Die Regelung der Produkthaftung soll jedoch gerade einen angemessenen Interessenausgleich zwischen allen betroffenen Interessen erreichen, so dass die Einschränkung der Interessen des Haftenden gerechtfertigt ist. Inverkehrbringen, Vorhersehbarkeit und die Berücksichtigung von Sicherheits- und Verhaltensregeln sorgen gemeinsam dafür, dass die anwendbare Rechtsordnung bestimmbar ist; bestimmen kann sie der Haftende jedoch nicht.[1582]

III. Vorschläge de lege ferenda: Klarstellungen in Wortlaut und Erwägungsgründen

Insgesamt ergeben die Verteidigungsmechanismen des Haftenden ein in sich schlüssiges System, um die Berechenbarkeit des anwendbaren Rechts für den Haftenden abzusichern. Jedoch wären Klarstellungen des Wortlauts und der Erwägungsgründe wünschenswert, um die Rechtssicherheit zu fördern.

1. Änderung des Wortlauts

Zunächst sollte klargestellt werden, dass es auf den Stufen der Anknüpfungsleiter ausreichend ist, wenn ein gleichartiges Produkt in Verkehr gebracht wird.[1583] Zusätzlich wäre es sinnvoll, die bestehende Regelungslücke zu schließen, die entsteht, wenn das Produkt oder ein gleichartiges Produkt in keinem der nach Art. 5 Abs. 1 Satz 1 lit. a bis c Rom II-VO maßgeblichen Staaten in Verkehr gebracht wurde.[1584] Angemessen ist es, Art. 5 Abs. 1 Satz 2 Rom II-VO in diesem Fall entsprechend anzuwenden.[1585] Im Übrigen kann Art. 5 Abs. 2 Rom II-VO, der genau den Wortlaut der Ausweichklausel in Art. 4 Abs. 3 Rom II-VO wiederholt, gestrichen werden. Ein Verweis auf Art. 4 Abs. 3 Rom II-VO ist insofern ausreichend.[1586] Im Übrigen sollte die Terminologie des Art. 5 Rom II-VO an diejenige des Art. 4 Rom II-VO angepasst werden.[1587] Eine Neufassung des Wortlauts, die die vorgehenden Änderungen berücksichtigt, wurde bereits von *Junker* vorgeschlagen.[1588] Dem ist grundsätzlich zuzustimmen, jedoch ist auch sein Vorschlag in einem Punkt zu korrigieren: Er übersieht, dass es auch für den Erwerbsort ausreichend ist, dass ein gleichartiges Produkt in dem betreffenden

---

1582 Anders noch der Kommissionsentwurf vom 22.7.2003, KOM (2003) 427 endgültig, S. 16, wonach der Hersteller sein Vertriebsgebiet selbst bestimmen könne.

1583 So bereits *Junker*, RIW 2010, 257, 266; siehe oben unter C.VI.1.

1584 *Junker*, RIW 2010, 257, 266; siehe oben unter C.VII.

1585 Siehe hierzu unter C.VII.4.

1586 *Junker*, RIW 2010, 257, 266; kritisch auch zur Gesetzestechnik *v. Hein*, VersR 2007, 440, 447; *Huber/Illmer*, YbPIL 9 (2007), 31, 39; *G. Wagner*, IPRax 2008, 1, 7.

1587 *Junker*, RIW 2010, 257, 266.

1588 *Junker*, RIW 2010, 257, 266.

Staat in Verkehr gebracht wurde.[1589] Daher wäre die folgende Neufassung des Art. 5 Rom II-VO sinnvoll:[1590]

Artikel 5 – Produkthaftung
(1) Unbeschadet des Artikels 4 Absätze *2 und 3* ist auf ein außervertragliches Schuldverhältnis *aus Produkthaftung* folgendes Recht anzuwenden:

a) das Recht des Staates, in dem die geschädigte Person *zum Zeitpunkt des Schadenseintritts* ihren gewöhnlichen Aufenthalt *hat*, sofern das Produkt *oder ein gleichartiges Produkt* in diesem Staat in Verkehr gebracht wurde, oder anderenfalls
b) das Recht des Staates, in dem das Produkt erworben wurde, sofern das Produkt *oder ein gleichartiges Produkt* in diesem Staat in Verkehr gebracht wurde, oder anderenfalls
c) das Recht des Staates, in dem der Schaden eintritt, sofern das Produkt *oder ein gleichartiges Produkt* in diesem Staat in Verkehr gebracht wurde.

(2) Jedoch ist das Recht des Staates anzuwenden, in dem die Person, deren Haftung geltend gemacht wird, ihren gewöhnlichen Aufenthalt hat, wenn sie das Inverkehrbringen des Produkts oder eines gleichartigen Produkts in dem Staat, dessen Recht nach *Absatz 1* anzuwenden ist, vernünftigerweise nicht voraussehen konnte. *Das Gleiche gilt, wenn das Produkt oder ein gleichartiges Produkt in keinem der in Absatz 1 bezeichneten Staaten in Verkehr gebracht wurde.*[1591]

2. Änderung der Erwägungsgründe

Die Auslegung der Verteidigungsmechanismen offenbart, dass an vielen Stellen Auslegungszweifel bestehen. Durch eine Änderung der Erwägungsgründe könnte dem entgegengewirkt werden. Erwägungsgrund 20, der sich mit der Regelung in Art. 5 Rom II-VO befasst, unterscheidet zwischen Zielsetzung und Rechtstechnik.

a) *Zielsetzung*

In Bezug auf die Zielsetzung besagt Erwägungsgrund 20 Folgendes:

„Die Kollisionsnorm für die Produkthaftung sollte für eine gerechte Verteilung der Risiken einer modernen, hochtechnisierten Gesellschaft sorgen, die Gesundheit der

1589 Siehe oben unter C.VI.1.
1590 Änderungen sind kursiv hervorgehoben.
1591 So bereits *Junker*, RIW 2010, 257, 266, der jedoch übersieht, dass der Erwerbsort auch dann zur Anwendung kommt, wenn dort ein gleichartiges Produkt in Verkehr gebracht wird.

> Verbraucher schützen, Innovationsanreize geben, einen unverfälschten Wettbewerb gewährleisten und den Handel erleichtern."

Die „gerechte Verteilung der Risiken einer modernen, hochtechnisierten Gesellschaft" ist gleichbedeutend mit einem Ausgleich betroffener Interessen.[1592] Letzteres bringt das tatsächliche Ziel deutlicher zum Ausdruck, so dass sich eine entsprechende Änderung des Erwägungsgrunds anbietet.

Die Kollisionsnorm für die Produkthaftung soll auch „die Gesundheit der Verbraucher schützen". In dieser Hinsicht sollte der Erwägungsgrund in zweierlei Hinsicht geändert werden. Zum einen werden nicht nur Verbraucher, sondern alle Personen geschützt, die den Produktgefahren ausgesetzt sind, insbesondere auch gewerbliche Abnehmer.[1593] Zum anderen ist es falsch, nur auf die Gesundheit abzustellen. Die Verhaltenssteuerung soll alle Rechtsgüter des potentiell Geschädigten schützen. Erreicht wird der Rechtsgüterschutz durch eine Ersatzpflicht entstandener Schäden und die damit einhergehende Verhaltenssteuerung auf Seiten des Haftenden.[1594] Die Verhaltenssteuerung wiederum erfordert es, dass die Verhaltensgebote für den Haftenden erkennbar sind und er sein Verhalten entsprechend anpassen kann. Da die Erkennbarkeit im System des Art. 5 Rom II-VO das zentrale Element ist, sollte es gleichrangig neben dem Rechtsgüterschutz genannt werden.

Ferner zählt das Setzen von Innovationsanreizen zu den erklärten Zielen der Regelung. Verwirklicht werden Innovationsanreize wiederum nur dann, wenn das anwendbare Recht bestimmbar ist und der Haftende der Anwendbarkeit bestimmter Rechtsordnungen entgegentreten kann. Deshalb ist es nicht das kollisionsrechtliche Ziel, Innovationsanreize zu setzen, sondern die Erkennbarkeit bzw. Vermeidbarkeit der anwendbaren Rechtsordnung zu fördern. Die Verteidigungsmechanismen sorgen nur für die Erkennbarkeit des Haftungsregimes und eben nicht für die Vermeidbarkeit. Insofern ist es sinnvoll, die Erkennbarkeit auf Seiten des Haftenden als eigentliches Regelungsziel anzuführen.

Das genannte Interesse an Wettbewerbsgleichheit spielt im Rahmen der gewählten Anknüpfung nur eine untergeordnete Rolle. Eine Anknüpfung an den Angebotsort oder den Erwerbsort verwirklicht maßgeblich die Wettbewerbsgleichheit, weil alle Anbieter auf dem jeweiligen Markt durch die Bezugnahme auf den tatsächlichen Erwerbsakt den gleichen Haftungsbedingungen

1592 *De Boer*, NILR 2009, 295, 319.

1593 *v. Hein*, VersR 2007, 440, 447; *ders.*, IPRax 2010, 330, 339; Palandt-*Thorn*, Art. 5 Rom II-VO Rn. 3.

1594 Siehe dazu bereits ausführlich unter B.II.2.b).

unterworfen werden.[1595] Jedoch knüpft Art. 5 Rom II-VO weder primär noch ausschließlich an den Erwerbsort an. Entsprechend sollte die Wettbewerbsgleichheit als Regelungsziel gestrichen werden.

Letztlich soll Art. 5 Rom II-VO ausweislich des Erwägungsgrundes den Handel erleichtern. Auf der Ebene des IPR wird dieses Ziel allgemein durch die Schaffung einheitlicher Kollisionsnormen[1596] und besonders durch die Förderung der Vorhersehbarkeit der anwendbaren Rechtsordnung bewältigt. Nur wenn die anwendbare Rechtsordnung erkennbar ist, werden Anreize gesetzt, die Produkte auf ausländischen Märkten zu vertreiben. Wiederum sollte ausschließlich auf die Erkennbarkeit in den Erwägungsgründen Bezug genommen werden, weil sie das dahinterstehende internationalprivatrechtliche Interesse ist.

Eine Analyse der jetzigen Fassung des Erwägungsgrunds 20 ergibt, dass tatsächlich die Zwecke des Deliktsrechts und/oder Parteiinteressen hinter den genannten Zielen stehen. Zwar kann der tatsächliche Zweck im Wege der Auslegung ermittelt werden, eine Klarstellung ist aber dennoch sinnvoll, um die tatsächlichen Zwecke stärker herauszuarbeiten. Daher bietet sich folgende Neufassung an:[1597]

> Die Kollisionsnorm für die Produkthaftung *soll* für *einen Ausgleich betroffener Interessen sorgen, indem der potentiell Geschädigte geschützt wird und der potentiell Haftende die anwendbare Rechtsordnung erkennen kann.*

b) *Rechtstechnik*

Wie die Ziele erreicht werden sollen, bringt Erwägungsgrund 20 durch den folgenden Wortlaut zum Ausdruck:

> „Die Schaffung einer Anknüpfungsleiter stellt, zusammen mit einer Vorhersehbarkeitsklausel, im Hinblick auf diese Ziele eine ausgewogene Lösung dar. Als erstes Element ist das Recht des Staates zu berücksichtigen, in dem die geschädigte Person beim Eintritt des Schadens ihren gewöhnlichen Aufenthalt hatte, sofern das Produkt in diesem Staat in den Verkehr gebracht wurde. Die weiteren Elemente der Anknüpfungsleiter kommen zur Anwendung, wenn das Produkt nicht in diesem Staat in Verkehr gebracht wurde,

1595 *Duintjer Tebbens*, S. 373; *Kadner Graziano*, Europäisches Internationales Deliktsrecht, S. 74; NK-*Lehmann*, Art. 5 Rom II-VO Rn. 11; *Siehr*, AWD 1972, 373, 385; *Wandt*, Rn. 734; anders *Sack*, FS Ulmer, S.495, 500 ff., demzufolge eine Gleichbehandlung auch über den Angebotsort erreicht werde.

1596 Vgl. zu diesem Postulat bereits *Hallstein*, RabelsZ 28 (1964), 211, 222; sowie *Müller-Graff*, NJW 1993, 13, 16 m. w. N.

1597 Änderungen sind kursiv hervorgehoben.

unbeschadet von Artikel 4 Absatz 2 und der Möglichkeit einer offensichtlich engeren Verbindung mit einem anderen Staat."

Die Aussage, eine Anknüpfungsleiter stelle zusammen mit einer Vorhersehbarkeitsklausel eine ausgewogene Lösung dar, ist ungenau hinsichtlich der gewählten Regelungstechnik. Welchem Interesse der jeweilige Anknüpfungspunkt dient, wird deutlich, wenn die folgende Formulierung gewählt wird:[1598]

> *Die Anknüpfung an den gewöhnlichen Aufenthalt des Geschädigten, den Erwerbsort und den Erfolgsort einerseits und die Absicherung durch das Inverkehrbringen und eine Vorbehaltsklausel andererseits stellen* im Hinblick auf diese Ziele eine ausgewogene Lösung dar.

Aufgrund der Auslegungszweifel hinsichtlich Inverkehrbringen und Vorhersehbarkeit erscheint es sinnvoll, zumindest deren jeweiligen Maßstab im Erwägungsgrund zu konkretisieren. Daher sollte beispielsweise die folgende Formulierung aufgenommen werden:

> *Während das Inverkehrbringen im Sinne des öffentlichen Angebots an Endabnehmer auszulegen ist, kommt es für die Vorhersehbarkeit darauf an, ob der Haftende das Inverkehrbringen in dem betreffenden Staat kannte oder pflichtwidrig nicht kannte.*

Daneben beschreibt Erwägungsgrund 20 die einzelnen Stufen der Anknüpfungsleiter. Eine Änderung sollte berücksichtigen, dass der Haftende in Bezug auf jede Stufe der Anknüpfungsleiter die mangelnde Vorhersehbarkeit nachweisen muss und das Recht seines gewöhnlichen Aufenthalts erst als *ultima ratio* anzuwenden ist. Entsprechend sollte dieser Teil des Erwägungsgrunds 20 wie folgt geändert werden:

> Als erstes Element ist das Recht des Staates zu berücksichtigen, in dem die geschädigte Person beim Eintritt des Schadens ihren gewöhnlichen Aufenthalt hatte, sofern das Produkt *oder ein gleichartiges Produkt* in diesem Staat *vorhersehbar* in den Verkehr gebracht wurde. Die weiteren Elemente der Anknüpfungsleiter kommen *ebenfalls nur unter dieser Bedingung zur Anwendung,* unbeschadet von Artikel 4 Absatz 2 und 3. *Das Recht des gewöhnlichen Aufenthalts des Haftenden wird angewandt, wenn das Inverkehrbringen auf keiner Stufe der Anknüpfungsleiter vorhersehbar war.*

Insgesamt sollte Erwägungsgrund 20 wie folgt neugefasst werden:

> Die Kollisionsnorm für die Produkthaftung *soll* für *einen Ausgleich betroffener Interessen sorgen, indem der potentiell Geschädigte geschützt wird und der potentiell Haftende die anwendbare Rechtsordnung erkennen kann. Die Anknüpfung an den gewöhnlichen Aufenthalt des Geschädigten, den Erwerbsort und den Erfolgsort einerseits und die Absicherung durch das Inverkehrbringen und eine Vorbehaltsklausel andererseits stellen* im

1598 Änderungen sind kursiv hervorgehoben.

Hinblick auf diese Ziele eine ausgewogene Lösung dar. *Während das Inverkehrbringen im Sinne des öffentlichen Erstangebots an Endabnehmer auszulegen ist, kommt es für die Vorhersehbarkeit darauf an, ob der Haftende das Inverkehrbringen in dem betreffenden Staat kannte oder pflichtwidrig nicht kannte.* Als erstes Element ist das Recht des Staates zu berücksichtigen, in dem die geschädigte Person beim Eintritt des Schadens ihren gewöhnlichen Aufenthalt hatte, sofern das Produkt *oder ein gleichartiges Produkt* in diesem Staat *vorhersehbar* in den Verkehr gebracht wurde. Die weiteren Elemente der Anknüpfungsleiter kommen *ebenfalls nur unter dieser Bedingung zur Anwendung*, unbeschadet von Artikel 4 Absatz 2 und 3. *Das Recht des gewöhnlichen Aufenthalts des Haftenden wird angewandt, wenn das Inverkehrbringen auf keiner Stufe der Anknüpfungsleiter vorhersehbar war.*

Literaturverzeichnis

Allen, William/O'Hara, Erin, Second Generation Law and Economics of Conflict of Laws: Baxter's Comparative Impairment and Beyond, Stan. L. Rev. 51 (1991), 1011–1048.

Baetge, Dietmar, Der gewöhnliche Aufenthalt im Internationalen Privatrecht, Tübingen 1994 (zitiert: *Baetge*).

Bamberger, Georg/Roth, Herbert/Hau, Wolfgang (u.a.) (Hrsg.), Beck'scher Onlinekommentar, 45. Edition, Stand: 1.3.2018, München 2018 (zitiert: Bamberger/Roth-*Bearbeiter*).

von Bar, Christian, Besprechung von *Czempiel*, Das bestimmbare Deliktsstatut. Zur Zurechnung im internationalen Deliktsrecht, DVBl. 1994, 175–176.

ders., Grundfragen des Internationalen Deliktsrechts, JZ 1985, 961–969.

ders., Internationales Privatrecht. Zweiter Band. Besonderer Teil, München 1991 (zitiert: *v. Bar*, IPR II).

ders./Mankowski, Peter, Internationales Privatrecht. Band I. Allgemeine Lehren, 2. Auflage, München 2003 (zitiert: *v. Bar/Mankowski*, IPR I).

Battifol, Henri, La douzième session de la conférence de la Haye de droit international privé, Rev. crit. dr. int. priv. 62 (1973), 243–273.

Beitzke, Günther, Das Deliktsrecht im schweizerischen IPR-Entwurf, SchwJbIntR 35 (1979), 93–114.

ders., Neues österreichisches Kollisionsrecht, RabelsZ 43 (1979), 245–276.

Benecke, Martina, Auf dem Weg zu „Rom II" – Der Vorschlag für eine Verordnung zur Angleichung des IPR der außervertraglichen Schuldverhältnisse, RIW 2003, 830–837.

Berger, Robert, The Impact of Tort Law Development on Insurance: The Availability/Affordability Crisis and its Potential Solutions, Am. U. L. Rev. 37 (1988), 285–321.

Bernhard, Peter, Besprechung von *Czempiel*, Das bestimmbare Deliktsstatut. Zur Zurechnung im internationalen Deliktsrecht, RabelsZ 58 (1994), 347–352.

Birk, Rolf, Schadensersatz und sonstige Restitutionsformen im internationalen Privatrecht. Kollisionsrechtliche Fragen zum Inhalt und Bestand subjektiver Recht, dargestellt an den Fällen der unerlaubten Handlung, Karlsruhe 1969 (zitiert: *Birk*).

Bishop, William, The Contract-Tort Boundary and the Economics of Insurance, J. Leg. Stud. 12 (1983), 241–266.

Bogdan, Michael, The Treatment of Environmental Damage in Regulation Rome II, in: *Ahern, John/Binchy, William* (Hrsg.), The Rome II Regulation on the Law Applicable to Non-Contractual Obligation. A New International Litigation Regime, Leiden/Boston 2009, S. 219–230 (zitiert: *Bogdan*, in: Ahern/Binchy).

Brière, Carine, La règlement (CE) no. 864/2007 du 11 juillet 2007 sur la loi applicable aux obligations non contractuelles (Rome II), Clunet 135 (2008), 31–47.

Bröcker, Walter, Möglichkeiten der differenzierten Regelbildung im Internationalen Deliktsrecht, München 1967 (zitiert: *Bröcker*).

Brüggemeier, Gert, Produkthaftung und Produktsicherheit, ZHR 152 (1988), 511–536.

Buchner, Benedikt, Kläger- und Beklagtenschutz im Recht der internationalen Zuständigkeit. Lösungsansätze für eine zukünftige Gerichtsstand- und Vollstreckungskonvention, Tübingen 1998 (zitiert: *Buchner*).

Bunte, Hermann-Josef (Hrsg.), Kommentar zum deutschen und europäischen Kartellrecht. Band 2: Europäisches Kartellrecht, 13. Auflage, Köln 2018 (zitiert: Langen/Bunte-*Bearbeiter*).

Büsken, Rainer, Allgemeine Haftpflichtversicherung. Ausgewählte Deckungsfragen der AHB/BBR, 5. Auflage, Karlsruhe 2003 (zitiert: *Büsken*).

Calliess, Christian/Ruffert, Matthias (Hrsg.), EUV/AEUV. Das Verfassungsrecht der Europäischen Union mit Europäischer Grundrechtcharta. Kommentar, 4. Auflage, München 2011 (zitiert: Calliess/Ruffert[4]-*Bearbeiter*).

dies., EUV/AEUV. Das Verfassungsrecht der Europäischen Union mit Europäischer Grundrechtcharta. Kommentar, 5. Auflage, München 2016 (zitiert: Calliess/Ruffert-*Bearbeiter*).

Calliess, Gralf-Peter (Hrsg.), Rome Regulations. Commentary on the European Rules of the Conflict of Laws, 2. Auflage, Alphen aan den Rijn 2015 (zitiert: Calliess-*Bearbeiter*, Rome Regulations).

Calster, Gert van, European Private International Law, Portland 2013 (zitiert: *van Calster*).

Cavers, David, The Proper Law of Producer's Liability, ICLQ 26 (1977), 703–733.

Cavin, Pierre, La Convention sur la loi applicable à la responsabilité du fait des produits, SchwJbIntR 28 (1972), 45–60.

Cezanne, Wolfgang, Allgemeine Volkswirtschaftslehre, 6. Auflage, München (u.a.) 2005 (zitiert: *Cezanne*).

Conférence de La Haye de droit international privé, Actes et documents de la Douzième session, 2.-21.10.1972, Band III: Responsabilité du fait des produits, La

Haye 1974 (zitiert: *Bearbeiter*, in: Conférence de La Haye, Actes et Documents 12. session).

Corneloup, Sabine, La responsabilité du fait des produits, in: *dies./Joubert, Natalie* (Hrsg.), Le Règlement Communautaire „Rome II" sur la loi applicable aux obligations non contractuelles, Paris 2008, S. 85–106 (zitiert: *Corneloup*, in: dies./Joubert).

Czempiel, Benedict, Das bestimmbare Deliktsstatut. Zur Zurechnung im internationalen Deliktsrecht, Berlin 1991 (zitiert: *Czempiel*, Deliktsstatut).

ders., Das IPR der seerechtlichen Haftungsbeschränkung und das Zweite Seerechtsänderungsgesetz, VersR 1987, 1069–1074.

Dauses, Manfred (Begr.), Handbuch des EU-Wirtschaftsrechts, Band 1, 43. Ergänzungslieferung, München 2018 (zitiert: *Bearbeiter*, in: Dauses).

De Boer, Th. M., The Purpose of Uniform Choice-of-Law Rules: The Rome II Regulation, NILR 2009, 295–332.

De Ment, James A. Jr., International Product Liability: Toward a Uniform Choice of Law Rule, Cornell Int'l L. J. 5 (1972), 75–95.

Delachaux, Jean-Loius, Die Anknüpfung der Obligationen aus Delikt und Quasidelikt im internationalen Privatrecht, Nendeln/Liechtenstein 1979 (zitiert: *Delachaux*).

Dickinson, Andrew, The Rome II Regulation. The Law Applicable to Non-Contractual Obligations, Oxford 2008 (zitiert: *Dickinson*, Rome II).

Dornis, Tim, „When in Rome, do as the Romans do?" – A Defense of the Lex Domicilii Communis in the Rome II-Regulation, EuLF 2007, I-152–I-159.

Dorsel, Christoph, Forum non conveniens. Richterliche Beschränkung der Wahl des Gerichtsstands im deutschen und amerikanischen Recht, Berlin 1996 (zitiert: *Dorsel*).

Drobnig, Ulrich, Produktehaftung, in: *von Caemmerer, Ernst (Hrsg.)*, Vorschläge und Gutachten zur Reform des deutschen internationalen Privatrechts der außervertraglichen Schuldverhältnisse, Tübingen 1983, S. 298–337 (zitiert: *Drobnig*, in: v. Caemmerer).

Duden, Das große Wörterbuch der deutschen Sprache in zehn Bänden, Band 1: A – Bedi, 3. Auflage, Mannheim (u.a.) 1999; Band 9. Tach – Vida, 3. Auflage, Mannheim (u.a.) 1999 (zitiert: *Duden*).

Duintjer Tebbens, Harry, International Product Liability. A Study of Comparative and International Legal Aspects of Product Liability, 2. Auflage, Aalphen aan den Rijn 1980 (zitiert: *Duintjer Tebbens*).

Durham, Bryant, Hague Convention on the Law Applicable to Products Liability, Ga. J. Intl. & Comp. L. 4 (1974), 178–191.

Dutoit, Bernard, La recente Convention de La Haye sur la loi applicable à la resonposabilité du fait des produits, NILR 1973, 109–124.

Dyer, Adair, Unfair Competition in Private International Law, Rec. des Cours 211 (1988-IV), 373–446.

Eckard, Fabian, Anwendung und Durchsetzung des Kartellverbots im dezentralen Legalausnahmesystem. Eine verfahrens- und materiellrechtliche Betrachtung unter Berücksichtigung des more economic approach, Berlin 2011 (zitiert: *Eckard*).

Ehrenzweig, Albert A., A Counter-Revolution in Conflicts Law? From Beale to Cavers, Harv. L. Rev. 80 (1966), 377–401.

ders., Der Tatort im amerikanischen Kollisionsrecht der ausservertraglichen Schadensersatzansprüche, in: *Dölle, Hans/Rheinstein, Max/Zweigert, Konrad* (Hrsg.), Festschrift für Ernst Rabel. Band I: Rechtsvergleichung und Internationales Privatrecht, Tübingen 1954, S. 655–683 (zitiert: *Ehrenzweig*, FS Rabel I).

ders., Local Data and Moral Data in the Conflict of Laws: Terra Incognita, Buff. L. Rev. 16 (1966), 55–60.

ders., Products Liability in the Conflict of Laws. Toward a Theory of Enterprise Liability under "Foreseeable and Insurable Laws", Yale L. J. 69 (1960), 794–803.

Erman, Walter (Begr.), Erman Bürgerliches Gesetzbuch, herausgegeben von *Westermann, Harm Peter/Grunewald, Barbara/Maier-Reimer, Georg*, Band 2: §§ 762–2385, ProdHaftG, ErbbauRG, VersAusglG, VBVG, LPartG, WEG, EGBGB, 15. Auflage, Köln 2017 (zitiert: Erman-*Bearbeiter*).

Esser, Josef/Weyers, Hans-Leo, Schuldrecht. Band II Besonderer Teil. Teilband 2 Gesetzliche Schuldverhältnisse, 8. Auflage, Heidelberg 2000 (zitiert: *Esser/Weyers*).

Fallon, Marc, Le projet de convention sur la loi applicable à la responsabilité du fait des produits, J. T. 89 (1974), 73–80.

ders., Les accidents de la consommation et le droit. La responsabilité du fait des produits en question. droit comparé, droit des conflits de lois avec l'aide de la méthode expérimentale, Brüssel 1982 (zitiert: *Fallon*, Les accidents de la consommation).

ders., The Law Applicable to Specific Torts, in: *Basedow, Jürgen/Baum, Harald/Nishitani, Yuko* (Hrsg.), Japanese and European Private International Law in Comparative Perspective, Tübingen 2008, S. 261–297 (zitiert: *Fallon*, in: Basedow/Baum/Nishitani).

Faust, Florian, Die Vorhersehbarkeit des Schadens gemäß Artikel 74 Satz 2 UN-Kaufrecht (CISG), Tübingen 1996 (zitiert: *Faust*).

Fawcett, James J., Products Liability in Private International Law: A European Perspective, Rec. des Cours 238 (1993-I), 9–246.

Ferrari, Franco/Kieninger, Eva-Maria/Mankowski, Peter (u.a.) (Hrsg.), Internationales Vertragsrecht. Rom I-VO, CISG, CMR, FactÜ, 3. Auflage, München 2018 (zitiert: Ferrari/Kieninger/Mankowski-*Bearbeiter*).

Firsching, Karl, Das Prinzip der Akzessorietät im deutschen internationalen Recht der unerlaubten Handlungen - deutsche IPR-Reform, in: *Graveson, Ronald H./Kreuzer, Karl/Runc, André* (u.a.) (Hrsg.), Festschrift für Imre Zajtay, Tübingen 1982, S. 143–148 (zitiert: *Firsching*, FS Zajtay).

Fischer, Hugo, The Convention on the Law Applicable to Products Liability, McGill L. J. 20 (1974), 44–84.

Flessner, Axel, Interessenjurisprudenz im internationalen Privatrecht, Tübingen 1990 (zitiert: *Flessner*).

Foerste, Ulrich/Graf von Westphalen, Friedrich (Hrsg.), Produkthaftungshandbuch, 3. Auflage, München 2012 (zitiert: Foerste/Graf von Westphalen-*Bearbeiter*).

Freitag, Robert, Der Einfluß des Europäischen Gemeinschaftsrechts auf das internationale Produkthaftungsrecht, Tübingen 2000 (zitiert: *Freitag*).

Fricke, Martin, Kollisionsrecht im Umbruch - Perspektiven für die Versicherungswirtschaft, VersR 2005, 726–741.

Fuchs, Angelika, Schadensausgleich und Verhaltenssteuerung - Rechtsvergleichende Überlegungen zu den Zwecken deliktischer Haftung, in: *Kronke, Herbert/Thorn, Karsten (Hrsg.)*, Grenzen überwinden - Prinzipien bewahren. Festschrift für Bernd von Hoffmann zum 70. Geburtstag, Bielefeld 2012, S. 776–790 (zitiert: *Fuchs*, FS v. Hoffmann).

dies., Zum Kommissionsvorschlag einer „Rom II“-Verordnung, GPR 2004, 100–105.

Gabler Wirtschaftslexikon, Wiesbaden, abrufbar unter http://wirtschaftslexikon.gabler.de.

Garcimartín Alférez, Francisco, The Rome II Regulation: On the way towards a European Private International Law Code, EuLF 2007, I-77–I-91.

Geisler, Stephan, Die engste Verbindung im Internationalen Privatrecht, Berlin 2001 (zitiert: *Geisler*).

Gonzenbach, Gerald, Die akzessorische Anknüpfung. Ein Beitrag zur Verwirklichung des Vertrauensprinzips im internationalen Deliktsrecht, Zürich 1986 (zitiert: *Gonzenbach*).

Grabitz, Eberhard/Hilf, Meinhard/Nettesheim, Martin (Hrsg,), Das Recht der Europäischen Union., Loseblattsammlung, 63. Ergänzungslieferung, München 2017 (zitiert: Grabitz/Hilf/Nettesheim-*Bearbeiter*).

Graf von Westphalen, Friedrich (Hrsg.), Produkthaftungshandbuch. Band 1: Vertragliche und deliktische Haftung, Strafrecht und Produkt-Haftpflichtversicherung, 2. Auflage, München 1997 (zitiert: Graf von Westphalen²-*Bearbeiter*).

Grußendorf, Hildegard, Der Begehungsort der unerlaubten Handlung im Deutschen Internationalen Privatrecht, Würzburg 1935 (zitiert: *Grußendorf*).

Hallstein, Walter, Angleichung des Privat- und Prozessrechts in der Europäischen Wirtschaftsgemeinschaft, RabelsZ 28 (1964), 211–231.

Hamburg Group for Private International Law, Comments on the European Commission's Draft Proposal for a Council Regulation on the Law Applicable to Non-Contractual Obligations, RabelsZ 67 (2003), 1–56.

Harrison, Jeffrey, Law and Economics in a Nutshell, 4. Auflage, St. Paul 2007 (zitiert: *Harrison*).

Hartley, Trevor, Choice of Law for Non-Contractual Liability: Selected Problems under the Rome II-Regulation, ICLQ 57 (2008), 899–908.

Hay, Peter, Contemporary Approaches to Non-Contractual Obligations in Private International Law (Conflict of Laws) and the European Community's „Rome II" Regulation, EuLF 2007, I-137–I-151.

Heiderhoff, Bettina, Eine europäische Kollisionsnorm für die Produkthaftung: Gedanken zur Rom II-Verordnung, GPR 2005, 92–97.

dies., Eine europäische Kollisionsregel für Pressedelikte, EuZW 2007, 428–432.

von Hein, Jan, Das Günstigkeitsprinzip im Internationalen Deliktsrecht, Tübingen 1999 (zitiert: *v. Hein*, Günstigkeitsprinzip).

ders., Die Behandlung von Sicherheits- und Verhaltensregeln nach Art. 17 der Rom II-Verordnung, in: *Kronke, Herbert/Thorn, Karsten (Hrsg.)*, Grenzen überwinden – Prinzipien bewahren. Festschrift für Bernd von Hoffmann zum 70. Geburtstag, Bielefeld 2012, S. 139–158 (zitiert: *v. Hein*, FS v. Hoffmann).

ders., Die Kodifikation des europäischen Internationalen Deliktsrechts. Zur geplanten EU-Verordnung über das auf außervertragliche Schuldverhältnisse anzuwendende Recht, ZVglRWiss 102 (2003), 528–562.

ders., Die Kodifikation des europäischen IPR der außervertraglichen Schuldverhältnisse vor dem Abschluss? Zum gegenwärtigen Stand der Arbeiten an der Rom II-Verordnung, VersR 2007, 440–452.

ders., Die Produkthaftung des Zulieferers im Europäischen Internationalen Zivilprozessrecht, IPRax 2010, 330–343.

ders., Europäisches Internationales Deliktsrecht nach der Rom II-Verordnung, ZEuP 2009, 6–33.

ders., Grenzüberschreitende Produkthaftung für „Weiterfresserschäden": Anknüpfung an den Marktort ist interessengerechter, RIW 2000, 820–832.

ders., Of Older Siblings and Distant Cousins: The Contribution of the Rome II Regulation to the Communitarisation of Private International Law, RabelsZ 73 (2009), 461–508.

ders., Something Old and Something Borrowed, but Nothing New? Rome II and the European Choice-of-Law Evolution, Tul. L. Rev. 82 (2008), 1663–1707.

Heini, Anton, Besprechung von *Trutmann*, Das internationale Privatrecht der Deliktsobligationen, RabelsZ 40 (1976), 350–354.

ders., Die Anknüpfungsgrundsätze in den Deliktsnormen eines zukünftigen schweizerischen IPR-Gesetzes, in: *Flume, Werner* (u.a.) (Hrsg.), Internationales Recht und Wirtschaftsordnung. Festschrift für F. A. Mann zum 70. Geburtstag am 11. August 1977, München 1977, S. 193–205 (zitiert: *Heini*, FS Mann).

Heiss, Helmut/Loacker, Leander, Die Vergemeinschaftung des Kollisionsrechts der außervertraglichen Schuldverhältnisse durch Rom II, JBl 2007, 613–646.

Heselhaus, F. Sebastian/Nowak, Carsten (Hrsg.), Handbuch der Europäischen Grundrechte, München/Wien/Bern 2006 (zitiert: Heselhaus/Nowak-*Bearbeiter*).

Hillgenberg, Hartmut, Das Internationalprivatrecht der Gefährdungshaftung für Atomschäden. Zugleich eine Untersuchung zur Anknüpfung der Gefährdungshaftung überhaupt, Bonn 1963 (zitiert: *Hillgenberg*).

Hoechst, Peter, Die US-amerikanische Produzentenhaftung, Köln (u.a.) 1986 (zitiert: *Hoechst*).

von Hoffmann, Bernd, Behutsame Auflockerung der Tatortregel. Anmerkung zu BGH 8.1.1985 - VI ZR 22/83, IPRax 1986, 90–91.

ders., Internationales Privatrecht: US-Pflanzenschutzmittel in inländischen Obstgärten, JuS 1986, 385–388.

ders./Thorn, Karsten, Internationales Privatrecht einschließlich der Grundzüge des internationalen Zivilverfahrensrechts, 8. Auflage, München 2005 (zitiert: *v. Hoffmann/Thorn*, IPR).

Hohloch, Gerhard, Das Deliktsstatut. Grundlagen und Grundlinien des internationalen Deliktsrechts, Frankfurt am Main 1984 (zitiert: *Hohloch*, Deliktsstatut).

ders., Place of Injury, Habitual Residence, Closer Connection, and Substantive Scope: The Basic Principles, YbPIL 9 (2007), 1–18.

Huber, Peter (Hrsg.), Rome II Regulation. Pocket Commentary, München 2011 (zitiert: Huber-*Bearbeiter*, Rome II Regulation).

ders./Bach, Ivo, Die Rom II-VO. Kommissionsentwurf und aktuelle Entwicklungen, IPRax 2005, 73–84.

ders./Illmer, Martin, International Product Liability. A Commentary on Article 5 of the Rome II Regulation, YbPIL 9 (2007), 31–47.

Huber, Peter W., Liability. The Legal Revolution and Its Consequences, New York 1988 (zitiert: *Huber*, Liability).

ders./Litan, Robert, The Liability Maze: The Impact of Liability Law on Safety and Innovation, Washington D.C. 1991 (zitiert: *Huber/Litan*, The Liability Maze).

Illmer, Martin, The New European Private International Law of Product Liability – Steering Through Troubled Water, RabelsZ 73 (2009), 269–313.

Immenga, Ulrich/Mestmäcker, Ernst-Joachim (Hrsg.), Wettbewerbsrecht. Band 1. EU/Teil 1 Kommentar zum Europäischen Kartellrecht, 5. Auflage, München 2012 (zitiert: Immenga/Mestmäcker-*Bearbeiter*).

Jayme, Erik, Ausländische Rechtsregeln und Tatbestand inländischer Sachnormen, in: *ders./Kegel, Gerhard* (Hrsg.), Gedächtnisschrift für Albert A. Ehrenzweig, Heidelberg 1976, S. 35–49 (zitiert: *Jayme*, GS Ehrenzweig).

ders., Grundrecht der Eheschließungsfreiheit und Wiederheirat geschiedener Ausländer, RabelsZ 36 (1972), 19–26.

ders., Identité culturelle et intégration: le droit international privé postmoderne. Cours général de droit international privé, Rec. des Cours 251 (1995-I), 9–268.

Juenger, Friedrich, American and European Conflicts Law, Am. J. Comp. L. 30 (1982), 117–133.

ders., Conflicts of Laws: A Critique of Interest Analysis, Am. J. Comp. L. 32 (1984), 1–50.

ders., Parteiautonomie und objektive Anknüpfung im EG-Übereinkommen zum Internationalen Vertragsrecht. Eine Kritik aus amerikanischer Sicht, RabelsZ 46 (1982), 57–81.

ders., Zum Wandel des Internationalen Privatrechts, Karlsruhe 1974 (zitiert: *Juenger*, Zum Wandel des IPR).

Junker, Abbo, Das Internationale Privatrecht der Straßenverkehrsunfälle nach der Rom II-Verordnung, JZ 2008, 169–178.

ders., Der Reformbedarf im Internationalen Deliktsrecht der Rom II-Verordnung drei Jahre nach ihrer Verabschiedung, RIW 2010, 257–269.

ders., Die Rom II-Verordnung: Neues Internationales Deliktsrecht auf europäischer Grundlage, NJW 2007, 3675–3682.

ders., Internationales Arbeitsrecht im Konzern, Tübingen 1992 (zitiert: *Junker*, Internationales Arbeitsrecht).

juris Praxiskommentar BGB, herausgegeben von *Würdinger, Markus (u.a.)*, Band 6: Internationales Privatrecht, 7. Auflage, Saarbrücken 2015 (zitiert: jurisPK^{7}-*Bearbeiter*).

juris Praxiskommentar BGB, herausgegeben von *Würdinger, Markus (u.a.)*, Band 6: Internationales Privatrecht, 8. Auflage, Saarbrücken 2017 (zitiert: jurisPK-*Bearbeiter*).

Kadner Graziano, Thomas, Das auf außervertragliche Schuldverhältnisse anzuwendende Recht nach Inkrafttreten der Rom II-Verordnung, RabelsZ 73 (2009), 1–77.

ders., Das auf die Produkthaftung anwendbare Recht – europäischer Rechtszustand und aktuelle Vorschläge der Europäischen Kommission und des Europäischen Parlaments, VersR 2004, 1205–1210.

ders., Europäisches Internationales Deliktsrecht. Ein Lehr- und Studienbuch, Tübingen 2003 (zitiert: *KadnerGraziano*, Europäisches Internationales Deliktsrecht).

ders., Gemeineuropäisches Internationales Privatrecht, Tübingen 2002 (zitiert: *KadnerGraziano*, Gemeineineuropäisches IPR).

ders., Le nouveau droit international privé communautaire en matière de responsabilité extracontractuelle (règlement Rome II), Rev. crit. dr. int. priv. 97 (2008), 446–511.

Kay, Herma Hill, Conflict of Laws: Foreign Law as Datum, Calif. L. Rev. 53 (1965), 47–66.

Kegel, Gerhard, Buchbesprechung: Fritz Schwind, Handbuch des Österreichischen Internationalen Privatrechts, AcP 178 (1978), 118–120.

ders./Schurig, Klaus, Internationales Privatrecht, 9. Auflage, München 2004 (zitiert: *Kegel/Schurig*, IPR).

Koch, Peter, Versicherungswirtschaft. Ein einführender Überblick, 6. Auflage, Karlsruhe 2005 (zitiert: *Koch*).

Körber, Torsten, Grundfreiheiten und Privatrecht, Tübingen 2004 (zitiert: *Körber*).

Kötz, Hein, Ziele des Haftungsrechts, in: *Baur, Jürgen* (u.a.) (Hrsg.), Festschrift für Ernst Steindorff zum 70. Geburtstag am 13. März 1990, Berlin/New York 1990, S. 643–666 (zitiert: *Kötz*, FS Steindorff).

Koziol, Helmut/Thiede, Thomas, Kritische Bemerkungen zum derzeitigen Stand des Entwurfs einer Rom II-Verordnung, ZVglRWiss 106 (2007), 235–247.

Kozyris, Phaedon John, Remarks on Transatlantic Product Liability: A Review of Jurisdictional Problem and the 1973 Hague Convention, in: The American Society of International Law/Nederlandse Vereniging voor International Recht (Hrsg.), Contemporary International Law Issues. Opportunities at a Time of Momentous Change – Proceedings of the Second Joint Conference held in The Hague, The Netherlands July 22–24, 1993, Dordrecht/Boston/London 1994, S. 316–320 (zitiert: *Kozyris*, Remarks on Transatlantic Product Liability).

ders., Rome II: Tort Conflics on the Right Track! A Postscript to Symeon Symeonides' „Missed Opportunity", Am. J. Comp. L. 56 (2008), 471–497.

ders., Values and Methods in Choice of Law for Products Liability: A Comparative Comment on Statutory Solutions, Am. J. Comp. L. 38 (1990), 475–509.

Krauss, Michael, Product Liability and Game Theory: One More Trip to the Choice-of-Law Well, BYU L. Rev. 2002, 759–827.

Kreuzer, Karl, Apfelschorf im „Alten Land". Kollisionsrechtliche Probleme der Produkthaftung, IPRax 1982, 1–5.

ders., Kollisionsrecht für außervertragliche Schuldverhältnisse (Rom II), in: *Reichelt, Gerte/Rechberger, Walter* (Hrsg.), Europäisches Kollisionsrecht, Wien 2004, S. 13–62 (zitiert: Kreuzer, in: Reichelt/Rechberger).

Kropholler, Jan, Internationales Privatrecht einschließlich der Grundbegriffe des Internationalen Zivilprozessrechts, 6. Auflage, Tübingen 2006 (zitiert: *Kropholler*).

Kühne, Gunther, Choice of Law in Products Liability, Cal. L. Rev. 60 (1972), 1–39.

Kullmann, Hans Josef/Pfister, Bernhard (u.a.) (Hrsg.), Produzentenhaftung. Ergänzbares Handbuch zur gesamten Produkthaftpflicht für die juristische Praxis sowie für Hersteller, Importeure und Exporteure mit Erläuterungen und den einschlägigen Vorschriften und Entscheidungen im nationalen, supranationalen und internationalen Bereich, 2. Band, Loseblattsammlung, Berlin 2017 ff. (zitiert: Kullmann/Pfister-*Bearbeiter*, Produzentenhaftung).

Landes, William/Posner, Richard, The Economic Structure of Tort Law, Cambridge 1987 (zitiert: *Landes/Posner*).

Larenz, Karl, Hegels Zurechnungslehre und der Begriff der objektiven Zurechnung. Ein Beitrag zur Rechtsphilosophie des kritischen Idealismus und zur Lehre von der „juristischen Kausalität", Leipzig 1927 (zitiert: *Larenz*, Zurechnung).

ders./Canaris, Claus-Wilhelm, Methodenlehre der Rechtswissenschaft, 3. Auflage, Berlin/Heidelberg/New York 1995 (zitiert: *Larenz/Canaris*, Methodenlehre).

Leflar, Robert A., Choice-Influencing Considerations in Conflicts Law, N.Y.U. L. Rev. 41 (1966), 267–326.

ders., Conflicts Law: More on Choice-Influencing Considerations, Cal. L. Rev. 54 (1966), 1584–1598.

Leible, Stefan/Engel, Andreas, Der Vorschlag der EG-Kommission für eine Rom II-Verordnung – Auf dem Weg zu einheitlichen Anknüpfungsregeln für außervertragliche Schuldverhältnisse in Europa, EuZW 2004, 7–17.

Leible, Stefan/Lehmann, Matthias, Die neue EG-Verordnung über das auf außervertragliche Schuldverhältnisse anzuwendende Recht („Rom II"), RIW 2007, 721–735.

Liebscher, Christoph/Flohr, Eckhard/Petsche, Alexander (Hrsg.), Handbuch der EU-Gruppenfreistellungsverordnungen, 2. Auflage, München/Wien 2012 (zitiert: Liebscher/Flohr/Petsche-*Bearbeiter*).

Liebscher, Christoph/Petsche, Alexander, Franchising nach der neuen Gruppenfreistellungsverordnung (EG) Nr. 2790/99 für Vertikalvereinbarungen, EuZW 2000, 400–404.

de Lima Pinheiro, Luís, Choice of Law on Non-Contractual Obilgations between Communitarization and Globalization. A First Assessment of EC Regulation Rome II, Riv. dir. int. priv. proc. 2008, 5–42.

Looschelders, Dirk, Die Mitverantwortlichkeit des Geschädigten im Privatrecht, Tübingen 1999 (zitiert: *Looschelders*, Mitverantwortlichkeit).

ders., Persönlichkeitsschutz in Fällen mit Auslandsberührung. Unter besonderer Berücksichtigung des österreichischen und schweizerischen Rechts, ZVglRWiss 95 (1996), 48–91.

ders., Schuldrecht. Allgemeiner Teil, 15. Auflage, München 2017 (zitiert: *Looschelders*, Schuldrecht).

Lorenz, Werner, Das außervetragliche Haftungsrecht der Haager Konventionen, RabelsZ 57 (1993), 175–205.

ders., Das internationale Privatrecht der Produktenhaftpflicht, in: *Müller, Klaus/Soell, Hermann* (Hrsg.), Rechtswissenschaft und Gesetzgebung. Festschrift für Eduard Wahl zum siebzigsten Geburtstag am 29. März 1973, Heidelberg 1973, S. 185–206 (zitiert: *Lorenz*, FS Wahl).

ders., Der Haager Konventionsentwurf über das auf die Produkthaftung anwendbare Recht, RabelsZ 37 (1973), 317–356.

ders., Die allgemeine Grundregel betreffend das auf die außervertragliche Schadenshaftung anzuwendende Recht, in: *von Caemmerer, Ernst* (Hrsg.), Vorschläge und Gutachten zur Reform des deutschen internationalen Privatrechts der außervertraglichen Schuldverhältnisse, Tübingen 1983, S. 97–159 (zitiert: *Lorenz*, in: v. Caemmerer).

Lüderitz, Alexander, Anknüpfung im Parteiinteresse, in: *Lüderitz, Alexander/-Schröder Jochen* (Hrsg.), Internationales Privatrecht und Rechtsvergleichung im Ausgang des 20. Jahrhunderts. Bewahrung oder Wende, Frankfurt am Main 1977, S. 31–54 (zitiert: *Lüderitz*, FS Kegel).

ders., Fortschritte im deutschen internationalen Privatrecht, in: Festschrift der Rechtswissenschaftlichen Fakultät zur 600-Jahr-Feier der Universität Köln, Köln (u.a.) 1988, S. 271–292 (zitiert: *Lüderitz*, FS Uni Köln).

Luhmann, Niklas, Das Recht der Gesellschaft, Frankfurt am Main 1993 (zitiert: *Luhmann*).

Mankowski, Peter, Das Internet im Internationalen Vertrags- und Deliktsrecht, RabelsZ 63 (1999), 203–294.

ders., Interessenpolitik und europäisches Kollisionsrecht. Rechtspolitische Überlegungen zur Rom I- und zur Rom II-Verordnung, Baden-Baden 2011 (zitiert: *Mankowski*, Interessenpolitik).

Mansel, Heinz-Peter, Zur Kraftfahrzeughalterhaftung in Auslandsfällen – Statut der Gefährdungshaftung – Sonderanknüpfung der Haltereigenschaft, VersR 1984, 97–106.

Martinek, Michael (u.a.) (Hrsg.), Handbuch des Vertriebsrechts, 3. Auflage, München 2010 (zitiert: Martinek-*Bearbeiter*).

McConnell, Michael, A Choice-of-Law Approach to Products-Liability Reform, in: *Olson, Walter (Hrsg.)*, New Directions in Liability Law, New York 1988, S. 90–101 (zitiert: *McConnell*, in: Olson).

Mestmäcker, Ernst-Joachim/Schweitzer, Heike, Europäisches Wettbewerbsrecht, 3. Auflage, München 2014 (zitiert: *Mestmäcker/Schweitzer*).

Micha, Marianne, Der Direktanspruch im europäischen Internationalen Privatrecht, Tübingen 2010 (zitiert: *Micha*).

Mogendorf, Mathäus, Der strukturell unterlegene Unternehmer im Internationalen Privat- und Verfahrensrecht. Eine vergleichende Untersuchung des europäischen und des US-amerikanischen Rechts, Tübingen 2016 (zitiert: *Mogendorf*).

Morris, John H. C., The Proper Law of a Tort, Harv. L. Rev. 64 (1951), 881–895.

Morris, Robert, Enterprise Liability and the Auctuarial Process. Insignificance of Foresight, Yale L. J. 70 (1961), 554-601.

Muir Watt, Horatio, Rome II et les 'intérêts gourvernementaux': pour une lecture fonctionnalliste du nouveau règlement du conflit de lois en matière délictuelle, *Corneloup, Sabine/Joubert, Natalie (Hrsg.)*, Le Règlement Communautaire „Rome II“ sur la loi applicable aux obligations non contractuelles, Paris 2008, S. 129–140 (zitiert: *Muir Watt*, in: Corneloup/Joubert).

Müller-Graff, Peter-Christian, Europäisches Gemeinschaftsrecht und Privatrecht – Das Privatrecht in der europäischen Integration, NJW 1993, 13–23.

Münchener Kommentar zum Bürgerlichen Gesetzbuch, herausgegeben von *Säcker, Franz Jürgen/Rixecker, Roland*, Band 10: Internationales Privatrecht. Rom I-Verordnung, Rom II-Verordnung, Einführungsgesetz zum Bürgerlichen Gesetzbuche (Art. 1–24), 5. Auflage, München 2010 (zitiert: MüKoBGB^5-*Bearbeiter*).

Münchener Kommentar zum Bürgerlichen Gesetzbuch, herausgegeben von *Säcker, Franz Jürgen/Rixecker, Roland/Oetker, Hartmut*, Band 1: Allgemeiner Teil. §§ 1–240, ProstG, AGG, 7. Auflage, München 2015; Band 2: Schuldrecht Allgemeiner Teil. §§ 241–432, 7. Auflage, München 2016; Band 6: Schuldrecht Besonderer Teil IV. §§ 705–853, Partnerschaftsgesellschaftsgesetz, Produkthaftungsgesetz, 7. Auflage, München 2017; Band 11 Internationales Privatrecht I. Europäisches Kollisionsrecht, Einführungsgesetz zum Bürgerlichen Gesetzbuche (Art. 1–26), 7. Auflage, München 2018; Band 12: Internationales Privatrecht II. Internationales Wirtschaftsrecht, Einführungsgesetz zum Bürgerlichen Gesetzbuche (Art. 50–253), 7. Auflage, München 2018 (zitiert: MüKoBGB-*Bearbeiter*).

Münchener Kommentar zur Zivilprozessordnung mit Gerichtsverfassungsgesetz und Nebengesetzen, herausgegeben von *Rauscher, Thomas/Krüger, Wolfgang*, Band 1: §§ 1–354, 5. Auflage, München 2016 (zitiert: MüKoZPO-*Bearbeiter*).

Musielak, Hans-Joachim/Voit, Wolfgang (Hrsg.), Kommentar zur Zivilprozessordnung mit Gerichtsverfassungsgesetz, 14. Auflage, München 2017 (zitiert: Musielak/Voit-*Bearbeiter*).

Neuhaus, Paul Heinrich, Die Grundbegriffe des Internationalen Privatrechts, 2. Auflage, Tübingen 1976 (zitiert: *Neuhaus*, Grundbegriffe).

ders., Savigny und die Rechtsfindung aus der Natur der Sache, RabelsZ 15 (1949), 364–381.

Nickel, Friedhelm/Nickel-Fiedler, Anke, Produkt-Haftpflichtversicherungsrecht. Kommentar, 2. Auflage, Berlin 2015 (zitiert: *Nickel/Nickel-Fiedler*).

Nomos Kommentar BGB, herausgegeben von *Hüßtege, Rainer/Mansel, Heinz*, Band 6: Rom-Verordnungen, 2. Auflage, Baden-Baden 2015 (zitiert: NK-*Bearbeiter*).

de Nova, Rodolfo, La Convenzione dell' Aja sulla legge applicabile alla responsabilita per danni derivanti da prodotti, Riv. dir. int. priv. proc. 1973, 297–336.

O'Hara, Erin/Ribstein, Larry, From Politics to Efficiency in Choice of Law, U. Chi. L. Rev. 67 (2000), 1151–1232.

dies., Rules and Institutions in Developing a Law Market: Views from the United States and Europe, Tul. L. Rev. 82 (2008), 2147–2180.

dies., The Law Market, Oxford (u.a.) 2009 (zitiert: *O'Hara/Ribstein*, The Law Market).

Ofner, Helmut, Die Rom II-Verordnung – Neues Internationales Privatrecht für außervertragliche Schuldverhältnisse in der Europäischen Union, ZfRV 2008, 13–24.

Palandt, Otto (Begr.), Bürgerliches Gesetzbuch, 77. Auflage, München 2018 (zitiert: Palandt-*Bearbeiter*).

Pautke, Stephanie/Schultze, Jörg-Martin, Internet und Vertriebskartellrecht – Hausaufgaben für die Europäische Kommission, BB 2001, 317–323.

Pester, Marion/v. Werder, Thomas, Produkthaftung in der Europäischen Gemeinschaft: Betriebswirtschaftliche Anmerkungen zur Risikoanalyse angesichts landesspezifischer Risikoparameter, DB 1991, 112–117.

Pfeiffer, Thomas, Internationale Zuständigkeit und prozessuale Gerechtigkeit. Die internationale Zuständigkeit zwischen effektivem Rechtsschutz und nationaler Zuständigkeitspolitik, Frankfurt am Main 1995 (zitiert: *Pfeiffer*).

Pieroth, Bodo, Die neuere Rechtsprechung des Bundesverfassungsgerichts zum Grundsatz des Vertrauensschutzes, JZ 1984, 971–978.

Plender, Richard/Wilderspin, Michael, The European Private International Law of Obligation, 3. Auflage, London 2009 (zitiert: *Plender/Wilderspin*, European Private International Law^3).

dies., The European Private International Law of Obligation, 4. Auflage, London 2015 (zitiert: *Plender/Wilderspin*, European Private International Law).

Prager, Matthias, Die Produkte-Haftpflicht im internationalen Privatrecht. Bestimmung des anwendbaren Rechts anhand der materiellrechtlichen Charakteristika dieser Haftung, Zürich 1975 (zitiert: *Prager*).

Priest, George, The Current Insurance Crisis and Modern Tort Law, Yale L. J. 96 (1987), 1521–1590.

Prütting, Hanns/Wegen, Gerhard/Weinrich, Gerd (Hrsg.), BGB Kommentar, 12. Auflage, Köln 2017 (zitiert: PWW-*Bearbeiter*).

Pryles, Michael C., Tort and Related Obligations in Private International Law, Rec. des Cours 227 (1991-II), 9–206.

Rauscher, Thomas, Internationales Privatrecht. Mit Internationalem Verfahrensrecht, 5. Auflage, Heidelberg (u.a.) 2017 (zitiert: *Rauscher*, IPR).

ders. (Hrsg.), Europäisches Zivilprozess- und Kollisionsrecht. EuZPR/EuIPR. Kommentar. Band 1: Brüssel Ia-VO, 4. Auflage, Köln 2016; Band 3: Rom I-VO, Rom II-VO, 4. Auflage, Köln 2016 (zitiert Rauscher-*Bearbeiter*, EuZPR/EuIPR).

Reese, Willis L. M., Draft Convention on the Law Applicable to Products Liability, Am. J. Comp. L. 21 (1973), 149–154.

ders., Further Comments on the Hague Convention on the Law Applicable to Products Liability, Ga. J. Int'l & Comp. L. 8 (1978), 311–324.

ders., The Hague Convention on the Law Applicable to Products Liability, Int'l L. 8 (1974), 606–617.

Rheinstein, Max, The Place of Wrong: A Study in the Method of Case Law, Tul. L. Rev. 19 (1944), 4–31.

Riegl, Werner, Streudelikte im Internationalen Privatrecht, Augsburg 1986 (zitiert: *Riegl*).

Riesenhuber, Karl (Hrsg.), Europäische Methodenlehre. Handbuch für Ausbildung und Praxis, 3. Auflage, Berlin/New York 2015 (zitiert: Riesenhuber-*Bearbeiter*).

Rodiek, Tanja, Die Produkthaftung im Europäischen Kollisionsrecht, Frankfurt am Main 2015 (zitiert: *Rodiek*).

Rudolf, Claudia, Internationales Produkthaftungsrecht nach der Rom II-Verordnung, WBL 2009, 525–534.

Rühl, Giesela, Statut und Effizienz. Ökonomische Grundlagen des Internationalen Privatrechts, Tübingen 2011 (zitiert: *Rühl*).

Rüppell, Philipp, Die Berücksichtigungsfähigkeit ausländischer Anlagengenehmigungen. Eine Analyse im Rahmen der grenzüberschreitenden Haftung nach der Rom II-Verordnung, Tübingen 2012 (zitiert: *Rüppell*).

Rushworth, Adam/Scott, Andrew, Rome II: Choice of law for non-contractual obligations, LMCLQ 2008, 274–305.

Sack, Rolf, Das IPR der Produktenhaftung und die „par conditio concurrentium", in: Gewerblicher Rechtsschutz – Urheberrecht – Wirtschaftsrecht. Mitarbeiterfestschrift für Eugen Ulmer, Köln (u.a.) 1973 (zitiert: *Sack*, FS Ulmer).

Sammeck, Sarah, Die internationale Produkthaftung nach Inkrafttreten der Rom II-VO im Vergleich zu der Rechtslage in den USA, Tübingen 2017.

Saravalle, Alberto, The Law Applicable to Products Liability: Hopping off the Endless Merry-Go-Round, in: *Malatesta, Alberto* (Hrsg.), The Unification of Choice of Law Rules on Torts and Other Non-Contractual Obligations in Europe. The „Rome II" Proposal, Padua 2006, S. 107–125 (zitiert: *Saravalle*, in: Malatesta).

Saunders, M. L., An Innovative Approach to International Products Liability: the Work of the Hague Conference on Private International Law, Law & Policy Int. Bus. 4 (1972), 187–219.

von Savigny, Friedrich Karl, System des heutigen Römischen Rechts. Band VIII, Berlin 1849 (zitiert: *v. Savigny*).

Schäfer, Hans-Bernd/Lantermann, Katrin, Choice of Law from an Economic Perspective, in: *Basedow, Jürgen/Kono, Toshiyuki (Hrsg.)*, An Economic Analysis of Private International Law, Tübingen 2006, S. 87–119 (zitiert: *Schäfer/Lantermann*, in: Basedow/Kono).

Schäfer, Hans-Bernd/Ott, Claus, Lehrbuch der ökonomischen Analyse des Zivilrechts, 5. Auflage, Berlin (u.a.) 2012 (zitiert: *Schäfer/Ott*, Ökonomische Analyse).

Schimikowski, Peter (Hrsg.), Haftpflichtversicherung. Kommentar zu den AHB und weiteren Haftplichtversicherungsbedingungen, 2. Auflage, München 2015 (zitiert: Schimikowski-*Bearbeiter*).

Schmid, René, Wertende Anknüpfung im internationalen Obligationenrecht, SchwJZ 1957, 232–234.

Schmidt-Salzer, Joachim, Produkthaftung, Die Haftung der an der Warenherstellung und am Warenvertrieb beteiligten Personen und Unternehmen, Heidelberg 1972 (zitiert: *Schmidt-Salzer*).

Schultze, Jörg-Martin/Pautke, Stephanie/Wagener, Dominique, Die Gruppenfreistellungsverordnung für vertikale Vereinbarungen. Praxiskommentar, 3. Auflage, Frankfurt am Main 2011 (zitiert: *Schultze/Pautke/Wagener*).

Schulze, Reiner (u.a.), Bürgerliches Gesetzbuch. Handkommentar, 9. Auflage, Baden-Baden 2016 (zitiert: Hk-BGB-*Bearbeiter*).

Schurig, Klaus, Kollisionsnorm und Sachrecht. Zur Struktur, Standort und Methode des internationalen Privatrechts, Berlin 1981 (zitiert: *Schurig*).

Schwartze, Andreas, A European regime on international product liability: Article 5 Rome II Regulation, NIPR 2008, 430–434.

Schwarze, Jürgen (Hrsg.), EU-Kommentar, 3. Auflage, Baden-Baden 2012 (zitiert: Schwarze-*Bearbeiter*).

Schwind, Fritz, Funktionalität im Internationalen Eheverfahren, in: *Ballon, Oskar/Hagen, Johann* (Hrsg.), Verfahrensgarantien im nationalen und internationalen Prozeßrecht. Festschrift Franz Matscher zum 65. Geburtstag, Wien 1993, S. 435–439 (zitiert: *Schwind*, FS Matscher).

Semler, Franz-Jörg/Bauer, Michael, Die neue EU-Gruppenfreistellungsverordnung für vertikale Wettbewerbsbeschränkungen – Folgen für die Rechtspraxis, DB 2000, 193–200.

Sendmeyer, Stefanie, Direct Producer's Liability and Sellers' Right of Redress in Private International Law, in: *Ebers, Martin/Janssen, André/Meyer, Olaf* (Hrsg.), European Perspectives on Producer's Liability, München 2009, S. 151–167 (zitiert: *Sendmeyer*, in: Ebers/Janssen/Meyer).

Shavell, Steven, Economic Analysis of Accident Law, Cambridge/London 1987 (zitiert: *Shavell*, Economic Analysis of Accident Law).

ders., Foundations of Economic Analysis, Cambridge/London 2004 (zitiert: *Shavell*, Foundations of Economic Analysis).

Siehr, Kurt, Produktenhaftung und Internationales Privatrecht. Zum Entwurf für ein Haager Kollisionsrechtsabkommen, AWD 1972, 373–389.

ders., The Rome II-Regulation and Specific Maritime Torts: Product Liability, Environmental Damage, Industrial Action, RabelsZ 74 (2010), 139–153.

ders., Vertrauensschutz im IPR, in: *Heldrich, Andreas/Prölss, Jürgen/Koller, Ingo* (Hrsg.), Festschrift für Claus-Wilhelm Canaris zum 70. Geburtstag, Band II, München 2007 (zitiert: *Siehr*, FS Canaris II).

ders., Wechselwirkungen zwischen Kollisionsrecht und Sachrecht, RabelsZ 37 (1973), 466–484.

Soergel, Hans Theodor (Begr.), Bürgerliches Gesetzbuch mit Einführungsgesetz und Nebengesetzen, Band 12: Schuldrecht 10. §§ 823–853, ProdHG, UmweltHG, 13. Auflage, Stuttgart 2005 (zitiert: Soergel-*Bearbeiter*).

Sonnentag, Michael, Der Renvoi im Internationalen Privatrecht, Tübingen 2001 (zitiert: *Sonnentag*, Renvoi).

ders., Zur Europäisierung des Internationalen außervertraglichen Schuldrechts durch die geplante Rom II-Verordnung, ZVglRWiss 105 (2006), 256–312.

Späte, Bernd, Haftpflichtversicherung. Kommentar zu den Allgemeinen Versicherungsbedingungen für die Haftpflichtversicherung (AHB), 2. Auflage, München 2015 (zitiert: *Späte*).

Spickhoff, Andreas, Die Produkthaftung im Europäischen Kollisions- und Zivilverfahrensrecht, in: *Baetge, Dietmar/von Hein, Jan/von Hinden, Michael* (Hrsg.), Die richtige Ordnung. Festschrift für Jan Kropholler zum 70. Geburtstag, Tübingen 2008 (zitiert: *Spickhoff*, FS Kropholler).

Spindler, Gerald/Schuster, Fabian (Hrsg.), Recht der elektronischen Medien. Kommentar, 3. Auflage, München 2015 (zitiert: Spindler/Schuster-*Bearbeiter*).

Staudinger, Ansgar, Der EuGH hat es (aus)gerichtet – Harmonie zwischen Brüssel I- und Rom I-VO, AnwBl 2011, 327–330.

ders./Czaplinski, Paul, Rückruf- und Kostentragungspflicht des Produzenten bei In- wie Auslandssachverhalten, JA 2008, 401–408.

von Staudinger, Julius (Begr.), J. von Staudingers Kommentar zum Bürgerlichen Gesetzbuch mit Einführungsgesetz und Nebengesetzen, Buch 2. Recht der Schuldverhältnisse. §§ 826–829, ProdHaftG, Berlin 2014; Einführungsgesetz zum Bürgerlichen Gesetzbuche/IPR, Art 38–42 EGBGB, Berlin 2001;

EGBGB/IPR, Einleitung zur Rom I-VO, Art. 1–10 Rom I-VO (Internationales Vertragsrecht 1), Berlin 2016 (zitiert Staudinger-*Bearbeiter*).

Steinman, Adam N., The Lay of the Land: Examining the Three Opinions in J. McIntyre Machinery, Ltd. v. Nicastro, S. C. L. Rev. 63 (2012), 481–515.

Stoll, Hans, Anknüpfungsgrundsätze bei der Haftung für Straßenverkehrsunfälle und der Produkthaftung nach der neueren Entwicklung des internationalen Deliktsrechts; in: *Lüderitz, Alexander/Schröder, Jochen (Hrsg.)*, Internationales Privatrecht und Rechtsvergleichung im Ausgang des 20. Jahrhunderts. Bewahrung oder Wende. Festschrift für Gerhard Kegel, Frankfurt am Main 1977, S. 113–130 (zitiert: *Stoll*, FS Kegel).

ders., Deliktstatut und Tatbestandwirkung ausländischen Rechts, in: *Feuerstein, Peter/Parry, Clive* (Hrsg.), Multum non multa. Festschrift für Kurt Lipstein aus Anlass seines 70. Geburtstages, Heidelberg/Karlsruhe 1980, S. 259–277 (zitiert: *Stoll*, FS Lipstein).

ders., Die Behandlung von Verhaltensnormen und Sicherheitsvorschriften, in: *von Caemmerer, Ernst (Hrsg.)*, Vorschläge und Gutachten zur Reform des deutschen internationalen Privatrechts der außervertraglichen Schuldverhältnisse, Tübingen 1983, S. 160–180 (zitiert: *Stoll*, in: v. Caemmerer).

ders., Zur Flexibilisierung des europäischen internationalen Deliktsrechts. Vermittelnde Kritik aus Amerika an der „Rom II-VO“, in: *Jabornegg, Peter/Kerschner, Ferdinand/Riedler, Andreas (Hrsg.)*, Haftung und Versicherung. Festschrift für Rudolf Reischauer, Wien 2010, S. 389–427 (zitiert: *Stoll*, FS Reischauer).

Stone, Peter, Der Vorschlag für die Rom II-Verordnung über das auf außervertragliche Schuldverhältnisse anzuwendende Recht, EuLF 2004, 213–230.

ders., Product Liability under the Rome II Regulation, in: *Ahern, John/Binchy, William* (Hrsg.), The Rome II Regulation on the Law Applicable to Non-Contractual Obligations. A New International Litigation Regime, Leiden/Boston 2009, S. 175–198 (zitiert: *Stone*, in: Ahern/Binchy).

ders., The Rome II Regulation on Choice of Law in Tort, Ankara L. Rev. 4 (2007), 95–130.

Sujecki, Bartosz, Die Rom II-Verordnung, EWS 2009, 310–319.

Sumampouw, Mathilde, Les nouvelles conventions de La Haye. Leur application par les juges nationaux, Band V, Den Haag/Boston/London 1996 (zitiert: *Sumampouw*).

Symeonides, Symeon, Rome II and Tort Conflicts: A Missed Opportunity, Am. J. Comp. L. 56 (2008), 173–222.

ders., Tort Conflicts and Rome II: A View from Across, in: *Mansel, Heinz-Peter* (u.a.) (Hrsg.), Festschrift für Erik Jayme, Band I, München 2004, S. 935–954 (zitiert: *Symeonides*, FS Jayme).

Taschner, Hans-Claudius/Frietsch, Edwin, Produkthaftungsgesetz und EG-Produkthaftungsrichtlinie, 2. Auflage, München 1990 (zitiert: *Taschner/Frietsch*).

ders., Der Unternehmer im Kollisionsrecht, in: *Bitter, Georg* (u.a.) (Hrsg.), Festschrift für Karsten Schmidt zum 70. Geburtstag, Köln 2009, S. 1561–1580 (zitiert: *Thorn*, FS Schmidt).

Thorn, Karsten, Internationale Produkthaftung des Zulieferers, IPRax 2001, 561–567.

Thürmann, Dagmar/Kettler, Christian, Produkthaftpflichtversicherung und ausgewählte Fragen der Produkthaftung, 6. Auflage, Karlsruhe 2009 (zitiert: *Thürmann/Kettler*).

Trimarchi, Pietro, Die Regelung der Vertragshaftung aus ökonomischer Sicht, ZHR 136 (1972), 118–138.

Trutmann, Verena, Das internationale Privatrecht der Deliktsobligationen. Ein Beitrag zur Auseinandersetzung mit neueren amerikanischen kollisionsrechtlichen Theorien, Basel/Stuttgart 1973 (zitiert: *Trutmann*).

Uhl, Laurenz, Internationale Zuständigkeit gemäss Art. 5 Nr. 3 des Brüsseler und Lugano-Übereinkommens, ausgeführt am Beispiel der Produktehaftung unter Berücksichtigung des deutschen, englischen, schweizerischen und US-amerikanischen Rechts, Frankfurt am Main 2000 (zitiert: *Uhl*).

Veith, Jürgen/Gebert, Yvonne/Gräfe, Jürgen, Der Versicherungsprozess, 3. Auflage, München 2016 (zitiert: *Veith/Gebert/Gräfe*).

Viscusi, W. Kip/Moore, Michael J., Links between Product Liability and Innovation; in: *Huber, Peter/Litan, Robert* (Hrsg.), The Liability Maze: The Impact of Liability Law on Safety and Innovation, Washington D.C. 1991, S. 81–119 (zitiert: *Viscusi/Moore*, in: Huber/Litan).

Vitzthum, Wolfgang/ Proeßl, Alexander (Hrsg.), Völkerrecht, 7. Auflage, Berlin (u.a.) 2016 (zitiert: *Bearbeiter*, in: Vitzthum/Proeßl).

Wagner, Gerhard, Die neue Rom II-Verordnung, IPRax 2008, 1–17.

ders., Internationales Deliktsrecht, die Arbeiten an der Rom II-Verordnung und der Europäische Deliktsgerichtsstand, IPRax 2006, 372–390.

Wagner, Rolf, Das deutsche internationale Privatrecht bei Persönlichkeitsverletzungen. Unter besonderer Berücksichtigung der Eingriffe durch die Massenmedien, Frankfurt am Main/Bern/New York 1986 (zitiert: *R. Wagner*).

Wandt, Manfred, Internationale Produkthaftung, Heidelberg 1995 (zitiert: *Wandt*).

Wantzen, Kai, Unternehmenshaftung und Enterprise Liability. Zur Idee unternehmensbezogener Schadenshaftung als Quasi-Versicherung, Tübingen 2007 (zitiert: *Wantzen*).

Weintraub, Russel J., Commentary on the Conflict of Laws, 3. Auflage, Mineola 1986 (zitiert: *Weintraub*).

Weller, Marc-Philippe, Anknüpfungsprinzipien im Europäischen Kollisionsrecht: Abschied von der klassischen IPR-Dogmatik, IPRax 2011, 429–437.

Wiebauer, Bernd, Import und Produktsicherheit, EuZW 2012, 14–29.

Wiedemann, Gerhard (Hrsg.), Handbuch des Kartellrechts, 3. Auflage, München 2016 (zitiert: Wiedemann-*Bearbeiter*).

Wilrich, Thomas, Das neue Produktsicherheitsgesetz (ProdSG). Leitfaden für Hersteller, Importeure und Händler, Berlin/Wien/Zürich 2012 (zitiert: *Wilrich*).

Winkelmann, Thomas, Produkthaftung bei internationaler Unternehmenskooperation. Außen- und Innenhaftung nach deutschem, französischem und US-amerikanischem Recht, sowie nach internationalem Privatrecht, Berlin 1991 (zitiert: *Winkelmann*).

Wright, Charles Alan/Miller, Arthur R./Kane, Mary Kay/Marcus, Richard L., Federal Practice and Procedure, Band 4, 3. Auflage, St. Paul 2008 ff. (zitiert: *Wright/Miller/Kane/Marcus*).

Wurmnest, Wolfgang, Das Gemeinschaftsdeliktsrecht in der aktuellen Rechtsprechung der Gemeinschaftsgerichte (2001–2003), GPR 2003–2004, 129–138.

Zabalo Escudero, María Elena, La ley aplicable a la responsabilidad por daños derivados de los productos en el derecho internacional privado español, Rev. esp. der. int. 1991, 75–107.

Zimmermann, Reinhard, Konturen eines Europäischen Vertragsrechts, JZ 1995, 477–491.

Zippelius, Reinhold, Juristische Methodenlehre, 11. Auflage, München 2012 (zitiert: *Zippelius*).

Zoller, Michael, Die Produkthaftung des Importeurs, Baden-Baden 1992 (zitiert: *Zoller*).

Zwanzger, Sibylle, Das Gemeinschaftsgeschmacksmuster zwischen Gemeinschaftsrecht und nationalem Recht, Tübingen 2010 (zitiert: *Zwanzger*).

STUDIEN ZUM VERGLEICHENDEN UND INTERNATIONALEN RECHT

Herausgeber: Bernd von Hoffmann (†), Erik Jayme, Heinz-Peter Mansel, Christine Budzikiewicz, Michael Stürner, Karsten Thorn und Marc-Philippe Weller

Band 1 Ferdinand Henke: Die Datenschutzkonvention des Europarates. 1986.

Band 2 Peter Czermak: Der express trust im internationalen Privatrecht. 1986.

Band 3 Peter Kindler: Der Ausgleichsanspruch des Handelsvertreters im deutsch-italienischen Warenverkehr. Eine rechtsvergleichende und kollisionsrechtliche Untersuchung. 1987.

Band 4 Wilhelm Denzer: Stellung und Bedeutung des Engineers in den FIDIC-Bauvertragsbedingungen. 1988.

Band 5 Marijan-Maximilian Lederer: Die internationale Enteignung von Mitgliedschaftsrechten unter besonderer Berücksichtigung der französischen Enteignungen 1982. 1989.

Band 6 Rainer Esser: Klagen gegen ausländische Staaten. 1990.

Band 7 Chang Jae-Ok: Auf dem Weg zu einer Materialisierung des Immateriellen? Personen-, Persönlichkeitsschutz und Geldersatz des immateriellen Schadens in rechtsvergleichender Hinsicht am Beispiel des koreanischen und japanischen Zivilrechts unter besonderer Berücksichtigung des deutschen Rechts. 1990.

Band 8 Paul-Frank Weise: Lex mercatoria. Materielles Recht vor der internationalen Handelsschiedsgerichtbarkeit.1990.

Band 9 Werner Born: Der Auftrittsvertrag für Musikgruppen im Bereich der Rock- und Popmusik. 1990.

Band 10 Ralf Erich Jürgens: IPR und Verfassung in Italien und in der Bundesrepublik Deutschland. 1990.

Band 11 Rainer Gildeggen: Internationale Schieds- und Schiedsverfahrensvereinbarungen in Allgemeinen Geschäftsbedingungen vor deutschen Gerichten. 1991.

Band 12 Klaus Grabinski: Die kollisionsrechtliche Behandlung des Durchgriffs bei rechtlich verselbständigten Unternehmen in privater oder öffentlicher Hand. 1991.

Band 13 Dieter Stummel: Konkurs und Integration. Konventionsrechtliche Wege zur Bewältigung grenzüberschreitender Insolvenzverfahren. 1991.

Band 14 Joachim Güntzer: Die Rechtsstellung des Geschäftsführers im spanischen Aktienrecht. Die Neuregelung des spanischen Aktienrechts nach dem Beitritt Spaniens zur EG. 1991.

Band 15 Sabine Isenburg-Epple: Die Berücksichtigung ausländischer Rechtshängigkeit nach dem Europäischen Gerichtsstands- und Vollstreckungsübereinkommen vom 27.9.1968. Untersuchungen zum Anwendungsbereich von Art. 21 EuGVÜ unter schwerpunktmäßiger Behandlung der Frage nach der Bestimmung eines europäischen Streitgegenstandsbegriffs. 1992.

Band 16 Ulrich Nickl: Die Qualifikation der culpa in contrahendo im Internationalen Privatrecht. 1992.

Band 17 Theo Rauh: Leistungserschwerungen im Schuldvertrag. Eine rechtsvergleichende Untersuchung des englischen, US-amerikanischen, französischen und deutschen Rechts unter besonderer Berücksichtigung der gerichtlichen Praxis. 1992.

Band 18 Bernadette Chaussade-Klein: Vorvertragliche „obligation de renseignements" im französischen Recht 1992.

Band 19 Josef Sievers: Verbraucherschutz gegen unlautere Vertragsbedingungen im französischen Recht. Vom Code civil zum „Code de la consommation" – die Entstehung eines Sonderprivatrechts für Verbraucher. 1993.

Band 20 Achim Schäfer: Grenzüberschreitende Kreditsicherung an Grundstücken, unter besonderer Berücksichtigung des deutschen und italienischen Rechts. 1993.

Band 21 Eugenio Hernández-Breton: Internationale Gerichtsstandsklauseln in Allgemeinen Geschäftsbedingungen. Unter besonderer Berücksichtigung des deutsch-südamerikanischen Rechtsverkehrs (dargestellt am Beispiel Argentinien, Brasilien und Venezuela). 1993.

Band 22 Ingo Reng: Unterhaltsansprüche aufgrund nichtehelicher Lebensgemeinschaft – Internationales Privatrecht und ausländisches materielles Recht. 1994.

Band 23 Stefanie Roloff: Die Geltendmachung ausländischer öffentlicher Ansprüche im Inland. 1994.

Band 24 Katharina Ludwig: Der Vertragsschluß nach UN-Kaufrecht im Spannungsverhältnis von Common Law und Civil Law. Dargestellt auf der Grundlage der Rechtsordnungen Englands und Deutschlands. 1994.

Band 25 Malte Diesselhorst: Mehrparteienschiedsverfahren. Internationale Schiedsverfahren unter Beteiligung von mehr als zwei Parteien. 1994.

Band 26 Manfred Kost: Konsensprobleme im internationalen Schuldvertragsrecht. 1995.

Band 27 Wolff-Heinrich Fleischer: Das italienische Wettbewerbsrecht und die Probleme des selektiven Parfümvertriebs unter Berücksichtigung der Rechtslage in Frankreich und Deutschland. 1995.

Band 28 Angelika Fuchs: Lateinamerikanische Devisenkontrollen in der internationalen Schuldenkrise und Art. VIII Abschn. 2 b) IWF-Abkommen. 1995.

Band 29 Jacques Matthias Aull: Der Geltungsanspruch des EuGVÜ: „Binnensachverhalte" und Internationales Zivilverfahrensrecht in der Europäischen Union. Zur Auslegung von Art. 17 Abs. 1 S. 1 EuGVÜ. 1996.

Band 30 Hartmut Ost: EVÜ und fact doctrine. Konflikte zwischen europäischer IPR-Vereinheitlichung und der Stellung ausländischen Rechts im angelsächsischen Zivilprozeß. 1996.

Band 31 Stefan Wagner: Die Testierfähigkeit im Internationalen Privatrecht. 1996.

Band 32 Wolfgang Jakob Hau: Positive Kompetenzkonflikte im Internationalen Zivilprozeßrecht. Überlegungen zur Bewältigung von *multi*-fora disputes. 1996.

Band 33 Markus Schütz: UN-Kaufrecht und *Culpa in contrahendo*. 1996.

Band 34 Volker Geyrhalter: Das Lösungsrecht des gutgläubigen Erwerbers. Ein „vergessener" Kompromiß und die Auswirkungen auf das heutige deutsche Recht unter besonderer Berücksichtigung des internationalen Sachenrechts. 1996.

Band 35 Andreas Kramer: Abwicklungsstörungen bei Kaufverträgen. Die Lieferung vertragswidriger Sachen im deutschen und italienischen Recht. 1996.

Band 36 Petra Krings: Erfüllungsmodalitäten im internationalen Schuldvertragsrecht. 1997.

Band 37 Tonja Gaibler: Der rechtsgeschäftliche Irrtum im französischen Recht. 1997.

Band 38 Dirk Otto: Rechtsspaltung im indischen Erbrecht. Bedeutung und Auswirkungen auf deutsch-indische Nachlaßfälle. 1997.

Band 39 Gregor W. Decku: Zwischen Vertrag und Delikt. Grenzfälle vertraglicher und deliktischer Haftung dargestellt am Beispiel der Berufs- und Expertenhaftung zum Schutze des Vermögens Dritter im deutschen und englischen Recht. 1997.

Band 40 Gregor W. Decku: Zwischen Vertrag und Delikt. Grenzfälle vertraglicher und deliktischer Haftung dargestellt am Beispiel der Berufs- und Expertenhaftung zum Schutze des Vermögens Dritter im deutschen und englischen Recht. 1997.

Band 41 Ulrike Höpping: Auswirkungen der Warenverkehrsfreiheit auf das IPR unter besonderer Berücksichtigung des Internationalen Produkthaftungsrechts und des Internationalen Vertragsrechts. 1997.

Band 42 Helene Boriths Müller: Die Umsetzung der europäischen Übereinkommen von Rom und Brüssel in das Recht der Mitgliedstaaten. Dargestellt am Beispiel Deutschlands und Dänemarks. 1997.

Band 43 Bernd von Hoffmann / Myong-Chang Hwang (eds.): The Public Concept of Land Ownership. Reports and Discussions of a German-Korean Symposium held in Seoul on October 7-9, 1996. 1997.

Band 44 Oliver Heeder: Fraus legis. Eine rechtsvergleichende Untersuchung über den Vorbehalt der Gesetzesumgehung in Deutschland, Österreich, der Schweiz, Frankreich und Belgien unter besonderer Berücksichtigung des Internationalen Privatrechts. 1998.

Band 45 Heinrich Schütt: Deliktstyp und Internationales Privatrecht. Dargestellt an grenzüberschreitenden Problemen der Arzthaftung. 1998.

Band 46 Axel Steiner: Die stillschweigende Rechtswahl im Prozeß im System der subjektiven Anknüpfungen im deutschen Internationalen Privatrecht. 1998.

Band 47 Martina Schulz: Der Eigentumsvorbehalt in europäischen Rechtsordnungen. Rechtsvergleichende Untersuchung des deutschen, englischen und französischen Rechts unter besonderer Berücksichtigung von Erweiterungen und Verlängerungen. 1998.

Band 48 Karin Dreher: Die Rechtswahl im internationalen Erbrecht. Unter besonderer Berücksichtigung des italienischen IPR-Reformgesetzes N. 218 vom 31. Mai 1995. 1999.

Band 49 Giuliano Gabrielli: Das Verhältnis zwischen der Anfechtung wegen Eigenschaftsirrtums und den Gewährleistungsansprüchen im deutschen, österreichischen und italienischen Recht. 1999.

Band 50 Bernd von Hoffmann / Myong-Chan Hwang (eds.): Developments in Land Law. Reports and Discussions of a German-Korean Symposium held in Berlin and Trier on July 21-24, 1997. 1999.

Band 51 Volker Heidbüchel: Das UNCITRAL-Übereinkommen über unabhängige Garantien und Standby Letters of Credit. Vergleiche mit den Richtlinien der Internationalen Handelskammer, dem deutschen, englischen und US-amerikanischen Recht. 1999.

Band 52 Jan Christoph Nordmeyer: Pflichtteilsansprüche und Wiedervereinigung. Eine systematische Analyse der Ausgleichsansprüche nach BGB-Pflichtteilsrecht unter besonderer Berücksichtigung der durch den Wiedervereinigungsprozeß eingetretenen Wertveränderungen. 1999.

Band 53 Bettina Linder: Vertragsabschluß beim grenzüberschreitenden Verbraucherleasing. 1999.

Band 54 Almontasser Fetih: Die zivilrechtliche Haftung bei Vertragsverhandlungen. Eine rechtsvergleichende Studie zum deutschen, französischen, ägyptischen und islamischen Recht. 2000.

Band 55 Sona Rajani: Die Geltung und Anwendung des Gemeinschaftsrechts im Vereinigten Königreich von Großbritannien und Nordirland. Der Grundsatz der Parlamentssouveränität im Wandel. 2000.

Band 56 Joachim Kayser: Gegenmaßnahmen im Außenwirtschaftsrecht und das System des europäischen Kollisionsrechts. Eine Analyse der EU-Abwehrverordnung gegen die Auswirkungen extraterritorialer Rechtserstreckung eines Drittlandes. 2001.

Band 57 Albrecht Conrad: Qualifikationsfragen des Trust im Europäischen Zivilprozeßrecht. 2001.

Band 58 Bernd Borgmann: Die Entsendung von Arbeitnehmern in der Europäischen Gemeinschaft. Wechselwirkungen zwischen Kollisionsrecht, Grundfreiheiten und Spezialgesetzen. 2001.

Band 59 Aleksandar Jaksic: Arbitration and Human Rights. 2002.

Band 60 Islamisches und arabisches Recht als Problem der Rechtsanwendung. Symposium zu Ehren von Professor Emeritus Dr. iur. Omaia Elwan. Veranstaltet vom Institut für ausländisches und internationales Privat- und Wirtschaftsrecht der Universität Heidelberg und der Gesellschaft für Arabisches und Islamisches Recht e.V. Herausgegeben von Herbert Kronke, Gert Reinhart und Nika Witteborg. 2001.

Band 61 Patrick Fiedler: Stabilisierungsklauseln und materielle Verweisung im internationalen Vertragsrecht. 2001.

Band 62 Werner Mangold: Die Abtretung im Europäischen Kollisionsrecht. Unter besonderer Berücksichtigung des spanischen Rechts. 2001.

Band 63 Eike Dirk Eschenfelder: Beweiserhebung im Ausland und ihre Verwertung im inländischen Zivilprozess. Zur Bedeutung des US-amerikanischen discovery-Verfahrens für das deutsche Erkenntnisverfahren. 2002.

Band 64 Bernd Ehle: Wege zu einer Kohärenz der Rechtsquellen im Europäischen Kollisionsrecht der Verbraucherverträge. 2002.

Band 65 Heiko Lehmkuhl: Das Nacherfüllungsrecht des Verkäufers im UN-Kaufrecht. 2002.

Band 66 Jochen Nikolaus Schlotter: Erbrechtliche Probleme in der Société Privée Européenne. IPR-Harmonisierung im einheitlichen Europäischen Rechtsraum. 2002.

Band 67 Konrad Ost: Doppelrelevante Tatsachen im Internationalen Zivilverfahrensrecht. Zur Prüfung der internationalen Zuständigkeit bei den Gerichtsständen des Erfüllungsortes und der unerlaubten Handlung. 2002.

Band 68 Tobias Bosch: Die Durchbrechungen des Gesamtstatuts im internationalen Ehegüterrecht. Unter besonderer Berücksichtigung deutsch-französischer Rechtsfälle. 2002.

Band 69 Ursula Philipp: Form im amerikanischen Erbrecht. Zwischen Formalismus und harmless error. 2002.

Band 70 Christian Stefan Wolf: Der Begriff der wesentlich engeren Verbindung im Internationalen Sachenrecht. 2002.

Band 71 André Fomferek: Der Schutz des Vermögens Minderjähriger. Ein Vergleich des deutschen und des englischen Rechts unter Berücksichtigung des schottischen und irischen Rechts. 2002.

Band 72 nicht erschienen

Band 73 Markus Dreißigacker: Sprachenfreiheit im Verbrauchervertragsrecht. Der Verbraucher im Spannungsfeld zwischen kultureller Identität und Privatautonomie. 2002.

Band 74 Vassiliki Myller-Igknay: Auskunftsansprüche im griechischen Zivilrecht. Auswirkungen im deutsch-griechischen Rechtsverkehr sowie im deutschen internationalen Privat- und Verfahrensrecht. 2003.

Band 75 Stefan Bruinier: Der Einfluss der Grundfreiheiten auf das Internationale Privatrecht. 2003.

Band 76 Nika Witteborg: Das gemeinsame Sorgerecht nichtverheirateter Eltern. Eine Untersuchung im soziologischen, rechtsgeschichtlichen, verfassungsrechtlichen, rechtsvergleichenden und internationalen Kontext. 2003.

Band 77 Peter Stankewitsch: Entscheidungsnormen im IPR als Wirksamkeitsvoraussetzungen der Rechtswahl. 2003.

Band 78 Jan Wilhelm Ritter: Euro-Einführung und IPR unter besonderer Berücksichtigung nachehelicher Unterhaltsverträge. Eine Untersuchung mit Blick auf das deutsche, französische und schweizerische Recht. 2003.

Band 79 Wolf Richard Herkner: Die Grenzen der Rechtswahl im internationalen Deliktsrecht. 2003.

Band 80 Ira Ditandy: Internationale Zuständigkeit. Neuregelung durch die LOPJ 1985. Vergleich mit dem europäischen Vorbild und Auswirkungen auf das spanische internationale Zivilverfahrensrecht. 2003.

Band 81 Andrea Verena Schefold: Werbung im Internet und das deutsche Internationale Privatrecht. 2004.

Band 82 Klaus Herkenrath: Die Umsetzung der Richtlinie 93/13/EWG über missbräuliche Klauseln in Verbraucherverträgen in Deutschland, dem Vereinigten Königreich, Frankreich und Italien. Auswirkungen nationaler Umsetzungstechniken auf dem Harmonisierungserfolg. 2003.

Band 83 Alexander Thünken: Das kollisionsrechtliche Herkunftslandprinzip. 2003.

Band 84 Barbara v. Daumiller: Die Rechtswahl im italienischen internationalen Erbrecht: und ihre Auswirkungen im deutsch-italienischen Rechtsverkehr. 2003.

Band 85 Robert Mödl: Macht, Verantwortlichkeit und Zurechnung im Konzern. Eine rechtsvergleichende Untersuchung auf der Grundlage des deutschen, spanischen und US-amerikanischen Rechts. 2003.

Band 86 Ursula Kerpen: Das Internationale Privatrecht der Persönlichkeitsrechtsverletzungen. Eine Untersuchung auf rechtsvergleichender Grundlage. 2003.

Band 87 Barbara Ploeckl: Umgangsrechtsstreitigkeiten im deutsch-französischen Rechtsverkehr. Bestehende internationale und nationale Regelungen und der geplante *europäische Besuchstitel*. 2003.

Band 88 Katrin Wannemacher: Die Außenkompetenzen der EG im Bereich des Internationalen Zivilverfahrensrechts. Der räumliche Anwendungsbereich des Art. 65 EGV am Beispiel der EuGVO und der EheVO. 2003.

Band 89 Maren B. Eilinghoff: Das Kollisionsrecht der ungerechtfertigten Bereicherung nach dem IPR-Reformgesetz von 1999. 2004.

Band 90 Patrick Niehr: Die zivilprozessuale Dokumentenvorlegung im deutsch-englischen Rechtshilfeverkehr nach der deutschen und der englischen Prozessrechtsreform. 2004.

Band 91 Anna Christina Gördes: Internationale Zuständigkeit, Anerkennung und Vollstreckung von Entscheidungen über die elterliche Verantwortung. Die VO(EG) Nr. 1347/2000, ihre geplanten Änderungen und das Verhältnis beider zum Minderjährigen- und Kinderschutzabkommen. 2004.

Band 92 Martin Rädler: Rechtsbehelfe des Käufers eines Unternehmens oder einer unternehmerischen Beteiligung gegen den Verkäufer im deutschen und französischen Recht. 2004.

Band 93 Marc-Yngve Dietrich: Rechtsstellung und Beteiligung der Gläubiger im französischen Insolvenzverfahren. 2004.

Band 94 Katia Niemann: Die rechtsgeschäftliche und organschaftliche Stellvertretung und deren kollisionsrechtliche Einordnung. Deutschland und England im Vergleich. 2004.

Band 95 Daniel Ludwig: Neuregelungen des deutschen Internationalen Insolvenzverfahrensrechts. Eine Untersuchung unter vergleichender Heranziehung der Europäischen Insolvenzver-ordnung. 2004.

Band 96 Cordelia Faulenbach: Der gemeinschaftsrechtliche Vorbehalt im europäischen Wettbewerbsrecht. Die Herkunftslandanknüpfung der E-Commerce-Richtlinie unter dem Einfluss der Grundfreiheiten. 2004.

Band 97 Ulf Dörner: Der Vertragsgerichtsstand nach dem Protokoll von Buenos Aires. 2004.

Band 98 Martin Schmidhuber: Verhaltenskodizes im nationalen und grenzüberschreitenden elektronischen Geschäftsverkehr. Zur Frage der Integration der Selbstregulierung durch Private in die staatliche Rechtsordnung. 2004.

Band 99 Florian Kienle: Die fehlerhafte Banküberweisung im internationalen Rechtsverkehr. Unter besonderer Berücksichtigung des Artikels 4A US Uniform Commercial Code. 2004.

Band 100 Thomas Alexander Brandt: Die Adoption durch eingetragene Lebenspartner im internationalen Privat- und Verfahrensrecht. 2004.

Band 101 Florian Pulkowski: Subunternehmer und Internationales Privatrecht. Der Subunternehmer als Quasi-Verbraucher im Europäischen Kollisionsrecht. 2004.

Band 102 Ulrich Becker: Grundrechtsschutz bei der Anerkennung und Vollstreckbarerklärung im europäischen Zivilverfahrensrecht. Bestimmung der Grenzen für die Einführung eines europäischen Vollstreckungstitels. 2004.

Band 103 Thomas Badelt: Aufrechnung und internationale Zuständigkeit unter besonderer Berücksichtigung des deutsch-spanischen Rechtsverkehrs. 2005.

Band 104 Florian D. Wagner: Vorvertragliche Aufklärungspflichten im internationalen Franchising. Zur Harmonisierung von Delikts- und Vertragsstatut im internationalen Privatrecht unter besonderer Berücksichtigung der Franchise-Gesetzgebung des US-Bundesstaates Kalifornien. 2005.

Band 105 Vera Heine: Die Umsetzung der *EG-Richtlinie über missbräuchliche Klauseln in Verbraucherverträgen* im englischen und deutschen Recht. 2005.

Band 106 Alexander Franz: Überregionale Effektentransaktionen und anwendbares Recht. Eine kollisionsrechtliche Untersuchung unter besonderer Berücksichtigung der Vorschrift des § 17 a DepotG. 2005.

Band 107 Hanna-Maria Uhlenbrock: Gesetzliche Regelungen für nichteheliche Lebensgemeinschaften in Deutschland und Frankreich. Ein Vergleich des Unterhaltsrechts bei der eingetragenen Lebenspartnerschaft und beim Pacte civil de Solidarité. 2005.

Band 108 Katrin Stieß: Anknüpfungen im internationalen Urheberrecht unter Berücksichtigung der neuen Informationstechnologien. 2005.

Band 109 Hendrik Otto: Der gesetzliche Abschlussprüfer im italienischen Recht. Eine rechtsvergleichende Untersuchung unter besonderer Berücksichtigung der zivilrechtlichen Haftung. 2005.

Band 110 Frauke Stuphorn: Bankhaftung für Kreditauskünfte im deutschen und französischen Recht. 2005.

Band 111 Nina Fürer: Die zivilrechtliche Haftung für Raucherschäden. 2005.

Band 112 Giovanni B. Barillà: *Contratto autonomo di garanzia e Garantievertrag*. Categorie civilistiche e prassi del commercio. 2005.

Band 113 Timo Torz: Gerichtsstände im Internationalen Insolvenzrecht zur Eröffnung von Partikularinsolvenzverfahren. 2005.

Band 114 Martina Schmid: Die Grenzen der Auslegungskompetenz des EuGH im Vorabentscheidungsverfahren nach Art. 234 EG. Dargestellt am Beispiel der überschießenden Richtlinienumsetzung. 2005.

Band 115 Stephan Lesage-Mathieu: Dispositives Kollisionsrecht im prozessualen Kontext. 2005.

Band 116 Jürgen Görtz: Die subjektiven Grenzen der Rechtskraft US-amerikanischer Urteile. 2005.

Band 117 Vera Hoppe: Die Einbeziehung ausländischer Beteiligter in US-amerikanische class actions. Unter Berücksichtigung des Class Action Fairness Act 2005. 2005.

Band 118 Silke Pütz: Parteiautonomie im internationalen Urhebervertragsrecht – Eine rechtsdogmatische und rechtspolitische Betrachtung der Grenzen freier Rechtswahl im internationalen Urhebervertragsrecht unter besonderer Berücksichtigung des neuen deutschen Urhebervertragsrechts. 2005.

Band 119 Alice Nieroba: Die europäische Rechtshängigkeit nach der EuGVVO (Verordnung (EG) Nr. 44/2001) an der Schnittstelle zum nationalen Zivilprozessrecht. 2006.

Band 120 Jan Kayser: Alternative Formen gerichtlicher und außergerichtlicher Streitbeilegung im deutschen und französischen Zivilprozess. Les modes alternatifs judiciaires et extrajudiciaires de résolution des conflits en procédure civile allemande et française. 2006.

Band 121 Mirko Ehrich: Der internationale Anwendungsbereich des deutschen und französischen Rechts gegen irreführende Werbung. Freie Wahl von Form und Mittel, Rom II und Herkunftslandprinzip. 2006.

Band 122 Daniel Thelen: Die Haftung des Sekundärschädigers für Gewalttaten anderer im US-amerikanischen Deliktsrecht ausgehend von dem Problem rechtsextremistisch motivierter Gewalttaten. 2006.

Band 123 Anne Winterling: Die Entscheidungszuständigkeit in Arbeitssachen im europäischen Zivilverfahrensrecht. 2006.

Band 124 Sarah Gerling: Die Gleichstellung ausländischer mit inländischen Vollstreckungstiteln durch die Verordnung zur Einführung eines Europäischen Vollstreckungstitels für unbestrittene Forderungen. Im Vergleich zum bisherigen Recht und zur Rechtslage in den USA. 2006.

Band 125 Christian Bank: Präventivmaßnahmen börsennotierter Gesellschaften zur Abwehr feindlicher Übernahmeversuche in Deutschland und Großbritannien. Eine rechtsvergleichende Untersuchung des deutschen und britischen Rechts unter Berücksichtigung der Europäischen Übernahmerichtlinie. 2006.

Band 126 Christian Weis: Kaufrechtliche Gewährleistung und Garantievergabe in Deutschland und Spanien. Unter besonderer Berücksichtigung des Unternehmenskaufs. 2006.

Band 127 Emilio Maus Ratz: Der Nacherfüllungsanspruch nach UN-Kaufrecht. Im Lichte der deutschen, spanisch-mexikanischen und US-amerikanischen Rechtswissenschaft. 2005.

Band 128 Constanze Jacobs: Die Sachmängelgewähr im deutschen und belgischen Kaufrecht nach Umsetzung der Verbrauchsgüterkauf-Richtlinie. 2006.

Band 129 Ulrike Teichert: Lückenfüllung im CISG mittels UNIDROIT-Prinzipien – Zugleich ein Beitrag zur Wählbarkeit nichtstaatlichen Rechts. 2007.

Band 130 Sascha Reichardt: Internationale Zuständigkeit im Gerichtsstand der unerlaubten Handlung bei Verletzung europäischer Patente. 2006.

Band 131 Bilgehan Cetiner: Die Sachmängelhaftung des Verkäufers im UN-Kaufrecht und im neuen deutschen Schuldrecht. Eine rechtsvergleichende Studie. 2006.

Band 132 Jan Streer: Die Umsetzung der Verbrauchsgüterkaufrichtlinie im englischen Recht durch die Sale and Supply of Goods to Consumer Regulations 2002. 2007.

Band 133 Kathrin Wannenmacher: Einstweilige Maßnahmen im Anwendungsbereich von Art. 31 EuGVVO in Frankreich und Deutschland: Eine Betrachtung ausgesuchter Verfahren des einstweiligen Rechtsschutzes im internationalen Zivilverfahrensrecht – gerichtliche Zuständigkeit, Anerkennung und Vollstreckung. 2007.

Band 134 Wim Kreytenberg: Die individuelle Schwerpunktbestimmung internationaler Schuldverträge nach der Ausweichklausel des Artikel 4 Absatz 5 Satz 2 EVÜ. Ein Beitrag zur Förderung von Rechtssicherheit und Einzelfallgerechtigkeit im europäischen Kollisionsrecht der Schuldverträge. 2007.

Band 135 Nikolaus Geiben: Der Vorvertrag im Internationalen Privatrecht. Unter besonderer Berücksichtigung des Immobilienerwerbs im portugiesischen und brasilianischen Recht. 2007.

Band 136 Predrag Maksimovic: Der Kapitalschutz im europäischen, serbischen und deutschen Recht der Gesellschaft mit beschränkter Haftung. 2007.

Band 137 Alexander Rathenau: Die Anwendung des EuGVÜ durch portugiesische Gerichte unter Berücksichtigung des autonomen internationalen Zivilverfahrensrechts. 2007.

Band 138 Matthias Creydt: Die Besicherung von Weltraumvermögenswerten. Ein neues einheitliches internationales Sicherungsrecht und dessen Vergleich zum US-amerikanischen Mobiliarsicherungsrecht. 2007.

Band 139 Oliver Borkhardt: Registerpublizität und Kollisionsrecht besitzloser Mobiliarsicherheiten nach dem neuen Art. 9 UCC. 2007.

Band 140 Jens Engelmann-Pilger: Deliktische Haftung für das Fehlverhalten Dritter im Common Law. 2007.

Band 141 Bastian Rotmann: Der Schutz des Dritten in der europäischen Mobiliarzwangsvollstreckung. Eine rechtsvergleichende Untersuchung vor dem Hintergrund der Verordnung (EG) Nr. 805/2004 zur Einführung eines Europäischen Vollstreckungstitels für unbestrittene Forderungen. 2007.

Band 142 Oliver Ratzel: Die Präklusion isolierter Unterhaltsverfahren durch den ausländischen Scheidungsverbund. Zugleich ein Beitrag zur internationalen Verbundszuständigkeit im Lichte der Quellenveränderung. 2007.

Band 143 Bettina Maria Stade: Die Konstitutionalisierung des Zivilprozessrechts in Spanien und Deutschland vor dem Hintergrund der Europäisierung des Zivilprozessrechts. 2007.

Band 144 Julia El-Bitar: Der deutsche und der französische Kulturgüterschutz nach der Umsetzung der Kulturgüterrückgaberichtlinie. Eine materiellrechtliche und kollisionsrechtliche Untersuchung. 2007.

Band 145 Aris Kaschefi: Sachmängelhaftung im französischen Kaufrecht vor und nach Umsetzung der Verbrauchsgüterkaufrichtlinie. Mit rechtsvergleichenden Hinweisen zum deutschen Recht unter besonderer Berücksichtigung von Weiterfressersachverhalten. 2007.

Band 146 Isabel Roth: Die internationale Zuständigkeit deutscher Gerichte bei Persönlichkeitsrechtsverletzungen im Internet. 2007.

Band 147 Theresa Wilhelmi: Das Weltrechtsprinzip im internationalen Privat- und Strafrecht. Zugleich eine Untersuchung zu Parallelitäten, Divergenzen und Interdependenzen von internationalem Privatrecht und internationalem Strafrecht. 2007.

Band 148 Alice Halsdorfer: Privat- und kollisionsrechtliche Folgen der Verletzung von Kulturgüterschutznormen auf der Grundlage des UNESCO-Kulturgutübereinkommens 1970. 2008.

Band 149 Thomas Müller-Froelich: Der Gerichtsstand der Niederlassung im deutsch-amerikanischen Rechtsverkehr. Eine Untersuchung zu Fragen der Entscheidungs- und Anerkennungszuständigkeit. 2008.

Band 150 Christopher Luhn: Privatautonomie und Inhaltskontrolle von Eheverträgen. Ein kritischer Vergleich des deutschen und des australischen Rechts mit Bezügen zum Internationalen Privatrecht. 2008.

Band 151 Kristin Kohler: Die grenzüberschreitende Verbraucherverbandsklage nach dem Unterlassungsklagengesetz im Binnenmarkt. 2008.

Band 152 Dorothee Maria Kaulen: Die Anerkennung von Gesellschaften unter Artikel XXV Abs. 5 S. 2 des deutsch-US-amerikanischen Freundschafts-, Handels- und Schifffahrtsvertrags von 1954. 2008.

Band 153 Birka Vanessa Stroschein: Parteizustellung im Ausland. Eine systemvergleichende Untersuchung des Gemeinschafts- und Staatsvertragsrechts unter Einbeziehung des deutschen, französischen, englischen und US-amerikanischen Zustellungsrechts. 2008.

Band 154 Nancy Gruschinkse: Das europäische Kollisionsrecht der Aufrechnung unter besonderer Beachtung des Insolvenzfalles. 2008.

Band 155 Hans-Christian Frick: Sprachrisiko im Zeitalter des Ethnomarketings. US-amerikanische Erfahrungen und europäische Rechtsentwicklung. 2009.

Band 156 Stephan Mangold: Verbraucherschutz und Kunstkauf im deutschen und europäischen Recht. 2009.

Band 157 Robert Beier: Die gesetzlichen Rechte des überlebenden Ehegatten nach dem deutschen und spanischen Kollisionsrecht. Unter besonderer Berücksichtigung der *viudedad aragonesa*. 2009.

Band 158 Julia-Marie Oppermann: Internationale Handelsschiedsgerichtsbarkeit und Verjährung. 2009.

Band 159 Stephan Boese: Strukturprinzipien im Gläubigerschutz. Eine rechtsvergleichende Untersuchung zur GmbH und zur englischen Limited Company. 2009.

Band 160 Thomas Rosa: Das Kaufrecht nach dem Zivilgesetzbuch der Tschechischen und Slowakischen Republik. Eine rechtsvergleichende Darstellung im Lichte des deutschen Bürgerlichen Gesetzbuches. 2009.

Band 161 Roland Weis: Rechnungslegungspflichten von EU-Scheinauslandsgesellschaften im Land ihrer tatsächlichen wirtschaftlichen Betätigung. Insbesondere im Hinblick auf in Deutschland tätige englische Limiteds. 2009.

Band 162 Henning Frase: „Leoninische Vereinbarungen" und Ergebnisbeteiligungspflicht im deutschen und italienischen Gesellschaftsrecht. Zum *patto leonino* des italienischen Rechts und möglichen Entsprechungen im deutschen Recht. 2010.

Band 163 Christiane Tödter: Europäisches Kindschaftsrecht. Nach der Verordnung (EG) Nr. 2201/ 2003. 2010.

Band 164 Edda Gampp: *Perpetuatio fori internationalis* im Zivilprozeß und im Verfahren der freiwilligen Gerichtsbarkeit. 2010.

Band 165 Mei Wu: Die Reform des chinesischen Beweisrechts vor dem Hintergrund deutscher und US-amerikanischer Regelungsmodelle. 2010.

Band 166 Corina Leimert: Stand und Entwicklung des italienischen Rechts der Unternehmenszusammenschlüsse (gruppi di società / gruppi di imprese). 2010.

Band 167 Kasim Özen: Die Scheidungsgründe im türkischen Zivilgesetzbuch. 2010.

Band 168 Helena Isabel Maier: Marktortanknüpfung im internationalen Kartelldeliktsrecht. Eine internationalzuständigkeits- und kollisionsrechtliche Untersuchung unter Einbeziehung rechts-vergleichender Überlegungen zum englischen Recht. 2011.

Band 169 Thomas Spernat: Die gleichgeschlechtliche Ehe im Internationalen Privatrecht. Unter besonderer Berücksichtigung des Einflusses des EG-Vertrags. 2011.

Band 170 Max Johann Lipsky: Statutenwechsel im italienischen Sachenrecht – Auswirkungen auf den Im- und Export von Mobiliarsicherheiten. Eine Untersuchung der rechtlichen Beständigkeit dinglicher Kreditsicherheiten im deutsch-italienischen Rechtsverkehr. 2011.

Band 171 Silvia Karolina Seilstorfer: Die Umsetzung der Verbrauchsgüterkaufrichtlinie in Portugal mit rechtsvergleichenden Hinweisen zum deutschen Recht. 2011.

Band 172 Stephan Georg Knöchel: Anerkennung französischer Urteile mit Drittbeteiligung. Eine Untersuchung der Anerkennung von Drittbindungswirkungen nach der EuGVVO und autonomem deutschem Recht. 2011.

Band 173 Kristina Menzel: Vollstreckungsschutz zugunsten privater Altersvorsorge. Eine rechtsvergleichende Untersuchung zum deutschen und schweizerischen Recht. 2011.

Band 174 Manuela Krach: Scheidung auf Mexikanisch. Das materielle Recht der Scheidung im Mehrrechtsstaat Mexiko unter Berücksichtigung von Eheschließung und Ehewirkungen. 2011.

Band 175 Vanessa Sofia Wagner: Verkehrsschutz beim redlichen Erwerb von GmbH-Geschäfts-anteilen. Ein Vergleich des Rechts für Gesellschaften mit beschränkter Haftung in Deutschland, England und Italien. 2011.

Band 176 Alexander Swienty: Der Statutenwechsel im deutschen und englischen internationalen Sachenrecht unter besonderer Betrachtung der Kreditsicherungsrechte. 2011.

Band 177 Kathrin Süß: Streitbeilegungsmechanismen im Verbraucherrecht. Unter besonderer Berücksichtigung der australischen Rechtsordnung. 2011.

Band 178 Efe Direnisa: Die materielle Rechtskraft im deutschen und türkischen Zivilverfahrensrecht. 2012.

Band 179 Julia Faenger: Leistungsunabhängige Nebenpflichten zum Schutz des Integritätsinteresses im deutschen und französischen Recht. Eine rechtsvergleichende Betrachtung ausgehend von den Rücksichtspflichten des § 241 Abs. 2 BGB. 2012.

Band 180 Dorothea Heine: Das Kollisionsrecht der Forderungsabtretung. UNCITRAL-Abtretungs-konvention und Rom I-Verordnung. 2012.

Band 181 Lisa B. Möll: Kollidierende Rechtswahlklauseln in Allgemeinen Geschäftsbedingungen im internationalen Vertragsrecht. 2012.

Band 182 Jutta Jasmin Uusitalo: Einbeziehung von AGB im unternehmerischen Geschäftsverkehr zwischen Deutschland und Finnland. 2012.

Band 183 Darya Alikhani Chamgardani: Der Allgemeine Teil des iranischen Schuldvertragsrechts. Im Spannungsverhältnis zwischen rezipiertem französischen und traditionellem islamischen Recht. 2013.

Band 184 Volker Anton: Aktuelle Entwicklungen des Bankgeheimnisses im Rechtsvergleich unter besonderer Berücksichtigung seiner exterritorialen Wirkungen. Deutschland, Luxemburg, Österreich, Schweiz und Liechtenstein. 2013.

Band 185 Charlotte Wilhelm: Die Regelung der Geld- und Warenkreditsicherheiten nach dem deutschen Recht im Vergleich zum Draft Common Frame of Reference (DCFR). 2013.

Band 186 Michael Nehmer: Erbunwürdigkeit und Elternunterhalt im Internationalen Privatrecht. Eine historisch-rechtspolitische Betrachtung. 2013.

Band 187 Pınar Şamiloğlu-Riegermann: Türkisches und deutsches Vertragshändlerrecht im Rechtsvergleich. 2014.

Band 188 Elvan Er: Realsicherheiten des türkischen Mobiliarsachenrechts. Eine Darstellung des geltenden türkischen Rechts unter vergleichender Berücksichtigung des deutschen und schweizerischen Kreditsicherungsrechts. 2014.

Band 189 Maya Mandery: Party Autonomy in Contractual and Non-Contractual Obligations. A European and Anglo-Common Law perspective on the freedom of choice of law in the Rome I Regulation on the law applicable to contractual obligations and the Rome II Regulation on the law applicable to non-contractual obligations. 2014.

Band 190 Gregor Nikolas Rutow: Rechtsvergleich über die Zulässigkeit von Haftungsausschlüssen, Haftungsbeschränkungen und pauschaliertem Schadensersatz in einzelnen arabischen Rechtsordnungen. 2014.

Band 191 Christoph Rödter: Das Gesellschaftskollisionsrecht im Spannungsverhältnis zur Rom I- und II-VO. Eine Untersuchung zur Reichweite des Gesellschaftsstatuts in Abgrenzung zu den Kolligionsregeln der Rom I- und II-VO. 2014.

Band 192 Melanie Kaspers: Die gemischten und verbundenen Verträge im Internationalen Privatrecht. 2015.

Band 193 Tong Xue: Parteiautonomie im chinesischen Internationalen Privatrecht. Am Beispiel der Rechtswahl im Internationalen Vertrags-, Delikts-, und Sachenrecht. 2016.

Band 194 Martin Metz: US-Menschenrechtsklagen und Neoterritorialismus. 2017.

Band 195 Matthias A. Sauter: Mitveräußerungspflichten im deutschen und italienischen Recht. 2018.

Band 196 Daniel Brauner: Die Anwendungsbereiche von CISG und PR CESL im Vergleich. 2018.

Band 197 Christina Bohländer. MAC-Klauseln in Unternehmenskaufverträgen nach US-amerikanischem und deutschem Recht. 2018.

Band 198 Steven Leunert. Die Verteidigungsmechanismen des Haftenden im Internationalen Produkthaftungsrecht der Rom II-Verordnung. 2018.

www.peterlang.com

www.ingramcontent.com/pod-product-compliance
Ingram Content Group UK Ltd.
Pitfield, Milton Keynes, MK11 3LW, UK
UKHW021835290926
8980IPUK00004B/460

9 783631 771495